BLUE BOOK

智 库 成 果 出 版 与 传 播 平 台

文化遗产蓝皮书

BLUE BOOK OF CULTURAL HERITAGE

中国世界文化遗产保护研究报告
（2024）

REPORT ON CONSERVATION AND RESEARCH OF
CHINA'S WORLD CULTURAL HERITAGE (2024)

主　编／中国文化遗产研究院

社会科学文献出版社
SOCIAL SCIENCES ACADEMIC PRESS (CHINA)

图书在版编目（CIP）数据

中国世界文化遗产保护研究报告 . 2024 / 中国文化
遗产研究院主编 . -- 北京：社会科学文献出版社，
2024. 12. --（文化遗产蓝皮书）. -- ISBN 978-7-5228-
4411-4

Ⅰ . K203

中国国家版本馆 CIP 数据核字第 2024EG4530 号

文化遗产蓝皮书

中国世界文化遗产保护研究报告（2024）

主　　编 / 中国文化遗产研究院

出 版 人 / 冀祥德
责任编辑 / 侯曦轩　张　媛
责任印制 / 王京美

出　　版 / 社会科学文献出版社·皮书分社（010）59367127
　　　　　　地址：北京市北三环中路甲29号院华龙大厦　邮编：100029
　　　　　　网址：www.ssap.com.cn
发　　行 / 社会科学文献出版社（010）59367028
印　　装 / 天津千鹤文化传播有限公司

规　　格 / 开　本：787mm×1092mm　1/16
　　　　　　印　张：25.75　字　数：387千字
版　　次 / 2024年12月第1版　2024年12月第1次印刷
书　　号 / ISBN 978-7-5228-4411-4
地图审图号 / GS京（2024）2039号
定　　价 / 198.00元

中国文化遗产研究院简介

　　中国文化遗产研究院（以下简称"文研院"）是国家文物局直属的公益二类科研事业单位。其前身可追溯至成立于 1935 年的"旧都文物整理委员会及其执行机构北平文物整理实施事务处"。后经多次更名与合并，于 2007 年 8 月更名为"中国文化遗产研究院"。

　　在近九十年的发展历程中，文研院立于文物保护行业的潮头，在文物与古建筑保护修缮、文物保护科学技术、古文献整理研究等方面取得了丰硕的成果。党的十八大以来，在国家文物局的领导下，文研院始终将文物保护科学研究与实践作为立院之本，坚持把社会效益放在首位，在科学研究、科技创新、文物保护修复、人才培养、对外交流等方面取得了一系列重要成果和学术成就，为新时代文物事业发展作出了新的贡献。

　　文研院紧密围绕国家文物事业发展，落实国家委托的重大基础性工作，积极发挥智库咨询作用。主持完成国家文物事业发展"十二五""十三五"规划编制，参与《"十四五"文物保护和科技创新规划》编制和论证、第一次全国可移动文物普查、第四次全国文物普查等重点工作，协助国家文物局完成第八批全国重点文物保护单位申报遴选、全国长城资源调查与认定、中国世界文化遗产监测预警总平台搭建和运维、文物标准化制修订等工作。

　　文研院主持承担了大批重要科研项目，形成了社会科学、自然科学、工程技术各具特色又交叉融合的文物保护专业体系。全面参与长城、大运河、长江文物保护研究工作；主持实施了应县木塔、明十三陵、清东陵、清西陵等重点项目；配合"北京中轴线"申遗，主持协和医院、法海寺大殿壁画监测、比利时使馆旧址维修等北京旧城保护项目；承担了天安门、延安革命史迹、八路军总部旧址等革命文物保护利用项目以及区域专项规划；承担全国石窟寺保护状况专项调查、全国壁画彩塑保护专项调查、全国名碑名刻保护专项调查，编制《"十四五"石窟寺保护利用专项规划》、石窟寺岩体加固领域首个科技部国家重点研发计划项目；持续开展世界文化遗产理论与策略研究，承担世界文化遗产申报文本编制工作，开展世界文化遗产反应性监测和遗产地监测评估，建设世界文化遗产交流共享体系；有针对性地加大对特殊材质、复合文物修复关键技术攻关，承担了西藏布达拉宫文物（古籍文献）保护利用项目。

文研院先后承担国家重点研发计划重点专项，国家自然科学基金、国家社会科学基金系列国家级重大基础研究课题和国家文物保护重大专项。拥有有效专利 21 项。同时，完成数百项基本科研业务费课题和文物保护修复项目，10 余处世界文化遗产申遗项目与申报项目，以及 40 余项世界文化遗产和预备名单的保护管理规划、设计和监测方案，编写"中国世界文化遗产年度保护状况总报告"。完成 70 余项人才培训任务，为全国培养相关专业技术与管理人员近万人。

文研院配合国家外交大局和"一带一路"倡议，持续开展援外文物保护工程重大项目，与英国、法国、意大利、塞尔维亚等国建立学术交流机制，践行亚洲文化遗产保护行动，承担亚洲文化遗产保护联盟秘书处职责。此外，文研院还与国际重要的文化遗产保护机构、学术团体、国外著名科学研究机构和知名大学开展了广泛的交流与合作。

进入新时代，文研院在国家文物局的领导下，深入学习贯彻习近平文化思想，落实"保护第一、加强管理、挖掘价值、有效利用、让文物活起来"的工作要求，全力完成国家交办的重大文物保护利用工作任务。2025 年，文研院即将迎来建院九十周年。站在新历史起点上，文研院将赓续传统专业优势，积极开拓创新发展，持续打造文物保护利用"国家队"，以实际行动更好地担负起新时代文化使命，为中国文化遗产事业高质量发展作出更大贡献。

序

  习近平总书记指出，世界文化和自然遗产是人类文明发展和自然演进的重要成果，也是促进不同文明交流互鉴的重要载体。自 1978 年首批 12 处世界遗产列入《世界遗产名录》以来，至今全球共有世界遗产 1223 项，分布在 168 个缔约国。保护好、传承好、利用好这些宝贵财富，是缔约国的共同责任，是人类文明赓续和世界可持续发展的必然要求。习近平总书记高度重视世界文化遗产申报保护工作，十八大以来，总书记多次作出重要论述和指示批示，实地考察多个省区市的世界遗产地，提出一系列新思想新观点新论断。

  为深入贯彻落实习近平总书记对加强文化和自然遗产保护传承利用工作作出的重要指示精神，积极应对气候变化、规则调整、理念变化对世界文化遗产工作的影响，在国家文物局部署和指导下，中国文化遗产研究院持续开展世界文化遗产监测工作，建立运行并不断完善世界文化遗产监测预警总平台，指导遗产保护管理机构持续呈报年度保护状况报告。在近期最新工作进展的基础上，中国文化遗产研究院编制了《中国世界文化遗产保护研究报告（2024）》，旨在通过该报告呈现当前我国世界文化遗产事业的发展状况。

  《报告》是中国文化遗产研究院主编的中国世界文化遗产保护研究系列报告的第 10 本，也是以专著形式出版的第 5 本。系列报告的创设初衷源于中国文化遗产研究院对世界文化遗产事业发展的责任担当和对科学保护知识理念传播普及的热忱。系列报告始终坚持以全面、准确的数据记录和科学、客观的分析评估，向读者解读中国世界文化遗产保护传承利用工作情况。系列报告经历了从无到有、从单一到多元的转变，尽最大可能如实解读中央和地方

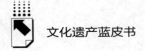

开展世界文化遗产保护的最新进展，以及实践理念和技术的重要演进。

《报告》由五个部分组成，共有 19 篇报告。其中，总报告全面概述了 2023 年我国世界文化遗产保护实践的进展、面临的挑战和应对建议。分报告则基于 2023 年我国世界文化遗产地监测年度报告数据，梳理了机构与能力建设、遗产本体保护状况、遗产影响因素与应对、保护展示工程项目与日常保护管理工作情况。专题篇探讨了当前世界遗产事业发展趋势、我国在相关领域的保护实践、社会对世界遗产工作的关注、遗产及其周边区域空间变化、社会力量参与遗产保护等情况和中国古迹遗址保护协会 30 年的发展成就。特色遗产篇则聚焦曲阜孔庙及孔府、大足石刻、大运河、福建省世界文化遗产、良渚古城遗址、北京中轴线、北京故宫、苏州古典园林 - 拙政园，介绍了各地保护、管理、利用和研究案例。附录部分的图纸数据反映了 2023 年我国世界文化遗产主要保护管理状况。

《报告》的编辑团队由中国文化遗产研究院中国世界文化遗产中心（中国世界文化遗产监测中心）和国内世界文化遗产保护领域一线管理者、专家学者组成，他们在世界文化遗产保护方面具有较为丰富的经验和专业的知识，尽可能保证了《报告》内容的深度和广度。希望《报告》的编辑出版，可以为世界文化遗产保护相关政策制定者和执行者提供参考，更期待《报告》能够为公众意识的提升和事业的发展起到推动作用，并通过激发跨学科、跨领域的对话交流，为我国世界文化遗产保护带来新的视角和思考。

2024 年 7 月，党的二十届三中全会通过《中共中央关于进一步全面深化改革、推进中国式现代化的决定》，对文物和文化遗产工作做了最丰富、最系统的表述，充分体现了以习近平同志为核心的党中央对文物保护利用和文化遗产保护传承的高度重视。2024 年 8 月，"北京中轴线"成功列入《世界遗产名录》后，习近平总书记对加强文化和自然遗产保护传承利用工作作出重要指示，强调要进一步加强文化和自然遗产的整体性、系统性保护，切实提高遗产保护能力和水平，守护好中华民族的文化瑰宝和自然珍宝。

面对新形势和新要求，中国文化遗产研究院将在国家文物局的领导下，与全体世界文化遗产从业者携手并肩，依据新修订的《中华人民共和国文物保护法》，坚持守正创新，坚持实践开拓，践行新发展理念，本着对历史负责、对人民负责的精神，认真履行《保护世界文化和自然遗产公约》，不断提高遗产保护能力和水平，持续打造文物保护利用"国家队"，以实际行动更好地承担新时代的文化使命，为我国世界文化遗产事业高质量发展作出更大的贡献。

中国文化遗产研究院院长　凌明

2024 年 12 月

摘　要

2023 年，全球世界遗产事业正式进入第二个 50 年，面对世界百年未有之大变局以及国际力量的调整，大国博弈的广度和烈度逐步上升，局部战争和冲突事件成为世界遗产所面临的重大威胁。为了更好地应对包括战争和冲突事件等在内的各项威胁对世界遗产事业的影响，联合国教科文组织（UNESCO）紧紧围绕《世界遗产公约》精神，在战略规划、工具创新、技术应用和国际合作等方面持续深化与扩展。本年度包括《亚太地区区域框架行动计划（2022—2030）》、"提升我们的遗产工具包 2.0"、"世界遗产线上地图平台（WHOMP）"、《遗产地城市搜救指南》等在内的多个相关文件和工具的出台，深刻契合了世界遗产领域在新时期的新需求。面对气候变化和新冠疫情的双重挑战，国际古迹遗址理事会（ICOMOS）和 UNESCO 等机构采取了一系列行动以保护世界遗产并推动可持续发展，展现了世界遗产在社会经济发展中的积极影响力。

2023 年，中国世界文化遗产保护工作有以下值得关注的特点：习近平总书记出席文化传承发展座谈会并发表重要讲话，全国宣传思想文化工作会议提出习近平文化思想，明确了新时期文化传承发展的新使命和新要求，为我国文化遗产保护传承工作提供了行动指南。在习近平文化思想指引下，中国世界文化遗产事业紧扣国家重大战略和重大需求，开展了一系列有益的实践。具体包括，大力推进中国世界文化遗产申报工作，成功将"普洱景迈山古茶林文化景观"列入《世界遗产名录》，填补全球以"茶"为主题的文化遗产项目的空白，"北京中轴线——中国理想都城秩序的杰作"、海上丝绸之路、万

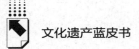

里茶道、景德镇瓷业文化景观、三星堆—金沙遗址等申遗筹备工作稳步推进，全面启动《中国世界文化遗产预备名单》更新工作，助力建立具有代表性、平衡性和可信性的《世界遗产名录》。4 项遗产的保护状况报告和 3 项遗产的区划澄清图纸通过第 45 届世界遗产委员会会议审议，国际联合咨询小组受邀考察研讨武当山古建筑群保护管理工作，世界遗产委员会会议决议要求的各项工作有序开展。2023 年，得益于人力防范与技术防范的紧密协作，中国世界文化遗产未发生重大安全事故。各地实施多项保护展示利用工程，价值载体保护传承状态持续向好。17 项文物保护行业标准以及 52 项地方法规和规章制度出台，遗产保护工作的法制化、规范化水平迈上新台阶。既符合世界遗产监测要求，又融入国内文物保护管理特色的中国世界文化遗产监测预警体系持续建设中，已形成"1 个国家总平台 +42 个遗产地平台"的信息化监测管理体系，推进我国世界文化遗产领域主动型管理模式的变革。2023 年，游客总量显著回升，带动门票收入和经营性收入大幅增长。在机构与能力建设方面，本年度的遗产保护管理总经费和旅游管理相关经费涨幅明显，高等教育培养和国家级专业技术培训取得新成效，文物科技创新工作得到有力推动。

2023 年，中国世界文化遗产地仍然面临安全风险依然存在、法人违法行为、保护管理规划和遗产保护专项立法落实不到位、旅游活动不规范和游客不文明行为、现场展示与阐释工作不足以及多部门协同管理机制不顺畅等主要挑战。下一阶段，中国世界文化遗产事业需要进一步夯实保护传承基础，提高依法治理水平；理顺管理机制，完善遗产工作格局；优化保护传承体系，创新活化利用模式；加强公约履行能力，助力文明交流互鉴，以推进中国世界文化遗产事业的高质量发展，更好地担负起新时代的文化使命。

关键词： 世界文化遗产　遗产监测　保护管理

目 录 ⏌⊃

I 总报告

II 分报告

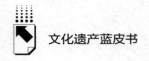

Ⅲ 专题篇

Ⅳ 特色遗产篇

附　录

皮书数据库阅读**使用指南**

总 报 告

B.1
2023 年中国世界文化遗产保护研究总报告*

赵 云　燕海鸣　罗 颖**

摘　要： 2023 年，全球世界遗产事业正式进入第二个 50 年。在《世界遗产公约》精神的指导下，多个相关文件和工具的出台呼应了新时期世界遗产事业的新要求。面对气候变化和新冠疫情的双重挑战，国际相关组织采取一系列行动，持续展现世界遗产在可持续发展方面的积极影响力。2023

---

*　本书语境下的"遗产"，指列入《世界遗产名录》的项目；"遗产地"指保护管理机构管辖的区域，因各地机构设置不一，"遗产地"可能是某项遗产、某项遗产的一个组成部分，或是某项遗产的多个组成部分，为编制中国世界文化遗产地监测年度报告的最小单位。

**　赵云，中国文化遗产研究院中国世界文化遗产中心（中国世界文化遗产监测中心）主任、研究馆员，主要研究领域：世界文化遗产、文物保护；燕海鸣，中国文化遗产研究院中国世界文化遗产中心（中国世界文化遗产监测中心）副主任、研究馆员，中国古迹遗址保护协会秘书处主任，主要研究领域：世界遗产、遗产与中国社会；罗颖，中国文化遗产研究院中国世界文化遗产中心（中国世界文化遗产监测中心）高级工程师，主要研究领域：世界文化遗产保护与监测。

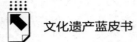
年，习近平文化思想首次提出，中国世界文化遗产事业紧扣国家重大战略和重大需求，开展了一系列有益的实践。"普洱景迈山古茶林文化景观"列入《世界遗产名录》，填补全球以"茶"为主题的文化遗产项目的空白；《中国世界文化遗产预备名单》更新工作全面启动，助力建立具有代表性、平衡性和可信性的《世界遗产名录》。4项遗产的保护状况报告和3项遗产的区划澄清图纸通过审议，国际组织受邀完成武当山古建筑群考察，世界遗产委员会要求的各项任务稳步推进。世界文化遗产全年未发生重大安全事故。各地实施多项保护展示利用工程，价值载体保护和传承状态持续向好。17项文物保护行业标准以及52项地方法规和规章制度出台，遗产保护工作的法制化、规范化水平迈上新台阶。年度游客总量显著回升，是上年的3倍，带动门票收入和经营性收入大幅增长。年度保护管理总经费投入显著提高，文物科技创新工作得到有力推动。但中国世界文化遗产事业也面临安全风险依然存在、法人违法、保护管理规划及专项立法落实不到位、游客不文明行为与旅游活动不规范、现场展示阐释不足、协同管理机制不顺畅等挑战。下一步，中国需要进一步夯实保护传承基础，提高依法治理水平；理顺管理机制，完善遗产工作格局；优化保护传承体系，创新活化利用模式；加强公约履行能力，助力文明交流互鉴，推进世界文化遗产事业高质量发展。

关键词： 世界遗产　可持续发展　保护传承　监测管理

一　全球世界遗产事业发展总体形势

截至2023年，全球共有1199项世界遗产，其中933项为文化遗产、227项为自然遗产、39项为文化和自然混合遗产。2023年，全球世界遗产事业正式进入第二个50年，面对世界百年未有之大变局以及国际力量的调整，大国博弈的广度和烈度逐步上升，[1] 各方紧紧围绕《世界遗产公约》精神，在理论与实践方面均取得了有效进展。

（一）局部战争和冲突事件成为世界遗产面临的重大威胁

2023 年，全球地缘政治仍处于动荡与变动之中，整个国际体系继续加速分化重组。东欧地区局势依旧紧张；伊斯兰国家在沙特和伊朗关系解冻后，出现新的"和解潮"，但巴以冲突的加剧对其和平进程造成冲击；在全球能源和粮食价格上涨的背景下非洲的治理脆弱性凸显，但整体政治影响力上升。[2] 国际格局和国际秩序的日益复杂，局部战争和冲突事件成为世界遗产面临的重大威胁。

2023 年，5 项世界遗产因战争和冲突事件被列入《濒危世界遗产名录》（List of World Heritage in Danger），分别是马里卜的示巴古国地标建筑（Landmarks of the Ancient Kingdom of Saba, Marib）、拉希德·卡拉米国际会展中心（Rachid Karami International Fair-Tripoli）、"基辅：圣·索菲娅教堂和佩乔尔斯克修道院"（Kyiv: Saint-Sophia Cathedral and Related Monastic Buildings, Kyiv-Pechersk Lavra）、里沃夫历史中心（L'viv - the Ensemble of the Historic Centre）和敖德萨历史中心（The Historic Centre of Odesa）。[3]

面对局部战争和冲突事件对世界遗产的重大威胁，联合国教科文组织（UNESCO）、国际文化财产保护与修复研究中心(ICCROM)和国际古迹遗址理事会（ICOMOS）等机构合作，开展了多次遗产管理者紧急技术培训工作，旨在帮助遗产管理者获得必要的技能和知识，降低战争中文化遗产的风险。此外，还致力于通过教育等多种形式，增强公众对文化遗产的认识和尊重，从而在更深层次保护和传承文化遗产。也门当地政府也积极与国际组织沟通，

---

① 张宇燕、庞大鹏等：《2023~2024 年全球形势分析与展望》，载中国社会科学院国际研究学部编《中国社会科学院国际形势报告（2024）》，社会科学文献出版社，2023。

② 逄锐之、邹治波：《地缘冲突与国际格局（2022~2023）》，载张宇燕主编《全球政治与安全报告（2024）》，社会科学文献出版社，2023。

③ UNESCO, "Odesa Inscribed on UNESCO's World Heritage List in the Face of Threats of Destruction", 2023, accessed on 5 July 2024, https://whc.unesco.org/en/news/2518.

计划通过申请 UNESCO 紧急基金，实施紧急行动以保护也门文化遗产，包括资助能力建设、修复受损古迹等。①

截至 2023 年，全球共有濒危世界遗产 56 项。其中，阿拉伯地区占比 41%、非洲地区占比 25%、欧洲和北美地区占比 12%、拉丁美洲和加勒比地区占比 11%、亚洲及太平洋地区占比 11%，凸显了各地区在遗产保护方面所面临的挑战。《濒危世界遗产名录》于 1992 年成为世界遗产体系中一项重要监测机制，用于识别和保护处于危险中的遗产，旨在动员并得到国际社会的支持，帮助相关国家应对保护挑战，并通过与世界遗产中心和咨询机构的合作，制订和实施纠正措施计划，以期达到对世界遗产的理想保护状态。

（二）多个相关文件和工具出台呼应世界遗产领域新时期新要求

2023 年，世界遗产领域在战略规划、工具创新、技术应用和国际合作方面持续深化与扩展。第 45 届世界遗产委员会会议通过了《亚太地区区域框架行动计划（2022—2030）》，提出 34 个行动措施以加强亚太地区世界遗产保护管理工作；UNESCO 三大咨询机构联合发布了"提升我们的遗产工具包 2.0"，为遗产地管理者提供管理有效的科学评估体系；UNESCO 世界遗产中心推出"世界遗产线上地图平台"（WHOMP），以提升全球遗产保护能力；ICOMOS 成立了航空航天遗产国际科学专委会（ISCoAH），致力于保护地球轨道和外层空间的航空航天遗产；UNESCO 与合作伙伴发布了《遗产地城市搜救指南》，强调紧急情况下文化遗产保护的重要性。

1.《亚太地区区域框架行动计划（2022—2030）》通过审议

2023 年 9 月，第 45 届世界遗产委员会会议审议通过了基于亚太地区各缔约国第三轮定期报告填报成果、由世界遗产中心组织编写的《亚太地区区

---

① UNESCO, "Summary of the State of Conservation Report by the State Party / Résumé du Rapport de l'Etat Partie sur L'état de Conservation", 2023, accessed on 5 July 2024, https://whc.unesco.org/en/list/1700/documents/.

域框架行动计划（2022—2030）》,①围绕世界遗产事业战略发展目标，提出了包括增强《世界遗产名录》在亚太地区的代表性和可信度，加强对世界遗产的保护、有效管理和推广，促进制定有效的能力建设措施，通过宣传提高公众对世界遗产的意识、参与和支持，提高社区和利益相关者的参与度以便有效管理世界遗产等 5 个目标的 34 个具体行动措施，为下阶段亚太地区各个缔约国和遗产地的实际保护管理工作提供行动指南。截至 2023 年 12 月，阿拉伯国家、非洲、亚洲和太平洋地区、拉丁美洲和加勒比地区等 4 个区域的框架行动计划均已通过审议，待最后一个区域——欧洲和北美地区的行动计划通过审议后,②于 2018 年启动的全球世界遗产第三轮定期报告的主体工作将全部完成，各个区域均将进入行动计划实施阶段。

2. "提升我们的遗产工具包 2.0" 发布

2023 年，UNESCO 旗下的三大咨询机构——ICCROM、ICOMOS 以及国际自然保护联盟（IUCN），共同推出了全新升级的 "提升我们的遗产工具包 2.0"（EoH 2.0）。EoH 2.0 是在原有版本基础上的重要更新，它广泛适用于世界文化、自然及混合遗产，主要受众包括世界遗产地管理者、一线工作人员及学术研究者。其核心功能在于为遗产地管理者提供了一套科学的评估框架和评估流程，通过全面而细致的评估，引导管理者更加精准地定位遗产保护管理的关键点与着力点，帮助管理者深刻洞察并准确把握世界遗产的独特价值与深远意义，从而推动遗产保护工作的深入开展与持续优化。③

3. "世界遗产线上地图平台"（WHOMP）发布

2023 年 9 月，在比利时政府的支持下，UNESCO 世界遗产中心的 "世界遗产线上地图平台"（WHOMP）在第 45 届世界遗产委员会会议上正式发布。该平台的主要用途为：为社会公众提供准确、直观、便于获取和分析的世界遗产地理数据（遗产区、缓冲区边界），从而提升其对全球世界遗产及其保护

---

① UNESCO, "Regional Framework Action Plan for Asia and the Pacific", 2023, accessed on 2 June 2024, https://whc.unesco.org/en/documents/201265.

② 预计在 2024 年第 46 届世界遗产委员会会议审议。

③ UNESCO, "New Tool to Assess the Effectiveness of World Heritage Management", 2023, accessed on 3 June 2024, https://whc.unesco.org/en/news/2630.

边界的认知；推进更准确、更全面的遗产影响评估和环境影响评估等其他工作，加强缔约国对世界遗产突出普遍价值的保护，支持世界遗产的有效保护、监测、分析和决策。WHOMP 的推出，将为世界遗产的保护和管理带来重大变革，对《2030 年可持续发展议程》中目标 11.4——强化世界文化和自然遗产保护的实现发挥重要作用。①

4. 启动航空航天遗产保护研究工作

2023 年 1 月，ICOMOS 成立了一个新的国际科学委员会——航空航天遗产国际科学专委会（ISCoAH），其使命是促进人类在地球轨道和外层空间的有形和无形的航空航天遗产的识别、调查、保护、保存和可持续管理。专委会的成立标志着文化遗产的空间范围已经从传统的地面扩展到地球轨道、月球乃至整个太阳系，将有助于加强公众对航空航天遗产重要性的理解，促进不同文化背景的人们在保护和利用这些遗产方面的共同参与，提升公众对航空航天遗产科学价值的认识。②

5.《遗产地城市搜救指南》发布

2023 年 6 月，UNESCO、国际搜索救援咨询小组（INSARAG）与 ICCROM 联合发布的《遗产地城市搜救指南》（以下简称《指南》），体现了文化遗产保护与人道主义援助结合取得的重要进展，同时凸显了在紧急情况下遗产保护的重要性。《指南》为城市搜救团队提供了全面的知识和实用策略，以有效降低文化遗产面临的风险，增强文化遗产的防灾减灾能力。《指南》的推广，有望促进一种更加全面的救灾方法的普及，不仅优先保障生命安全，同时高度重视并保护文化遗产。③

---

① UNESCO, "World Heritage Online Map Platform", accessed on 3 June 2024, https://whc. unesco.org/en/wh-gis/.
② ICOMOS, "New ICOMOS ISC on Aerospace Heritage", 2023, accessed on 8 June 2024, https://www.icomos.org/en/89-english-categories/home/121302-new-icomos-isc-aerospace-heritage.
③ ICCROM, "INSARAG-UNESCO-ICCROM Issue Guidelines for Urban Search and Rescue at Heritage Sites", 2023, accessed on 8 June 2024, https://www.iccrom.org/news/insarag-unesco-iccrom-issue-guidelines-urban-search-and-rescue-heritage-sites.

（三）持续展现世界遗产在可持续发展方面的积极影响力

2023 年，世界遗产作为《2030 年可持续发展议程》文化载体的重要组成部分，在环境和韧性、繁荣和生计、知识和技能、包容和参与[1]等方面开展了一系列有益探索，助推文化对可持续发展的关键作用。ICOMOS 发起了"保护遗产：为过去创造未来"的全球倡议，与国家地理学会和气候遗产网络合作，开展了气候变化影响的评估和保护行动。UNESCO、ICOMOS 和政府间气候变化专门委员会（IPCC）联合发布了《关于文化、遗产与气候变化的全球研究与行动议程》，提供了 45 条关键信息和 13 个案例研究，以促进文化领域在气候行动中的参与。UNESCO 的"COVID-19 大流行后世界遗产地保护、旅游和地方生计战略的整合"项目在日本政府资助下取得了重要进展，增强了遗产地的复原力和地方经济的融合。此外，在《世界遗产公约》50 周年之际，UNESCO 发布"那不勒斯精神"行动倡议，强调文化遗产作为全球公共产品的重要性，并提出了全面保护和传承文化遗产的方法。

1. 应对气候变化的挑战

2023 年，全球气候状况进一步恶化。数据显示，2023 年 7 月成为人类有气象记录以来全球平均气温最高的月份，这可能打破了至少 12 万年以来的历史纪录。[2]人为引起的气候变化所导致的极端气候事件已经成为常态。[3]针对全球气候变化带来的威胁，本年度 ICOMOS 主导或参与了一系列跨领域、跨国界、跨部门协作，在全球气候变化应对措施中具有独特的价值和意义。

2023 年 3 月，ICOMOS 发布了一项名为"保护遗产：为过去创造未来"的全球行动倡议，旨在减轻气候变化对文化遗产的影响，拟在全球 10 处遗产

---

[1] UNESCO, "Culture | 2030 Indicators (chi)", 2020, accessed on 8 June 2024, https://unesdoc. unesco.org/ark:/48223/pf0000373501.

[2] 《气象组织正式宣布 2023 年 7 月为有记录以来最热的月份》，联合国新闻，https://news. un.org/zh/story/2023/08/1120502，最后检索时间：2024 年 6 月 8 日。

[3] 《气象组织：世界在极端高温下陷入热浪"新常态"》，联合国新闻，https://news.un.org/zh/ story/2023/08/1120782，最后检索时间：2024 年 6 月 8 日。

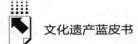

地开展，包括 2 处主要遗址和 8 处观察员站点。该倡议由 ICOMOS 与国家地理学会、气候遗产网络以及当地社区和遗址管理团队合作，跨领域、跨国界的合作模式不仅有助于整合不同领域的专业知识和资源，而且在项目实施过程中强调社区主导的评估和保护行动，有助于确保当地社区在保护过程中的参与和受益、找到既符合科学标准又尊重当地文化传统的保护策略、推动全球范围内的知识和经验交流以及相关知识和技能的传播。①

2023 年 4 月，UNESCO、ICOMOS 和 IPCC 联合发布合作的科学研究成果《关于文化、遗产与气候变化的全球研究与行动议程》。该成果包括"地方知识在红河哈尼梯田文化景观改造中的运用""澳门历史城区的气候意识和策略的发展"在内的 13 个案例研究，跨领域和关键主题的 11 项知识缺陷和行动项，以及 4 项与"气候变化、文化和遗产"相关的合作方向及以问题为导向的研究领域。② 该成果为文化遗产保护和气候变化应对提供了全面的支持和参考，尤其在理解气候变化对文化遗产的影响、建立更全面的风险评估模型、制定适应气候变化的策略和方法等方面。

2. 应对新冠疫情后的挑战

UNESCO 组织实施的为期 3 年（2022~2024 年）的"COVID-19 大流行后世界遗产地保护、旅游和地方生计战略的整合"项目取得阶段性进展。该项目受 UNESCO 保护文化遗产日本信托基金（Japanese Funds-in-Trusts）③ 资助，旨在促进遗产保护与地方经济和社会生活的融合，并提出可复制的战略和方法。2023 年，该项目进入快速推进期，举行了多次协调小组会议和学习交流工作坊，佛得角的维拉城（Cidade Velha-Cabo

① ICOMOS, "ICOMOS Coordinates New Global Initiative to Safeguard Heritage from Climate Change", 2023, accessed on 8 June 2024, https://www.icomos.org/en/89-english-categories/home/121976-icomos-coordinates-new-global-initiative-to-safeguard-heritage-from-climate-change?utm_content=bufferd89e3&utm_medium=social&utm_source=twitter.com&utm_campaign=buffer&continueFlag=1fde90bb9c87206ed100db87e8bf7790.
② ICOMOS, "Release of the Global Research and Action Agenda on Culture, Heritage and Climate Change ǀ EN and FR", 2023, accessed on 8 June 2024, https://www.icomos.org/en/focus/climate-change/122830-the-graa-is-released-in-english-and-french.
③ 该基金成立于 1989 年，为日本政府在 UNESCO 下设立的保护世界文化遗产信托基金，该组织主要涉足文化遗产的保护与修复项目，并会派遣专家参与项目工程提出专业指导。

Verde)、约旦的佩特拉（Petra-Jordan）、越南的董里安景观综合体（Trang An Landscape Complex-Viet Nam）、洪都拉斯的科潘玛雅遗址（Maya Site of Copan-Honduras）4 处遗产地的试点工作均取得重大进展，包括更新管理计划、加强社交媒体沟通、培训企业家和社区领袖以应对非正规商业的挑战、通过知识分享会议和数字工具提高复原力等。该项目的预期成果还包括确定当地主要利益相关方（中小企业、合作社、社区等），开发具有当地价值的商业模式以增加生计，出版和传播项目的经验和成果等。①

3. 作为可持续发展的推动力

世界遗产作为"全球公共产品"，在促进可持续发展、社会包容和文化多样性方面发挥着重要作用。2023 年 11 月，UNESCO 在意大利那不勒斯举办 21 世纪文化遗产会议，在《世界遗产公约》签署 50 周年和《保护非物质文化遗产公约》签署 20 周年之际，基于《蒙迪亚文化宣言》提出的文化是"全球公共产品"，探讨了世界遗产和非物质文化遗产作为可持续社会和经济发展的推动力，对当代和未来的贡献。会议发表了《"那不勒斯精神"行动倡议》，呼吁全球社区采取措施确保文化遗产的保护和传承，同时作为全球公共产品大力推动社会和经济发展。该倡议提出要通过全面的方法保护自然和文化、物质和非物质遗产，加强自然与文化遗产之间的联系，提高对环境可持续性和应对气候变化影响的认识，确保生活在遗产地及其周边的当地社区和居民的福祉和可持续生计，确保知识、技能、实践等以全面、连贯和可持续的方式传递给后代，确保社会和经济包容性，加强和扩大伙伴关系以加强地方、区域和国家层面的能力，开发和实施优先考虑全面保护遗产的可持续旅游政策等。②

---

① UNESCO, "Post COVID-19 World Heritage Site Management: Integration of Conservation, Tourism and Local Livelihood Strategies at World Heritage Sites", 2023, accessed on 3 June 2024, https://whc.unesco.org/en/news/2448.

② UNESCO, "Naples Conference on Cultural Heritage in the 21st Century", 2023, accessed on 8 June 2024, https://www.unesco.org/en/culture/naples-conference.

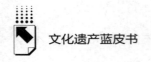

二 中国世界文化遗产事业发展总体形势

截至 2023 年，我国世界遗产总数达到 57 项，其中文化遗产 39 项、自然遗产 14 项、文化和自然混合遗产 4 项，位居全球第二。[①]2023 年，是我国全面贯彻党的二十大精神的开局之年，全国宣传思想文化工作会议明确提出习近平文化思想，为我国文化遗产保护传承工作提供了行动指南。在习近平文化思想指引下，我国世界文化遗产事业紧扣国家重大战略和重大需求，开展了一系列有益的实践。具体包括，大力推进中国世界文化遗产申报工作，"普洱景迈山古茶林文化景观"列入《世界遗产名录》，填补全球以"茶"为主题的文化遗产项目的空白。4 项遗产的保护状况报告和 3 项遗产的区划澄清图纸通过第 45 届世界遗产委员会审议。我国世界文化遗产全年未发生重大安全事故。各地实施多项保护展示利用工程，价值载体的保护和传承状态持续向好。17 项文物保护行业标准以及 52 项地方法规和规章制度出台，遗产保护工作的法制化、规范化水平迈上新台阶。年度游客总量显著回升，带动门票收入和经营性收入大幅提高。遗产保护管理经费投入显著增加，文物科技创新工作得到有力推动。

（一）党和国家领导人对文化传承发展作出重要指示批示，为新时期世界文化遗产事业高质量发展提供行动指南

1. 新时期文化传承发展的新使命和新要求

2023 年 6 月，习近平总书记出席文化传承发展座谈会并发表重要讲话，着眼强国建设、民族复兴，立足赓续中华文脉、建设中华民族现代文明，全面总结中华文明连续性、创新性、统一性、包容性、和平性五个突出特性，深刻回答把马克思主义基本原理同中国具体实际相结合、同中华优秀传统文化相结合的重要意义、基本路径，鲜明提出建设中华民族现代文明这一重大

[①] 截至 2023 年底，我国有 43 项世界文化遗产（含文化和自然混合遗产）、114 处遗产地。

课题，为更好担负起新的文化使命、建设中华民族现代文明指明了前进方向、提供了根本遵循。①2023 年 10 月，全国宣传思想文化工作会议上首次提出习近平文化思想，标志着党对中国特色社会主义文化建设规律的认识达到了新高度。习近平总书记提出要着力赓续中华文脉、推动中华优秀传统文化创造性转化和创新性发展，着力推动文化事业和文化产业繁荣发展，着力加强国际传播能力建设、促进文明交流互鉴等"七个着力"，为包括世界文化遗产在内的文化建设工作明确了新要求。

2. 文化遗产保护传承工作的重要性处于前所未有的高度

2023 年，党和国家领导人把文化遗产保护传承工作置于促进不同文明交流互鉴、包容合作，助力世界和平的重要地位。2023 年 4 月，习近平总书记向亚洲文化遗产保护联盟大会致贺信，指出中国愿在联盟框架下，同亚洲各国携手加强文化遗产保护经验交流，积极推动文化遗产领域国际合作，构建全球文明对话合作网络，促进各国人民相知相亲，共同推动人类文明发展进步。② 2023 年 9 月，习近平总书记会见 UNESCO 总干事阿祖莱（Audrey Azoulay），提出中国愿同 UNESCO 开展更紧密合作，不断提高遗产保护能力和水平，促进各种文明交流互鉴、包容合作，助力世界和平，推动构建人类命运共同体。③ 2023 年 12 月，中共中央政治局常委、中央书记处书记蔡奇在文化遗产保护传承座谈会上强调，要认真学习贯彻习近平文化思想，按照"保护第一，传承优先"的理念，坚定文化自信，秉持开放包容，坚持守正创新，正确处理保护与利用、保护与发展、保护与开发等文化遗产保护传承中的重大关系，始终把保护放在第一位，为以中国式现代化全面推进强国建设、

---

① 《习近平：在文化传承发展座谈会上的讲话》，国家文物局，http://www.ncha.gov.cn/art/2023/8/31/art_2664_183762.html，最后检索时间：2024 年 7 月 30 日。
② 《习近平向亚洲文化遗产保护联盟大会致贺信》，国家文物局，http://www.ncha.gov.cn/art/2023/4/25/art_2664_181203.html，最后检索时间：2024 年 6 月 2 日。
③ 《习近平会见联合国教科文组织总干事阿祖莱》，人民网，http://jhsjk.people.cn/article/40087762，最后检索时间：2024 年 5 月 18 日。

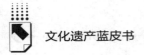
民族复兴伟业注入强大文化力量。①

2023 年，习近平总书记赴浙东运河、苏州平江历史文化街区、三星堆博物馆等多处世界文化遗产地和中国世界文化遗产预备名单项目调研，强调"要在保护、传承、利用上下功夫，让古老大运河焕发时代新风貌""不仅要在物质形式上传承好，更要在心里传承好"②，为新时期我国世界文化遗产保护传承工作提供了科学指引和强大动力。

（二）大力推进中国世界文化遗产申报工作，助力建立具有代表性、平衡性和可信性的《世界遗产名录》

1．"普洱景迈山古茶林文化景观"成为全球首个以"茶"为主题的世界遗产

2023 年 7 月，中国申报的"普洱景迈山古茶林文化景观"项目在UNESCO 第 45 届世界遗产委员会会议上通过审议，成功列入《世界遗产名录》，填补了"茶"主题项目的空白，从人与自然和谐发展的维度有力支撑了《世界遗产名录》价值体系，有助于向国际社会全面展示包含中国茶文化在内的中华文明的文化特质。普洱景迈山古茶林文化景观由 5 片古茶林、古茶林中的 9 个传统村落，以及古茶林之间的 3 片分隔防护林构成，是中国西南地区世居民族延续至今的林下茶种植传统的典型例证，是世居民族保护并合理利用山地和森林资源的典范。③

① 《文化遗产保护传承座谈会在京召开 蔡奇出席并讲话》，中华人民共和国中央人民政府，https://www.gov.cn/yaowen/liebiao/202312/content_6921327.htm，最后检索时间：2024 年 8 月 5 日。

② 《习近平总书记对平江历史文化街区保护传承的重要指示 苏州干部群众记于心践于行赓续文脉，绣出中国式现代化"姑苏繁华图"》，江苏省人民政府，http://www.jiangsu.gov.cn/art/2023/7/8/art_60095_10945739.html，最后检索时间：2024 年 7 月 30 日。

③ 《我院承担景迈山古茶林监测工作助力申遗成功》，中国文化遗产研究院，http://www.cach.org.cn/tabid/76/InfoID/2981/frtid/78/Default.aspx，最后检索时间：2024 年 8 月 5 日。

2.《中国世界文化遗产预备名单》更新工作全面启动

2023 年 3 月，为深入贯彻落实习近平总书记关于"在世界遗产申报中，要坚持'三个有利于'原则，要有利于突出中华文明历史文化的价值，有利于体现中华民族精神追求，有利于向世人展示一个全面真实的古代中国和现代中国"[①]的重要指示批示精神，同时也为进一步提高《中国世界文化遗产预备名单》项目遴选与培育过程的科学性和规范性，基于《〈世界遗产预备名单〉的编制和修订指南（2020）》[②]的具体要求，国家文物局启动了《中国世界文化遗产预备名单》更新工作。本次更新工作采取各地自主申报、逐级遴选、专业评审的方式实施，预备项目将向遗产类型较为稀缺以及跨省、跨国联合申报世界文化遗产项目适当倾斜，并统筹考虑申报项目在保护、管理、研究、展示、利用等方面的工作基础。[③]预备名单更新是我国世界文化遗产事业的重要工作，对于明确保护重点、优化申报策略、提升国际影响力、促进科学研究等都具有重要意义。

3."北京中轴线——中国理想都城秩序的杰作"申遗筹备工作稳步推进

2023 年，按照《实施〈世界遗产公约〉操作指南》（2023）的要求，我国 2024 年推荐申报项目"北京中轴线——中国理想都城秩序的杰作"（以下简称"北京中轴线"）相继完成了申报材料提交和国际专家现场评估工作。此外，北京中轴线保护工作在法治建设、政策创新、环境提升、宣传教育等方面也取得重大进展。《北京中轴线保护管理规划（2022 年—2035 年）》《公众参与北京中轴线文化遗产保护与传承支持引导机制（试行）》相继印发，为北京中轴线遗产区和缓冲区的依法治理、公众参与北京中轴线文化遗产协理决策提供了政策依据。[④]通过钟鼓楼、万宁桥、社稷坛、正阳门、先农坛等遗产

---

① 《文脉华章丨良渚：青山还绿 遗址重生》，中国共产党新闻网，http://cpc.people.com.cn/ n1/2024/0827/c164113-40306860.html，最后检索时间：2024 年 8 月 5 日。

② 《〈〈世界遗产预备名录〉的编制和修订指南〉上线》，中国古迹遗址保护协会，http://www. icomoschina.org.cn/content/details90_2480.html，最后检索时间：2024 年 8 月 5 日。

③ 《国家文物局关于启动〈中国世界文化遗产预备名单〉更新工作的通知》，国家文物局，http://www.ncha.gov.cn/art/2023/3/31/art_2318_46073.html，最后检索时间：2024 年 7 月 30 日。

④ 《〈北京中轴线保护管理规划（2022 年—2035 年）〉公布实施》，国家文物局，http://www. ncha.gov.cn/art/2023/1/31/art_2376_179490.html，最后检索时间：2024 年 7 月 30 日。

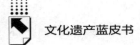

要素的非文物建筑拆除、文物环境整治以及专题展览，有力推动了北京中轴线遗产价值的保护和传承。

4. 海上丝绸之路、万里茶道、景德镇瓷业文化景观、三星堆—金沙遗址等多项预备名单项目取得重要进展

2023年9月，"海上丝绸之路与世界遗产的未来"会议在第45届世界遗产大会期间召开，来自19个国家代表团、专业机构代表共计近百人参加会议，促进了国际的文化交流与合作，为未来的海上丝绸之路跨国联合申遗奠定了基础。①11月，"2023年海上丝绸之路保护和联合申遗城市联盟联席会议"在广东省惠州市召开，重点交流了海上丝绸之路在价值体系研究、考古调查发掘、遗产保护展示、主题宣传推广等方面的工作进展。②

2023年9月，"万里茶道跨国联合申遗国际学术研讨会"在第21届国际古迹遗址理事会科学研讨会期间召开，来自英国、缅甸、新西兰、澳大利亚等国家委员会的参会学者就遗产界定、申遗策略、遗产管理等话题，与发言嘉宾展开了交流研讨。③11月，"中蒙俄万里茶道申遗国际学术研讨会暨万里茶道沿线城市市长论坛"在安徽省黄山市召开，会上讨论并通过了《关于万里茶道文化遗产保护和联合申报世界文化遗产的倡议》，为后续跨国联合申遗工作提供了有力支持和明确方向。④

2023年10月，"2023景德镇申报世界文化遗产国际研讨会"在江西省景德镇市举办，来自中国、美国、英国、韩国、伊朗等国家的十余位文化遗产专家在遗址保护展示、申遗时空范围、申遗思路及策略等方面进行了研究与讨论，给景德镇瓷业文化景观拟填补《世界遗产名录》类型缺口的申报工作

---

① 《第45届世界遗产大会"海上丝绸之路与世界遗产的未来"主题边会成功举办》，国家文物局，2023，http://www.ncha.gov.cn/art/2023/9/20/art_722_184182.html，最后检索时间：2024年6月2日。

② 《2023年海上丝绸之路保护和联合申遗城市联盟联席会议成功召开》，国家文物局，http://www.ncha.gov.cn/art/2023/11/30/art_722_185597.html，最后检索时间：2024年7月30日。

③ 《万里茶道跨国联合申遗专题会议在第21届ICOMOS科学研讨会召开》，中国古迹遗址保护协会，http://www.icomoschina.org.cn/content/details94_17451.html，最后检索时间：2024年7月30日。

④ 《中蒙俄万里茶道申遗国际学术研讨会成功举办》，国家文物局，http://www.ncha.gov.cn/art/2023/11/22/art_722_185431.html，最后检索时间：2024年7月30日。

带来了启示。①

2023 年，三星堆—金沙遗址联合申遗筹备工作正式启动。四川省级层面成立了"三星堆遗址—金沙遗址申遗保护工作领导小组"，负责协调成都市、德阳市、广汉市境内有关遗产保护和管理的重大行政决策。申遗文本及相关材料编制工作取得重要阶段性成果，已形成初步的申报策略和价值标准论述，并根据多次专家咨询会建议不断完善。三星堆遗址考古发掘工作持续推进，2023 年在真武宫地点发现玉石器作坊遗存，并在邻近的燕家院子地点发现可能存在青铜器作坊的线索。此外，现场还开展了一系列本体保护及环境整治工程，以确保三星堆遗址、金沙遗址具有良好的保存状况。

（三）完成世界遗产委员会决议要求的多项工作，切实履行《世界遗产公约》缔约国的责任和义务

1. 4 项遗产的保护状况报告通过第 45 届世界遗产委员会会议审议

2023 年 9 月，武当山古建筑群、拉萨布达拉宫历史建筑群、"丝绸之路：长安—天山廊道的路网"（以下简称"丝绸之路"）、澳门历史城区 4 份保护状况报告② 通过第 45 届世界遗产委员会会议审议。审议结果要求，这 4 项遗产须在 2024 年 12 月 1 日之前，就其中的遗产区划图纸澄清、游客承载量评估、监测方案、影响评估文件等情况再次提交保护状况报告，③ 继续回应国际组织的关切。截至 2023 年，我国已提交 19 项世界文化遗产和 3 项世界文化和自然混合遗产的保护状况报告 118 份，对国际组织提出的各个方面要求和建议作出了积极回应，切实履行了《世界遗产公约》缔约国的责任和义务，同时

---

① 《2023 景德镇申报世界文化遗产国际研讨会举行》，景德镇申遗，https://mp.weixin.qq.com/s/PohVbsnnlg0UDiS0etbF8Q，最后检索时间：2024 年 7 月 30 日。

② 保护状况报告是世界遗产监测体系中的重要组成部分，由世界遗产委员会要求执行，旨在监督全球世界遗产的长期保护与有效管理情况。

③ 具体要求如下，武当山古建筑群需要提交遇真宫顶升工程资料、游客承载量测算、遗产区划澄清图纸等材料，说明邀请国际组织前往现场评估、推进管理规划编制等工作的进展。澳门历史城区需要提交管理规划修改文件、新城市设计方案及影响评估文件、世界遗产监测方案等。拉萨布达拉宫历史建筑群需要提交 3 处保护性设施的影响评估文件、完整保护管理规划文件、遗产区划澄清图纸、监测预警系统方案等。丝绸之路需要提交管理规划、游客承载量评估、西安缓冲区内 2 处涉建项目的基本情况、遗产区划澄清图纸等。

也有效提升了相关遗产地的保护管理水平。

2. 3 项遗产的遗产区划边界澄清成果通过第 45 届世界遗产委员会会议审议

清晰且精确的遗产区划边界是国际组织监督遗产保护管理工作的关键依据。依据世界遗产中心的标准，我国有 19 项遗产由于各种原因，缺乏符合规范的遗产区划图纸，亟须进行区划边界澄清。2023 年 9 月，经过各方努力，龙门石窟、丽江古城、杭州西湖文化景观这 3 项遗产的区划边界澄清工作取得了显著成果，相关图纸资料已顺利通过第 45 届世界遗产委员会会议的严格审查。作为此次边界澄清工作首批获得国际组织认可的成果，不仅为这些遗产地未来的保护管理工作提供了精确的依据，而且有助于国内了解国际组织对世界文化遗产区划图纸的规范性、边界保护的充分性等最新要求，为后续16 项遗产的边界澄清工作以及未来的世界遗产申报项目提供了宝贵的参考。

3. 国际联合咨询小组受邀考察研讨武当山古建筑群保护管理工作

2023 年 12 月，为履行第 45 届世界遗产委员会会议的决议要求，国家文物局特邀 UNESCO 世界遗产中心、ICOMOS 及 ICCROM 组成国际联合咨询小组，就武当山古建筑群遇真宫顶升工程实施情况、太和宫等 13 处遗产点的保护管理以及缓冲区划定与管理等问题，进行考察与研讨。国际联合咨询小组的专家团队高度肯定了我国在武当山古建筑群保护及引导社会公众参与等方面的积极作为，同时，结合实际情况提出了对缓冲区范围优化的专业建议。①

（四）持续提升中国世界文化遗产的治理能力和治理水平，确保遗产突出普遍价值的保护和传承

1. 世界文化遗产领域未发生重大安全事故

2023 年 3 月，为进一步加强遗产安全保障能力，国家文物局联合中共中央宣传部、最高人民法院、最高人民检察院、公安部、文化和旅游部、海关

---

① 《国际联合咨询小组考察研讨世界文化遗产武当山古建筑群保护管理工作》，国家文物局，http://www.ncha.gov.cn/art/2023/12/19/art_722_186075.html，最后检索时间：2024 年 7 月 30 日。

总署等七大部门全面启动为期 3 年的打击防范文物犯罪专项工作。[①]5 月，国家文物局组织实施文物行业重大事故隐患的专项排查与整治行动，针对违规用火用电、安防消防设施设备失效、消防水源不足、电气线路设备故障、易燃可燃物存放不当、燃香烧纸活动管理不严以及应急管理能力薄弱等共计 8148 项重大隐患问题进行全面整改。[②] 全国重点文物保护单位的文物安全直接责任人公告公示工作已基本实现全覆盖，文物安全得到了更有效的保障。[③]

2023 年，我国世界文化遗产地持续开展日常保养维护和保护工程，如曲阜孔庙及孔府开展了为期 3 年的文物建筑预防性保护试点项目，保护对象包括 208 处文物建筑及院墙地面等，及时发现和处理了遗产本体及载体的安全隐患。为提高遗产地管理人员的安全知识和技能，有 17 项遗产、33 处遗产地（占比 29.73%）组织开展了 97 次安消防培训活动。27 项遗产、43 处遗产地（占比 38.74%）投入了 3.2 亿元建设或升级安防与消防软硬件设施，进一步增强了遗产地的安全防护能力。得益于人防与技防的紧密协作，本年度我国世界文化遗产地未发生重大安全事故，1 处遗产地的总体格局、54 处遗产地遗产要素的保存状况得到直接改善，89.25% 的病害得到有效控制。

2. 新颁布实施 69 项地方性法规规章制度和行业标准

2023 年，国家和遗产地层面均加强了世界文化遗产保护的法律法规、规范标准建设。国家层面，2023 年 10 月我国世界文化遗产法治建设的基石——《文物保护法》的最新修订草案全文公布，面向社会广泛征求意见。本次修订草案紧密贴合文化遗产保护事业的新形势与新要求，核心目标在于进一步强化文物保护的管理效能，积极促进文物的合理利用，并鼓励公众广泛参与。《长城保护条例》修订工作以及大运河文化遗产保护立法进程也取得积极进

---

① 《国家文物局等 7 部门联合印发〈打击防范文物犯罪专项工作方案（2023—2025 年）〉》，国家文物局，http://www.ncha.gov.cn/art/2023/3/2/art_722_180024.html，最后检索时间：2024 年 7 月 11 日。

② 《文物行业重大事故隐患专项排查整治 2023 行动专题部署电视电话会议在京召开》，国家文物局，http://www.ncha.gov.cn/art/2023/5/8/art_722_181466.html，最后检索时间：2024 年 7 月 11 日。

③ 《国家文物局关于 2023 年度文物行政执法和安全监管工作情况的通报》，国家文物局，http://www.ncha.gov.cn/art/2024/3/20/art_2318_46619.html，最后检索时间：2024 年 7 月 11 日。

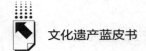
展。本年度，国家文物局发布了 17 项文物保护行业标准，涵盖壁画起甲病害修复及现状调查、数字化采集与加工、馆藏文物保存环境监测、火灾风险评估及防控、博物馆公共安全及信息公开等内容，①为古建筑、石窟寺、古村落、壁画类遗产以及可移动文物、馆藏文物的保护管理工作提供明确的操作指南和管理规范。

遗产地层面，16 项遗产、22 处遗产地新制定与遗产保护管理相关的法律、法规和规章制度共 52 项。其中，涉及扬州市等大运河沿线 4 市，"泉州：宋元中国的世界海洋商贸中心"、普洱景迈山古茶林文化景观、"鼓浪屿：历史国际社区"等遗产地的 7 项地方性法规和 2 项地方政府规章，为遗产保护提供了专项法律支撑；《苏州园林分类管理办法》等 10 项地方规范性文件的发布，有效规范了遗产保护过程中的各类具体操作与行为准则；《罗布林卡灾后管控的抢救保护和防范措施》等 33 项由遗产保护管理机构制定的制度，完善了机构内部的管理体系，确保工作的有序进行。

3. 实施 196 项保护展示与环境整治工程

2023 年，38 项遗产、69 处遗产地（占比 62.16%）共实施了 196 项保护展示与环境整治工程，工程数量较上一年度增加 21 项，有效改善了遗产本体保存和传承状态。其中，108 项（占比 55.1%）为当年新开展项目，88 项（占比 44.9%）为往年延续性项目。

在本体保护方面，34 项遗产、57 处遗产地实施了 134 项工程，占总工程数量的 68.37%，依旧是工程的重点。2023 年，工程经费超过 1500 万元的项目有 12 个，主要涉及柳孜运河遗址永久性保护大棚建设项目、卫河干流（淇门—徐万仓）治理工程、山海关长城（北水关第一段墙体及 9 号马面）保护展示项目、元阳县哈尼梯田集中连片区沟渠/梯田/田间道路恢复项目等。

在展示利用方面，4 项遗产、6 处遗产地实施了 10 项工程，主要涉及展

① 《国家文物局关于发布〈博物馆公共安全应急管理规范〉等 17 项文物保护行业标准的通知》，国家文物局，http://www.ncha.gov.cn/art/2023/12/20/art_2237_46517.html，最后检索时间：2024 年 7 月 30 日。

示道路或展示设施建设、室内陈列布展、亮化提升工程等。此外，2023 年，集中展示遗产价值的展陈馆或博物馆体系也越加完善，成为传递遗产价值、培育文化自信的重要空间。12 月，北京大运河博物馆建成并对外开放，全面展示北京运河的开凿历史、通航功能和漕运管理。中国长城博物馆改造提升工程也正式启动，届时中国长城博物馆总建筑面积将达到 16000 平方米，其中地上建筑面积 5400 平方米、地下建筑面积 10600 平方米，将成为长城世界文化遗产保护传承示范基地、八达岭高峰论坛永久会址。

在环境整治方面，7 项遗产、10 处遗产地实施了 14 项工程。这些工程主要聚焦遗址区及其周围环境的不和谐因素治理、景观美化、旅游设施优化及基础设施升级等方面，不仅显著改善遗产周边的自然与人文景观，还进一步强化了遗产保护对区域环境效益与社会效益的积极推动作用。2023 年故宫博物院和万科公益基金会联合发起的"故宫零废弃"项目，是遗产保护与生态环境保护共赢的杰出探索，荣获 2023 年度文物事业高质量发展推介案例。该项目通过科学精细的废弃物管理方式，带动约 3000 位故宫博物院工作人员、1100 万人次观众、4 万名导游加入绿色故宫共建行动中，不仅成为绿色低碳探索的开路者，更为推动碳中和目标的实现及应对全球气候变化贡献了重要力量。[①]

4. 形成"1 个国家总平台 +42 个遗产地平台"的信息化监测管理模式

2023 年，国家和地方持续完善制度规范、培养人力资源、创新工程技术，以推动中国世界文化遗产监测预警体系建设工作，促进主动型管理模式的根本性变革。

国家层面，中国世界文化遗产监测预警总平台稳定运行，基础数据采集、监测数据对接、遥感监测、舆情监测、遗产地监测年度报告分析等工作有序开展，景迈山古茶林监测预警平台与中国世界文化遗产监测预警总平台实现

---

① 《"故宫零废弃项目"获评"2023 年度文物高质量发展十佳案例"》，故宫博物院，https://www.dpm.org.cn/classify_detail/263276.html，最后检索时间：2024 年 7 月 30 日。

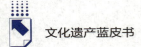

数据对接，为相关决策提供了有力支持。此外，依据世界遗产5C战略目标①、可持续发展等国际最新要求，中国世界文化遗产监测中心启动了《世界文化遗产监测规范》标准修订研究工作。同时，监测中心人员培训工作也得到持续强化，包括承办国际培训班和派员参加世界遗产大会，以提高团队的专业素养与综合能力。

遗产地层面，截至2023年，全国世界文化遗产地参与监测工作的人员共计1629人，占保护管理人员总数的5.24%。约40%遗产地成立了专门开展监测工作的专职机构，为监测工作开展提供了人员保障。2023年，10项遗产、15处遗产地（占比13.51%）主办或参加监测相关的培训，其中"2023年北京世界文化遗产监测年度报告填报工作专题培训班"和"2023年度浙江省世界文化遗产监测培训班"的培训覆盖面较广，培训内容丰富。截至2023年，已有28项遗产、42处遗产地（占比37.84%）建成或正在建设体系化的监测预警平台。其中数智运河－大运河（杭州段）世界文化遗产数智管理系统、武夷山城村汉城遗址监测预警系统为本年度新建设完成。

5. 遗产地游客总量、门票和经营性收入显著回升

2023年，我国世界文化遗产地游客总量实现了大幅度的提升。据统计，本年度共有42项遗产、111处遗产地累计接待游客49556.48万人次，与上一年度相比，增长率高达242%。在境外游客方面，共有29项遗产、39处遗产地接待了境外游客，总人数达到了158.30万人次，相比上一年度增长了148.59万人次，展现出强劲的复苏势头。

游客数量的上涨，直接带动了门票收入和经营性收入的大幅提升。具体而言，80处遗产地的门票收入总额约为110.90亿元，涨幅达300.07%。同时，50处遗产地保护管理机构参与的经营活动也取得了显著成效，其收入总计达到了47.56亿元，涨幅达311.42%。从收入结构来看，32处遗产地以门票收入为主要收入来源，而有13处遗产地更多地依赖于经营活动收入。

---

① 世界遗产5C战略目标为：提高《世界遗产名录》的可信度；保证对世界遗产的有效保护；促进各缔约国有效的能力建设；通过沟通、宣传增强大众对世界遗产的认识、参与和支持；加强社会各界在实施《世界遗产公约》中的作用。

（五）增强人员经费投入和专业技能培养，以促进中国世界文化遗产事业高质量发展

1. 遗产地从业人员整体素质有所提升

截至 2023 年，我国世界文化遗产地[1] 从业人员共计 31108 人。29 处遗产地（占比 26.13%）的从业人员数量实现了增长，其中 8 处遗产地人员数量涨幅超过 25%，显示出这些地区在人力资源投入方面的成效。从人员教育背景来看，本科及以上学历的从业人员占比达到了 47.77%，相较于上年实现了 2.46 个百分点的增长。此外，具有专业技术职称的从业人员占比也有所上升，达到了 29.14%，比上一年度提高了 2.1 个百分点，这一数据的变化反映了各地在提升专业技能方面的不懈努力和进步。

2. 遗产保护管理总经费和旅游管理相关经费涨幅明显

2023 年，我国世界文化遗产地获得的各项保护管理经费共 128.80 亿元，同比增长 26.38%。[2] 其中，中央财政拨款约 15.46 亿元，占比 12.00%，比上年度下降 6.36 个百分点，涉及 63 处遗产地（占比 56.76%），遗产地数量比上年度少 1 处；地方财政经费约 82.71 亿元，占比 64.22%，比上年度增加 1.4 个百分点；自筹经费（主要来源于遗产地的门票收入和经营性收入等）约 30.63 亿元，占比 23.78%，较上年增加 4.96 个百分点，涉及的遗产地数量与上年相同，说明各地的自给能力明显提高。

从全国一般公共财政支出经费（包括中央财政拨款和地方财政经费）来看[3]，2023 年我国世界文化遗产地获得的保护管理经费占比为 0.036%，[4] 同比增长 5.88%，这一增长率高于全国一般公共预算支出的同比增长率（5.4%）。

---

[1]　涉及 111 处提交 2023 年度中国世界文化遗产地监测年度报告的遗产地。

[2]　统计范围为两年均提交有效保护管理经费的遗产地。

[3]　《2023 年财政收支情况》，中华人民共和国财政部，https://gks.mof.gov.cn/tongjishuju/202402/t20240201_3928009.htm，最后检索时间：2024 年 9 月 5 日。

[4]　根据财政部公布数据，2023 年全国一般公共预算支出 274574 亿元，同比增长 5.4%。分中央和地方看，中央一般公共预算本级支出 38219 亿元，同比增长 7.4%；地方一般公共预算支出 236355 亿元，同比增长 5.1%。

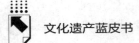

2023 年，中央财政重点支持的项目包括北京故宫本体保护工程、中国长城文化博物馆建设工程、玉门关遗址保护利用设施建设工程、大足石刻本体保护工程、柳孜运河遗址永久性保护大棚建设工程、莫高窟和榆林窟的壁画彩塑保护修复工程等。

从经费使用方向来看，2023 年与旅游管理相关的费用显著增长，占比 19.64%，比上年增加 10.93 个百分点，成为除人员公用以外最大的支出内容，凸显了当前遗产保护管理工作对遗产旅游管理的广泛需求，是各地政府高度重视旅游管理工作、积极投入资源支持旅游业发展的直接体现。随着旅游业的持续繁荣与发展，预计未来一段时间内我国世界文化遗产旅游管理费用的投入将继续增加。

3. 高等教育培养和国家级专业技术培训取得新成效

2023 年，我国世界文化遗产领域在人才培养和人才培训方面均取得新成效。

高等教育培养方面，由山西大学牵头组织，兰州大学、四川大学、浙江大学、郑州大学等高校联建，协同敦煌研究院、云冈研究院、龙门石窟研究院、大足石刻研究院和新疆克孜尔石窟研究所共同组建的中国石窟文化联合研究生院成立，新增 100 个硕博士研究生指标，为国内外石窟文化研究领域带来了新的发展机遇。考古学作为国家急需的高层次人才领域，其专项研究生指标在 2023 年有了显著增长，增幅达到了 17.4%。此外，为了更好地满足文物和博物馆学科的发展需求，还进一步优化和提升了高等教育中相关专业的设置，为相关领域的研究生提供了更为丰富的学习资源和实践机会。[1]

专业技术培训方面，2023 年各地主办、承办或参与培训活动 503 次，共培训 21591 人次，接近 70% 从业人员的规模。值得一提的是，遗产保护管理理论与技术培训在各类培训中持续占据核心地位，不仅位居本年度榜首，还较上年显著增长。与此同时，历史文化与大众教育方向的培训热度在经历上年的显著提升后，本年度依然不减，培训次数位居第二。

---

① 《云程发轫 鹏程万里——2023 年文物工作回眸》，国家文物局，http://www.ncha.gov.cn/art/2024/1/8/art_722_186440.html，最后检索时间：2024 年 6 月 3 日。

2023 年，由国家相关部门和单位主办或承办的培训活动共计 42 次，相比上年增加了 7 次，显著地拓宽了基层人员接触并学习国际及国内最新理论成果与实践经验的渠道，有利于提高综合素质和业务能力。其中，国家文物局和 ICCROM 合作主办、中国文化遗产研究院承办的"2023 年文化遗产管理与评估国际培训班"依托"提升我们的遗产工具包 2.0"设计，课程内容紧密围绕世界遗产的概念与价值研究、保护管理监测以及中国实践等核心议题展开，吸引了来自全球 10 个国家的国际学员以及中国 7 个省（自治区、直辖市）和澳门特别行政区的世界遗产地保护管理工作者参与，实现了知识与经验的广泛交流与共享。① 国家文物局在全国文博网络学院举办的"文物防灾减灾体系建设线上培训班"则专注于古建筑、古桥梁、古城墙等不可移动文物防灾减灾领域的研究与实践，通过深入浅出的讲解，为提升全国省市县级文物行政部门的防灾减灾救灾工作水平提供了重要指导与启示。② 由国家文物局、河南省文物局指导，北京大学考古文博学院、北京大学宗教考古研究所、龙门石窟研究院联合承办的"佛教考古与石窟寺研究专题研修班（第三期）"通过为期两个月的系统学习，培养了 60 余名佛教考古与石窟寺研究领域的专业人才，为当前各地石窟寺的考古研究工作注入了强劲动力。③ 此外，由国家文物局主办、中国文化遗产研究院承办、湖北省文化和旅游厅（文物局）协办的"国家考古遗址公园专管机构负责人培训班"针对国家考古遗址公园发展中的一系列关键问题，如宏观战略、国土空间规划衔接、考古研究、展示阐释、安全防范、规范化管理以及运营创新等，进行了全面而深入的授课，为相关负责人提供了宝贵的决策参考与思路启发。④

---

① 《汇聚中外智慧 同守文化遗产——记 2023 年文化遗产管理与评估国际培训班》，国家文物局，http://www.ncha.gov.cn/art/2023/11/24/art_722_185483.html，最后检索时间：2024 年 6 月 3 日。

② 《国家文物局办公室关于举办文物防灾减灾体系建设线上培训班的通知》，国家文物局，http://www.ncha.gov.cn/art/2023/8/3/art_2237_46230.html，最后检索时间：2024 年 8 月 1 日。

③ 《佛教考古与石窟寺研究专题研修班（第三期）在龙门石窟研究院开班》，国家文物局，http://www.ncha.gov.cn/art/2023/7/4/art_723_182717.html，最后检索时间：2024 年 8 月 1 日。

④ 《第四批国家考古遗址公园专管机构负责人培训班举办》，国家文物局，http://www.ncha.gov.cn/art/2023/4/23/art_722_181198.html，最后检索时间：2024 年 8 月 1 日。

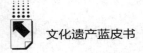

4. 多举措促进学术发展和科技创新

2023 年，为进一步落实《"十四五"文物保护和科技创新规划》提出的构建产学研用深度融合的文物科技创新体系，国家和地方层面均进行了有益的探索。

本年度，我国世界文化遗产保护管理机构共开展了 994 项学术研究活动，研究重心聚焦于理论探讨与历史文化挖掘，与培训活动的热点内容一致。其中，以课题为载体的学术研究达到了 378 项，相较于上一年度实现了 28.57% 的显著增长。值得注意的是，国家级课题数量 38 项，较上年增加 17 项；省部级课题数量 80 项，较上年增加 21 项，二者涨幅尤为突出。这些课题主要聚焦于工程科技领域，与近年来国家层面积极推动文物科技创新的战略部署紧密相关。

此外，各地还通过积极创建科研基地的方式促进科技创新和学术发展。2023 年 3 月，河南省文物局依托河南省文物建筑保护研究院，设立了河南省文物建筑生物病害防治研究基地（登封工作站）、河南省文物建筑保护研究院登封综合科研基地，专注于减轻生物病害对文物建筑的损害，将为包括登封"天地之中"历史建筑群等在内的古建筑类世界文化遗产保护提供更好的技术保障。[①] 6 月，由江苏省文物局和湖北省文物局共同指导，南京博物院与湖北省博物馆共同建立的纸质文物保护国家文物局重点科研基地湖北工作站在湖北省博物馆成立，旨在培养专业人才队伍，助力未来湖北省乃至华中地区的纸质文物保护工作。[②] 7 月，由国家文物局指导的古建筑木材科学研究与保护国家文物局重点科研基地依托中国林业科学研究院木材工业研究所成立，这是落实国家文物局与国家林草局《关于加强世界遗产保护传承利用合作协议》的具体举措。该基地将集中力量破解古建筑木材劣化病害机理等核心科学问题，针对病害诊断识别、材料服役评估及绿色多效防护等关键技术瓶颈展开

---

① 《河南设立科研基地加强文物建筑保护研究工作》，河南省人民政府，https://www.henan.gov.cn/2023/03-09/2704103.html，最后检索时间：2024 年 8 月 1 日。

② 《纸质文物保护基地湖北工作站揭牌》，湖北文明网，http://www.hbwmw.gov.cn/c/2023/06/48554.shtml，最后检索时间：2024 年 8 月 1 日。

攻关，研发绿色防护产品，构建古建筑木材病理学理论体系，从而强化古建筑的系统保护，提升预防性保护能力。[1]

2023 年 11 月，中央宣传部、文化和旅游部、国家文物局等 13 个部门联合发布《关于加强文物科技创新的意见》，从优化完善文博单位的科研管理规定、实施科技创新激励奖励政策、完善企业技术创新激励机制等方面进行部署，[2] 这一举措预示着我国世界文化遗产的科研与科技创新即将迎来新的发展机遇。

（六）积极参与文化遗产国际交流，彰显中国智慧与大国担当

1. 亚洲文化遗产保护行动取得显著的阶段性成果

2023 年 4 月，由文化和旅游部、国家文物局、陕西省人民政府共同主办的首届亚洲文化遗产保护联盟（Alliance for Cultural Heritage in Asia，ACHA）大会在西安开幕，来自亚洲的柬埔寨、朝鲜、伊朗、吉尔吉斯斯坦、巴基斯坦等 21 个国家和 3 个国际组织的 150 位代表出席会议。会上正式成立了ACHA，并发布《亚洲文化遗产保护联盟西安宣言》。

ACHA 是由亚洲国家共同发起成立的政府间文化遗产专业性合作交流机制。该联盟旨在通过保护城乡记忆载体、实施联合考古研究、举办文物展览展示、开展文物保护修复、加强文物交流传播等行动，共同促进亚洲文化遗产的保护，增进亚洲各国民心相通，促进亚洲文明的传承与发展。从 2019 年5 月亚洲文明对话大会上"亚洲文化遗产保护行动"倡议的提出，到 2021 年中国、伊朗、柬埔寨等 10 国共同发起 ACHA，再到 ACHA 的正式成立，亚洲文化遗产保护行动不断凝聚亚洲国家共识，取得了显著的阶段性成果。[3][4]

---

[1] 《古建筑木材科学研究与保护国家文物局重点科研基地揭牌仪式暨第一届学术委员会第一次会议在门头沟举行》，北京市科学技术协会，https://www.bast.net.cn/art/2023/6/26/art_31325_13513.html，最后检索时间：2024 年 8 月 1 日。

[2] 《中央宣传部 文化和旅游部 国家文物局等十三部门关于印发〈关于加强文物科技创新的意见〉的通知》，国家文物局，http://www.ncha.gov.cn/art/2023/11/20/art_2318_46439.html，最后检索时间：2024 年 8 月 2 日。

[3] 《亚洲文化遗产保护联盟正式成立 深化交流，繁荣世界文明百花园》，国家文物局，http://www.ncha.gov.cn/art/2023/4/28/art_1027_181314.html，最后检索日期：2024 年 8 月 2 日。

[4] 《亚洲文化遗产保护联盟西安宣言》，国家文物局，http://www.ncha.gov.cn/art/2023/4/25/art_2710_181415.html，最后检索日期：2024 年 8 月 2 日。

2023~2024年亚洲文化遗产保护联盟的主要工作涉及联盟组织建设，扩大联盟影响力，以及支持联盟成员国在历史古迹保护修复、博物馆交流、世界文化遗产申报和保护管理、打击文化遗产非法贩运等领域开展国际交流、技术支持、人才培养与能力建设等。①

中国为联盟第一届理事会主席国，自联盟成立之初便积极承担重要的组织与领导职责，为联盟的稳健运行与持续发展奠定了坚实的基础。联盟秘书处设在中国文化遗产研究院。②

2. 中意世界文化遗产地结好论坛顺利举办

2023年10月，由国家文物局、意大利文化部指导，杭州市人民政府、浙江省文物局、意大利驻华大使馆主办，中共杭州市委宣传部、杭州西湖风景名胜区管理委员会承办的"中意世界文化遗产地结好论坛"在杭州举办。论坛举办期间，来自中意两国的文物部门代表、专家代表就双方世界文化遗产的保护理念与经验展开了深入细致的对话，杭州、维罗纳等遗产地保护机构代表也围绕世界文化遗产保护、传承、利用进行交流，互相借鉴世界遗产保护经验做法。③

2019年3月，两国签署了在世界遗产地之间开展缔结友好关系的《谅解备忘录》，促成两国在世界遗产保护方面的交流和合作。在该机制的指引下，截至2023年10月，杭州西湖文化景观与维罗纳城、红河哈尼梯田文化景观与朗格罗埃洛和蒙菲拉托葡萄园景观都已经缔结友好关系，颐和园与哈德良和埃斯特别墅、苏州古典园林与威尼斯及其泻湖也就"结好"达成初步共识。本次论坛的成功举办，将促成两国更多世界文化遗产地加入《谅解备忘录》项目，以及两国在专业培训、课题研究、申报保护及展示阐释等多个领域展

---

① 《东西问丨李六三：中国在推动亚洲文化遗产保护国际合作中扮演怎样的角色？》，中国新闻网，https://www.chinanews.com.cn/gn/2023/08-15/10061748.shtml，最后检索日期：2024年8月2日。

② 《李六三院长担任亚洲文化遗产保护联盟执行秘书长》，中国文化遗产研究院，http://www.cach.org.cn/tabid/76/InfoID/2844/frtid/78/Default.aspx，最后检索日期：2024年8月2日。

③ 《中意世界文化遗产地结好论坛成功举办》，国家文物局，http://www.ncha.gov.cn/art/2023/10/24/art_722_184823.html，最后检索日期：2024年8月2日。

开合作。①

3. 文物援外项目和中外联合考古稳步推进

2023 年，中国文化遗产研究院承担的柬埔寨柏威夏古寺遗址修复项目、柬埔寨吴哥古迹王宫遗址修复项目、尼泊尔加德满都杜巴广场九层神庙修复项目、尼泊尔努瓦科特杜巴广场王宫修复一期项目②以及乌兹别克斯坦花剌子模州历史文化遗迹修复项目③均实现了有序推进。同时，陕西省文化遗产研究院承担的尼泊尔努瓦科特杜巴广场王宫修复一期项目和缅甸蒲甘他冰瑜寺修复项目亦进展顺利。④截至 2023 年，中国已与 17 个共建"一带一路"国家携手推进了 33 项文物援助项目。⑤ 2023 年，"丝绸之路考古合作研究中心"建成挂牌，联合考古工作覆盖中亚全境。⑥6 月，中国与突尼斯签订联合考古合作协议，进而对本阿鲁斯地区的一处古罗马遗址开展了全面的考古调查、发掘和研究工作。该项工作是增进中突两国古代文明研究、加强文明交流互鉴、推动"中国考古走出去"的重要举措。⑦中国国家博物馆、中国文化遗产研究院、北京大学、西北大学等考古机构已在 24 个国家开展了 44 个联合考古项目，包括哈萨克斯坦伊赛克拉特古城拉哈特遗址、孟加拉国毗河罗普尔遗址联合考古等。⑧

文物援外项目和中外联合考古不仅是展示中国文物保护技术与理念的窗

① 《中意世界文化遗产地结好论坛在杭举办》，杭州市人民政府，https://www.hangzhou.gov.cn/art/2023/10/25/art_812270_59088879.html，最后检索日期：2024 年 8 月 2 日。

② 合作单位包括：辽宁有色勘察研究院、建设综合勘察研究设计院。

③ 合作单位包括：中铁西北科学研究院有限公司。

④ 《省文研院编制援缅他冰瑜寺修复方案通过评审》，陕西省文化遗产研究院，http://www.sxswyy.com/index.php?c=article&id=292，最后检索时间：2024 年 8 月 2 日。

⑤ 《吴哥古迹、希瓦古城……我国与共建"一带一路"国家开展了这些文物援助项目》，中国青年网，https://m.youth.cn/qwtx/xxl/202310/t20231016_14850945.htm，最后检索日期：2024 年 8 月 2 日。

⑥ 《各地文物工作回眸与展望》，国家文物局，http://www.ncha.gov.cn/art/2024/1/8/art_722_186446.html，最后检索日期：2024 年 8 月 2 日。

⑦ 《中国－突尼斯联合考古队开展本·阿鲁斯森林遗址 2023 年度考古工作》，国家文物局考古研究中心，http://www.uch-china.com/contentac.thtml?cid=902，最后检索日期：2024 年 8 月 2 日。

⑧ 《中国与突尼斯签订联合考古协议》，国家文物局考古研究中心，http://www.uch-china.com/contentac.thtml?cid=792，最后检索日期：2024 年 8 月 2 日。

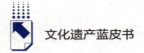

口，而且积极促进了当地社会经济发展，将文化遗产合作与改善民生、增进民心相连通，更促进了各国文明的交流互鉴。

（七）舆情信息总量和境外媒体报道数量涨幅显著

2023年，我国世界文化遗产的舆情热度显著攀升，核心舆情信息①总量已跃升至10431篇，与上年相比，增加了4811篇，增长率达到85.6%，恢复到2019年舆情数量约90%的水平。其中，习近平主席向亚洲文化遗产保护联盟大会及首届"良渚论坛"发出的贺信、"樊锦诗：我的一生只做了一件事"的感人故事、中华文明探源工程的最新成果、普洱景迈山古茶林文化景观成功被列入《世界遗产名录》、"实证中国百万年人类演化史——周口店北京人遗址新发现古人类顶骨化石"和"秦始皇兵马俑考古新突破：初步厘清秦军军阵排列规律新发现220余件陶俑"等舆情信息因其独特的吸引力和深远的意义，实现了广泛的传播与转载，引发了社会各界的关注与热烈讨论。

从单项遗产来看，2023年，大运河、长城、明清故宫（北京故宫、沈阳故宫）、丝绸之路以及莫高窟的舆情数量持续高企，舆情总量占据总舆情数量的57.4%，体现了这些遗产地在世界遗产领域的活跃度与影响力。在报道媒体方面，新媒体以63%的占比成为主要的信息传播渠道，且较上年增长9个百分点，表明新媒体在世界文化遗产传播中的重要作用日益凸显。同时，境外媒体对世界文化遗产的报道数量也实现了显著增长，增加了111篇，报道涉及的遗产数量翻了一番，进一步扩大了我国世界文化遗产的国际影响力。本年度的舆情监测数据反映出的公众对遗产保护的意识、遗产地对外宣传状况、可能对世界遗产构成威胁的负面舆论等，为遗产地保护政策和措施的评估和调整提供了重要依据。

---

① 为确保分析准确性，避免冗余信息的干扰，本报告以涉及我国世界文化遗产地核心舆情信息为分析对象。核心舆情信息即非转载的独立报道。

三　当前中国世界文化遗产事业面临的难题与挑战

2023 年，我国世界文化遗产地仍然面临安全风险依然存在、法人违法行为、保护管理规划和遗产保护专项立法落实不到位、旅游活动不规范和游客不文明行为、现场展示与阐释工作不足以及多部门协同管理机制不顺畅等主要挑战。

（一）遗产安全风险依然存在，法人违法等时有发生

2023 年，尽管遗产地的安全管理已经取得了一定程度的改善，但是在看护巡查和风险预防等方面的投入不足，导致火灾等安全隐患的治理工作未能达到预期效果，防灾减灾的能力亟须提升。此外，由于文物保护与城乡建设之间的协调不够，违法建设、隐瞒不报、过度开发等问题时有发生。

UNESCO 世界遗产中心官网数据显示，截至 2023 年，住宅项目、主要旅游住宿及相关基础设施、地面交通基础设施等建设项目是影响我国世界文化遗产突出普遍价值的主要因素。[1][2]本年度，在全国文物行政部门和综合执法机构联合开展的文物执法巡查行动中，发现有 9 处世界文化遗产地存在违法建设行为。2023 年，中国世界文化遗产监测预警总平台对 10 项遗产、26 处遗产地[3]进行了遥感图斑变化监测，发现遗产区划和保护区划内的变化图斑5000 余处，为这些遗产地有效监管遗产区和缓冲区内的建设活动提供了一定的数据支持。

---

[1]　联合国教科文组织世界遗产中心官网数据共显示 36 个负面因素，排序第一的是管理体系 /管理规划，其具体内容详见该章节的第二部分。

[2]　UNESCO, "State of Conservation", accessed on 2 June 2024, https://whc.unesco.org/en/soc/?id_search_state=34&action=list&id.

[3]　涉及的遗产地包括：北京故宫，沈阳故宫，秦始皇陵及兵马俑坑，周口店北京人遗址，曲阜孔庙、孔林和孔府，武当山古建筑群，十三陵，清东陵，清西陵，清昭陵，清福陵，清永陵，明孝陵，明显陵，台怀核心区，佛光寺核心区，太室阙和中岳庙，少室阙，启母阙，嵩岳寺塔，少林寺建筑群（常住院、初祖庵、塔林），会善寺，嵩阳书院，观星台，杭州西湖文化景观，泰山。

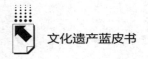

（二）保护管理规划和遗产保护专项立法落实不到位

保护管理规划和遗产保护专项立法是确保世界遗产突出普遍价值得到长期维持、不因社会经济发展及其他压力而受到负面影响的重要工具。

UNESCO 世界遗产中心官网数据显示，截至 2023 年，管理体系 / 管理规划①是影响我国世界文化遗产的第一大负面因素。经评估，我国世界文化遗产保护管理规划主要存在编制不及时、审批程序不规范、内容不合理等问题，导致遗产的管理能力受到影响。36 处遗产地（占比 31.3%）②暂无保护管理规划，或保护管理规划处于在编或过期状态。6 处遗产地（占比 5.2%）的保护管理规划在国家文物局审定后，一直未能得到省级人民政府公布。③5 处遗产地（占比 4.3%）的保护管理规划经国家文物局审定后，只是由市级人民政府或省市级文物行政部门公布。缺乏合法合规的保护管理规划会导致整个保护传承工作的无序进行，这无疑给遗产地的保护发展带来极大的挑战。而那些被降级公布的规划，也会影响到规划的法律效力，一旦城市经济发展与遗产保护发生冲突，很有可能会出现为了追求经济利益而牺牲世界文化遗产的现象。部分遗产地虽然有正在执行的保护管理规划，但因规划的总体原则、保护传承理念和具体措施存在合理性、科学性、前瞻性不够等问题，实际效果有限，无法应对社会经济发展的压力。此外，因大部分遗产地没有对保护管理规划执行情况加以有效监督，导致目前部分规划执行效果不好。

---

① 世界遗产语境下，对世界遗产价值造成负面影响的管理体系 / 管理规划，主要体现在缺乏管理体系 / 管理规划，过时的、不完善的管理体系 / 管理规划，没有得到有效实施的管理体系 / 管理规划等。

② 资料来源于中国世界文化遗产监测预警总平台基础数据库。截至 2024 年 6 月，我国共有 43 项遗产，115 处遗产地（大运河算 31 个组成部分）。

③ 根据《世界文化遗产保护管理办法》（2006 年）第八条，世界文化遗产保护规划由省级人民政府组织编制，并由省级文物主管部门报国家文物局审定；经国家文物局审定的世界文化遗产保护规划，由省级人民政府公布并组织实施。根据《全国重点文物保护单位保护规划编制审批办法》（2004 年）第十七条，全国重点文物保护单位保护规划编制完成后，应当由规划编制组织单位报省级文物行政部门会同建设规划等部门组织评审，并由省级人民政府批准公布。省级人民政府在批准公布全国重点文物保护单位保护规划前，应征得国家文物局同意。

遗产保护专项立法方面同样面临困境。在国家层面上，我国世界文化遗产保护管理工作的法律依据主要依靠文物行政主管部门等制定的规章与政策性文件，立法层级较低，权威性不足，难以得到社会各方面的广泛认同和遵守。在地方层面上，尽管一些地方政府已经公布实施了遗产保护的地方性法规和规章，但部分法规和规章在立法依据、立法内容等方面难以适应地方对于世界文化遗产保护管理的差异化、个性化的要求。如某些地方条例中把保护范围划分为保护区、建设控制缓冲区和环境协调区，与国际标准（世界遗产的保护区域分为遗产区和缓冲区）和上位法（我国文物保护单位的保护区域分为保护范围和建设控制地带）规定不符。[1] 在具体内容上，不少地方规章对于上位法已经明确规定的内容仅仅进行了简单的重复，而对上位法尚未规定的内容如遗产传承和利用方面却缺乏明确的规定。此外，执法监管力度不够、联合执法体系不健全也是影响法律法规执行效果的重要因素。

（三）游客不文明行为和旅游活动不规范对遗产影响不容忽视

2023 年，随着全球旅游业的复苏，遗产旅游在助力价值传播、促进当地经济发展的同时，对遗产保护传承工作的负面影响也不容忽视。UNESCO 世界遗产中心官网数据显示，旅游 / 游客 / 娱乐活动已成为影响我国世界文化遗产的第三大威胁因素。[2]

2023 年，有 15 处遗产地[3]（占比 13.5%）遭受了不文明游客行为的破坏。这些行为包括在遗产本体上刻画、触摸或者攀爬遗产本体、翻越保护栏杆等，不仅对遗产造成了实际的损害，破坏了遗产所在地的环境，也对其他游客的

---

[1] 为加强在实际工作中对丽江市中心城区建筑风貌的管控，2023 年 6 月，《丽江市人民代表大会常务委员会关于加强丽江市中心城区建筑风貌管控的决定》公布实施，其中明确了遗产区和缓冲区内的建筑高度、面宽、屋顶、色彩、材质等要求。

[2] UNESCO，"State of Conservation"，accessed on 2 June 2024，https://whc.unesco.org/en/soc/?id_search_state=34&action=list&id.

[3] 资料来源于 2023 年监测年度报告数据和中国世界文化遗产监测预警总平台舆情监测数据，涉及天坛、八达岭、秦始皇陵及兵马俑、殷墟、莫高窟、泰山、大雁塔、北京故宫、乐山大佛、明孝陵、云冈石窟、龙门石窟、苏州古典园林、江南运河嘉兴段、浙东运河宁波段。

参观体验产生了不良影响。游客不文明行为也是本年度负面舆情激增的主要原因，该负面舆情占据了全年负面舆情总量的八成。

数据显示，有 8 处遗产地（占比 7.2%）存在超容量接待游客的现象，游客人身安全和遗产安全均存在一定的安全隐患，也降低了游客旅游体验的质量。部分遗产地为了迎合游客的各种需求，存在过度开发和商业化的现象，具体包括面向游客的商铺数量过多、密度过大，商品或服务同质化，本地居民外迁现象严重等，活态遗产尤为明显。这些问题不仅导致了遗产突出普遍价值及真实性的丧失，也给遗产周边的自然环境和生态系统带来了压力。究其原因，主要是部分遗产地在开发过程中，过分追求旅游人次、游客人均消费、招商指标完成率等经济效益指标，忽视了遗产价值的挖掘与创新、当地居民对美好生活的正当诉求、游客对优质旅游的需求等。尤其是近几年，部分遗产地的旅游经营活动责权被划分给独立于遗产保护管理机构的旅游企业负责，因缺少有效的监管和指导，以上现象尤其明显。

（四）遗产现场展示与阐释工作亟待改进

《世界遗产公约》要求缔约国应通过一切适当手段，特别是教育和宣传计划，努力增强本国人民对文化和自然遗产的赞赏和尊重。现场展示阐释作为遗产教育和宣传的重要手段，是传递遗产价值的重要和必要环节。

近年来，在国内遗产价值挖掘需求日益增长以及文旅融合发展浪潮的大背景下，绝大部分遗产地在遗产展示阐释方面开展了一系列探索实践。由于各地对世界遗产展示阐释的目的与原则、功能定位等认识不到位，我国世界文化遗产的现场展示和阐释工作还存在相当大的改进和提升空间。截至 2023 年，仅有 33 项遗产[1]（占比 76.7%）实现了全面开放[2]，12 项遗产（占比 27.9%）在标识系统中说明了世界遗产的突出普遍价值。部分遗产地的现场展示阐释内容不能有效传递世界遗产价值研究的最新成果，无法清晰、完整地传达遗产的价值。尽管有 33 项遗产（占比 76.7%）建立了博物馆、展示中心

---

① 　包括仅有局部遗产地全面开放的 7 项系列遗产。此项统计，按照 43 项世界文化遗产计算。

② 　管理用房和私产不在本项统计之内。

等集中的展示空间，但其中多数遗产地的展示内容陈旧、设计风格过时，过多依赖传统的图文展示，这种方式虽然能够传递一定程度的信息，但往往难以激发观众的情感共鸣和兴趣。[①]此外，接受专业讲解服务的游客量整体较少，仅占游客总量的 2.91%，遗产价值和保护意识的传递也受到了阻碍。在其他遗产阐释方面，大部分遗产地缺乏具有可操作性的阐释工作方案，尤其是针对不同利益相关者的公共讲座、教育项目、社区活动等，无法顺应整体发展趋势。

（五）遗产管理机制与新时期遗产保护传承工作要求不匹配

在当今全球化的背景下，世界遗产管理超越了遗产本身，已经扩展到一个更为广泛和深入的领域。这不仅包括要求通过遗产保护促进当地环境的改善、社会的进步，还要求推动经济的全面发展。因此，建立一个跨行业、跨领域的合作模式变得至关重要。

但目前，我国绝大部分世界文化遗产地仍旧依赖"单打独斗"式的管理模式，未与世界遗产保护管理相关的其他部门建立良好的协同管理机制，显然已经无法满足世界遗产管理工作所提出的复杂而高标准的要求。由于缺乏地域间、部门间的总体部署和沟通交流，相互之间的目标和标准难以统一，多头管理下的利益诉求冲突仍然存在。部分已建立协调机制的遗产地，也存在如缺乏实体机构、足够专职人员、常态化工作机制等问题，导致无法有效开展工作。对于跨行政区域、跨部门的系列遗产，更是缺乏有效统筹协调的平台与机制，一定程度上仍停留在单点管理的状态。

此外，遗产保护管理机构的人员和经费保障也亟待提升。从人员数量来看，15 处遗产地（占比 13.51%）的工作人员少于 10 人，仅能满足最基本的文物安全工作。部分遗产地的人员虽然较多，但因承担了很多综合性的管理事务，实际开展遗产保护工作的人员屈指可数，非专职机构或者由非文物部门主管的机构这种情况尤为明显。从专业技术能力来看，78 处遗产地（占比

---

① 中国文化遗产研究院中国世界文化遗产中心：《世界文化遗产保护状况专题调研报告》，2024。

70.27%）的专业技术人员低于《关于加强我国世界文化遗产保护管理工作的意见》提出的专业人员达到职工总数的 40% 以上的要求，不利于开展专业程度较高的保护管理工作。再加上各地人才引进受多方因素制约，尤其是位于较为偏远地区的遗产，难以培养长期、稳定的专业人才队伍。从能力建设来看，现有的培训体系覆盖面不广、培训频次不足，无法与世界遗产新理念新要求的迭代速度相适应。经费方面，受到地方财政支持力度、遗产类型等因素的影响，我国世界文化遗产保护管理经费在地域、结构上存在极度不均衡的情况，直接或间接地对各地保护管理工作水平产生不同程度的影响。总体来看，日常保养维护经费、监测工作经费普遍不足。数据显示，2023 年，我国有 32 处遗产地没有安排日常养护工作经费，仅有 59 处遗产地投入专项监测工作经费，投入总额为近五年的次低水平。

四 中国世界文化遗产事业发展展望

2024 年，是实现"十四五"规划目标任务的关键一年。针对我国世界文化遗产事业所面临的挑战，未来我国世界文化遗产事业需要进一步夯实保护传承基础，提高依法治理水平；理顺管理机制，完善遗产工作格局；优化保护传承体系，创新活化利用模式；加强公约履行能力，助力文明交流互鉴，以推进世界文化遗产事业的高质量发展，更好地担负起新时代的文化使命。

（一）夯实保护传承基础，提高现代化治理水平

1. 明确世界遗产突出普遍价值关键信息，夯实保护传承基础

突出普遍价值（OUV）是世界遗产的核心和基础，准确识别突出普遍价值的关键信息是遗产地开展所有管理和保护工作的科学依据。鉴于目前我国世界文化遗产地存在突出普遍价值与日常管理工作脱节的问题，建议各地全面开展遗产突出普遍价值研究，对标"三个有利于"要求和当前世界遗产申报标准规范，全面梳理评估遗产突出普遍价值现状，凝练遗产价值内涵、当代价值与时代精神，梳理价值载体与遗产构成要素，以此确立清晰的保护目

标和原则，制订科学合理的工作计划，确保遗产突出普遍价值、真实性和完整性得到有效保护和传承。

清晰、明确的遗产区划是世界遗产突出普遍价值的关键信息之一。正在开展遗产区划边界澄清的遗产地，需要按照 UNESCO 世界遗产中心的要求，尽快绘制并提交边界清晰、符合规范要求的图纸。有遗产区划微调需求的遗产地，需要在深入研究世界遗产突出普遍价值的基础上，按照制图要求和程序要求，提交遗产区划图纸至世界遗产委员会审议。

为了提高公众对我国世界文化遗产的认知，建议利用官方网站、微信公众号等向全社会公开发布中国世界文化遗产地保护管理关键信息（包括价值载体与遗产构成要素、遗产区与缓冲区、保护范围与建设控制地带、保护管理机构、保护管理规划等），推动关键信息在利益相关者之间的"共建、共享、共用"。

2. 推进法治建设，提高世界文化遗产法律法规层级和管理规划编制水平以及实施效果

法治建设是国家治理体系和治理能力现代化的有力支撑。为了更有效地应对新形势下的各类挑战，世界文化遗产领域需不断修订和完善相关法律法规，以确保世界文化遗产保护传承工作的顺利进行。

国家层面，针对我国世界文化遗产及遗产区、缓冲区等相关基本概念缺少应有法律地位的状况，建议结合相关法律法规的制定和修订工作，明确世界文化遗产相关概念的法律地位。同时，对标《实施〈世界遗产公约〉操作指南》及最新国际文件，将世界遗产 5C 战略、可持续发展理念等融入我国世界文化遗产法律法规体系，推进《中国世界文化遗产保护管理条例》立法研究。地方层面，各省、市有必要开展已有立法评估工作，修订完善法规、规章内容，确保保护对象涵盖全部遗产构成要素，管理范围覆盖全部遗产区和缓冲区，保护要求和管理机制具有针对性和可操作性等，并与相关上位法和国家政策有效衔接。

依法公布的保护管理规划是我国世界文化遗产领域法治体系的重要组成部分，也是维护遗产突出普遍价值的重要技术文件，各地需要尽量提高规划

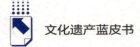

编制水平以及实施效果。尚未开始编制规划的遗产地政府应按照《世界文化遗产保护管理办法》（2006年）要求，尽快组织开展规划编制工作，给予必要的部门协调和足够的经费支持。正在编制规划的遗产地，需要统筹遗产区、缓冲区、背景环境区的保护、管理、监测、研究、利用工作，为实施世界文化遗产的保护管理提供依据。同时，还需要加强规划衔接，实现多规合一，及时将世界文化遗产保护管理信息纳入国土空间基础信息平台，使保护管理规划符合并支撑国民经济和社会发展总体进程。在编制、审批、公布过程中，需要切实倾听利益相关者的声音，尤其是听取遗产地居民诉求，实现保护发展双赢。另外，正在实施保护管理规划的遗产地，需要定期开展规划实施效果评估，对规划质量及实施情况进行跟踪，及时发现解决实施过程中的问题。

（二）理顺保护管理机制，完善遗产工作格局

针对目前我国世界文化遗产缺乏有效统筹协调的平台与机制，跨行政区域、跨管理部门的遗产一定程度上仍停留在单点管理的状态等问题，建议各地根据遗产类型以及周边文化和自然环境特点，不断完善《"十四五"文物保护和科技创新规划》（2021年）提出的要建立健全党委领导、政府负责、部门协同、社会参与的工作格局，积极探索和主动实践，不断提高遗产治理能力和治理水平。

1. 遗产地政府应切实履行世界文化遗产保护的主体责任

遗产所在地政府应深化对世界遗产重要性的理解，认识到世界遗产是推动人类文明交流互鉴的重要平台，是实现以人为本、推进中国式现代化进程的重要资源。当地政府应按照《世界遗产公约》及其操作指南的要求，以落实世界遗产5C战略为目标，明确世界遗产工作的职责分工，压实属地管理责任，把世界遗产各项工作的落实情况和效果纳入政府重要议事日程，作为地方领导班子和领导干部综合考核评价的重要参考。

此外，遗产所在地政府还应建立健全世界文化遗产保护管理机构，配备足够的岗位编制数量和保护管理经费，尤其是对日常维护保养、监测预警系

统提升与维护、安消防设施建设或提升、人员培训等工作经费的支持力度。加强对遗产旅游行为和周边建设情况的监管，授予世界文化遗产保护管理机构对遗产区内旅游活动的管理权，以及遗产区和缓冲区内涉建项目的审查权和一票否决权。世界文化遗产所获得的事业收入应当专门用于遗产保护，经营性收入需要优先用于遗产保护。

2. 完善世界文化遗产跨区域、跨部门的协同管理机制

各地应加强各部门的协调联动，强化制度供给和资源要素支持，分工协作、共同发力，形成齐抓共管的工作局面。

针对跨行政区域的世界文化遗产，建议根据遗产地实际情况，完善跨行政区域的协同管理机制，坚持共同保护、共同管理、共享资源、共同发展的原则，以确保不同地区间的统一规划和行动，实现区域间的共赢。其中，同一省、自治区、直辖市辖区内，跨市县级行政区域的系列遗产，建议由省级文物行政部门请示省级人民政府同意，会同有关市县级人民政府，建立工作协调机制。跨省级行政区域的系列遗产，建议由省级文物行政部门请示国家文物局同意，会同有关市县级人民政府，建立工作协调机制。

针对同一行政区域内涉及多部门、多机构共同管理的世界文化遗产，所在地人民政府应切实承担起保护管理责任，整合分属不同部门条块式管理的风景名胜、地质公园、自然保护区等自然和文化资源的管理职责，以系统性视角搭建协同管理综合性平台，加强各部门的协调联动，形成齐抓共管的工作局面，实现遗产保护和地区社会经济的高效发展。

3. 全面提升世界文化遗产保护管理机构能力建设

针对我国世界文化遗产存在的机构建设不健全等问题，尤其是边疆地区、经济不发达地区，建议在法规政策、人才培养、经费保障等方面发力，以匹配世界文化遗产保护传承工作的最新要求。

国家层面，制定和完善相关法律法规或政策，进一步明确世界文化遗产保护管理工作的各项要求。加大世界文化遗产保护专项资金向边疆地区、经济不发达地区等特殊地区倾斜力度。设立人才培养专项资金，支持世界文化遗产保护人才的培训和研究。进一步扩大国家级人员培训频次和人员覆盖

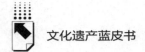

面，以尽可能地确保人员专业技术能力适应世界遗产新理念新要求的迭代速度。推动文物保护科技研发，利用现代科技手段提高世界文化遗产保护的效率和效果。制定激励政策，鼓励社会资本和民间力量参与世界文化遗产保护工作。

省级层面，落实国家法律法规和政策，制定和实施地方性法律法规和政策，加强地方机构能力建设。建立健全世界文化遗产保护管理协调机制，加强对世界文化遗产保护管理机构工作的指导，落实省级世界文化遗产定期巡查要求，根据督促和检查结果，配置文物保护专项资金。

遗产地层面，注重人才梯队建设和培养，提升人员专业水平。拓宽经费来源，在遗产保护前提下，积极增加事业性收入和经营性收入；国际合作和援助，社会捐赠和赞助等方式的经费供给。鉴于遗产特点、地理区域位置、当地社会经济发展状况的差异，建议各地在深入分析世界文化遗产实际工作需求的基础上，把握现有政策，充分借鉴国内外的经验和做法，探究并确立机构最佳运行模式。

（三）优化保护传承体系，创新活化利用模式

1. 提升本体保护和环境保护水平

本体保护方面，明确日常巡查和保养维护工作机制，切实做好日常巡查和保养维护工作。保养维护导则应遵循预防性保护原则，结合传统工艺和现代技术，并与当地工匠、居民形成有效的沟通机制。开展保护技术科技攻坚，通过多学科研究和机制创新，突破本体保护难题。

环境保护方面，遗产区和缓冲区内的建设活动应征求国家文物局同意，杜绝只建不报、未批先建、边建边批、不批硬建等行为。项目建设单位应加强在项目选址、选线阶段与文物部门的沟通。各级文物部门应在严格把关的前提下，尽可能优化项目审批流程，完善审批过程中的专家咨询机制，确保建设项目均获得客观高效评估。各保护管理机构需要根据相关法律法规和保护管理规划出台的建设活动导则，阐述建设活动审批管理流程和技术规范，提高遗产地社区对遗产保护的理解和认同，使利益相关者的合理建设发展需

求得到满足。进一步推进"行政＋司法"联动保护机制，确保建设行为得到有效跟踪和管控。

2. 构建基于遗产突出普遍价值的展示阐释体系

每处遗产地应设置以世界遗产突出普遍价值为基础的展示系统，建设博物馆或设置专门展示空间，布置世界遗产主题陈列，讲述世界遗产价值。系列遗产应设置整体价值展示空间。完善世界文化遗产标志说明，应包含联合国教科文组织公布的世界遗产标志图案，说明世界文化遗产的名称、遗产区、缓冲区、保护管理机构等内容，并对遗产要素进行清晰阐释。深化文旅融合，设计推广世界文化遗产旅游路线，策划大型系列遗产（如丝绸之路、大运河、明清皇家陵寝等）文物主题旅游路径。此外，各地还需要充分挖掘世界文化遗产所蕴含的哲学思想、人文精神、价值理念、道德规范、艺术传统，通过开设讲堂、举办活动等，探索世界遗产价值阐释的新路径、新方法。

3. 规范遗产地经营性活动

各地的经营性活动应遵守有关法律法规，严格履行审批程序。根据《关于加强我国世界文化遗产保护管理工作的意见》（2004 年）、《国有文物保护单位经营性活动管理规定（试行）》（2011 年）的要求，世界文化遗产保护范围区内的经营项目需要实行特许经营。[①]世界文化遗产地经营性活动的方案应该报所在地省、自治区、直辖市文物行政部门备案。未经备案同意的，不得实施。若保护管理机构与其他机构合作开展经营性活动，应当签署合作协议，合作协议有效期不得超过 5 年。[②]

各地的经营性活动应在确保文物安全、严格依法经营的前提下，坚持把社会效益放在首位。各地有必要根据自身遗产价值和类型制定业态导则，严格管控、有序引导经营业态，有过度商业化问题的遗产地需要尽快整治纠

---

① 《国务院办公厅转发文化部、建设部、文物局等部门关于加强我国世界文化遗产保护管理工作意见的通知》，中华人民共和国中央人民政府，https://www.gov.cn/zhengce/content/2008-03/28/content_5943.htm，最后检索时间：2024 年 9 月 5 日。

② 《文物局发布规定规范国有文物保护单位经营性活动》，中华人民共和国中央人民政府，https://www.gov.cn/gzdt/2011-09/01/content_1937792.htm，最后检索时间：2024 年 9 月 5 日。

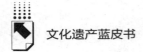

正。各地需要积极围绕世界文化遗产价值，针对不同群体进行遗产研学、文旅项目、文创产品开发，促进正面业态经济效益的良性循环。经营性活动需要最大限度惠及当地民众，助力遗产地公共文化服务水平提升，吸纳当地社区居民参与遗产地管理运营，解决就业问题，助力乡村振兴。

（四）提高公约履行能力，助力文明交流互鉴

1. 承担遗产大国责任

各地应配合做好保护状况报告、定期报告、反应性监测等国际监测工作。对于可能影响遗产突出普遍价值的重要工程、项目、活动，各地应按照《实施〈世界遗产公约〉操作指南》的要求向世界遗产中心报批。

2. 填补《世界遗产名录》空白

持续推动海上丝绸之路、万里茶道、白鹤梁—尼罗尺等跨国系列遗产，江南水乡古镇等跨省系列遗产的申报，建立国际、国内联合申报机制，开展主题研究，联合编制申遗文本，突出展示中华文明统一性、包容性、和平性。

推动古蜀文明遗址、二里头遗址、上山文化遗址等项目申遗，重点培育旧石器时期考古遗址，补充中国世界文化遗产时间序列的缺环。将最新重大考古发现成果列入预备名单，在《世界遗产名录》及《中国世界文化遗产预备名单》中切实体现中华文明的连续性。

推动景德镇瓷业文化景观、铜绿山古铜矿、白酒老作坊等申遗，培育体现我国古代手工业生产和近现代工业文明成就的代表性遗产，填补中国世界文化遗产类型空白，凸显中华文明的创新性。

3. 强化国际组织长期合作

积极参与世界遗产国际治理事务，更深入参与世界遗产大会，积极参与《实施〈世界遗产公约〉操作指南》修订等。系统策划世界遗产大会主题边会，争取举办世界遗产大会。推荐青年代表和遗产地管理者参加世界遗产大会青年论坛和管理者论坛。持续举办石窟寺保护国际论坛、良渚论坛。开展与联合国教科文组织、国际古迹遗址理事会、国际文化财产保护与修复研究中心等机构的合作。积极参与气候变化、可持续发展、文化景观等前沿文化

遗产课题，牵头开展国际古迹遗址理事会主题研究。推动成立国际古迹遗址理事会石窟保护国际科学委员会。

参考文献

《关于 2023 年国民经济和社会发展计划执行情况与 2024 年国民经济和社会发展计划草案的报告》，中华人民共和国中央人民政府，https://www.gov.cn/yaowen/liebiao/202403/content_6939276.htm，最后检索时间：2024 年 8 月 6 日。

李六三、赵云、燕海鸣主编《中国世界文化遗产保护状况报告（2021~2022）》，社会科学文献出版社，2022。

中国文化遗产研究院研创《中国世界文化遗产保护研究报告（2023）》，社会科学文献出版社，2023。

分 报 告

B.2
2023 年中国世界文化遗产机构与能力
建设分析报告*

范家昱**

摘　要： 自 2004 年《关于加强我国世界文化遗产保护管理工作的意见》发布以来，我国世界文化遗产的保护管理机构建设取得一定进步，为全国世界文化遗产的保护管理树立了良好典范。2023 年度，有 22 个保护管理机构出现人员等变化，其中有 7 个机构进行了升格、合并等调整，专职监测机构占比提高，为遗产地有效开展监测工作提供了保障。2023

---

* 本报告主要资料来源为我国世界文化遗产保护管理机构 / 监测机构在中国世界文化遗产监测预警总平台上编写的《中国世界文化遗产 2023 年度监测年度报告》，共计 111 份，涉及42 项世界文化遗产（含 4 项混合遗产）、111 处遗产地（不含大昭寺、大运河－通济渠商丘南关段、澳门历史城区），统计时间为 2024 年 7 月 31 日。

** 范家昱，中国文化遗产研究院中国世界文化遗产中心（中国世界文化遗产监测中心）工程师，主要研究领域：世界文化遗产保护管理规划、遗产展示利用。

年，国家和遗产地积极组织开展专业培训，同时注重向国际传播中国在文化遗产保护领域的优秀做法，主动发出中国声音，影响力持续提升。2023 年，我国世界文化遗产地保护管理经费较 2022 年增长 18.62%。但是，在地方财政支持力度、遗产类型、区位等因素影响下，各地经费投入极度不均，与遗产价值挖掘、有效利用工作相关的经费普遍较少。

关键词： 世界文化遗产　遗产保护管理机构　保护管理经费　机构能力

一　中国世界文化遗产地保护管理机构状况

（一）持续多年的机构改革基本完成

2023 年，我国 42 项遗产、111 处遗产地共设有 159 个保护管理机构。

管理体系方面，111 处遗产地中有 97 处遗产地为单一机构管理（占比 87.39%），14 处遗产地为多机构共同管理，分别为："泉州：宋元中国的世界海洋商贸中心"，大运河 - 北、南运河天津三岔口段，大运河 - 江南运河嘉兴—杭州段，大运河 - 浙东运河杭州萧山—绍兴段，大运河 - 南旺枢纽，大运河 - 南运河沧州衡水—德州段，大运河 - 通惠河北京旧城段，杭州西湖文化景观，左江花山岩画文化景观，承德避暑山庄及其周围寺庙，长城 - 山海关，登封"天地之中"历史建筑群，明清皇家陵寝 - 明孝陵，元上都遗址。多机构共同管理主要可分为两种情况，一是跨行政区的遗产地，例如大运河的南旺枢纽、南运河沧州衡水—德州段，或元上都遗址、左江花山岩画文化景观等；二是由多个职能部门共同管理的遗产地，例如承德避暑山庄及其周围寺庙，由文物部门和民族宗教部门共同承担管理工作。

机构行政级别方面，厅（局）级保护管理机构 17 个，占比 10.69%；处（县）级保护管理机构 68 个，占比 42.77%；科（乡）级保护管理机构 56 个，占比 35.22%；股级保护管理机构 12 个，占比 7.55%，其他无行政级别的保护管理机构 6 个，占比 3.77%（见图 1）。

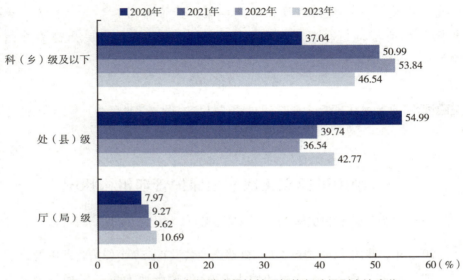

图 1　2020~2023 年各级遗产保护管理机构行政级别占比变化

资料来源：2020~2023 年中国世界文化遗产监测年度报告。

2023 年，159 个保护管理机构中，有 22 个机构发生人员变化，占机构总数的 13.84%，主要表现在职工人数的变化，基层保护管理机构的人员流动频繁；有 6 个机构进行了调整、升格、降级，或上级单位发生变化，占机构总数的 3.77%，例如"丝绸之路：长安—天山廊道的路网"-汉魏洛阳城遗址，因隋唐洛阳城和汉魏洛阳城两个保护管理机构合二为一，故该遗产地保护管理机构变更为洛阳汉魏隋唐都城遗址保护中心，上级管理单位、机构人员数量等信息均相应变化；再如龙门石窟的保护管理机构龙门石窟研究院，由正处（县）级升格为副厅（局）级，进一步理顺了龙门石窟研究院管理体制，强化了龙门石窟研究院职能，增强了世界文化遗产保护力量（见表 1）。

表1 2023 年度发生机构性质和职能定位变化的保护管理机构			
序号	遗产地名称	变化类型	具体变化描述
1	皖南古村落—宏村	机构名称变化	由宏村世界文化遗产保护管理委员会变为黟县宏村镇人民政府文化遗产和旅游工作办公室
2	龙门石窟	机构级别变化	行政级别由正处（县）级升格为副厅（局）级
3	"丝绸之路：长安—天山廊道的路网"—汉长安城未央宫遗址	机构级别、机构人员总数、在编人数、经费来源均发生变化	机构级别由正厅（局）级变为副厅（局）级，主要经费来源由自收自支变为财政全额拨款
4	"丝绸之路：长安—天山廊道的路网"—汉魏洛阳城遗址	机构名称变化	隋唐洛阳城和汉魏洛阳城两个机构合二为一，合并后机构名称为洛阳汉魏隋唐都城遗址保护中心
5	"丝绸之路：长安—天山廊道的路网"—锁阳城遗址	上级管理单位变化、机构名称变化	由瓜州县文物保护与开发利用中心（瓜州县长城保护所、瓜州县锁阳城遗址文物保护所）变为酒泉市锁阳城遗址保护所（酒泉市锁阳城考古遗址公园保护所），上级管理单位由瓜州县文体广电和旅游局（文物局）变为瓜州县人民政府
6	"丝绸之路：长安—天山廊道的路网"—彬县大佛寺石窟	上级管理单位变化，机构人员总数变化	上级管理单位由陕西省咸阳市文化和旅游局变为彬州市文化和旅游局

资料来源：2023 年中国世界文化遗产监测年度报告。

（二）专职监测机构占比逐年提高

截至 2023 年，我国 42 项遗产、111 处遗产地共设有 123 个监测机构，部分遗产地设有多个监测机构。2023 年，我国有 33 项遗产、57 处遗产地的监测机构为专职监测机构（含管理机构内设专职部门以及独立法人的专职机构），专职监测机构 58 个，占监测机构总数的 47.15%，较上一年略有提高。专职监测机构在人员、经费、制度等方面较兼职机构有较高保障，专职监测机构占比的提升在一定程度上反映出遗产地越来越重视遗产监测工作（见表 2）。

崇左市委员会机构编制委员会办公室《关于调整市林业局和市广西花山景区管理委员会有关机构编制事项的批复》（崇编办复〔2022〕28 号）文件要求，2023 年内完成机构改革，将在崇左市广西花山景区综合管理执法支队挂牌的崇左市广西花山景区监测中心调整为独立设置，改为崇左市广西花山景区管理委员会管理的正科级公益一类事业单位，核定全额拨款事业编制 6 名，设主任（正科级）1 名。崇左市广西花山景区监测中心主要职能为开展左江花山岩画文化景观的日常监测、巡查等工作；承担左江花山岩画文化景观监测总中心日常运维、监测数据汇总及监测年报编制工作；指导各县（区）左江花山岩画文化景观监测分中心开展业务工作。

序号	遗产地	监测机构名称	监测机构类别
1	登封"天地之中"历史建筑群	登封市世界文化遗产监测站	独立法人的专职机构
2	大运河－南旺枢纽	汶上县大运河南旺枢纽遗址保护中心	内设的专职部门
3	大运河－会通河微山段	微山县文物保护服务中心（微山县博物馆）	兼职的部门或机构
4	大运河－中河台儿庄段	枣庄市台儿庄区世界文化遗产台儿庄月河段保护监测中心	内设的专职部门
5	大运河－中河宿迁段	大运河（宿迁段）遗产监测中心	兼职的部门或机构
6	土司遗址－海龙屯	遵义海龙屯文化遗产管理局遗址保护管理科	兼职的部门或机构
7	左江花山岩画文化景观	崇左市广西花山景区监测中心	独立法人的专职机构

表 2 2023 年度监测机构类型变化的遗产地

资料来源：2023 年中国世界文化遗产监测年度报告。

二 中国世界文化遗产地从业人员状况

（一）从业人员数量略有下降

2023 年，我国 42 项遗产、111 处遗产地共有从业人员 31108 人，较上一年度数据略有降低。在编人员 21450 人（占比 69%），自 2021 年以来每年同比下降 1 个百分点（见图 2）。我国世界文化遗产地保护管理机构人员构成的比例存在较大差异，有 12 项遗产、35 处遗产地的从业者均为在编人员，但仍有 15 项遗产、29 处遗产地从业者在编人员不足一半，需要依靠大量编外人员开展遗产保护管理工作。以高句丽王城、王陵及贵族墓葬－五女山城为例，五女山山城管理处作为保护管理机构，从业人员总数为 119 人，仅有 9 人在编；再如，明清皇家陵寝－清永陵，37 名从业人员中在编人数 6 人。

图 2　2019~2023 年中国世界文化遗产地从业人员变化

资料来源：2019~2023 年中国世界文化遗产监测年度报告。

这一方面说明我国世界文化遗产地从业人员构成不均衡，差距明显；另一方面也从侧面体现出保护管理机构人员不足的现象。编外人员主要通过遗产地安全员、巡查员等形式参与到遗产地保护管理的一线工作中，是守护遗产安全的第一道，也是最重要的一道防线，需要在政策、制度、能力建设等多方面向编外人员倾斜，助力我国世界文化遗产保护事业。

此外，老员工退休、外聘人员减少等因素给遗产地机构人员数量带来持续影响。例如，明清皇家陵寝－清昭陵近些年退休人员数量较多，导致机构人数连续三年持续下降，同时年龄断层、技术断层的现象也值得注意。

（二）专业技术人才占比仍低于要求

2019~2023 年，我国世界文化遗产保护管理机构从业人员本科及以上学历，以及专业技术人员占比逐年攀升。截至 2023 年，我国 42 项遗产、111 处遗产地的 31108 名从业人员中，具有博士学历的有 210 人、硕士学历 2206 人、本科学历 12443 人、本科以下学历 16214 人（见图 3）。

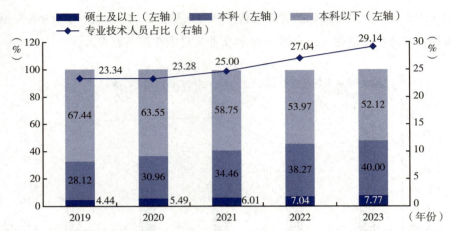

图3　2019~2023年中国世界文化遗产地从业人员学历层次及专业技术人员占比

注：2021年有0.78%的从业人员未统计学历层次，2022年有0.72%的从业人员未统计学历层次，2023年有0.11%的从业人员未统计学历层次。

资料来源：2019~2023年中国世界文化遗产监测年度报告。

2023年，我国42项遗产、111处遗产地共拥有专业技术人员9064人，其中3620人为初级职称及以下，3553人为中级职称，1891人为高级职称，职称结构与上年基本持平。

《关于加强我国世界文化遗产保护管理工作的意见》提出，要加强队伍建设，提高世界文化遗产保护管理人员素质。要加强培训，逐步使专业技术人员达到职工总数的40%以上，并实行世界文化遗产保护管理人员持证上岗制度等要求。

截至2023年，我国有14项遗产、33处遗产地的专业技术人员占比高于40%，其中仅有5项遗产、10处遗产地专业技术人员占比高于70%（见表3）。世界文化遗产地专业技术人员整体占比与上述要求存在较大差距。

我国世界文化遗产地从业者仍以初级职称及以下和中级职称人员为主，高级职称人员相对较少（见图4）。我国世界文化遗产地从业者职称结构亟待优化提升，以期为世界文化遗产保护、研究、管理和利用工作的高质量推进，以及加强新时代文物科技创新等工作提供有效保障。

表 3　2023 年中国世界文化遗产地专业技术人员占比排名前十的遗产地

单位：人，%

遗产地	机构人员总数	专业技术人员总数	专业技术人员占比
大运河 – 通惠河通州段	10	10	100.00
大运河 – 会通河微山段	15	14	93.33
大运河 – 浙东运河杭州萧山—绍兴段	49	44	89.80
大运河 – 回洛仓遗址	32	28	87.50
"丝绸之路：长安—天山廊道的路网" – 汉魏洛阳城遗址	33	28	84.85
北京皇家园林—颐和园	1114	882	79.17
"丝绸之路：长安—天山廊道的路网" – 小雁塔	129	97	75.19
大运河 – 南旺枢纽	19	14	73.68
明清故宫（北京故宫、沈阳故宫）– 北京故宫	1497	1079	72.08
元上都遗址	35	25	71.43

资料来源：2023 年中国世界文化遗产监测年度报告。

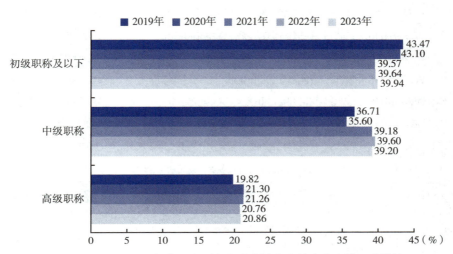

图 4　2019~2023 年中国世界文化遗产地专业技术人员的职称结构

资料来源：2019~2023 年中国世界文化遗产监测年度报告。

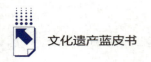

三　中国世界文化遗产地法律法规状况

（一）国家层面法制和标准化建设逐步完善

我国现阶段的世界文化遗产相关的法律制度体系，是以《文物保护法》及其实施条例所建立的基础性的文物保护法规为核心，包括各项世界文化遗产保护专门性法规、部门规章、地方政府规章和其他具有约束力的规范性文件。自我国 1985 年加入《世界遗产公约》以来，世界文化遗产保护越来越受重视，逐步构建了较为完善的世界文化遗产相关的法律制度体系，在依法保护世界文化遗产方面取得了实质成效。

2023 年，我国颁布了 17 项文物保护行业标准，为世界遗产保护管理体系制度化、标准化建设提供了有力支撑（见表 4）。

序号	标准编号	标准名称	承担单位	制修订
		表4　2023 年颁布的文物保护行业标准		
1	WW/T 0111—2023	《博物馆公共安全应急管理规范》	中国国家博物馆	制定
2	WW/T 0112—2023	《博物馆信息公开指引》	中国文物报社	制定
3	WW/T 0113—2023	《古代壁画起甲病害修复技术规范》	敦煌研究院	制定
4	WW/T 0114—2023	《可移动文物二维数字化采集与加工》	故宫博物院	制定
5	WW/T 0115—2023	《可移动文物三维数字化采集与加工》	故宫博物院	制定
6	WW/T 0116—2023	《石窟寺二维数字化采集与加工》	敦煌研究院	制定
7	WW/T 0117—2023	《石窟寺三维数字化采集与加工》	武汉大学	制定
8	WW/T 0118—2023	《馆藏文物保存环境监测　数据交换要求》	上海博物馆	制定
9	WW/T 0119—2023	《馆藏文物保存环境监测　网络通信要求》	上海博物馆	制定
10	WW/T 0120—2023	《馆藏文物保存环境检测　气体扩散采样测定方法　二氧化氮、二氧化硫的测定》	上海博物馆	制定
11	WW/T 0121—2023	《馆藏文物保存环境检测　气体扩散采样测定方法　臭氧的测定》	上海博物馆	制定
12	WW/T 0122—2023	《馆藏文物保存环境检测　气体扩散采样测定方法　甲醛的测定》	上海博物馆	制定

				续表
序号	标准编号	标准名称	承担单位	制修订
13	WW/T 0123—2023	《文物建筑火灾风险评估方法》	武汉大学	制定
14	WW/T 0124—2023	《古村落火灾防控导则》	公安部天津消防研究所	制定
15	WW/T 0006—2023	《古代壁画现状调查规范》	敦煌研究院	修订
16	WW/T 0016.1—2023	《馆藏文物保存环境质量 第1部分：指标要求》	上海博物馆	制定
17	WW/T 0016.2—2023	《馆藏文物保存环境质量 第2部分：检测方法》	上海博物馆	修订

资料来源：《国家文物局关于发布〈博物馆公共安全应急管理规范〉等17项文物保护行业标准的通知》，国家文物局，http://www.ncha.gov.cn/art/2023/12/20/art_2237_46517.html，最后检索时间：2024年9月8日。

（二）遗产地结合自身需求创新遗产保护制度建设

2023年，我国新颁布与遗产保护管理相关的法律法规共52项，其中，地方性法规7项、地方政府规章2项、地方规范性文件10项、保护管理机构内部制度33项（见表5）。

序号	名称	类别	公布时间	公布单位	公布文号
	表5　2023年度新颁布的地方规范性文件				
1	《宁波市大运河世界文化遗产保护实施办法》	地方规范性文件	2023年3月	宁波市政府办公厅	政府令第269号
2	《杭州市历史文化名城（世界文化遗产）保护委员会议事规则》	地方规范性文件	2023年5月	杭州市历史文化名城保护委员会办公室	杭名城委办〔2023〕3号
3	《杭州市文物安全检查工作办法》	地方规范性文件	2023年6月	杭州市园林文物局	杭园文〔2023〕84号
4	《杭州市考古发掘工地安全文明标准化管理指南（试行）》	地方规范性文件	2023年7月	杭州市园林文物局	杭园文〔2023〕92号
5	《大运河无锡段核心监控区国土空间管控细则（试行）》	地方规范性文件	2023年7月	无锡市人民政府	锡政规〔2023〕7号
6	《厦门市文化和旅游行业信用承诺管理制度》	地方规范性文件	2023年7月	厦门市文化和旅游局	厦文旅规〔2023〕4号
7	《厦门市文化和旅游行业信用分级分类监管管理办法》	地方规范性文件	2023年7月	厦门市文化和旅游局	厦文旅规〔2023〕3号

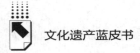

续表

序号	名称	类别	公布时间	公布单位	公布文号
8	《苏州园林分类管理办法》	地方规范性文件	2023 年 9 月	苏州市人民政府	苏府规字〔2023〕14 号
9	《北京市文物建筑开放利用导则（试行）》	地方规范性文件	2023 年 12 月	北京市文物局	京文物〔2023〕1771 号
10	《北京市文物保护工程资质管理办法（试行）》	地方规范性文件	2023 年 12 月	北京市文物局	京文物〔2023〕1784 号

资料来源：2023 年中国世界文化遗产监测年度报告。

针对 2023 年列入《世界遗产名录》的普洱景迈山古茶林文化景观，《普洱市景迈山古茶林文化景观保护条例》于 2023 年初施行。作为世界文化遗产景迈山古茶林文化景观的专项法规，该条例共 30 条，明确了主体责任、保护区范围和禁止行为，以及景迈山管理机构的职责，为世界文化遗产的保护提供了法律支撑。

2023 年度新颁布的法律法规在关注世界文化遗产专项法律法规建设的同时，视野逐渐扩大至文物的保护与管理。例如，为落实"保护第一、加强管理、挖掘价值、有效利用、让文物活起来"的文物工作要求，充分发挥文物在提供公共文化服务、满足人民精神文化生活需求、涵养社会主义核心价值观等方面的积极作用，北京市文物局于 2023 年出台了《北京市文物建筑开放利用导则（试行）》《北京市文物保护工程资质管理办法（试行）》两项地方规范性文件，旨在引导、鼓励社会力量积极参与文物保护、利用，促进文物行业健康、有序发展。杭州则紧抓市委、市政府设立协调机构——杭州市历史文化名城（世界文化遗产）保护委员会的契机，出台了《杭州市历史文化名城（世界文化遗产）保护委员会议事规则》，旨在指导、协调、审议、监督历史文化名城和世界文化遗产保护利用与管理中的重大事项，为协调机制的高效运转提供保障。

2020 年，习近平总书记在江苏考察调研时指出，千百年来，运河滋养两岸城市和人民，是运河两岸人民的致富河、幸福河。[1] 2023 年度新颁布法律

---

[1] 《传承运河文化遗产 建设致富河幸福河》，中央文化和旅游管理干部学院，https://www.cacta.cn/m/article_bigdata.html?id=3655，最后检索时间：2024 年 9 月 8 日。

法规最多的遗产为大运河，涉及淮扬运河扬州段、江南运河无锡城区段、江南运河苏州段、浙东运河杭州萧山—绍兴段、中河宿迁段。大运河沿线各地政府积极落实习近平总书记的重要指示批示精神，加快推进大运河遗产保护立法工作，旨在保护传承利用大运河文化遗产，推进大运河国家文化公园建设。

例如，无锡市人民政府公布的《大运河无锡段核心监控区国土空间管控细则（试行）》为统筹推进大运河文化遗产保护和生态环境保护提升、无锡历史文化名城保护发展、文化旅游融合发展、运河航运转型提升，为大运河沿线地区经济社会发展、人民生活改善创造有利条件，为保护好、传承好、利用好大运河这一祖先留给我们的宝贵遗产提供依据。

再如，由宁波市人民政府发布的《宁波市大运河世界文化遗产保护实施办法》，聚焦列入《世界遗产名录》的大运河（宁波段）河道与遗产点，明确了保护区划内"可为"活动，并进行全过程管理，创新提出建立多元化的保护补偿机制，对因大运河遗产保护而合法权益受损的个人或单位给予补偿。

四　中国世界文化遗产地培训情况

（一）国家层面培训影响力持续提升

我国的文化遗产事业得到了全社会前所未有的关注与支持，各遗产地通过线上、线下多种渠道组织或参与培训。2023 年度，我国共有 39 项遗产、81 处遗产地举办、承办或参与了培训活动，共计 503 次，较上一年度（419 次）增长了 20.05%，参与培训总计 21591 人次。

国家文物局、中国文化遗产研究院、中国古迹遗址保护协会等国家级文博单位充分发挥行业龙头优势和"国家队"责任担当，联合国内外专业机构组织关于考古、保护修复等主题的培训班，将国内外行业领域中的新理念、新技术引入我国遗产地，受训人数不断增加，影响力持续提升。同时，将我国文物、文化遗产保护管理领域的优秀经验和做法向国际传播，发出中国声音，讲好中国故事（见表 6）。

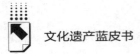

表6　2023年度文博行业影响力较大的培训			
序号	培训项目名称	主办/承办单位	培训时间
1	2023年全国博物馆讲解员高级培训班	国家博物馆	2023年2月
2	2023年全国石窟寺讲解员培训班	国家文物局	2023年3月
3	第二届出水与饱水文物保护专题研讨会	国家文物局考古研究中心	2023年6月
4	佛教考古与石窟寺研究专题研修班	国家文物局	2023年7月
5	文物防灾减灾体系建设线上培训班	国家文物局	2023年7月
6	2023亚太地区古建筑保护与修复技术高级人才研修班	联合国教科文组织亚太地区世界遗产培训与研究中心苏州分中心	2023年10月
7	石窟寺保护技术高级研修班	中国文化遗产研究院主办、云冈研究院	2023年10月
8	石窟寺保护技术培训班	国家文物局	2023年11月
9	2023年文化遗产管理与评估国际培训班	国家文物局、国际文化财产保护与修复研究中心	2023年11月
10	文化遗产管理与评估国际培训班	国家文物局	2023年11月

资料来源：2023年中国世界文化遗产监测年度报告。

　　为落实《"十四五"石窟寺保护利用专项规划》的相关要求，国家层面大力推进石窟寺保护能力建设。2023年11月，由国家文物局主办，龙门石窟研究院、河南省文物考古研究院承办的"国家文物局石窟寺保护技术培训班"在洛阳龙门石窟举行。[①] 此次培训针对当前中小石窟寺保护滞后，结构失稳，风化、渗水、微生物等病害多发，部分保存状况欠佳，造像违规妆彩重塑等问题，通过理论授课与实地教学并重、交流分享为辅的授课模式，为参训学员讲授石窟寺保护理念、法规标准、工作程序、新技术和新成果，旨在通过对石窟寺保护专业技术人员进行培训，强化石窟寺保护专业技术人员综合能力，努力培养一批既具备专业素养又具有良好综合能力的专业技术人员队伍。

　　2023年11月6~16日，国家文物局和国际文化财产保护与修复研究中心（ICCROM）合作主办的"2023年文化遗产管理与评估国际培训班"在世界文

---

① 《"国家文物局石窟寺保护技术培训班"在龙门石窟开班》，河南省文物局，https://wwj.henan.gov.cn/2023/11-22/2852067.html，最后检索时间：2024年9月8日。

化遗产地明十三陵举办。[①] 来自 10 个国家的国际学员与来自中国 7 个省（自治区、直辖市）和澳门特别行政区的中国世界遗产地保护管理工作者，在多位国际和中国文化遗产专家学者的指导下，围绕世界遗产概念和价值研究、保护管理监测、中国实践等主题，进行理论学习、现场调研和讨论交流，旨在加强文化遗产保护管理国际交流，宣传我国文化遗产保护管理的理念、技术和实践成果。

（二）因地制宜积极开展多主题培训

2023 年，我国世界遗产地开展或参与的培训主题丰富，保护管理理论与技术仍是培训重点，全年开展的培训有 199 次涉及保护管理理论与技术（占比 29.66%），历史文化与大众教育（104 次，占比 15.50%）和安消防（97 次，占比 14.46%）也是本年度培训主要关注的主题（见图 5）。

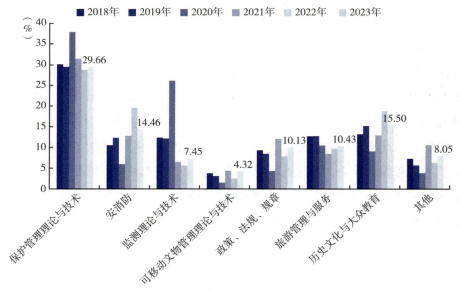

图 5　2018~2023 年中国世界文化遗产地各类培训主题占比

资料来源：2023 年中国世界文化遗产监测年度报告。

① 《汇聚中外智慧 同守文化遗产——记2023年文化遗产管理与评估国际培训班》，国家文物局，http://www.ncha.gov.cn/art/2023/11/24/art_722_185483.html，最后检索时间：2024 年 9 月 8 日。

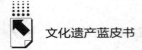

2022 年 1 月 27 日，习近平在山西省晋中市考察调研时指出，要敬畏历史、敬畏文化、敬畏生态，全面保护好历史文化遗产，统筹好旅游发展、特色经营、古城保护，筑牢文物安全底线，守护好前人留给我们的宝贵财富。2023 年，全国文物系统坚持以习近平新时代中国特色社会主义思想为指导，认真贯彻落实习近平总书记关于文物工作重要论述和指示批示精神。2023 年，我国 17 项遗产、33 处遗产地，结合自身实际情况和工作需求，以安消防为主题开展培训，积极落实习近平总书记关于文物安全工作的重要部署要求，持续推进落实文物安全政府主体责任，持续打击防范文物犯罪行为，筑牢文物安全底线。

国家文物局于 2023 年 10 月 23~27 日举办全国文物安全工作部际联席会议文物保护与安全管理培训班，培训内容包括深入学习习近平总书记关于文物安全工作重要论述和指示批示精神，全国文物犯罪形势分析及打击文物犯罪工作介绍，进一步提升文物工作者业务素质和实际操作能力，为打击和防范文物犯罪、做好文物安全工作奠定坚实基础。[①]

2023 年度，我国 20 项遗产、32 处遗产地开展了历史文化与大众教育方面的主题培训。为认真贯彻落实习近平总书记关于文物工作的重要讲话和重要指示批示精神，深入挖掘、广泛传播文物蕴含的文化精髓和时代价值，曲阜市文物局于 2023 年 1 月 11 日开展了"文物讲堂"系列讲座活动。"文物讲堂"是为落实全国文物工作会议精神，努力提高全局干部职工的思想政治素质和业务综合能力，深化推动学术研究和文物活化利用，结合曲阜文物工作实际推出的系列讲座活动，以期实现文物人才能力素质的整体提升。截至 2023 年底，曲阜市文物局"文物讲堂"成功举办了 11 讲。

---

① 《国家文物局关于举办全国文物安全工作部际联席会议文物保护与安全管理培训班的通知》，国家文物局，http://www.ncha.gov.cn/art/2023/10/20/art_2237_46350.html，最后检索时间：2024 年 9 月 8 日。

五　中国世界文化遗产地文物保护经费状况

（一）经费总额涨幅明显，地方财政经费为主要来源

2023 年，我国世界文化遗产地保护管理经费总数约 128.80 亿元，整体较上一年度增长 18.62%，表明各地加大了对世界文化遗产保护经费的投入和管理支持力度。其中，中央财政拨款约 15.46 亿元，占比 12.00%；地方财政经费约 82.71 亿元，占比 64.22%；自筹经费约 30.63 亿元，占比 23.78%。2023 年我国世界文化遗产地保护管理经费仍以地方财政经费为主。

2023 年，我国世界文化遗产地保护管理经费中的中央财政拨款和地方财政经费占全国一般公共财政支出[①] 的 0.036%，这一比重自 2022 年连续增长（见图 6）。

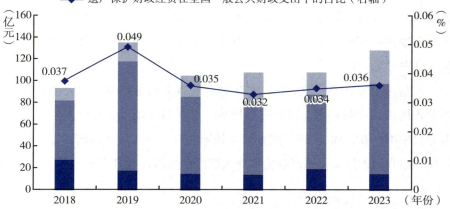

图 6　2018~2023 年中国世界文化遗产保护管理经费来源构成及财政经费占全国一般公共财政支出的比例

资料来源：2018~2023 年中国世界文化遗产监测年度报告。

---

① 根据财政部公布的 2023 年财政收支情况，全国一般公共预算支出 274574 亿元，同比增长 5.4%。分中央和地方看，中央一般公共预算本级支出 38219 亿元，同比增长 7.4%；地方一般公共预算支出 236355 亿元，同比增长 5.1%。

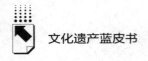

（二）各类经费投入悬殊

2023 年度，我国世界文化遗产地旅游管理经费支出 252942.76 万元，占本年度保护管理经费总额的 19.64%，较上年增加 10.93 个百分点，是除人员公用（531773.03 万元，占比 41.27%）外的第二大经费支出类型。

丽江古城、明清故宫（北京故宫、沈阳故宫）-北京故宫、黄山、"鼓浪屿：历史国际社区"4 处遗产地的旅游管理经费投入超 1 亿元。旅游管理投入经费规模较大的遗产地，除配合国家文化公园建设外，主要为热门旅游目的地，经费主要用于景区安保、保洁，以及基础设施建设等。

2023 年度，与遗产价值挖掘、有效利用相关的考古项目、学术研究和宣传教育三项工作的总体经费较少。其中，考古项目经费 5030.55 万元（占比 0.39%），学术研究经费 11695.84 万元（占比 0.91%），宣传教育经费 18707.88 万元（占比 1.45%）（见图 7）。

各类经费的规模在一定程度上反映了保护管理工作的侧重点。2023 年，各遗产地所在地政府通过完善遗产地的基础设施建设、加强景区日常运维等多种手段推动旅游消费增长，这从本年度旅游管理经费较其他经费类型规模和占比中可见一斑。

文旅融合靠的是"文化"，尤其是对世界文化遗产承载的突出普遍价值的深入挖掘和有效利用，讲好中国故事，是在当下快节奏社会人们追求文化滋养的根本所在。而 2023 年度在相关领域的资金投入整体薄弱，在一定程度上反映出我国世界文化遗产在价值深入挖掘、价值传播等方面的不足。

（三）各地保护管理经费投入不均

我国世界文化遗产用于保护管理的经费投入存在地区间不均衡的情况，尤其受到遗产所在地地方财政支持力度、经费来源、遗产类型等因素的影响。保护管理经费投入不均，直接或间接给各地保护管理工作的开展效果、保护管理水平等带来不同程度的影响。

例如，良渚古城遗址因采用"文物特区"管理模式，2023 年保护管理经

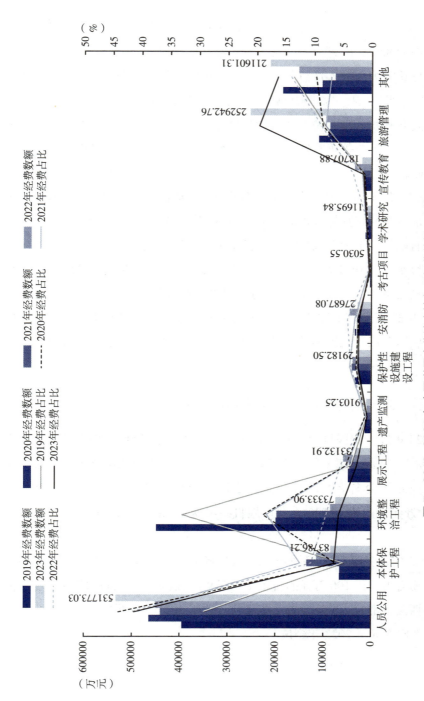

图 7 2019~2023 年中国世界文化遗产地各项经费数额及占比

资料来源：2019~2023 年中国世界文化遗产监测年度报告。

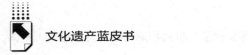

费总额为 120967.84 万元。北京故宫受到政府高度重视，2023 年度保护管理经费总额为 88056.26 万元。明清皇家陵寝－明孝陵主要依靠自筹经费，2023 年度经费总额为 35162.02 万元。上述遗产地保护管理经费充足，各项遗产保护管理工作得以有序、高效开展，保护管理情况普遍较好。

与每年保护管理经费总额动辄数亿元的遗产地不同，位于经济发展欠发达地区，大遗址类等可看性较差、可达性较差的遗产地，保护管理经费总额普遍较低。

例如，位于内蒙古自治区锡林郭勒盟正蓝旗的元上都遗址，受到位置偏远、遗址可看性不强等因素的影响，2023 年门票收入 209 万元，地方财政支持力度有限，加上大遗址保护、考古遗址公园运行成本较高，此类遗产保护管理资金缺口普遍较大。再如，大运河－通济渠商丘夏邑段 2023 年度保护管理经费总额为 15.6 万元，大运河－回洛仓遗址为 25 万元，丝绸之路－高昌故城为 25 万元。上述遗产地有限的地方财政，无法满足本体保护、环境整治、展示利用、监测体系建设等相关工作的需求，遗产保护管理水平难以保障。

（四）遗产监测经费投入渠道参差不齐

2023 年度，我国世界文化遗产地共支出遗产监测经费 9103.25 万元（占比 0.75%），在经历了三年连续下降后，有所增加。2023 年监测经费主要来源为中央财政经费支持 4378.15 万元，占比 48.09%；其次来源于地方财政经费 3736.18 万元，占比 41.04%；遗产地自筹经费 988.92 万元，占比 10.86%（见图 8）。

2023 年，我国有 36 项遗产、57 处世界文化遗产地配置了遗产监测经费，经费规模为 10 万~100 万元的最多（见图 9）。监测经费较高的如明清皇家陵寝－清西陵，清西陵监测预警系统项目立项于 2021 年获批，国家文物保护专项资金 809 万元于 2023 年到位。

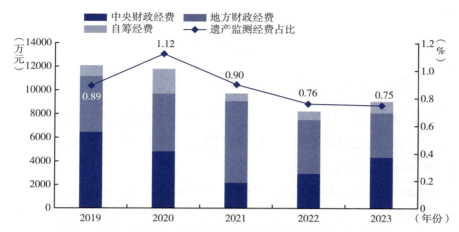

图 8　2019~2023 年中国世界文化遗产地遗产监测经费主要来源

资料来源：2019~2023 年中国世界文化遗产监测年度报告。

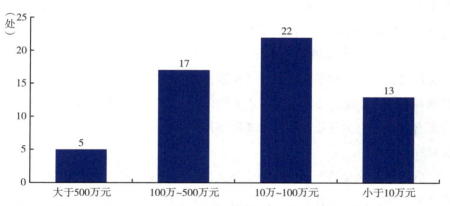

图 9　2023 年中国世界文化遗产地遗产监测经费规模区间分布

资料来源：2023 年中国世界文化遗产监测年度报告。

与中央财政经费提供的遗产监测经费支持的遗产地不同，以地方财政经费或自筹资金为主的遗产地的遗产监测经费规模较小。例如大运河 - 会通河微山段由地方财政支持 0.32 万元用于遗产监测；"丝绸之路：长安—天山廊道的路网" - 麦积山石窟自筹 1.4 万元用于支付监测专用光纤费。可见，监测预警平台建设等需要较大资金规模的费用主要来源于中央财政经费。

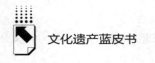

六　总结与建议

（一）提高保护管理机构专业力量

2023 年 11 月，为充分发挥科学技术对文物事业发展的支撑引领作用，中央宣传部、文化和旅游部、国家文物局等 13 个部门联合印发《关于加强文物科技创新的意见》，文件提出以下要求。

到 2025 年，面向国内领先、国际一流的远景目标，依托研究型文博单位、高校和科研院所，重点建设一批国家级和地区性文物科研机构；文物科研力量显著提升，形成科研方向稳定、结构合理的科研人才梯队；初步建成国家文物考古标本资源库和国家文物保护科学数据中心（文物大数据库）；在重点领域突破一批文物保护和考古关键技术，形成若干系统解决方案，建立健全文物基础研究、应用研究和科技成果转化的有效衔接机制。

到 2035 年，建立跨学科跨行业、有效分工合作的文物科技创新网络，建成文物科技基础条件平台体系和共享服务机制，形成具有中国特色的文物科技创新系统性理论、方法与技术，文物保护、研究、管理和利用科技创新能力显著增强，更加有效地实现对文物本体及其历史、艺术、科学信息的永久保存和永续利用。

我国世界文化遗产事业日益受到关注，吸引了大批优秀人才参与到文化遗产事业中，国家、省级、遗产地通过线上、线下等多种形式，不断加强保护管理机构专业力量。但是，受到地域、经济等多种因素影响，当前我国世界文化遗产地保护管理人员仍不满足要求，一方面体现在保护管理人员数量短缺，另一方面体现在专业技术人员占比较低。

国家和遗产所在地积极开展多项培训，为遗产地保护管理人员提供学习、互相交流的平台，在一定程度上促进了保护管理理念的提升和推广，提高了保护管理人员的专业水平。但已开展的培训工作，不论是国家还是地方，均未形成常态化、系统化的培训体系，在主题设置、人员参与方面随机性较大，覆盖面、内容深度、针对性等方面尚不满足需求。

《关于加强文物科技创新的意见》明确了文化事业单位专业技术岗位一般不低于 40% 的指标。我国世界文化遗产地保护管理人员数量，以及专业技术人员短缺的问题较为突出，提升保护管理机构专业力量已迫在眉睫，推动实现从文物资源大国向文物保护利用强国跨越。在国家层面，结合国际上世界文化遗产相关发展趋势和理念，制订我国世界文化遗产保护管理培训五年计划，形成系统性强、针对性高、覆盖面广的国家培训体系。在遗产地层面，通过体制改革、政策倾斜、人才引进、奖励机制等多管齐下的方式，加强人才队伍建设，通过优化人才制度，吸引专业人才落户，提高专业人员占比，同时加强对基层工作者专业能力的培养，在实际工作中注重人才梯队的培养与构建，力争完成一个项目，培养一批人才，形成遗产地稳定的人才队伍。

（二）多渠道拓展保护管理经费来源

我国各级政府不断加大对世界文化遗产保护管理的资金投入，实施了本体保护、环境整治、展示设施建设、专项监测等多项工程，有效保护了各遗产地突出普遍价值的真实性和完整性，显著提升了我国世界文化遗产保护管理整体水平。

我国世界文化遗产地保护管理经费大部分来自地方财政支持，经费规模受到所在地区经济发展水平、保护管理理念等客观、主观因素的影响，我国世界文化遗产地保护管理经费投入规模悬殊，有些遗产地保护管理经费严重不足，直接影响保护管理工作的开展。此外，遗产保护管理经费未全面纳入地方财政预算，仍有 12 项遗产、24 处遗产地的保护管理经费依靠中央财政资金，8 项遗产、12 处遗产地主要依靠遗产地自筹经费开展保护管理工作。

我国世界文化遗产地政府应主动严格落实《中华人民共和国文物保护法》第十条要求的县级以上人民政府应当将文物保护事业所需经费列入本级财政预算，落实《国务院关于进一步做好旅游等开发建设活动中文物保护工作的意见》（2012 年）中提及的国有文物保护单位的事业性收入应当专门用于文物保护，尤其是文物旅游景区经营性收入要优先用于文物保护的规定，并确定具体比例；明确日常保养、维护经费的来源；通过制度建设，确保保护管理经费的稳定性。遗产地政府也应积极拓展保护管理经费渠道，采用地方财政和自筹资金相结合的方式，拓宽用于本体修缮、环境整治、监测平台建设等项目的资金来源，落实世界文化遗产保护管理政府主体责任。

（三）优化保护管理经费支出结构

2023年度，我国世界文化遗产地保护管理经费更倾向用于人员公用和旅游管理，以及本体保护工程、环境整治工程、安消防等项目，直接促进了遗产本体保护、环境现状，以及遗产安全等方面的提升，但对于考古项目、学术研究和宣传教育等与遗产价值传播、有效利用相关的项目，以及日常保养的经费支出明显不足。

遗产的突出普遍价值是世界文化遗产地开展展示利用工作最根本的依据，随着对世界遗产相关概念、理解的不断深入，大部分遗产地对价值的理解仍停留在申遗时期，忽略了对世界遗产突出普遍价值的更新研究和科学解读，或者仍沿用固有的展示利用方式、手段，缺乏对遗产特点、游客行为等的系统分析。以上均是遗产价值挖掘与研究方面经费无法得到保障的体现。

日常保养经费未得到应有保障。我国世界文化遗产地保护管理机构大多重视本体修缮工程多于日常保养，往往等到本体出现负面影响较大的病害时再申请国家文物保护专项资金开展保护工程。其中固然有地方财政经费和自筹经费无法提供资金支持的因素，另外是忽视了日常保养在遗产地保护管理工作中的重要性，没有确定日常保养经费在保护管理经费中的支出比例。

各遗产地遗产类型、本体保存状况、环境整治需求等方面的特点不同，在工作重点、资金使用上也各有侧重。结合遗产地实际情况，科学、合理地使用各类保护管理经费，保障价值挖掘与传播、日常保养等工作经费支出，切实提高保护管理经费使用效能。

参考文献

《谈文论艺 | 为建设中华民族现代文明 贡献文化遗产力量》，人民政协网，https://www.rmzxb.com.cn/c/2023-12-11/3457082.shtml，最后检索时间：2024 年 9 月 8 日。

中国文化遗产研究院研创《中国世界文化遗产保护研究报告（2023）》，社会科学文献出版社，2023。

B.3
2023 年中国世界文化遗产保存状况
分析报告*

罗　颖　丁一格 **

摘　要： 2023 年，我国世界文化遗产的价值特征保护和传承工作取得有力进展。具体而言，1 处遗产地的总体格局、3 处遗产地的功能使用以及 54 处遗产地的遗产要素保存均展现出积极的改善趋势。71 处遗产地详细记录了病害台账信息，并且经过专业评估，89.25% 的病害已得到有效控制。然而，仍需警惕建设活动、游客不文明行为和不规范旅游活动、恶劣天气以及部分已开始恶化的病害对遗产保护和传承效果的负面影响。针对当前形势，建议各地相关部门关注以下几项工作：加强遗产环境保护，严格监管建设行为；优化遗产利用功能，规范遗产旅游行为；积极应对气候变化，加强遗产抗灾能力；建立病害防治体系，确保遗产长期保存。

关键词： 世界文化遗产　遗产总体格局　遗产使用功能　遗产要素　病害控制

---

* 本报告主要资料来源为我国世界文化遗产保护管理机构 / 监测机构在中国世界文化遗产监测预警总平台上编写的《中国世界文化遗产 2023 年度监测年度报告》，共计 111 份，涉及 42 项世界文化遗产（含 4 项混合遗产）、111 处遗产地（不含大昭寺、大运河 - 通济渠商丘南关段、澳门历史城区），统计时间为 2024 年 7 月 31 日。

** 罗颖，中国文化遗产研究院中国世界文化遗产中心（中国世界文化遗产监测中心）高级工程师，主要研究领域：世界文化遗产保护与监测；丁一格，首都师范大学文物与博物馆专业，主要研究领域：文化遗产管理。

本报告根据《中国世界文化遗产监测数据规范》（试行版）[1]的相关内容，从遗产总体格局、遗产使用功能、遗产要素及其病害情况 4 个维度，分析 2023 年我国世界文化遗产的保存状况。

一 中国世界文化遗产总体格局变化情况

世界文化遗产的总体格局，特指遗产与其周围环境之间所形成的独特联系，是世界文化遗产突出普遍价值的关键载体。确保总体格局得到妥善保护或进一步强化，是世界遗产保护工作的核心所在。

2023 年，2 项遗产、2 处遗产地（北京皇家祭坛—天坛、五台山 - 台怀核心区）总体格局发生变化，占遗产地总数的 1.8%，发生变化的遗产地数量与上年一致。

《北京中轴线申遗保护三年行动计划》持续为包括北京皇家祭坛—天坛在内的中轴线周边环境整治提供强劲动力。2023 年，五八二电台家属区、育才学校教工宿舍楼、市红十字血液中心多层住宅楼等中轴线上的重点点位腾退工作取得重要进展。[2]其中的五八二电台家属区位于北京皇家祭坛—天坛西北角，按照要求相继完成了搬迁腾退以及环境绿化工作，扩大绿化景观面积约 2000 平方米，大大改善了天坛的整体环境和历史风貌。

2017~2023 年数据显示（见图 1），随着近几年国家对大遗址展示利用的关注以及对老城整体保护的重视，各地的总体格局特征呈现持续向好的发展特点，显著改善了遗产周边环境以及更广泛背景环境的空间协调性，有利于遗产突出普遍价值的保护和传承。

---

① 中国文化遗产研究院中国世界文化遗产中心、国信司南（北京）地理信息技术有限公司：《中国世界文化遗产监测数据规范》（试行版），2014，第 19 页。

② 《北京中轴线保护迎新进展！五八二电台家属区等完成腾退》，https://xinwen.bjd.com.cn/content/s6541f5b5e4b0ec2b81ced1a5.html，最后检索时间：2024 年 8 月 6 日。

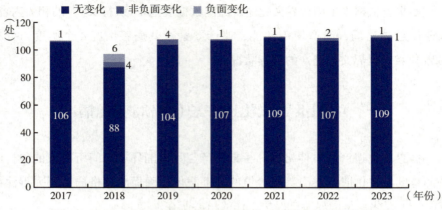

图1 2017~2023 年遗产总体格局变化（以遗产地为统计单位）

资料来源：2017~2023 年中国世界文化遗产监测年度报告。

二 中国世界文化遗产使用功能变化情况

世界遗产的使用功能，指的是遗产在现代社会中的实际作用。这些功能涉及宗教仪式使用、现场展示阐释、旅游服务、经营活动、传统生产生活、文化教育等。世界遗产的使用功能是衡量其突出普遍价值是否得到妥善保护、传承和发扬的重要指标之一。

（一）3处遗产地发生9处使用功能正面变化

2023 年，3 项遗产、3 处遗产地发生 9 处使用功能正面变化，发生变化的遗产地比上年多 2 处，遗产地占比较上年上升 1.78 个百分点。

2017~2023 年数据显示，我国世界文化遗产使用功能变化总体有利于遗产突出普遍价值的保护和传承，受新冠疫情的影响，近两年的变化速度出现放缓的趋势（见图 2）。

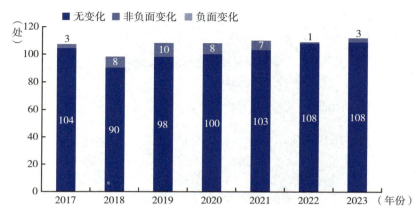

图2　2017~2023 年遗产使用功能变化（以遗产地为统计单位）

资料来源：2017~2023 年中国世界文化遗产监测年度报告。

（二）现场展示和游客服务提升是引起变化的主要原因

2023 年，遗产地使用功能发生变化的主要形式集中在扩大展示空间或提升展示水平以及优化游客服务，这两者占比达到了 88.89%。这种变化，不仅提升了游客的参观体验，也使遗产价值得到了更好的传承，有利于落实近年来国家政策一直强调的"让文物活起来"的工作要求。

故宫博物院调整东南崇楼由文物库房为雕版专题展馆，以开放更多的展览空间，强化故宫文化教育功能。该馆的开馆展览"吉光片羽——故宫博物院藏清代宫廷雕版文物展"以库房式陈列的形式展出文物 1.5 万余件（套），是故宫博物院首次举办此类专题文物展览。此次展览立足于故宫博物院多年来对院藏雕版文物整理、保护、研究的成果，重点展示 32 件（套）具有代表性的文物，从国政、文教、技艺三方面，挖掘蕴含在清代宫廷雕版文物中的历史文化信息（见图 3 ）。[1]

---

[1]　《故宫雕版馆开放》，人民日报海外版，http://paper.people.com.cn/rmrbhwb/html/2023-11/07/content_26025537.htm，最后检索时间：2024 年 8 月 6 日。

图 3　2023 年故宫博物院新开放的雕版专题展馆

资料来源：故宫博物院，https://www.dpm.org.cn/show/261807.html。

苏州古典园林在苏州市委、市政府关于"更加注重保护生态环境，更加注重历史文化传承保护"的精神指导下，同时结合"十四五"旅游规划发展的新趋势，对拙政园的秫香馆和茶室、留园的小桃坞和盛家祠堂第四进空间的现有功能进行了改造升级，显著提升了展示水平以及旅游服务质量。尤其是依托数字力量，将原本作为仓库的盛家祠堂第四进二楼厅堂打造为"留缘故事数字馆"。通过《留缘的故事》数字影片，以留园为背景，结合现代数字技术与留园园林文化，创意性地采用投影、裸眼 3D 等技术，以爱情故事为载体，演绎了留园数百年的兴衰历程，展现了美轮美奂的园林艺术，打造出了一个集文化、旅游、科技、园林美学于一体的智慧光影艺术空间（见图 4）。

"鼓浪屿：历史国际社区"则是在挖掘自身价值的基础上，充分利用遗产空间，积极探索近现代建筑活化利用新路径。鼓浪屿在摄影领域曾走在国内前沿，闽人林箴于 1847 年从鼓浪屿出发，前往美国学会了银版摄影术，并于 1849 年将吉鲁克斯照相机和摄影术带回鼓浪屿，成为中国摄影先驱之一。为了进一步展示鼓浪屿在摄影方面的特色价值，当地充分利用鼓浪屿自来水公司（遗产要素）的空间，将其改造为鼓浪屿摄影陈列馆。展馆分为自来水公司历史陈列区、提光寻影互动体验区、古典摄影展区、现代摄影展区、鼓浪

图 4　2023 年苏州古典园林 - 留园新开放的智慧光影艺术空间

资料来源：苏州古典园林 2023 年度监测年度报告。

屿历史影像区等 8 个展区，集展示、科普教育、学术研究于一体，是鼓浪屿对文保建筑保护利用的创新性尝试（见图 5）。

图 5　2023 年鼓浪屿新开放的鼓浪屿摄影陈列馆

资料来源："鼓浪屿：历史国际社区"2023 年度监测年度报告。

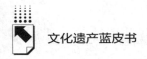

（三）不文明游客行为和不规范旅游活动对遗产的负面影响值得关注

2023 年，42 项遗产、111 处遗产地累计接待游客量达到 49556.48 万人次，门票收入总额约为 110.90 亿元，经营性收入达到 47.56 亿元，显著推动了当地经济的增长。不可否认，遗产旅游在带来巨大经济效益的同时，也对遗产保护和游客安全构成了一定威胁。2023 年，15 处遗产地（占总数的 13.5%）遭受了不文明游客行为的破坏。[①] 这些行为包括在遗产本体上刻画、触摸或攀爬遗产本体、翻越保护栏杆等。另外，有 8 处遗产地（占总数的 7.2%）出现了超容量接待游客的情况。这些现象和行为不仅给游客人身安全和遗产安全带来了隐患，也降低了游客的旅游体验。还有一些遗产地为了满足游客的多样化需求，存在过度开发和商业化的问题，具体表现为面向游客的商铺数量过多、密度过大，商品或服务同质化严重，以及本地居民外迁，特别是在活态遗产地区尤为明显。这些问题不仅影响了遗产突出普遍价值的保护传承，也给遗产周边的自然环境和生态系统带来了压力。

三　中国世界文化遗产遗产要素变化情况

遗产要素的外观、材料、形式是承载遗产突出普遍价值的物质载体。真实、完整地保护遗产要素的外观、材料、形式等物理属性，是遗产保护管理工作的重要内容之一。

---

① 资料来源于 2023 年度监测年度报告数据和中国世界文化遗产监测预警总平台舆情监测数据，涉及天坛、八达岭、秦始皇陵及兵马俑、殷墟、莫高窟、泰山、大雁塔、北京故宫、乐山大佛、明孝陵、云冈石窟、龙门石窟、苏州古典园林、江南运河嘉兴段、浙东运河宁波段。

（一）56处遗产地发生207项遗产要素外观特征变化

2023 年，共有 33 项遗产、56 处遗产地的 187 处遗产要素的外观特征发生变化 207 项，占遗产地总数的 50.45%，相较于上一年增长了 7.33 个百分点，增长趋势明显。根据多年统计数据，我国每年大约有四五十处遗产地的遗产要素发生正面变化，有利于遗产要素价值特征的永续保护和传承（见图 6 ）。

图 6　2017~2023 年遗产要素变化情况

资料来源：2017~2023 年中国世界文化遗产监测年度报告。

（二）正面变化占比95.17%，较上年减少0.66个百分点

2023 年，32 项遗产、54 处遗产地发生正面变化 197 项，占总变化的 95.17%，相比上一年略有下降，减少了 0.66 个百分点。具体来看，北京皇家祭坛—天坛，承德避暑山庄及其周围寺庙，曲阜孔庙、孔林和孔府等遗产地的正面变化数量较多，与国家文物局近些年陆续将这些地方确定为文物建筑预防性保护的试点单位有关（见图 7 ）。

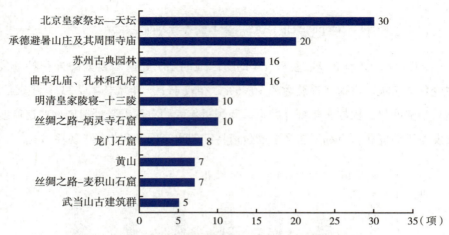

图7 2023年发生正面变化数量排名前十的遗产地

资料来源：2023年中国世界文化遗产监测年度报告。

从遗产类型来看，2023年古建筑类遗产的正面变化依旧最多，共计106项，占比53.81%。其次是石窟寺及石刻、古遗址及古墓葬，分别占比15.74%、12.70%（见图8）。

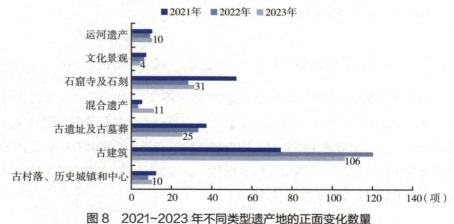

图8 2021~2023年不同类型遗产地的正面变化数量

资料来源：2021~2023年中国世界文化遗产监测年度报告。

（三）5处遗产地有负面变化10项，变化总数较上年增加1项

2023 年，我国世界文化遗产地共计发生遗产要素负面变化 10 项，与上年相比增加了 1 项。发生负面变化的主要原因依旧为气候变化和恶劣天气事件（见图 9），涉及 3 处遗产地：长城－八达岭、红河哈尼梯田文化景观、明清皇家陵寝－清西陵。

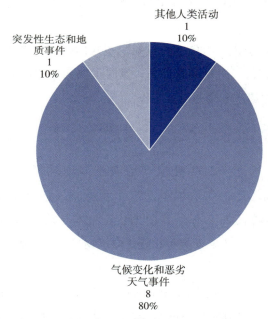

图 9　2023 年引起遗产地发生负面变化的原因统计

资料来源：2023 年中国世界文化遗产监测年度报告。

2023 年 7~8 月，河北、北京、天津等地遭遇了罕见的暴雨，为百年一遇的极端天气事件，给这些区域的世界文化遗产地带来严重的损害。长城－八达岭关城北边墙发生坍塌，明清皇家陵寝－清西陵的泰陵、昌陵、慕陵、崇陵、昌西陵的建筑墙体、屋面，桥体构件及周边泊岸，海墁地面砖等都受到

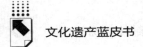

了不同程度的损坏。这是全球变暖、雨带北移、夏季热浪频繁、各地年温差变化大等宏观气候变化激发出的一次特大降水事件，与全球气候变化背景密切相关。7 月，集中暴雨也导致哈尼梯田的攀枝花乡垭口村梯田发生塌方，损毁面积约 50 亩，涉及 32 户 176 人，遗产整体景观发生一定程度的变化。应对气候变化和减少灾害风险是包括世界文化遗产在内的多个领域的当务之急。

四　中国世界文化遗产本体与载体病害情况

病害是指遗产要素已有的或自身缺陷引起的持续性损坏。[①] 定期对遗产本体及载体的病害情况进行调查评估，及时了解病害的现状、威胁程度以及发展趋势，是确保遗产安全的重要工作。

（一）病害数量相较上年增长21.94%

2023 年，38 项遗产、71 处遗产地调查并记录了病害情况，占遗产地总数的 63.96%，比上年增加了 1.57 个百分点。病害调查共记录了 856 处病害，比上年增长 21.94%。其中 130 处为本年度新发现的病害，占比 15.2%。存在病害的遗产要素类型以建/构筑物、洞窟/龛、遗址/墓葬为主（见图 10）。

2018~2023 年，每年均有超 60% 的遗产地调查并记录了病害情况，为了解病害分布及演变、评估遗产安全、实施预防性保护提供了坚实依据（见图 11、见表 1）。

---

① 《世界文化遗产地风险管理术语》（WW/T0090—2018），中华人民共和国国家文物局，2019，第 2 页。

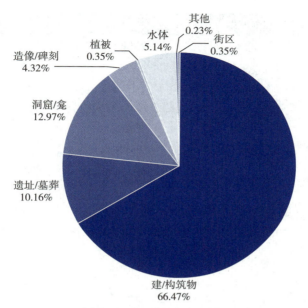

图 10　2023 年不同类型遗产要素病害分布情况（按病害处数统计）

资料来源：2023 年中国世界文化遗产监测年度报告。

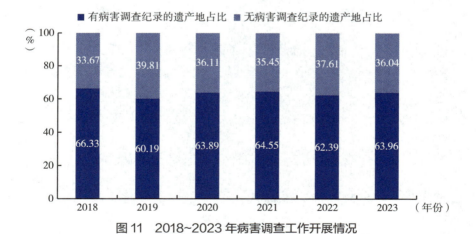

图 11　2018~2023 年病害调查工作开展情况

资料来源：2018~2023 年中国世界文化遗产监测年度报告。

序号	遗产地	
	表1　2021~2023年连续三年开展病害调查的遗产地	
1	明清故宫	北京故宫
2		沈阳故宫
3	秦始皇陵及兵马俑坑	
4	莫高窟	
5	周口店北京人遗址	
6	长城	嘉峪关
7		山海关
8	拉萨布达拉宫历史建筑群	罗布林卡
9	承德避暑山庄及其周围寺庙	
10	庐山国家公园	
11	平遥古城	
12	苏州古典园林	
13	北京皇家园林—颐和园	
14	北京皇家祭坛—天坛	
15	大足石刻	
16	明清皇家陵寝	明孝陵
17		清西陵
18		清东陵
19		清永陵
20		明显陵
21		清昭陵
22		十三陵
23	龙门石窟	
24	青城山—都江堰	
25	云冈石窟	
26	高句丽王城、王陵及贵族墓葬	五女山城
27	殷墟	
28	开平碉楼与村落	
29	福建土楼	大地土楼群
30	五台山	佛光寺核心区

续表

序号	遗产地	
31	登封"天地之中"历史建筑群	
32	杭州西湖文化景观	
33	元上都遗址	
34	丝绸之路：长安—天山廊道的路网	汉魏洛阳城遗址
35		唐长安城大明宫遗址
36		隋唐洛阳城定鼎门遗址
37		高昌故城
38		北庭故城遗址
39		新安汉函谷关遗址
40		锁阳城遗址
41		克孜尔石窟
42		炳灵寺石窟
43		麦积山石窟
44		彬县大佛寺石窟
45		大雁塔
46		小雁塔
47	大运河	江南运河南浔段
48		会通河临清段
49	土司遗址	老司城遗址
50		唐崖土司城址
51		海龙屯
52	左江花山岩画文化景观	
53	鼓浪屿：历史国际社区	
54	良渚古城遗址	
55	泉州：宋元中国的世界海洋商贸中心	
56	泰山	
57	黄山	
58	峨眉山—乐山大佛	乐山大佛景区
59		峨眉山古建筑群
60	武夷山	城村汉城遗址

资料来源：2021~2023 年中国世界文化遗产监测年度报告。

（二）23.42%的遗产地存在严重病害威胁

2023 年度记录的 856 处病害中，有 107 处为严重病害，其数量与去年大致相当。这些严重病害涉及 17 项遗产、26 处遗产地（占比 23.42%），相较于上年增加了 2 处遗产地。其中，北京皇家园林—颐和园存在 45 处严重病害，主要为构件材料的腐朽 / 糟朽、外闪和开裂；北京故宫有 15 处严重病害，主要为构件变形和材料腐朽 / 糟朽；龙门石窟有 6 处严重病害，主要为渗漏和裂隙；克孜尔石窟有 4 处严重病害，主要为裂隙和空鼓；杭州西湖文化景观则有 4 处严重病害，主要为裂隙和不均匀沉降。这些数据一方面揭示了这些遗产地本体存在一定的安全隐患，另一方面也反映出这些遗产地在病害管理工作中采取了更加精细化的措施，区别了病害等级（一般 / 严重），有助于在有限的人力、物力和财力条件下，更有效地分配和利用各项资源，确保本体保护的薄弱处能够得到更多关注。

2018~2023 年，我国每年大约有 30% 的遗产地面临严重病害威胁，总体呈下降趋势（见图 12）。如何有效遏制病害的蔓延，并尽可能降低其对遗产本体安全的威胁，依然是这些遗产地管理中亟待解决的关键问题。

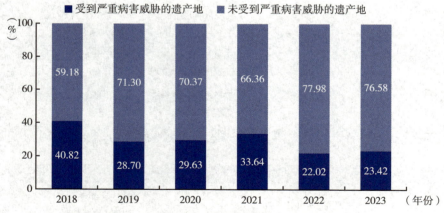

图12　2018~2023 年存在严重病害威胁的遗产地占比情况

资料来源：2018~2023 年中国世界文化遗产监测年度报告。

2023 年，16 项遗产、24 处遗产地（占有严重病害遗产地的 92.31%）对 104 处严重病害实施了监测工作，占严重病害总数的 97.2%。其中，使用观察监测的病害 81 处，占比下降 5.07 个百分点；使用拍摄照片监测的病害 75 处，占比增加了 0.86 个百分点；使用检测和测量监测的病害 28 处，占比较上年增加 0.21 个百分点；使用前端设备监测的病害 18 处，占比较上年略有上涨，增加了 2.4 个百分点（见图 13、见表 2）。

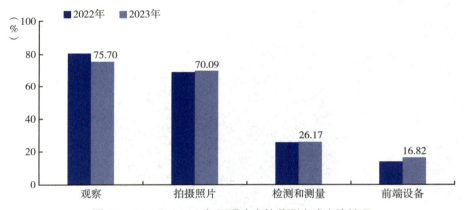

图 13　2022~2023 年严重病害的监测方式占比情况

资料来源：2022~2023 年中国世界文化遗产监测年度报告。

表 2　2023 年使用前端设备监测严重病害的遗产地		
遗产地	病害类型	监测方法
明清故宫－北京故宫	构件变形	拍摄照片、观察、前端设备、检测和测量
秦始皇陵及兵马俑坑	渗水	前端设备
拉萨布达拉宫历史建筑群－布达拉宫	构件变形	前端设备、检测和测量、拍摄照片、观察
平遥古城	渗漏	前端设备、检测和测量
苏州古典园林	倾斜	前端设备、检测和测量、拍摄照片
	构件材料腐蚀	前端设备、检测和测量、拍摄照片
龙门石窟	渗漏	前端设备
	裂隙	前端设备
登封"天地之中"历史建筑群	龟裂、缺失	前端设备
丝绸之路－克孜尔石窟	裂隙与空鼓	前端设备、拍摄照片、观察
丝绸之路－麦积山石窟	缺损	前端设备、拍摄照片、观察

资料来源：2023 年中国世界文化遗产监测年度报告。

（三）63处严重病害开始恶化或者严重恶化

从病害控制情况来看，89.25%的病害（764处）治理较好或者控制正常。值得注意的是，有10.75%的病害（92处）开始恶化或者严重恶化（见图14）。其中，有63处为严重病害，类型以腐朽、裂缝、外闪为主。

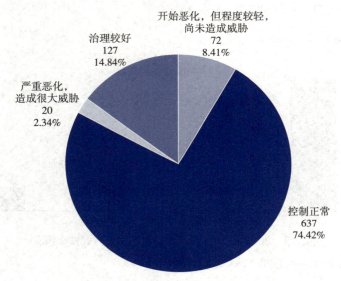

图14 2023年遗产地病害控制情况

资料来源：2023年中国世界文化遗产监测年度报告。

五 总结与建议

2023年，我国世界文化遗产的价值特征保护和传承工作取得有力进展。具体而言，1处遗产地的总体格局、3处遗产地的功能使用以及54处遗产地的遗产要素外形特征均展现出积极的改善趋势。71处遗产地详细记录了病害台账信息，并且经过专业评估，89.25%的病害已得到有效控制。然而，仍需警惕建设活动、游客不文明行为和不规范旅游活动、气候变化和恶劣天气事件以及部分已开始恶化的病害对遗产保护和传承效果的负面影响。针对当前形势，建议各地相关部门关注以下几项工作。

（一）加强遗产环境保护，严格监管建设行为

遗产环境是展现遗产突出普遍价值特征不可或缺的载体，也是各地在承担遗产保护责任时的关键任务之一。因此，各地必须强化对遗产环境的保护工作，严格监督遗产区、缓冲区及其更广泛背景环境的建设活动。首先，遗产地所在政府应坚持系统性保护原则，构建全面的保护体系，协调保护与发展的关系，避免因追求短期经济效益而进行过度或无序开发。其次，遗产地所在政府和相关部门必须严格执行《文物保护法》和《世界文化遗产保护管理办法》等相关法律法规。保护范围和建设控制地带，以及遗产区和缓冲区内的所有建设活动都必须遵循文物部门的行政审批流程，坚决禁止未经申报即建设、边建设边申报，或在未获批准的情况下强行建设的行为。各级文物部门应确保文物保护范围和建设控制地带以及管理规定符合世界文化遗产遗产区和缓冲区的保护要求。同时，在严格审核建设项目的基础上，要尽可能地优化项目审批流程，加强审批过程中的专家咨询机制，以确保建设项目得到客观和高效的评估。各级纪检监察机关应主动开展文化遗产保护领域的专项监督工作，进一步推进"行政＋司法"联动保护机制，确保建设行为得到有效监控和管理。

（二）优化遗产利用功能，规范遗产旅游行为

为了更好地适应新时期国家对世界文化遗产的新要求，各地应紧密遵循现行政策，优化遗产的利用方式，充分展现世界遗产在当代文化传承中的示范作用。首先，在确保文物安全的前提下，科学评估开放情况，尽可能实现遗产地对公众的全面开放，并合理设定开放区域的游客承载量，同时向公众公布这些标准。对于古遗址、古建筑、石窟寺等易损文物资源，应采取预约参观、错峰游览等措施，调节旅游旺季的游客流量，避免不顾开放区域实际情况，一味追求游客数量。其次，基于对遗产突出普遍价值的深入研究，持续优化展示体系，及时更新博物馆或专门展示空间的内容与形式，完善价值传递渠道，以更高效地传播世界遗产的价值。再次，加强与跨学科、跨领域

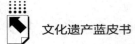
机构的合作，围绕世界文化遗产价值进行创新性的转化，促进积极的业态经济效益，实现良性循环，并推动社会效益最大化，以满足人们日益增长的精神文化需求。最后，建立并持续更新世界文化遗产的数字资源库，加速数字化进程，探索"世界文化遗产数字化 + 产业化"的共生发展模式，推动遗产保护研究成果的全民共享。

（三）积极应对气候变化，加强遗产抗灾能力

气候变化对我国世界文化遗产威胁日益显著。为了应对这些挑战，各地要积极采取一系列措施，包括加强监测预警系统、提升应急响应能力、开展适应性保护工程以及推动国际合作等。在监测预警系统方面，要建立和完善气候变化监测体系，收集和分析有关气候变化的数据，结合历史灾害对遗产本体的损毁，开发预警模型，以预测极端天气事件对遗产的影响。在提升应急响应能力方面，要制定详细的应急预案，包括灾害发生时的快速反应流程和责任分配。定期培训专业应急队伍，提高他们的专业技能和快速反应能力。储备必要的应急物资和设备，确保在灾害发生时能够迅速投入使用。此外，还要加强多部门、跨学科的合作，并在政策上不断优化保护风险应对机制与能力，如山西省生态环境厅、山西省文物局和山西省文物保护基金联合发布了《气候变化下文化遗产保护宣言》，这种多方联动的策略不仅有助于增强文化遗产的抗灾能力，还能促进自然遗产和文化遗产的协同保护。[1] 在开展适应性保护工程方面，要科学评估遗产风险点，确定最易受气候变化影响的部分。并根据评估结果，设计和实施适应性保护措施，如加固结构、改善排水系统等。在推动国际合作方面，要积极参与国际气候变化和文化遗产保护的研讨和项目，共享经验和技术。还要争取国际资金和技术支持，共同应对气候变化对文化遗产的威胁。

---

[1] 《山西省发布〈气候变化下文化遗产保护宣言〉》，https://sx.sxgov.cn/content/2024-05/20/content_13226421.htm，最后检索时间：2024 年 8 月 8 日。

（四）建立病害防治体系，确保文化遗产长期保存

各地需依据遗产特性，构建一个科学、系统、高效的病害防治体系，以确保文化遗产的安全和长期保存。第一，要定期进行病害调查，记录遗产本体或载体上出现的各类病害。在此过程中，要积极借鉴国内外的先进经验，以促进病害的快速和准确识别。第二，根据遗产的材质特性、病害的表现形式、发展速度等因素，对病害程度进行科学评估，如区分轻微、中等、严重等级别，为后续监测和保护措施提供坚实依据。第三，采取适当方法收集和整理各类病害数据，包括观察现状、拍摄图片、人工测量等，为病害分析和研究提供可供比对的数据序列。在经费允许的情况下，可利用现代科技手段，如无线传感网络技术、超声波技术及高清图像处理技术，对表面温度、裂隙形变、位移沉降等关键性参数进行实时在线监测，以提升监测工作的效率。第四，定期对病害威胁程度进行持续评估，基于评估结果，实施风险管理，制定相应的预防和干预措施，以降低病害对遗产的损害。此外，各地还应持续进行病害的基础研究和应用研究，可依托科技部的重点研发计划，开展保护技术的科技攻关，通过多学科研究和机制创新，突破本体保护的难题。

参考文献

中国文化遗产研究院研创《中国世界文化遗产保护研究报告（2023）》，社会科学文献出版社，2023。

李六三:《深入学习贯彻党的二十大精神　推动新时代文化遗产保护事业高质量发展》，国家文物局，http://www.ncha.gov.cn/art/2022/11/29/art_2668_178495.html，最后检索时间：2024 年 9 月 8 日。

中国气象局国家气候中心编著《中国气候公报（2023）》，中国气象局宣传科普中心（中国气象报社），2023。

B.4
2023 年中国世界文化遗产影响因素
分析报告*

李雨馨　张玉敏 **

摘　要： 2023 年，我国世界文化遗产受自然环境和人为环境因素负面影响总体可控。在自然环境因素方面，遗产地遭受的自然侵蚀程度加强，发生自然灾害遗产地数量和受灾频次明显增加。灾害类型主要包括暴雨、台风等为主的气象水文灾害，和地震、滑坡等为主的地质地震灾害。在人为环境因素方面，旅游市场回暖复苏，压力与机遇并存。全年游客总量显著回升，旅游经济、社会和环境效益稳步向好，门票收入和保护管理机构的经营性与服务性收入有所增长，但游客参观需求与旅游服务供给方面的关系进一步失衡。社会环境压力和人为破坏因素持续存在，遗产地遗产区、缓冲区项目建设压力突出。针对上述情况，本报告强调了文化遗产防灾减灾方面的政策和实践的重要性，并认为面对新形势下的旅游和建设等压力，应进一步强化旅游与游客规范化管理，提高遗产依法治理水平。

关键词： 遗产影响因素　自然环境监测　世界文化遗产　防灾减灾

---

* 本报告主要资料来源为我国世界文化遗产保护管理机构 / 监测机构在中国世界文化遗产监测预警总平台上编写的《中国世界文化遗产 2023 年度监测年度报告》，共计 111 份，涉及 42 项世界文化遗产（含 4 项混合遗产）、111 处遗产地（不含大昭寺、大运河 - 通济渠商丘南关段、澳门历史城区），统计时间为 2024 年 7 月 31 日。

** 李雨馨，中国文化遗产研究院中国世界文化遗产中心（中国世界文化遗产监测中心）馆员，主要研究领域：世界文化遗产保护管理和监测管理、遗产价值研究；张玉敏，中国文化遗产研究院中国世界文化遗产中心（中国世界文化遗产监测中心）工程师，主要研究领域：世界文化遗产保护管理、监测研究。

本报告依据《中国世界文化遗产监测数据规范》（试行版）的相关内容，从自然环境因素、人为环境因素两方面对 2023 年我国世界文化遗产影响因素进行分析，具体包括自然侵蚀、自然灾害、旅游与游客管理、建设控制、社会环境 5 个维度。

一　中国世界文化遗产地自然环境因素影响情况

（一）自然环境监测总体工作情况

2023 年，为进一步掌握和研究自然环境对本体及其赋存环境的影响，我国 39 项世界文化遗产、75 处（占比 67.57%）遗产地开展了共计 153 项自然环境监测项目。各地主要监测内容为气象环境（温度、湿度、降水、风速、气压）、大气环境质量（气态污染物、空气颗粒物、负氧离子）、地表水和地下水（水位、水质）、土壤（质量、温度、湿度）及自然灾害，主要监测方式为前端设备、检测和测量、拍摄照片等。

数据表明，2023 年，莫高窟、麦积山石窟的 2 项（占比为 1.31%）自然环境监测项目，与上年相比仍显示影响较大，其中主要影响为温湿度波动造成的可溶盐分运移和微生物滋生。元上都遗址自然环境影响与上一年相比，由严重转变为一般。其余的 117 项监测项目（占比为 76.47%）自然环境影响评估为轻微，33 项（占比为 21.57%）自然环境影响评估为一般，占比较上一年度分别上升 2.75 个百分点、下降 1.87 个百分点。可以看出，2023 年各遗产地遭受的自然侵蚀作用较上年总体上有所改善。

自然环境因素负面影响方面，除高句丽王城、王陵及贵族墓葬－五女山城、丝绸之路－崤函古道石壕段遗址、丝绸之路－炳灵寺石窟 3 处（占比为 1.96%）明确提出遗产本体存在较严重威胁和劣化趋势外，其他遗产项目总体防治较好或控制正常。根据判断，自然环境影响因素并非上述 3 处遗产的病害产生和发育的主要影响因素，其影响轻微／一般。

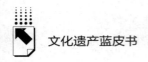

（二）发生自然灾害遗产地数量和受灾频次明显增加

《中国气候公报（2023）》显示，2023 年我国气候状况总体偏差，涝旱灾害突出。全国平均气温为历史最高，北方局部地区发生旱涝急转，南方局部地区发生秋冬连旱；汛期暴雨致灾性强，台风生成及登陆个数偏少，强对流天气过程偏少，但局地致灾重。①

2023 年度，共有 15 处遗产地遭遇共计 33 次自然灾害，包括暴雨、台风等为主的气象水文灾害，和地震、滑坡等为主的地质地震灾害。与上一年度相比，受灾遗产地数量、受灾次数明显增加。其中，严重程度以上的灾害共计 3 次，分别是 2023 年 1 月 8 日黄山发生岩体崩塌，2023 年 8 月 1 日八达岭长城遭受连续暴雨，2023 年 7 月 29 日至 8 月 1 日明清皇家陵寝－清西陵因强对流天气普降暴雨受灾。轻微以上程度的灾害共计 30 次，暴雨占比 56.67%，涉及 6 处遗产地，1 处遗产地暴雨并伴有大风天气；台风占比 43.33%，涉及 3 处遗产地；地震占比 13.33%，涉及 4 处遗产地；滑坡占比 3.33%，涉及 1 处遗产地。从数据可以看出，较上一年，暴雨再次取代台风成为我国遗产地遭受最多的自然灾害类型，地震、滑坡次数明显增多，但极端天气气候影响事件有所减少。2023 年受灾时间集中在 6~9 月，基本与往年一致，6、7 两月为高峰期（见图 1）。

2020 年 5 月，国务院决定开展第一次全国自然灾害综合风险普查。2023 年 2 月 15 日，国新办新闻发布会发布了本次普查的调查工作以及调查成果。此次全国自然灾害综合风险普查是新中国成立以来第一次开展、提升自然灾害防治能力的基础性工作，也是一项重大的国力国情调查。② 本次普查开展了地震、地质、气象、水旱、海洋、森林草原火灾 6 大类、23 种灾害风险和综合风险评估区划，将全国划分为 6 个自然灾害综合风险大区、30 个综合风险

---

① 《2023 年中国气候公报》，中国气象局，https://www.cma.gov.cn/zfxxgk/gknr/qxbg/202402/t20240223_6084527.html，最后检索时间：2024 年 7 月 22 日。

② 《〈第一次全国自然灾害综合风险普查公报〉发布：用好普查成果 发挥普查效益》，人民日报，https://www.gov.cn/lianbo/bumen/202405/content_6949946.htm，最后检索时间：2024 年 7 月 22 日。

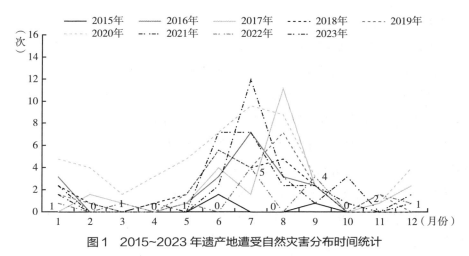

图 1　2015~2023 年遗产地遭受自然灾害分布时间统计

资料来源：2015~2023 年中国世界文化遗产监测年度报告。

区和 90 个风险防治亚区，首次形成了覆盖国家、省、市、县四级的评估区划成果。10 个行业建立了行业数据库，31 个省份也建立了基础数据库。

《第一次全国自然灾害综合风险普查公报》显示，近年来我国北上台风的频次及其所带来的灾害影响日益增加，极端降水发生频次和强度都显著增加，特别是最近 10 年，北方地区局地强降水致灾强度趋强，形成了暴雨灾害"南北并重"的格局。高温灾害发生频次和强度显著增加，进一步加大其致灾危险性；复合型低温灾害相较于单个低温灾害事件影响更为显著，需特别关注。以上情况基本与近年来年报所统计的遗产地受灾数据反映出的趋势相吻合。此外，我国还对 18 万余处地质灾害隐患点的信息进行了更新。截至 2023 年 12 月底，全国共登记滑坡隐患点 13.2 万处、崩塌隐患点 8.2 万处、泥石流隐患点 3.3 万处。这些数据的更新为各遗产地提供了更为准确的地质灾害风险信息，有助于更好地制定遗产地防灾减灾措施。

（三）文化遗产防灾减灾在国家层面得到进一步重视和加强

近年来，我国关于应对气候变化负面影响和文化遗产防灾减灾方面都有较显著的发展。在气候变化影响日益加剧和自然灾害频发的背景下，文化遗

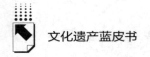

产防灾减灾行业日益受到重视。

2023 年以来，国家层面进一步加强了对文化遗产保护的政策支持，出台了一系列新的法规和政策文件，明确了各级政府在文化遗产防灾减灾中的责任和义务。如，2023 年 7 月国家文物局印发《关于加强主汛期防灾减灾救灾工作的通知》，进一步强调"各级文物行政部门和文博单位需要将自然灾害应对工作作为长期重要任务，积极推动将文物工作纳入地方政府的防灾减灾体系，实时组织风险研判，并转发国家文物局的预警预报，加强调度和指导"。与往年不同的是，以往通知主要强调应对极端天气、做好预防救灾措施，而本年度重点强调防灾减灾和救灾，把防灾减灾放在更为重要的位置。10 月，《中央宣传部 文化和旅游部 国家文物局等十三部门关于印发〈关于加强文物科技创新的意见〉的通知》提出布局建设文物建筑火灾防控、文物建筑结构与减震等专题实验平台。为应对气候变化带来的负面影响，12 月，中国文化遗产研究院率先开展了"十三五"国家重点研发计划"不可移动文物自然灾害风险评估与应急处置研究"，并牵头发起成立中国灾害防御协会——文化遗产专业委员会。与此同时，中国世界文化遗产监测预警总平台和 9 处遗产地平台与气象部门进行了数据对接，实时掌握气象信息，实现了自然环境监测数据的实时共享。

遗产地层面，山西省人民政府于 2023 年 12 月制定颁布了《山西省不可移动文物自然灾害风险管理办法》。该办法是全国首部省级层面规范不可移动文物自然灾害风险管理方面的政府规章，规定了不可移动文物自然灾害风险管理坚持属地管理、因害设防、快速反应、依法处置的原则，同时强调加强风险补救，创新探索灾后保护措施，对自然灾害发生后，县级以上人民政府、所在地文物主管部门等相关责任部门的职责进行了明确和细化，具有重要的实践和示范意义。

二 中国世界文化遗产地人为环境因素影响情况

（一）旅游市场回暖复苏，年度遗产地游客总量显著回升

根据文化和旅游部发布的数据，2023 年国内出游 48.91 亿人次，同比

增长 93.3%。本年度游客高涨的出游意愿有力地带动了我国世界文化遗产的旅游发展，各世界文化遗产地的游客接待量有了较大幅度的提升。监测年报数据表明，42 项遗产、111 处世界文化遗产地接待的游客总量为 4.96 亿人次，[①] 与上一年度相比，增幅高达 242.07%[②]（见图 2），占 2023 年全国总游客量的 10.14%，[③] 比上一年提高 3.22 个百分点。

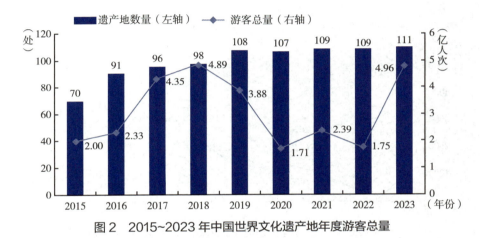

图 2　2015~2023 年中国世界文化遗产地年度游客总量

资料来源：2015~2023 年中国世界文化遗产监测年度报告。

从全年游客量月度总体分布来看，2022 年末至 2023 年初，游客量出现了一次小高峰，短暂回落后又持续回升，并于 8 月超过往年同期游客总量高值，后于 10 月达到峰值，为有数据统计以来历史最高（见图 3），在一定程

---

① 本年度丝绸之路－悬泉置、大运河－通济渠郑州段、浙东运河宁波段等 12 处遗产地，因属于开放河道、尚不具备对外开放条件及实施安消防和陈列改造工程等因素而无法统计，故年度游客总量填写为 0。大运河－江南运河嘉兴段的监测年度报告中统计的为嘉兴市 2023 年度 1~9 月游客量（为 2823.47 万人次），不符合统计口径，故本年度未纳入计算。

② 2022 年，不含大运河－江南运河嘉兴段的全国遗产地接待游客总量为 1.45 亿人次。

③ 《2023 年国内旅游数据情况》，中华人民共和国中央人民政府，https://www.gov.cn/lianbo/bumen/202402/content_6931178.htm，最后检索时间：2024 年 8 月 2 日。

度上体现出新冠疫情结束后国内游客旺盛的出游需求和热情。另外，明清故宫－北京故宫，莫高窟，丽江古城，福建土楼－洪坑土楼群，五台山－台怀核心区，丝绸之路－克孜尔石窟、麦积山石窟、兴教寺塔共8处遗产地出现日游客量超载现象。综合往年数据，莫高窟连续5年超载，五台山－台怀核心区连续3年超载，旅游与游客管理压力较大，对遗产保护造成的压力有待进一步评估。

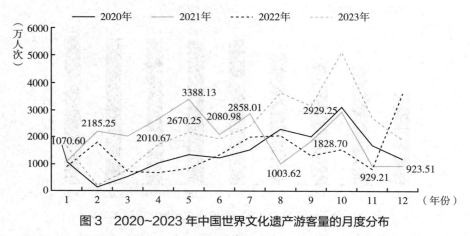

图3　2020~2023年中国世界文化遗产游客量的月度分布

资料来源：2020~2023年中国世界文化遗产监测年度报告。

　　2023年度国内游客量排名前十的遗产地见图4。除青城山—都江堰外，其余9处遗产地均突破了1000万人次大关，游客量整体大幅提升，总量至少翻一番。从排名上来看，园林景观类遗产仍最受追捧。另外，本年度游客量较少的遗产地，仍以偏远地区古遗址类遗产为主，包括丝绸之路个别遗产点，土司遗址，高句丽王城、王陵及贵族墓葬等。其中仅有丝绸之路－崤函古道石壕段遗址1处遗产地游客量不足1万人次。总体上，各遗产地游客总量比往年均有较大变化，部分遗产地甚至创下历史新高。

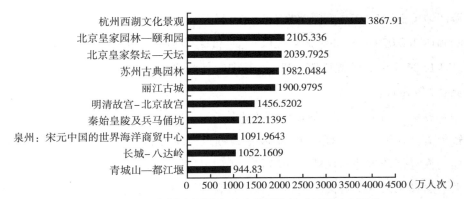

图 4 2023 年游客量排名前十的遗产地（不含大运河）

资料来源：2023 年中国世界文化遗产监测年度报告。

2023 年，我国世界文化遗产地接待境外游客数量持续增加。相较于上一年，本年度共有 39 处遗产地接待了 158.30 万人次的境外游客，境外游客到访的遗产地数量增加 16 处，境外游客总数量增长了 148.59 万人次，占遗产地全年总游客量的 0.32%，比上一年度提高了 0.03 个百分点。

2023 年度最受境外游客欢迎的世界文化遗产地前十名为：明清故宫－北京故宫、丽江古城、北京皇家园林—颐和园、秦始皇陵及兵马俑坑、北京皇家祭坛—天坛、青城山—都江堰、明清皇家陵寝－十三陵、黄山、峨眉山古建筑群和乐山大佛景区。其中，明清故宫－北京故宫、丽江古城连续三年接待境外游客人数最多。

（二）遗产地经济、社会、环境效益稳步向好

遗产地旅游市场的快速复苏也极大地带动了各地景区门票和保护管理机构参与的服务与经营性收入。据统计，除去实行免费开放的遗产地外，[①]80 处

---

① 因丝绸之路 7 处，大运河 21 处，普洱景迈山古茶林文化景观，以及武夷山－遗产区Ⅰ、遗产区Ⅱ，共 31 处遗产地相关区未开放区域，故统计为实施免费开放区域。

遗产地（占比 72.07%）门票收入 110.90 亿元，[①] 较上一年度增加了 83.18 亿元，涨幅达 300.07%；相关保护管理机构参与的经营性收入 47.56 亿元，较上一年度增长 36 亿元，涨幅达 311.42%。其中，有 60 处遗产地认为本年度经济收益显著/较显著。

社会效益方面，74 处遗产地（占比 66.67%）认为本年度社会效益显著/较显著，比上一年度提高了 12.54 个百分点。改善的主要原因，包括经济市场的恢复带动本地居民就业和增收，各项惠民政策和公众文化活动的出台推动了居民生活水平提高，周边配套设施和环境持续提升，拓宽了遗产地的受众面，强化了遗产的社会影响力。认为社会效益一般/轻微的遗产地共 37 处（占比 33.33%），影响评价的因素主要是遗产地周边配套服务设施不足，遗产影响力对周边居民就业和生活水平提升的促进作用有限。总体来看，遗产地旅游社会效益在一系列政策措施的开展下得到有效增强。

环境效益方面，有 84 处遗产地（占比 75.68%）认为本年度环境效益显著/较显著，27 处遗产地（占比 24.32%）认为效益一般/轻微。

一般来说，环境效益提升主要来源于配套设施、园林绿化的改善，以及遗产所在地周边整体环境设施和质量的优化。此外，遗产环境的优劣与所在地环境状况具有相互促进的作用。例如，天坛作为北京老城区面积最大、古树最多的公共绿地，是维系天坛乃至东城区、北京市生态系统的重要因素，在降温、增湿、防尘、减噪，缓解城市热岛效应，提高空气质量，提供生物栖息地等方面具有重要的生态价值。据北京市环境保护监测中心监测数据，天坛生物总量约 14726 吨，生物密度 88.86kg/m^2，碳储量约 6627 吨，呈现出较好的生态质量。良渚古城遗址申遗以来，通过环境综合整治、水环境生态治理、基础设施提升等综合手段，使遗址的城址区、瑶山、谷口高坝区等地面绿化覆盖率达到 90%，水系净化率达到 95%，通过治理，基本消除了良渚古城遗址公园水体的富营养化现象，主要水质指标也达到地表水Ⅳ类标准以

---

① 大运河－江南运河嘉兴段的监测年度报告中统计的为嘉兴市 2023 年度 1~9 月旅游总收入（为 422.69 亿元），浙东运河绍兴段和淮扬运河扬州段统计数据的为全市全年旅游总收入（分别为 422.69 亿元、445 亿元），不符合统计口径，未纳入计算范畴。

上，遗产区及其周边环境得到进一步提升。

丰富的生物多样性对环境改善作用明显。明清故宫－沈阳故宫，明清皇家陵寝－明孝陵、清昭陵，苏州古典园林等，通过栽植花木、景观打造等一系列措施，提高了遗产的景观环境质量，古树名木保护、水生植物管理和病虫害防治等，也对遗产环境保护起到了积极作用。

（三）旅游与游客管理压力逐年增大

为确保游客和文物安全，保障游客参观体验，大部分遗产地仍主要通过预约和分流的方式进行管理。2023 年度，约有 53 处遗产地（占比 47.75%）实施了预约参观制度，较上年减少 10 处；然而预约游客总量为 1.85 亿人次，较上一年度增长 1.45 亿人次，约占所涉及遗产地游客总量的 75.68%，同比提高了 34.67 个百分点。

面对急速增长的游客量和游客管理压力，79 处遗产地（占比 71.17%）设置并公布了游客量限值，同时优化了管理措施。以明清故宫－北京故宫为例，故宫博物院经研究确定，故宫的最大日承载量为 8 万人，舒适承载量为 4 万人，且自 2020 年以来，皆按照 4 万人的舒适承载量管理入院人数。2023 年，参观故宫的需求激增，故宫博物院在"文物保护第一"的前提下，调整了管理措施，即成年人的入院人数每日依然控制在 4 万人的舒适承载量之内，未成年人免票进入参观。2023 年，全年开放 326 天，入院总游客量为 1456.52 万人次，其中，成年人入院总量为 1256.30 万人次、未成年人入院总量为 200.22 万人次。故宫博物院严格实施网上实名制预约，实时更新观众购票、约展订单状态，实施上下午场参观预约分流，为有效控制观众量提供了管理基础和数据信息。

2023 年，秦始皇陵及兵马俑坑共接待参观游客 1122.14 万人次，与上一年度相比，游客接待总量增加 1010.74 万人次，年增长 907.31%，游客管控压力极大。秦始皇陵及兵马俑坑管理部门，利用票务平台游客预约数据监测和预警系统，大数据智能分析及时研判游客量相关数据，将游客限流、疏导等管理方式前置化。例如，在游客量突破阈值情况下，与临潼区交通部门合作，

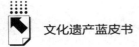

提前在高速公路限流；并通过与旅行社达成协议，提前部署旅行团游览时间和路线，要求旅行社上午10点前和下午3点后入园，避开人流高峰；当兵马俑坑区域人流量过大、突破阈值时，也会提前告知旅行社改变游览路线，先参观人流量较少的陵区，后参观兵马俑坑区。秦始皇陵及兵马俑坑的这一模式，通过采取分时段门票预约、最大承载量控制、引流分流等方式，在较为有效地缓解了游客量过大所产生的对文物不利影响的同时，也将大量的游客引导至秦始皇陵区，有助于进一步展示阐释遗产的整体性，引导游客深入了解遗产价值。

另外，在实施预约制度的53处遗产地中，长城－八达岭、承德避暑山庄及其周围寺庙等23处遗产地未统计本单位及外部讲解服务游客量。其余30处遗产地通过本单位讲解员和外部导游，分别向699.71万人次和12.91万人次提供了讲解服务，总量比上一年度增加503.45万人次。讲解服务数量总量占涉及遗产地游客总量的2.91%，较2022年度下降13.95%，较2021年度下降3.66%。由于旅游经济市场的回暖、游客量增多，大部分遗产地已于2023年增加讲解服务的供给，但讲解服务数量占游客量总数比重连续两年下降，显示出遗产地讲解服务供需关系的紧张，导致大多数游客只能走马观花地游览遗产地而无法对遗产进行深入的了解。因此，各遗产地亟须采取更多行之有效的措施阐释展示和传播遗产价值及内容，以满足遗产地游客日益增长的参观需求。

（四）人为破坏因素和社会环境压力持续存在

2023年度有3项遗产、4处遗产地上报发生蓄意或无意的人为破坏遗产事件，包括长城－八达岭、苏州古典园林、大运河－江南运河嘉兴段和浙东运河宁波段。通过依法依规手段提高社会公众对文化遗产和文物的保护意识的法律意识仍显得尤为重要。如大运河－江南运河嘉兴段监测年度报告显示，2023年8月26日，一列长度约400米的山东枣庄籍驳船队由一艘拖船和八艘千吨级驳船组成，由南向北穿过杭州长虹桥。船队北向南第一艘驳船与长虹桥主孔南面西侧拱券发生碰撞，造成一块拱券石开裂崩落。后嘉兴市及秀洲区文物部门人员陆续抵达现场，与市交通运输局王江泾水上执法队联合对长虹桥和驳船进行勘查，结合古桥梁保护专业人员对长虹桥的实地勘查结果，认为此次碰撞表面仅对券石一部分造成了损坏，影响较小。但长虹桥因时间久远，经历多次剐蹭，主孔北侧券石及横筋石多有开裂，存在一定安全隐患。现属地检察院已对此案件进行办理，文物责任单位与专业机构对长虹桥地下基础及整体结构安全进行全面检测评估，并编制相应维修方案。

2023 年，云冈石窟（1 处）、丝绸之路 - 高昌故城（3 处）持续上报存在资源开采点，负面影响范围分别为 1.76 平方公里、375 平方公里。3 项遗产、3 处遗产地的遗产区和缓冲区内存在 5 家严重污染企业，除秦始皇陵及兵马俑坑、殷墟外，新增的 3 家污染企业均涉及长城 - 嘉峪关。14 项遗产、14 处遗产地提出人口疏散需求，其中 1 处需求显著，为峨眉山—乐山大佛（仅峨眉山），与上一年相比未发生较大变化。

（五）遗产区、缓冲区内项目建设管控力度亟须加强

2023 年，共有 37 处遗产地（占比 33.33%）共填报涉建项目 286 项，其中涉及遗产区的有 100 项（占比 34.97%），涉及缓冲区的有 149 项（占比52.10%），同时涉及遗产区和缓冲区的有 37 项（占比 12.94%）。涉建遗产地和新建项目数量持续 2 年增长。其中，2023 年新开工项目 172 项（占比60.14%），当年竣工项目 119 项，暂未竣工 53 项。往年延续至本年度项目114 项（占比 39.86%），仍未竣工 88 项，占延续性项目的 77.19%。

2023 年，7 处遗产地发现存在未征得文物部门同意的建设项目，比上一年度增加 5 处遗产地、共 116 项建设项目。多数为房屋住宅类项目，其次为商业、工业建筑 / 设施，整体建设控制形势严峻。其中，涉及遗产区的有 64项，涉及缓冲区的有 52 项。

分析以上几处遗产地建设控制存在较大压力的原因，一是当地政府部门对遗产环境保护和建设控制的认识和意识不足，存在法人违法现象；二是部分遗产地存在文物部门或遗产保护管理机构的管理权限或话语权不足的现象，特别是无法对文物保护单位缓冲区及建设控制地带内的建设环境形成有

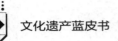

效管理。如明清故宫－沈阳故宫、峨眉山—乐山大佛等的遗产保护管理机构。还有另外一个重要的因素是历史因素造成的遗产边界不清，从而导致管理混乱。

三 对策与建议

总的来说，2023年，我国世界文化遗产自然环境和人为环境因素的负面影响控制良好。针对自然环境和人为环境方面存在的问题，本报告提出以下几点建议。

（一）建立自然灾害分级预警制度，提高防灾减灾能力

防灾减灾工作是保护文化遗产和自然遗产的关键环节。在当前全球气候变化和地质活动频繁的背景下，建议各遗产地根据自身实际情况，结合灾害隐患点信息，制定有针对性的防灾减灾方案，这是实际工作开展的迫切需要。提高防灾减灾能力是一个系统且复杂的工程，需要从以下几个方面实施。

首先，积极全面、详细地开展文化遗产风险评估，建立健全遗产地自然灾害分级预警制度。我国世界文化遗产的分布广泛且形式多样，其所面临的自然灾害风险也各不相同。因此，对各类文化遗产进行详细的风险评估，识别其可能面临的自然灾害种类和风险等级尤为重要。利用现代科技手段，如地理信息系统（GIS）、遥感技术和大数据分析等，建立文化遗产风险评估模型，准确评估其灾害风险。同时，建立文化遗产灾害预警系统，通过监测气象变化、地质活动等信息，及时发布预警信息，帮助相关部门和公众提前做好防范措施。

其次，全面评估遗产地自然灾害防范和管理工作现状，制定和实施文化遗产防灾减灾应急预案，加强文化遗产保护基础设施建设。针对不同类型的文化遗产，应制定相应的防灾减灾应急预案。例如，在地震多发区，应制定针对古建筑的地震应急预案，确保在地震发生时能够迅速采取有效的保护措施，定期组织应急演练。加大对文化遗产保护基础设施的投入，对现有的文

化遗产保护设施进行维护和升级，建设防洪、防火、防震等设施，确保其在灾害发生时能够发挥应有的保护作用。

最后，提升、普及文化遗产管理人员和公众的防灾减灾意识和技能，推动文化遗产防灾减灾方面的国际合作与技术交流也十分重要。借鉴和吸收其他国家在文化遗产防灾减灾方面的先进经验和技术，积极合作开展国际文化遗产防灾减灾项目，共同应对自然灾害对文化遗产的威胁，提升全球文化遗产的防灾减灾能力，主动履行和承担世界文化遗产大国责任。

（二）强化旅游与游客规范化管理，提升改善游览体验

面对近年来文旅融合发展大势和急速增长的游客量，各遗产地应进一步强化和规范旅游与游客管理，提升和改善游览体验，才能实现对文化遗产的有效保护利用。根据当前情况，线上购票、限量预约措施，在控制每日游客数量上起到了一定的积极作用。通过大数据分析购票情况，可以合理预测游客流量，优化资源配置，能够避免超负荷接待导致的文物资源破坏和游客体验下降。另外，合理分流游客，优化游览线路，避免游客集中在某些热门景点，也有助于缓解游客量的压力。提升旅游服务质量是应对游客需求的重要手段。合理设置、增加基础设施，提供更多的休憩区、卫生设施和餐饮服务点，能使游客在更好休息的同时充分游览遗产地。同时，加强遗产地数字化建设，通过智能导览系统、虚拟现实技术等手段，帮助游客减少对现场导游讲解的依赖，能够有效提升游览的便利性和安全性。

除传统的导游讲解外，也可以增设自助语音导览设备或多媒体展示，方便游客自行选择讲解内容和方式。为进一步缓解游客需求与旅游服务、讲解服务需求的不平衡，还可以通过建立志愿者服务队伍，提供基本的咨询服务，分担遗产保护管理机构的讲解工作压力；及时收集游客的意见和建议，有针对性地改进服务质量。通过定期发布游客满意度调查报告，公开透明地展示改进措施，增加游客的信任度和满意度。

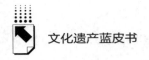

（三）增强文化遗产保护传承意识，提高依法治理水平

在全球化和城市化进程不断加快的今天，增强文化遗产保护传承意识，提高遗产治理水平面临着前所未有的挑战。从教育、宣传、社区参与、政策支持等多个方面入手，全面提升全社会对文化遗产保护和传承重要性的认识，对于形成文化遗产保护的社会氛围和加强文化遗产保护传承具有重要作用。

对于蓄意人为破坏遗产的行为，应严格采取相应法律法规规定的措施和社会监督机制予以制止。面对历史遗留问题和政府法人违法处置困难等问题，地方文物行政执法力量相对薄弱。应通过顶层设计，在国家层面上明确世界文化遗产及遗产区、缓冲区等相关世界遗产基本概念的法律地位。同时建立健全地方性法规，确保保护要求和管理机制具有针对性和可操作性，规范行政审批流程，明确主体责任，建立完善的地方政府监督和考核机制，才能进一步推动遗产治理水平提升。此外，现代科技在文化遗产保护中具有重要作用，例如通过遥感技术、地理信息系统（GIS）和三维激光扫描等技术手段，对文化遗产进行全面的监测和评估，及时发现和处理潜在的威胁。探索和推广新的保护管理模式，也有助于在政策、资金和技术保障方面，提高遗产地的管理效率和经济收益。

参考文件

中国文化遗产研究院研创《中国世界文化遗产保护状况报告（2023）》，社会科学文献出版社，2023。

中国气象局国家气候中心编著《中国气候公报（2023）》，中国气象局宣传科普中心（中国气象报社），2023。

《〈第一次全国自然灾害综合风险普查公报〉发布：用好普查成果 发挥普查效益》，中华人民共和国中央人民政府，https://www.gov.cn/lianbo/bumen/202405/content_6949946.htm，最后检索时间：2024 年 7 月 22 日。

《促进文旅融合，丰富市场供给，优化旅游服务——推动旅游高质量发展迈上新台阶》，人民网，http://zj.people.com.cn/n2/2024/0517/c186327-40846748.html，最后检索时间：2024 年 7 月 22 日。

《第一次全国自然灾害综合风险普查公报》，国务院第一次全国自然灾害综合风险领导小组办公室，2024。

B.5
2023 年中国世界文化遗产工程项目
与日常管理分析报告*

高晨翔**

摘　要： 2023 年，中国世界文化遗产的保护管理规划的覆盖水平进一步提升，公布实施保护管理规划的遗产地占比达到总数的 59.13%，正常实施的规划项目达到 89.26%。庐山、福建土楼、大运河、左江花山岩画文化景观和"泉州：宋元中国的世界海洋商贸中心"等遗产构成复杂多样的遗产地继续探索跨部门联合执法的日常管理路径，大足石刻引入了文化遗产公益诉讼的机制。6 处遗产地在 2023 年提升了信息化监测系统，但在全国层面，信息化监测系统保养维护状况和数据连贯性不佳的问题仍然严峻。在各类文物工程中，本体保护工程占比稳居高位，环境整治工程占比则进一步下降。

关键词： 中国世界文化遗产　保护管理规划　保护工程

---

*　本报告主要资料来源为我国世界文化遗产保护管理机构／监测机构在中国世界文化遗产监测预警总平台上编写的《中国世界文化遗产 2023 年度监测报告》，共计 111 份，涉及 42 项世界文化遗产（含 4 项混合遗产）、111 处遗产地（不含大昭寺、大运河 – 通济渠商丘南关段、澳门历史城区），统计时间为 2024 年 7 月 31 日。

**　高晨翔，中国文化遗产研究院中国世界文化遗产中心（中国世界文化遗产监测中心）文博馆员，主要研究领域：世界遗产国际趋势、系列遗产、遗产阐释。

一 中国世界文化遗产地日常管理情况

（一）作为日常管理依据的保护管理规划

1. 保护管理规划覆盖率提升至 59.13%

截至 2023 年底，共有 22 项遗产、68 处遗产地的保护管理规划[①]报请国家文物局审定后由省级人民政府公布实施，占遗产地总数的 59.13%，较上一年度占比有所提高。2023 年经省级人民政府公布实施的保护管理规划有《周口店遗址保护规划（2021-2035 年）》[②]《西藏罗布林卡保护规划（2022-2035）》[③]《清东陵文物保护规划（2022-2035 年）》[④]《西藏布达拉宫文物保护规划（2022-2035）》[⑤]。

其余 40.87% 的遗产地尚无现行有效的保护管理规划。9 项遗产、11 处遗产地的保护管理规划已经过国家文物局审定，但尚未经省级人民政府公布，占遗产地总数的 9.57%，其中，4 项遗产、5 处遗产地的保护管理规划由其他主体公布，保护管理规划未按要求经省级人民政府公布实施，仅由地级、县级市人民政府或省级、地级、县级文物主管部门公布的情况仍然存在；[⑥]22 项遗产、36 处遗产地暂无保护管理规划，或保护管理规划处于在编或过期状态（见图 1）。

部分遗产地在规划编制或修编过程中，虽无覆盖全部遗产区或涵盖全部遗产要素的规划，但有覆盖部分遗产区或遗产要素的规划为遗产提供一定保障。如杭州西湖文化景观的《杭州西湖文化景观保护管理规划》正在修编中，

---

① 含保护管理规划、保护规划、管理规划，统计口径下同。保护管理规划部分的统计数据涉及 42 项遗产、115 处遗产地。

② 经北京市文物局京文物〔2023〕554 号文件公布实施。文件显示，《周口店遗址保护规划（2021-2035 年）》经征得国家文物局同意，并报市政府批准，同意公布规划文本。故视同省级人民政府公布实施。

③ 经西藏自治区人民政府藏政函〔2023〕49 号文件公布实施。

④ 经河北省人民政府冀政办字〔2023〕12 号文件公布实施。

⑤ 经西藏自治区人民政府藏政函〔2023〕49 号文件公布实施。

⑥ 《世界文化遗产保护管理办法》第八条规定："世界文化遗产保护管理规划应当由省人民政府组织编制，报国家文物局审定，由省级人民政府公布并组织实施。"

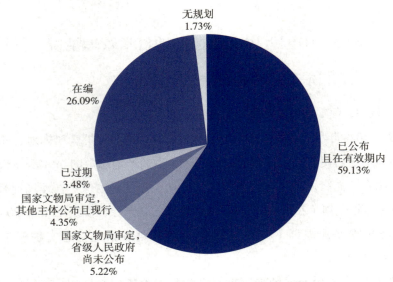

图1　2023 年中国世界文化遗产地保护管理规划编制及公布情况

资料来源：2023 年中国世界文化遗产监测年报告。

现行有《全国重点文物保护单位飞来峰造像保护规划（2014-2025）》[①] 等。

"丝绸之路：长安—天山廊道的路网"和大运河同为大型系列遗产，二者虽然均在不同程度上存在个别遗产构成保护管理规划缺少的情况，但相比之下，前者存在较严重的规划过期和修编不及时的情况，而后者往往有河段级规划、市级规划、遗产点级规划，部分地市如常州还编制有国土空间管控专项规划，在一些规划到期修编时，另一些层级的规划仍可为遗产提供兜底保障。

2. 规划项目实施情况总体良好

2023 年，各遗产地公布且现行的保护管理规划中，89.26% 的规划项目正常实施。未实施的规划项目中，8.57% 的规划项目因有新规划衔接或经过论证已不具备实施条件而不再实施，涉及莫高窟、长城－嘉峪关和殷墟，其余未实施的规划项目尚未到达实施期限，各遗产地计划在未来逐步实施，涵盖本体保护、环境整治、展示利用和考古研究等多方面内容，涉及殷墟，五台山－

---

① 经浙江省人民政府浙政函〔2015〕45 号文件公布实施。

佛光寺核心区,"丝绸之路:长安—天山廊道的路网"－克孜尔尕哈烽燧、苏巴什佛寺遗址,大运河－通济渠郑州段、柳孜运河遗址、通济渠泗县段,良渚古城遗址,峨眉山—乐山大佛。

长期处于编制状态未能通过国家文物局审批,或通过国家文物局审批后未经省级人民政府批准的规划,往往存在对于遗产价值特征认识不到位、区划范围未包含全部遗产要素,以及与国土空间规划和其他相关规划不一致的问题,导致规划迟迟无法公布生效。同时,一些遗产地也存在保护规划缺乏世界遗产管理要求有关内容的情况。

(二)管理机制和部门间协作

1. 跨部门联合执法形成合力

在 2023 年我国各世界文化遗产(含混合遗产)提交的监测年度报告中,庐山国家公园、福建土楼－洪坑土楼群、福建土楼－南靖土楼群、大运河－江南运河南浔段、大运河－中河台儿庄段、左江花山岩画文化景观和"泉州:宋元中国的世界海洋商贸中心"7 处遗产地提及了"联合执法"工作。这些遗产地的共同特点在于遗产区面积较大、遗产要素多样、遗产构成复杂,仅靠文物主管部门和遗产保护管理机构单方面力量难以实现全面管理,需要文物、水利、生态环境、林业、农业农村、治安、消防、市场监管等多部门的共同协作。

其中,庐山国家公园制定并实施了《庐山景区旅游市场联合执法机制暨2023 年专项治理工作方案》;福建土楼－洪坑土楼群从文化体育和旅游局、城市管理局、土楼所在乡镇抽调了 7 位持有行政执法证在编在岗干部,同时公开招聘 20 位管理中队队员,组建成 27 人的永定土楼景区执法中队,配合区级执法部门开展联合执法、专项执法等工作;福建土楼－南靖土楼群按照"逐一突破、全面化解"的原则,成立土楼"110"联动执法服务中心,将书洋市场监督管理所、旅游警察大队、土楼交警中队、土楼综合执法队等职能部门合归一处、统一管理,形成联动执法力量,强化网格化、滚动式排查管控;大运河－江南运河南浔段联合执法和消防等部门,针对辖区内砖木结构

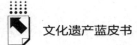

文物建筑开展各类消防安全排查整治行动 24 次；大运河－中河台儿庄段建立河湖管理保护联合执法机制，及时调整续任三级河长 241 名，关闭并搬迁运河两岸及主要支流禁养区养殖场 40 家，完成 2 处重点河流黑臭水体治理；左江花山岩画文化景观定期开展水利、生态环境、林业、农业农村等相关部门的联合执法；"泉州：宋元中国的世界海洋商贸中心"建立多部门共同参与的联合执法检查制度，开展常态化巡查检查，投入一定的财力与人力加以保障，不断提升整体能力。①

不过，联合执法对于遗产保护管理的具体效果仍有待进一步检验。已开展的联合执法往往比较关注旅游市场监管、消防隐患排查、农林用地监管和生态环境监管，由于文物行政执法权责不明晰或执法队伍中文物专业技术人员缺乏，存在文化遗产相关法规执法力度不足的情况。联合执法制度、经费和人员保障的欠缺也制约着执法工作效果的达成。

2. 文化遗产保护司法实践成果丰硕

继 2015 年最高人民法院、最高人民检察院出台《关于办理妨害文物管理等刑事案件适用法律若干问题的解释》以来，文化遗产保护司法实践和探索取得了一系列成果，许多世界遗产所在地开始探索将文物保护纳入公益诉讼范围。

2023 年，全国检察机关因地制宜开展大运河、长城文化遗产保护，指导各地结合本地特色以"小专项"形式积极探索，部署沿大运河八省（市）检察机关开展大运河保护专项办案。河北、甘肃、陕西、内蒙古、北京等地检察机关积极加大长城保护办案力度。山西、河北、内蒙古三地建立跨区域长城保护检察协作机制，破解"边界"保护难题。②

---

① 资料来源：《庐山 2023 年世界文化遗产监测年度报告》《洪坑土楼群 2023 年世界文化遗产监测年度报告》《南靖土楼群 2023 年世界文化遗产监测年度报告》《江南运河南浔段 2023 年世界文化遗产监测年度报告》《中河台儿庄段 2023 年世界文化遗产监测年度报告》《左江花山岩画文化景观 2023 年世界文化遗产监测年度报告》《泉州：宋元中国的世界海洋商贸中心 2023 年世界文化遗产监测年度报告》。

② 《公益诉讼检察工作白皮书（2023）》，中华人民共和国最高人民检察院，2024 年 3 月 9 日，https://www.spp.gov.cn/xwfbh/wsfbh/202403/t20240309_648329.shtml，最后检索时间：2024 年 9 月 7 日。

　　2023 年 8 月 15 日，大足石刻研究院，重庆市渝北区人民法院、大足区人民法院、大足区人民检察院会同四川省安岳县人民法院、安岳县人民检察院共同签署《大足石刻文化遗产生态司法保护战略合作框架协议》，携手共建大足石刻文化与环境司法保护战略合作机制。同时揭牌的"资（四川资阳）大（重庆大足）文旅巡回法庭"构建了受理举报、移交处理、巡回审判协作机制。[①]

　　此前，包括重庆大足在内的多地已经开展了文化遗产公益诉讼方面的探索：杭州市拱墅区人民检察院与山东省枣庄市台儿庄人民检察院、江苏省邳州市人民检察院共同签订《鲁苏浙京杭大运河流域跨区域环境资源保护行政和公益诉讼检察监督协作配合工作协议》；重庆市大足区、武隆区与四川省乐山市三地检察机关会签合作协议，构建起川渝地区首个世界遗产保护领域公益诉讼检察工作跨区域合作机制；安阳市殷都区检察院成立驻殷墟管委会公益诉讼联络办公室，推动建立行政与司法联动公益诉讼协作机制。文化遗产公益诉讼一方面有效敦促了遗产管理者和使用者进一步提升对遗产保护管理的重视程度，加快了遗产保护管理问题的有效解决，对文物违法行为形成威慑；另一方面也提高了公民对于文化遗产事业的关注和认识水平，为利益相关者提供发声渠道。

（三）日常监测与巡查

1. 逾九成遗产地日常巡查覆盖全部遗产要素

　　2023 年，我国世界文化遗产（含混合遗产）均开展了日常巡查工作，96.4% 的遗产地开展的日常巡查能够覆盖全部遗产要素，庐山国家公园、五台山、黄山和武夷山的日常巡查未覆盖全部遗产要素。日常巡查结果显示，我国世界文化遗产的保存状况总体尚可，但仍有 23.42% 的遗产地存在较严重病害，其中"丝绸之路：长安—天山廊道的路网" - 交河故城和大运河 - 江南运河南浔段存在遗产本体病害加剧或者遗产本体受损的情况。

---

① 张国圣：《这一曲保护石窟艺术的合唱，韵味悠长——重庆积极筑牢大足石刻保护法治屏障》，《光明日报》2023 年 11 月 4 日，第 5 版。

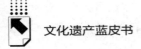

年度机构运营经费支出方面，除用于支付巡查人员劳务费外，42 项遗产的 111 处遗产地共投入 29795.7 万元用于遗产的日常养护工作，较上一年度下降 20.27%。这一数据是在经历 2022 年 140% 的大幅增长后的适度回落。各遗产地间用于日常管理的经费数额差距仍然悬殊。

制度建设方面，2023 年我国有 16 项遗产、22 处遗产地新颁布与遗产保护管理相关的法律法规共 52 项，其中，地方性法规 7 项，地方政府规章 2 项，地方规范性文件 10 项，保护管理机构内部制度 33 项。其中涉及日常巡查的主要有北京市昌平区明十三陵管理中心出台的《明十三陵文物安全管理中心日常工作制度》，用以指导开展日常工作，加强完善内部管理。

2. 遗产地信息化监测系统维保状况和数据连贯性普遍不佳

信息化监测系统作为科技赋能世界遗产管理的手段，为我国不少世界文化遗产地所使用。其中，有的遗产地建设了涵盖多维度监测指标的综合系统，也有遗产地仅搭建了本体病害、游客量和游客行为、自然环境和自然灾害、安消防等特定方面的信息化系统。

2023 年，6 项遗产、6 处遗产地完成体系监测平台建设和（或）提升工作，分别是明清故宫 - 北京故宫、拉萨布达拉宫历史建筑群 - 布达拉宫、明清皇家陵寝 - 明孝陵、红河哈尼梯田文化景观、大运河 - 江南运河杭州段（含浙东运河杭州萧山段）和武夷山 - 城村汉城遗址；3 项遗产、3 处遗产地完成专项监测平台建设和（或）提升工作，分别是明清故宫 - 北京故宫、大运河 - 江南运河杭州段（含浙东运河杭州萧山段）和武夷山 - 城村汉城遗址。

2023 年，1 项遗产、1 处遗产地开始建设体系监测平台，为明清皇家陵寝 - 清西陵；2 项遗产、2 处遗产地开始建设或提升专项监测平台，分别是"丝绸之路：长安—天山廊道的路网" - 小雁塔和良渚古城遗址。

承德避暑山庄及其周围寺庙、北京皇家祭坛—天坛、青城山—都江堰、五台山 - 台怀核心区、土司遗址 - 老司城遗址、左江花山岩画文化景观和泰山正在编制监测方案（含监测系统提升方案）。

截至 2023 年，我国 34 项世界文化遗产（含混合遗产）全部或部分采用建设信息化系统的方式收集监测数据并辅助监测工作。已建成的 60 个监测系统中，19 个无法维持稳定运行，占比达 31.7%。在我国自建监测信息化系统的世界文化遗产中，仅 9 项遗产中的 9 处遗产地实现了与中国世界文化遗产监测预警总平台的数据对接，但其中又仅有 4 处能够维持数据稳定传输（见表 1）。

序号	遗产地名称		与总平台开始对接年份	数据持续时间	中断原因
1	左江花山岩画文化景观		2016	2016~2019 年	设备损坏系统迁移
2	丝绸之路：长安—天山廊道的路网	新安函谷关	2016	2014~2017 年	传输问题
3	峨眉山—乐山大佛	乐山大佛	2017	2017~2020 年	机房断电
4	土司遗址	海龙屯遗址	2017	2017 年	遭遇水灾
5	大足石刻		2019	2019 年	缺少维护系统迁移
6	鼓浪屿：历史国际社区		2016	至今	–
7	良渚古城遗址		2019	至今	–
8	元上都遗址		2021	至今	–
9	明清皇家陵寝	明孝陵	2022	至今	–

表 1 截至 2023 年中国自建监测信息化系统的世界文化遗产与中国世界文化遗产监测预警总平台对接情况

资料来源：中国世界文化遗产监测预警总平台。

出现上述问题的原因主要是我国现阶段尚无世界遗产监测技术指标的国家标准和行业准入要求，各遗产地自建平台的指标体系不尽相同、技术标准存在差异、施工质量参差不齐，同时，平台参建各方也缺乏对世界遗产管理要求和日常管理需求的准确认知。

3. 无人机和人工智能等技术手段的探索成绩斐然

2023 年，运用科技手段辅助日常巡查和遗产监测的探索成绩斐然。针对遗产区面积广阔、部分遗产本体点位难以抵近巡查的难题，我国世界文化遗产管理机构积极探索，引入卫星遥感、图斑自动比对、无人机综合巡检等科技手段辅助日常巡查。同时，积极引导公众参与监测，作为保护管理机构日常监测的重要补充。

八达岭长城管理处积极探索"科技+"文物保护方向，引入社会力量，经与深圳市大疆创新科技有限公司、北京东进航空科技股份有限公司友好协商，针对八达岭长城历史文物的保护和监测、景区围界安全巡检、森林消防、应急救援、突发处置等多种保护监测与管理场景需求，合作开展"八达岭长城无人机数字化保护管理综合应用示范区"项目。现已完成硬件设备安装，分别在八达岭北四楼、南四楼配备了大疆机巢设备，软件上也实现互联互通，并设计规划了八达岭长城全段航线，固定航线为18条，包括93段长城。巡航范围覆盖北一至北二十楼、南一至南十七楼。该项目有效解决了八达岭长城日常巡查中遗产环境复杂、人员不足等问题，是借助科技手段辅助日常巡查的有益尝试。①

良渚遗址管委会开发的"良渚遗址5000+"数智应用，通过"空间规划管控+网格双重监管+平台监测预警"模式强化大遗址综合保护。针对涉建审批过程中信息不对称、联动不畅的问题，推动良渚遗址空间信息与省域空间一张图进行数据融合，配套研发"智能审批"功能，系统可以根据输入的项目信息在三维地图上即时呈现出建筑效果，并通过与该区域考古勘探情况、规划管控要求匹配碰撞，智能生成分析结果，审批效率相较从前提升了50%以上；针对潮湿环境土遗址保护展示的难题，以"线下开展跨学科研究+线上打造数字孪生场景"的方式，对遗址整体环境、保护棚和考古剖面进行三维建模，结合考古剖面保护工程安装土壤含水率、温湿度、地下水位液位等55个传感器，实时监测土壤湿度并及时干预，确保本体保存在稳定的湿度范围内；针对遗产监管难的问题，落实全域"遗址网格+行政网格"双重监管，在实时接入547路视频、量化分析15个部门17大类2300余万条数据的基础上，建立6大风险评估模型，提炼出越界识别、工程车识别等10组文物安全

---

① 《无人机巡查、三维建模……科技助力长城修缮与保护》，央视新闻，https://content-static.
cctvnews.cctv.com/snow-book/index.html?item_id=3071755088867701 86&track_id=3ffcccf5-
6614-47ee-a46f-d128ccbb62ee，最后检索时间：2024年7月7日。

应用组件，优化提升遥感影像图斑识别、视频 AI 算法模型等技术手段，对重要遗址点进行全天候、无死角、多维度保护。[①]

二 中国世界文化遗产地工程项目开展情况

（一）本体保护工程数量稳居高位，环境整治工程数量进一步下降

2023 年，我国 38 项世界文化遗产（含混合遗产）的 69 处遗产地共实施了 196 项保护工程，工程数量较上一年度有所增加。其中，108 项为当年新开展的保护工程、88 项为往年延续性项目。

2023 年开展的保护工程中，134 项为本体保护工程（其中包含 12 项本体保护性设施建设工程），占比 68.37%，14 项为环境整治工程、21 项为监测工程、10 项为展示工程、17 项为其他工程（见图 2）。

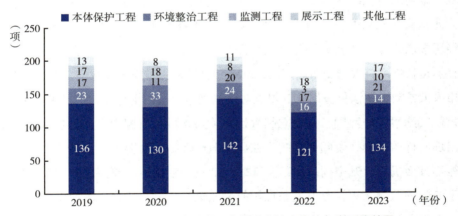

图 2　2019~2023 年中国世界文化遗产地实施的各类工程数量

资料来源：2019~2023 年中国世界文化遗产监测年度报告。

本体保护工程仍是各类文物保护工程项目中的重点。134 项本体保护工程中有 65 项（其中包含 7 项本体保护性设施建设工程）为当年开工项目，涉

[①] 《数智赋能遗址保护 | "'良渚遗址 5000+'数智应用——持续提升大遗址保护利用能级"获全国优秀案例》，良渚遗址，https://www.lzsite.cn/wap/details.aspx?id=3528，最后检索时间：2024 年 7 月 7 日。

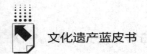

及 26 项遗产的 39 处遗产地，其余为既往的延续项目。

与本体保护工程数量形成鲜明对比的是环境整治工程在全部工程项目中的占比经历了 2021 年以来的三连降。近年来，越来越多的遗产地推行有机更新和微循环式的环境提升，斥巨资实施连片式、大规模环境整治的做法越发少见。

（二）安全事故敲响警钟，紧急应对防微杜渐

2023 年 8 月 26 日 18 时 29 分，一列山东枣庄籍驳船队由南向北穿过长虹桥的过程中，船队北向南第一艘驳船与长虹桥主孔南面西侧拱券发生碰撞，造成一块拱券石开裂崩落。20 时 40 分，嘉兴市和秀洲区文物部门人员陆续抵达现场，与市交通运输局王江泾水上执法队联合对长虹桥和驳船进行勘查，观察发现长虹桥南面拱券西侧中部券石局部崩落，面积呈方形，边长约 40 厘米，厚约 10 厘米。8 月 27 日，古桥保护专业人员对长虹桥进行实地勘查，认为此次碰撞仅对券石一部分造成了损坏，影响较小。但长虹桥因年代久远，经历多次剐蹭，主孔北侧券石及横筋石多有开裂，有较大安全隐患。[①] 这已经不是长虹桥首次遭受船舶撞击，2021 年也曾发生过撞击事件，[②] 当时，嘉兴市人大常委会执法检查组就开展过对《嘉兴市大运河世界文化遗产保护条例》贯彻实施情况的回顾，并建立起大运河（嘉兴段）监测中心。时隔两年再度出现同样的问题，说明地方政府在压实遗产保护管理要求、提升监测工作效能等方面仍有提升空间。2023 年 12 月 12 日，江南运河嘉兴段管理单位实施了专门的监测工程，对通过长虹桥的船舶进行监测，并将监测数据纳入秀洲区文旅文物监测平台。

2023 年，27 项遗产的 43 处遗产地共实施 97 项安消防工程，其中 12 项为当年新开工项目，其余则为延续性项目。

---

① 资料来源：《大运河江南运河嘉兴 – 杭州段 2023 年世界文化遗产监测年度报告》。

② 浙江人大：《明代古桥频繁被撞，寿命撑不过两年？人大行动了……》，2021，https://zj.zjol.com.cn/red_boat.html?id=101102025，最后检索时间：2024 年 7 月 7 日。

三　中国世界文化遗产地的研究与考古情况

（一）学术研究成果数量同比显著增加

2023 年，我国世界文化遗产（含混合遗产）开展科研课题 378 项，出版学术著作 94 部，发表学术论文 522 篇。其中，科研课题和学术论文成果数量较上一年度显著增加，分别增长 28.57% 和 21.68%，学术著作出版数量与上一年度相比稳中略降，降幅 4.08%（见图 3）。

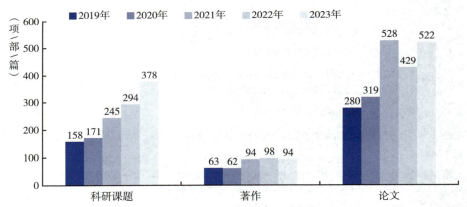

图 3　2019~2023 年中国世界文化遗产地开展的各项学术研究成果数量

资料来源：2019~2023 年中国世界文化遗产监测年度报告。

在 378 项科研课题中，91 项涉及工程技术，187 项涉及理论研究，114 项涉及历史文化，20 项涉及行业指导，26 项涉及其他研究方向。理论研究和历史文化仍占据主流地位。当年开展科研课题数量最多的 5 个遗产地分别为：杭州西湖文化景观、明清故宫 – 北京故宫、大足石刻、长城 – 嘉峪关和莫高窟。当年我国世界文化遗产地开展的国家级科研课题共 37 项（见表 2）。

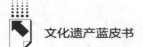

序号	遗产地名称	课题名称	课题来源
		表2　2023年我国世界文化遗产开展的国家级科研课题清单		
1	明清故宫－北京故宫	有机质可移动文物价值认知及关键技术研究	科学技术部
2		不可移动文物本体劣化风险监测分析技术和装备研发	科学技术部
3		大型明清古建筑（群）安全风险预警关键技术研究	科学技术部
4		养心殿西暖阁佛堂唐卡画心的保护修复方法研究	国家社会科学基金
5		大型综合性博物馆数字孪生关键技术研究与服务示范	科学技术部
6		移动式文物X射线断层成像关键技术与装备的研发及应用	科学技术部
7		明清官式建筑营造技艺科学认知与本体保护关键技术研究与示范	科学技术部
8		北京故宫慈宁宫遗址考古资料整理与研究	国家社会科学基金
9	秦始皇陵及兵马俑坑	大型陶质文物防震技术研究	科学技术部
10		"云梦郑家湖与睡虎地墓地考古资料整理研究与价值阐释"子课题"文化变迁与融合研究"	国家社会科学基金
11		博物馆藏品保管工作研究	国家文物局
12	莫高窟	降雨过程中敦煌石窟围岩水汽运移机制研究	国家自然科学基金
13		"土遗址冻融破坏机理与监测技术研究项目"子课题"典型冻融环境下土遗址水—盐—热—力耦合演化机制"和子课题"土遗址冻融劣化宏—微观表征方法与关系研究"	科学技术部
14		基于激光诱导击穿光谱的敦煌壁画可溶盐原位检测方法研究	国家自然科学基金
15		生物结皮对土长城表面风化病害作用机理研究	国家自然科学基金
16		土遗址剥离病害的热力学机制研究	国家自然科学基金
17		地气活动对敦煌莫高窟壁画的影响	国家自然科学基金
18		麦积山石窟地震灾害风险评价与防治研究	国家自然科学基金
19		基于5G+技术构建博物馆分众化信息服务	文化和旅游部
20		敦煌石窟壁画颜料变色机理及色彩复原研究	国家自然科学基金
21		"文化科技与现代服务业专项"土遗址冻融破坏机理与监测技术研究项目	科学技术部
22	拉萨布达拉宫历史建筑群—布达拉宫	不可移动文物安防（防盗、防破坏）关键技术及装备研究	国家文物局

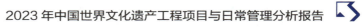

续表

序号	遗产地名称	课题名称	课题来源
23	大足石刻	重庆地区石窟寺及石刻铭文史料抢救性收集与整理研究	国家社会科学基金
24		砂岩质文物内部可溶盐相态变化诱发岩体损伤机理研究	国家自然科学基金
25		大足妙高山、舒成岩、峰山寺、普圣庙、陈家岩石窟考古报告	国家社会科学基金
26		石窟文物风化评估研究及保护技术应用示范	科学技术部
27		石窟水盐运移的监测系统及规律研究	科学技术部
28		图像与历史：两宋时期陕北与川东地区佛教石窟艺术的综合研究	全国艺术科学规划领导小组办公室
29	龙门石窟	龙门石窟文物微生物群落与代谢功能演替及其环境互作机制	国家自然科学基金
30	殷墟	《洹北商城 1997－2007 年发掘报告》	国家社会科学基金
31	"丝绸之路：长安—天山廊道的路网"-炳灵寺石窟	《炳灵寺石窟第 169 窟考古报告》	国家社会科学基金
32	"丝绸之路：长安—天山廊道的路网"-麦积山石窟	《麦积山石窟第 74－78 窟考古报告》	国家社会科学基金
33		《麦积山石窟第 120－127 窟考古报告》	国家社会科学基金
34		《麦积山石窟第 5 窟考古报告》	国家社会科学基金
35	泉州：宋元中国的世界海洋商贸中心	外来药材文物与宫廷药材文物的调查与整理	科学技术部
36		明代至鸦片战争前夕我国经略下的传统南海海疆治理体系研究（参与）	国家社会科学基金
37		"太平洋丝绸之路"档案文献整理与研究（参与）	国家社会科学基金

注：莫高窟承担的"土遗址冻融破坏机理与监测技术研究项目"子课题合并统计。

资料来源：2023 年中国世界文化遗产监测年度报告。

（二）考古项目数量和发掘面积同比增长

2023 年，我国 13 项世界文化遗产（含混合遗产）的 20 处遗产地共开展了 29 项考古发掘工作。其中，25 项为当年新实施的考古项目，新批准的考古发掘面积 2.41 万平方米。考古项目数量和发掘面积较上一年度均有增长（见图 4）。

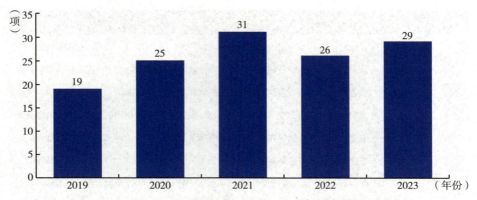

图4　2019~2023年中国世界文化遗产地开展的考古项目数量

资料来源：2019~2023年中国世界文化遗产监测年度报告。

2023年，4项世界文化遗产的4处遗产地整理出版了考古发掘报告，分别是云冈石窟的《云冈石窟窟前遗址考古发掘报告》[①]、"高句丽王城、王陵及贵族墓葬"的《2016年度洞沟古墓群山城下墓区清理报告》[②]、"丝绸之路：长安—天山廊道的路网"的《敦煌悬泉置遗址：1990~1992年田野发掘报告》[③]，以及良渚古城遗址的《良渚古城综合研究报告（英文版）》[④]。

《云冈石窟窟前遗址考古发掘报告》辑录了1992年和1993年由山西省考古研究所、大同市博物馆、云冈石窟文物研究所组成的云冈联合考古队对云冈石窟第9窟至第20窟、第1窟至第4窟窟前地面以及第3窟窟内前室进行的清理与发掘工作成果，为云冈学的研究提供了基础性材料。《2016年度洞沟古墓群山城下墓区清理报告》辑录了由吉林省文物考古研究所、集安市博物馆对山城下墓区288座墓葬进行考古清理的成果，对288座墓葬的地理位置、保存现状、墓葬类型、出土遗物等进行系统介绍，图文并茂，内容翔实，

① 云冈研究院、山西省考古研究院、大同市博物馆编著《云冈石窟窟前遗址考古发掘报告》，文物出版社，2023。
② 吉林省文物考古研究所、集安市博物馆编著《2016年度洞沟古墓群山城下墓区清理报告》，科学出版社，2023。
③ 甘肃省文物考古研究所、甘肃简牍博物馆、敦煌市博物馆编《敦煌悬泉置遗址：1990~1992年田野发掘报告》，文物出版社，2023。
④ 浙江省文物考古研究所编著《良渚古城综合研究报告（英文版）》，文物出版社，2023。

丰富和充实了洞沟古墓群墓葬资料，为今后开展墓葬研究提供了基础数据。《敦煌悬泉置遗址：1990~1992 年田野发掘报告》由时任考古领队的何双全先生主编并执笔，经过前后四十余人长达近三十年的整理，该书的出版为敦煌悬泉置遗址考古画上了圆满的句号。《良渚古城综合研究报告（英文版）》为 2019 年 1 月出版的《良渚古城综合研究报告》的英文版，系统辑录了良渚遗址八十余年的考古与保护历程，从多方面、多角度解读了目前关于良渚文化与良渚古城的认识，并吸收年代学、动物考古、植物考古、石料鉴定与研究、矿物、土壤、气候环境等多学科研究中取得的丰硕成果，深入剖析良渚人的环境、食谱，以及城墙土石来源等问题。[①]

四　结论与建议

2023 年，中国世界文化遗产保护管理机构在既往工作成果的基础上继续稳步迈进，将保护管理规划覆盖率提升至 59.13%，规划项目执行情况总体良好，积极探索以跨部门联合执法和文化遗产公益诉讼的方式为遗产保驾护航，尝试利用无人机和大数据等科技手段赋能日常管理，有序申报和实施各类遗产保护工程，开展丰富的学术研究和考古工作。

然而，2023 年 8 月的长虹桥船舶撞击事件再次敲响了遗产安全的警钟。长虹桥所暴露出的遗产跨部门协调管理问题是全国世界文化遗产地所面临的普遍问题。在全国保护管理规划覆盖率刚刚过半、部门间规划衔接较弱、遗产地信息化监测系统运转不畅的情况下，类似长虹桥的问题也可能出现在其他遗产地。因此，需要各遗产地政府担负起文化遗产保护的主体责任，同时需要进一步借助遗产监测工作理顺协调机制，带动管理水平全面提升。

推动世界文化遗产保护管理规划全覆盖。根据国际要求和国内文物保护

---

① 资料来源：《云冈石窟 2023 年世界文化遗产监测年度报告》《高句丽王城、王陵及贵族墓葬 2023 年世界文化遗产监测年度报告》《丝绸之路：长安－天山廊道的路网 2023 年世界文化遗产监测年度报告》《大运河 2023 年世界文化遗产监测年度报告》《良渚古城遗址 2023 年世界文化遗产监测年度报告》。

117

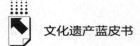

规划体系，编制能够覆盖全部遗产要素的保护管理规划，规划到期前及时启动修编工作。以保护管理规划为抓手，推动系统梳理突出普遍价值、价值特征、组成部分、遗产要素、区划体系。注重规划要求和项目与国土空间规划和其他相关规划的衔接，推动保护管理规划成为世界文化遗产保护管理的纲领性文件，成为管理遗产地的重要工具。推动保护管理规划依法依规由省级人民政府公布并组织实施。

提升世界文化监测工作效能和可持续性。对照世界遗产 5C 战略目标和国内监测数据规范，完善监测指标体系建设。持续完善申遗承诺、区划范围及管理规定、遗产要素清单、遗产要素分布图、遗产总图等核心基础数据，以此作为实施精细化管理的依据。建设提升信息化监测系统，配套专门机构、人员和经费用于系统运维和提升，注重数据质量和延续性。综合应用多种技术手段辅助遗产监测，推动实时监测、遥感监测和舆情监测在各级遗产治理体系中发挥更大作用，对接整合自然资源、应急管理、文化旅游等部门大数据。

加强世界文化遗产突发事件应急处置能力。系统评估世界文化遗产的灾害风险，明确不同区域孕灾环境，不同类型的遗产要素对于气象灾害、地质灾害、水文灾害、生物灾害等致灾因子的易感程度，运用新版《世界遗产背景下的影响评估指南和工具包》评估遗产影响因素，参考《世界遗产灾害风险管理》和"文化遗产风险管理"系列工具书，根据遗产地日常工作流程制定防灾减灾方案和突发事件应急处置预案。定期排查隐患和组织演练。

专题篇

B.6

2023 年世界文化遗产国际形势与中国
实践报告

高晨翔　贺一硕 *

摘　要： 2023 年，中国继续践行《世界遗产公约》精神，推动亚太地区框架行动计划的落实和区域合作平台亚洲文化遗产保护联盟召开机制性会议，同其他缔约国围绕申遗培育、保护研究、展示利用等方面开展全面合作；积极探索"后疫情时代"的世界遗产治理模式，开展能力建设培训，推动社区参与遗产的管理和利用，引导旅游活动有序开展，运用信息化手段实施遗产管理；同时，持续关注气候变化和防灾减灾问题，开展学术研讨和应用实践，开展新型遗产的主题研究，科学培育申遗项目。

---

* 高晨翔，中国文化遗产研究院中国世界文化遗产中心（中国世界文化遗产监测中心）文博馆员，主要研究领域：世界遗产国际趋势、系列遗产、遗产阐释；贺一硕，蒙彼利埃第三大学，主要研究领域：国际政治、国际军事。

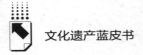

关键词： 世界遗产国际合作　世界遗产治理　申遗项目培育

一　践行世界遗产的和平与合作精神

中国始终是联合国（UN）事业的坚定支持者和积极贡献者。中国提出的构建人类命运共同体理念和全球发展倡议、全球安全倡议、全球文明倡议，同联合国的使命和多边主义精神，以及《世界遗产公约》的初衷和内涵一脉相承。

2023年9月28日，中国国家主席习近平在会见联合国教科文组织（UNESCO）总干事奥德蕾·阿祖莱（Audrey Azoulay）时指出，中国将全面推进教育、科技和文化事业的发展，将继续与联合国教科文组织保持密切合作，不断提高自身遗产保护能力和水平，推进世界各种文明交流互鉴，为构建人类命运共同体和促进全球共同发展作出更大贡献。[1]

（一）关注濒危世界遗产

2023年，有5项遗产新列入《濒危世界遗产名录》（List of World Heritage in Danger）[2]，分别为也门的马里卜的示巴古国地标建筑（Landmarks of the Ancient Kingdom of Saba, Marib）、黎巴嫩的拉希德·卡拉米国际会展中心（Rachid Karami International Fair-Tripoli）、乌克兰的"基辅：圣·索菲娅教堂和佩乔尔斯克修道院"（Kyiv: Saint-Sophia Cathedral and Related Monastic Buildings, Kyiv-Pechersk Lavra）、乌克兰的里沃夫历史中心（L'viv – the Ensemble of the Historic Centre）和乌克兰的敖德萨历史中心（The Historic Centre of Odesa）。导致这些遗产列入《濒危世界遗产名录》的原因分别是

---

① 《习近平会见联合国教科文组织总干事阿祖莱》，人民网，2023，http://jhsjk.people.cn/article/40087762，最后检索时间：2024年5月18日。
② WHC, "List of World Heritage in Danger", 2023, accessed on 19 May 2024, https://whc.unesco.org/en/danger/.

2014 年至今的也门内战、1975~1990 年的黎巴嫩内战及其战后经济影响，以及目前东欧地区的紧张局势。时至今日，战争和冲突事件仍是世界遗产所面临的重要威胁。

马里卜的示巴古国地标建筑是一项由 7 处遗产点构成的考古遗址，代表了公元前 1 世纪至公元 630 年间示巴王国灿烂的建筑技艺，见证了当时示巴王国对于阿拉伯半岛香料之路以及地中海沿岸地区至东非地区贸易活动的管控地位。遗产点包含城市、寺庙、城墙等多种类型的遗迹，其灌溉系统反映了古代南阿拉伯人造绿洲的水利工程和农业成就。由于该项遗产位于也门政府军与胡赛武装的冲突地区，2023 年，马里卜的示巴古国地标建筑在列入《世界遗产名录》（World Heritage List）的同时也被列入《濒危世界遗产名录》。

针对也门问题，中国常驻联合国代表多次在安理会（United Nations Security Council）上发言，呼吁各方保持克制，为也门实现持久和平创造条件。[①]纵观整个中东局势，沙特和伊朗在中国的斡旋下，于 2023 年 3 月 10 日宣布达成关于恢复外交关系的协议。对此，也门政治评论人士表示，沙特和伊朗在也门冲突中扮演了重要角色，两国关系的改善，让和平解决也门危机成为可能。[②]

世界遗产委员会于 2023 年 1 月 25 日决定将敖德萨历史中心列入《世界遗产名录》，以便国际社会能够给予其更多关注，去更好地保护和修缮这些遗产。[③]7 月 26~30 日，联合国教科文组织与国际文化财产保护与修复研究中心（ICCROM）和国际古迹遗址理事会（ICOMOS）合作，对上述遗产地的管理者

---

① 《中国代表呼吁各方为也门实现持久和平创造条件》，中华人民共和国中央人民政府，2021，https://www.gov.cn/xinwen/2021-02/19/content_5587681.htm，最后检索时间：2024 年 5 月 18 日。

② 《总台专访丨也门政治人士：沙伊恢复外交关系给也门和平带来希望》，中国日报中文网，2023，https://china.chinadaily.com.cn/a/202303/12/WS640dc7caa3102ada8b2332c2.html，最后检索时间：2024 年 5 月 19 日。

③ WHC, "Odesa Inscribed on UNESCO's World Heritage List in the Face of Threats of Destruction", 2023, accessed on 31 May 2024, https://whc.unesco.org/en/news/2518.

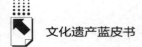

进行了专业技术培训。[①] 9月，在沙特利雅得举办的第45届世界遗产委员会会议期间，"基辅：圣·索菲娅教堂和佩乔尔斯克修道院"和里沃夫历史中心也被列入《濒危世界遗产名录》。

针对东欧地区的紧张局势，中国多次表明客观公正立场，提出"四个应该"[②]和"四点主张"[③]，又于2023年发布立场文件[④]，联合国秘书长发言人斯特凡纳·迪雅里克（Stéphane Dujarric）称该文件是中国作出的重要贡献。[⑤]在世界遗产领域，尽管中国没有像日本那样设立专项援助项目，但以19.704%的分摊率[⑥]长期作为教科文组织最大的会费缴纳国，[⑦]中国贡献认缴的资金对维持教科文组织日常运转和世界遗产保护工作作出了重大贡献。

2023年，乌干达的巴干达国王们的卡苏比陵（Tombs of Buganda Kings at Kasubi）在联合国教科文组织保护文化遗产日本信托基金（Japanese Funds-in-Trusts）、教科文遗产紧急基金（UNESCO Heritage Emergency Fund）、世界遗产基金（World Heritage Fund）的资助下完成消防体系的建设，在挪威政府的资助下基于城市历史景观和非洲地方特色编制了保护管理导则，在第45届世界遗产委员会会议期间经审议评估，达到预期目标，成功移出《濒危世界

---

① ICCROM, "ICCROM's FAR Programme Joins Forces with UNESCO and ICOMOS to Develop Capacities for Heritage Professionals in Ukraine", 2023, accessed on 31 May 2024, https://www.iccrom.org/press-release/iccrom%E2%80%99s-far-programme-joins-forces-unesco-and-icomos-develop-capacities-heritage.

② 即各国主权、领土完整都应该得到尊重，联合国宪章宗旨和原则应该得到遵守，各方合理安全关切应该得到重视，一切致力于和平解决危机的努力应该予以支持。

③ 即必须坚持对话谈判方向，必须共同推动局势缓和，必须切实缓解人道局势，必须全力遏制外溢影响。

④ 《关于政治解决乌克兰危机的中国立场》，外交部，2023，https://www.fmprc.gov.cn/wjb_673085/zzjg_673183/dozys_673577/xwlb_673579/202302/t20230224_11030707.shtml，最后检索时间：2024年5月31日。

⑤ 《联合国秘书长发言人：中国关于政治解决乌克兰危机的立场文件是一项重要贡献》，新华网，2023，http://www.news.cn/2023-02/25/c_1129396225.htm，最后检索时间：2024年5月31日。

⑥ 此处为教科文组织2022—2023财务年度数据，本文成稿时2024—2025财务年度数据尚未发布。

⑦ 《会员国会费收缴情况》，联合国教科文组织数字图书馆，2022，https://unesdoc.unesco.org/ark:/48223/pf0000382893_chi?posInSet=4&queryId=80f83081-33dc-48ae-b421-6c54ddbeccb7，最后检索时间：2024年5月31日。

遗产名录》。

针对非洲世界遗产的保护和传承问题，中国积极践行教科文组织的"非洲优先"政策，早在 2019 年的非洲—中国世界遗产能力建设与合作论坛期间就达成了旨在通过支持长期能力建设的联合项目保护非洲世界遗产的建议书和行动计划，涉及加蓬的洛佩－奥坎达生态系统和文化景观（Ecosystem and Relict Cultural Landscape of Lopé-Okanda）、佛得角的里贝拉格兰德历史中心（Cidade Velha, Historic Centre of Ribeira Grande）、多哥的巴塔马利巴人之地古帕玛库（Koutammakou, the Land of the Batammariba）和马里的杰内古城（Old Towns of Djenné）等世界遗产的保护和管理，以及赞比亚、乍得、肯尼亚和刚果等国的预备名单项目培育。非洲世界遗产基金（AWHF）和落地在中国的教科文组织二类中心——亚太地区世界遗产培训与研究中心（WHITRAP）签署了一份旨在加强遗产保护的谅解备忘录。[①]2023 年，在亚太地区世界遗产培训与研究中心主办的"全球世界遗产教育创新案例奖（AWHEIC）"颁奖典礼上，非洲世界遗产基金会项目部负责人阿勒比努·乔佩拉（Albino Jopela）博士揭晓未来之星奖，包括肯尼亚和坦桑尼亚的"马赛文化、音乐、舞蹈、传统和习俗在保护东非地区野生动物保护区中的作用"在内的 10 个项目获奖。该奖项旨在鼓励以青年为主体的新锐实践，有助于向全球推介全新的遗产教育模式。

（二）参与世界遗产合作

1. 申遗培育

（1）海上丝绸之路

2023 年，时逢"一带一路"倡议提出十周年，由国家文物局指导的一年一度的"海上丝绸之路保护和联合申遗城市联盟联席会议"在广东省惠州市成功召开，国家文物局副局长出席会议并指出开展海上丝绸之路跨国联合申遗是"一带一路"国际合作在文化遗产领域的旗舰项目。会议听取了海上丝

---

① WHC, "UNESCO, Africa and China Agree on Projects to Safeguard World Heritage in Africa", 2019, accessed on 2 June 2024, https://whc.unesco.org/en/news/1985.

绸之路保护和联合申遗城市联盟工作进展情况汇报，国家文物局考古研究中心介绍了海上丝绸之路近期考古新发现，中国文化遗产研究院报告了海上丝绸之路申遗价值研究及申遗准备情况，惠州、潮州、长沙、漳州、丽水等政府部门负责同志交流了工作开展情况。①

同年，在第 45 届世界遗产大会期间，由国家文物局、国际古迹遗址理事会共同主办，中国文化遗产研究院、中国古迹遗址保护协会、海上丝绸之路保护和联合申报世界文化遗产城市联盟办公室承办的"海上丝绸之路与世界遗产的未来"主题边会在沙特阿拉伯利雅得成功举办。国际古迹遗址理事会评估部主任格瑙·布尔丹（Gwenaelle Bourdin）女士介绍了中国资助的"海上丝绸之路主题预研究"最新进展和初步成果；印度尼西亚常驻联合国教科文组织代表团副代表伊斯姆南达（Ismunandar）大使介绍了印度尼西亚海上丝绸之路研究及遗产资源情况；澳门特区政府文化局局长梁惠敏介绍了澳门特别行政区海上丝绸之路史迹；马来西亚乔治城世界遗产管理机构负责人洪敏芝（Ang Ming Chee）女士介绍了以马六甲和乔治城为代表的马来西亚海上丝绸之路文化遗产情况，以及海上丝绸之路在中华文化传播方面的重要意义；斯里兰卡佛教、宗教和文化部加勒港遗产基金会主席尼兰·考雷（Nilan Cooray）介绍了斯里兰卡在海上丝绸之路体系中的特征。联合国教科文组织世界遗产中心亚太部主任古榕、中国常驻联合国教科文组织大使出席本次边会。来自19 个国家代表团、专业机构代表，共计近百人参加会议。②

（2）万里茶道

2023 年 9 月 7 日，在澳大利亚悉尼举办的第 21 届国际古迹遗址理事会全体大会期间，中国古迹遗址保护协会、万里茶道联合申遗办公室与中国建筑设计研究院建筑历史研究所共同主办的"万里茶道跨国联合申遗国际学术研讨会"成功举办。会上，国际古迹遗址理事会总干事玛丽-洛尔·拉弗尼尔

---

① 《2023 年海上丝绸之路保护和联合申遗城市联盟联席会议成功召开》，国家文物局，2023，http://www.ncha.gov.cn/art/2023/11/30/art_722_185597.html，最后检索时间：2024 年 6 月 2 日。

② 《第 45 届世界遗产大会"海上丝绸之路与世界遗产的未来"主题边会成功举办》，国家文物局，2023，http://www.ncha.gov.cn/art/2023/9/20/art_722_184182.html，最后检索时间：2024 年 6 月 2 日。

（Marie-Laure Lavenir）在致辞中赞赏了万里茶道这一茶主题遗产的新方向，肯定了跨国联合申遗项目所展现的缔约国间通力协作的世界遗产核心精神；湖北省文化和旅游厅代表整体回顾了中国万里茶道申遗和保护管理工作历程；中国建筑设计研究院建筑历史研究所副所长、万里茶道申遗项目负责人介绍了中国万里茶道申遗技术工作成果和跨国联合申遗总体技术路线；国际古迹遗址理事会蒙古国国家委员会主席乌尔特那桑·诺罗夫（Urtnasan Norov）肯定了万里茶道对推动跨区域交流合作的历史贡献，并表达了今后继续积极参与该跨国申遗项目国际合作的意愿；国际古迹遗址理事会俄罗斯国家委员会副主席拉斐尔·瓦列耶夫（Rafael Valeev）表示，希望继续并扩大与中蒙同仁的交流互动以持续推动万里茶道联合申遗工作；国际古迹遗址理事会文化线路科学委员会专家柯丝蒂·阿尔滕堡（Kirsty Altenburg）赞扬了中国在文化线路遗产和茶主题遗产领域实践的成绩，并对万里茶道联合申遗项目表示由衷欢迎；国际古迹遗址理事会文化景观科学委员会前主席莫妮卡·卢恩戈·阿尼翁（Mónica Luengo Añón）介绍了茶文化景观主题研究成果，同时强调了茶主题遗产支撑世界遗产全球战略的巨大潜力。[①]

同年 11 月 21 日，中蒙俄万里茶道申遗国际学术研讨会暨万里茶道沿线城市市长论坛在安徽省黄山市召开，国际古迹遗址理事会和中、蒙、俄三国代表和专家围绕万里茶道申遗展开了进一步对话，并形成《关于万里茶道文化遗产保护和联合申报世界文化遗产的倡议》。[②]

（3）中国和尼泊尔白塔代表作

2022 年底，中国文化和旅游部副部长、国家文物局局长率中国政府文物代表团，与尼泊尔文化、旅游与民航部常秘苏雷什·阿迪卡里（Suresh Adhikari），国家考古局局长达摩达·高塔姆（Damodar Gautam）举行会谈。

---

① 《万里茶道跨国联合申遗专题会议在第 21 届 ICOMOS 科学研讨会召开》，中国古迹遗址保护协会，2023，http://www.icomoschina.org.cn/content/details94_17451.html，最后检索时间：2024 年 6 月 2 日。

② 《中蒙俄万里茶道申遗国际学术研讨会暨万里茶道沿线城市市长论坛在黄山市举办》，中国新闻网，2023，http://m.chinanews.com/wap/detail/chs/zw/293737.shtml，最后检索时间：2024 年 6 月 2 日。

李群指出，中国和尼泊尔都保存有相当数量的覆钵塔，其营造技术经尼泊尔传至中国，并在中国本土化，是中尼文化交流和文明互鉴的典型见证。中国国家文物局愿与尼方开展联合考古、联合保护，在深化价值阐释的基础上，积极探讨联合申遗。①

2023 年，中国文化遗产研究院开展了"中国和尼泊尔白塔代表作"联合申遗策略研究，梳理了中国与尼泊尔的重要覆钵塔遗存，并初步探索了其中代表性遗存对于公元 13~18 世纪中尼两国交流互鉴的价值支撑作用。在"2023 北京白塔文化周"之际，北京市白塔寺管理处以"保护文化遗产 促进文明互鉴"为主题，举办专题展览、文化讲座、公众活动、文化市集等活动，中国驻尼泊尔大使陈松先生、尼泊尔驻华大使比什努·普卡尔·施雷斯塔（Bishnu Pukar Shrestha）先生发来视频祝贺。②

2. 保护研究

2019 年，法国巴黎圣母院发生火灾，整座建筑木结构损毁严重。同年 11 月，中法双方签署合作文件，就巴黎圣母院修复开展合作，中国专家将参与巴黎圣母院修复工作。③ 经过 2020 年深化合作研究基础、2021 年拓展木质遗存保护合作意向、2022 年持续开展合作交流，两国于 2023 年围绕合作项目协议取得实质性进展。2024 年，中国秦始皇帝陵博物院与法国文化遗产科学基金会签订合作协议。

接下来，双方将围绕木质遗存保护研究和土遗址保护研究展开合作，具体包括：巴黎圣母院火烧木材及秦始皇帝陵火烧木材遗迹（木炭）保护修复以及价值认知研究；针对巴黎圣母院火烧木材及秦陵秦俑坑出土木炭及残存木质开展包括木材树种鉴定、保存状态评估、劣化机理、保护技术与方法研

① 《李群与尼泊尔文化、旅游与民航部及国家考古局举行会谈》，国家文物局，2022，http://www.ncha.gov.cn/art/2022/11/14/art_722_178219.html，最后检索时间：2024 年 6 月 3 日。
② 《2023 北京白塔文化周正式拉开帷幕》，北京市人民政府，2023，https://www.beijing.gov.cn/gate/big5/www.beijing.gov.cn/renwen/zt/2023whhzrycr/zchd/202306/t20230609_3128032.html，最后检索时间：2024 年 6 月 3 日。
③ 《国家文物局：中法达成共识 中国专家将参与巴黎圣母院修复工作》，国家文物局，2019，https://www.gov.cn/xinwen/2019-11/06/content_5449464.htm，最后检索时间：2024 年 6 月 3 日。

究，尤其是针对残存木质及木质修复研究；针对秦陵秦俑坑土遗址以及法国作为建筑元素的土质材料，开展土遗址耐久性和稳定性、制作工艺、病害识别评估及损害机理等研究，开展遗址土体保护技术研究。[①]

3. 展示利用

2023 年 12 月 23 日，由中国国家电网巴西控股公司援建的瓦隆古码头考古遗址（Valongo Wharf Archaeological Site）（2017 年列入《世界遗产名录》）保护项目正式移交巴西国家历史和艺术遗产管理局及里约热内卢市政府，并投入使用。

瓦隆古码头考古遗址始建于 19 世纪初，是非洲黑奴贸易的重要见证，提醒人们铭记并反思那段历史。据估计，历史上约有 90 万名非洲人经瓦隆古码头登陆南美洲。[②]

中国国家电网自 2010 年起在巴西开展业务，在参与电力基础设施建设的同时，积极投身当地公益事业。在此次援建项目中，中国企业为该遗址安装了照明和通信设备，并布置了展陈和标志设施，此举进一步提升了中国"负责任遗产大国"的国际形象。[③]

（三）落实亚太地区落实第三轮定期报告框架行动计划的区域合作

为定期评估世界遗产保护状况并制订未来的工作计划，依据《世界遗产公约》和 2017 年第 41 届世界遗产委员会会议通过的 41 COM 10A 号决议，亚太地区的公约缔约国在 2020~2023 年开展了"第三轮定期报告"工作。[④] 根据对定期报告结果的评估和分析，2023 年第 45 届世界遗产委员会会议审议通过了《亚太地区区域框架行动计划》（Regional Framework Action Plan for Asia

---

① 《中法将联合开展巴黎圣母院与秦始皇帝陵木质遗存和土遗址保护科学研究》，央广网，2024，https://travel.cnr.cn/jd/20240529/t20240529_526722576.shtml，最后检索时间：2024 年 6 月 3 日。

② WHC, "Valongo Wharf Archaeological Site", 2017, accessed on 11 November 2024, https://whc.unesco.org/en/list/1548/.

③ SASAC, "State Grid-Contracted Archaeological Site Project Completed", 2023, accessed on 3 June 2024, http://en.sasac.gov.cn/2023/12/21/c_16421.htm.

④ WHC, "Periodic Reporting in Asia & Pacific Region", 2023, accessed on 2 June 2024, https://whc.unesco.org/en/asia-pacific/.

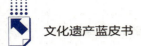

and the Pacific）[1]，将2030年前计划实施的工作划分为5个目标34个细分方向，并确定了与世界遗产5C战略相对应的考核标准。其中，专门提及在保护、展示、灾后恢复、经验分享与能力建设等多方面开展国际合作。

1. 亚洲文化遗产保护联盟大会

为更好地促进亚洲国家在文化遗产领域的合作，2023年4月25日，首届亚洲文化遗产保护联盟大会在陕西西安举行，来自亚洲22个国家和3个国际组织的150位代表出席会议，决定正式成立亚洲文化遗产保护联盟。联盟理事会达成广泛共识，并发表《亚洲文化遗产保护联盟西安宣言》。宣言指出亚洲绚丽多彩的文化遗产是全亚洲人民和全世界人民的共同文化财富和宝贵遗产，在当今的全球形势下，人类命运越发紧密相关，各类文明间应当和谐共处、交流互鉴、共同发展。宣言强调世界文明的多样性，要将亚洲文化遗产保护联盟建设为各类文明交流传播和互学互鉴的重要平台，为推动文化传承和创新以及国际人文交流合作，传播全人类共同价值作出贡献。与会各方一致同意在支持联盟发展、城乡文化遗产保护、联合考古、博物馆馆际交流和文物展览、文物修复与保护以及学术交流等方面展开务实合作。[2]大会还宣告了亚洲文化遗产保护基金和丝绸之路考古合作研究中心的成立。

中国国家主席习近平对亚洲文化遗产保护联盟的正式成立表示祝贺。习近平指出，亚洲是人类文明重要的发祥地，联盟的成立对推进亚洲文化遗产保护，深化亚洲文明交流具有重要意义。他强调中方愿意以联盟为平台，与各国交流分享中方在文化遗产保护方面的有益经验，积极推动文化遗产保护国际合作，与各国携手推进全人类文明的共同发展。[3]

根据《亚洲文化遗产保护联盟2023—2024年度工作计划》，联盟成员国将在包括陆上丝绸之路扩展和海上丝绸之路申遗等方面加强合作。

---

① WHC, "Regional Framework Action Plan for Asia and the Pacific", 2023, accessed on 2 June 2024, https://whc.unesco.org/en/documents/201265.

② 《亚洲文化遗产保护联盟西安宣言》，中国世界文化遗产监测预警总平台，2023，https://www.wochmoc.org.cn/contents/32/2350.html，最后检索时间：2024年6月2日。

③ 《习近平向亚洲文化遗产保护联盟大会致贺信》，中国世界文化遗产监测预警总平台，2023，https://www.wochmoc.org.cn/contents/32/2362.html，最后检索时间：2024年6月2日。

2. 亚洲跨国合作研讨会

2023 年 7 月 6 日，教科文组织世界遗产中心召开"和平遗产：加强亚洲自然和混合世界遗产地跨国和区域合作"研讨会（UNESCO World Heritage Centre Convenes Workshop on Transboundary Cooperation in Asia and Sets Stage for a Large-Scale Project on Heritage for Peace）。截至 2023 年底，《世界遗产名录》中共有 48 项跨国遗产，而亚洲只有 3 项，亚洲在跨国联合申遗方面的潜力尚待发掘。与此同时，1199 项世界遗产中的自然遗产和混合遗产分别仅有 227 项和 39 项，距离达成旨在加强《世界遗产名录》平衡性的全球战略和促进文化-自然融合的目标相差较远。与会专家积极讨论了可以开展合作、具有潜力的项目和机会，分享了以往的成功案例和经验教训，进一步阐明了进行跨国合作的重要性和管理这些跨国遗产所面临的挑战，并探讨了可行办法。此次专家研讨会为推动跨国遗产保护工作和释放亚洲自然和混合遗产巨大潜力迈出关键一步。[①]

二　世界遗产治理

新冠疫情对全球世界文化遗产的日常管理、社区居民生计、旅游活动等造成了深远影响。疫情对许多遗产地造成的影响还未消散，如何科学、有序地开展遗产治理体系的恢复工作，如何协调遗产保护和旅游业强劲反弹之间的关系，这些都是值得深入研究的课题。为此，联合国教科文组织开展了"后疫情时代的世界遗产治理"（Post COVID-19 World Heritage Site Management）项目，以佛得角、越南、约旦和洪都拉斯 4 个国家的 4 处遗产地为试点，为遗产管理者和当地社区提供以可持续发展为基础的、具有当地价值的新的创新战略、方法和能力建设，最终帮助当地发展可持续旅游业，

---

① WHC. "UNESCO World Heritage Centre Convenes Workshop on Transboundary Cooperation in Asia and Sets Stage for a Large-Scale Project on Heritage for Peace", 2023, accessed on 2 June 2024, https://whc.unesco.org/en/news/2584.

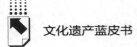
建立起更加平衡和有韧性的遗产经济。[①]中国尽管没有遗产地入选该试点项目，但积极同世界遗产中心和教科文组织咨询机构展开合作，在上述方面开展了诸多有益探索。

2023 年在沙特阿拉伯首都利雅得召开的第 45 届世界遗产委员会会议共设 16 项议题，审议通过 372 项决议，包括 262 项世界遗产保护状况报告和 50 项申报项目（含 5 项重大边界调整项目）。大会将"普洱景迈山古茶林文化景观"列入《世界遗产名录》；审议通过了丽江古城、杭州西湖文化景观、龙门石窟的边界澄清图纸；审议并回应了中国的武当山古建筑群、拉萨布达拉宫历史建筑群、澳门历史城区、"丝绸之路：长安—天山走廊的路网"，共 4 项遗产的保护状况报告。从相关会议决议中可以看出，委员会总体认可中国在上述遗产地采取的各项管理措施，同时也反映出委员会在旅游活动管控、保护管理规划编制、管理能力提升、气候变化应对、遗产地社区文化传承等方面一以贯之的要求。

（一）机构能力建设

2023 年，联合国教科文组织咨询机构——国际文化财产保护和修复研究中心、国际古迹遗址理事会和国际自然保护联盟（IUCN）共同发布了用于评估世界遗产管理体系有效性的新版"提升我们的遗产工具包 2.0"（EoH 2.0）。新版工具包为世界遗产管理者提供了一套行之有效的自我评估方法，为遗产管理者在优化保护措施、管理流程和资源分配等方面提供支持。工具包适用于文化、自然和混合遗产，因其提供了一个适应性很强的框架，因此可以满足每个遗产地的具体需求，展现世界遗产体系和全球遗产保护领域的最新发展。[②]

2023 年 11 月 6~16 日，国家文物局和国际文化财产保护与修复研究中心共同主办文化遗产管理与评估国际培训班，课程基于"提升我们的遗产工具

---

① WHC. "Post COVID-19 World Heritage Site Management: Integration of Conservation, Tourism and Local Livelihood Strategies at World Heritage sites", 2023, accessed on 3 June 2024, https://whc.unesco.org/en/news/2448.

② WHC. "New Tool to Assess the Effectiveness of World Heritage Management", 2023, accessed on 3 June 2024, https://whc.unesco.org/en/news/2630.

包 2.0"设计，围绕世界遗产概念和价值研究、保护管理监测、中国实践等主题进行教学，惠及来自 10 个国家的国际学员与来自中国 7 个省（自治区、直辖市）和澳门特别行政区的中国世界遗产地保护管理工作者。[①]

（二）社区可持续生计

2023 年，中国的"普洱景迈山古茶林文化景观"经审议通过，列入《世界遗产名录》，并成为全球首个茶文化景观主题的世界遗产。中国文化和旅游部副部长、国家文物局局长李群在接受媒体采访时表示，"普洱景迈山古茶林文化景观"是中国农耕文明的智慧结晶，是中国人与自然和谐共存和良性互动的典范，其中蕴含着尊重自然、因地制宜、绿色发展的传统农耕知识体系和可持续发展理念。在总结申遗成功经验时，李群指出要积极探索构建符合当地社区生态的管理体系，实现现代科技与当地传统的有机结合，在满足村民改善生活的合理需求的同时保护遗产的真实性。同时以申遗为契机，秉持可持续发展理念，提升古茶林的经济价值，助力当地经济社会发展，实现遗产保护和乡村振兴的双赢。谈及申遗成功后如何加强对遗产的保护和管理时，李群强调将在五个方面开展工作：首先要对标世界遗产标准制定合理的遗产保护规划，做好顶层设计；其次通过关键技术攻关，以技术手段对遗产状态进行监测，提升应对风险的能力和水平；以可持续发展理念鼓励、引导当地村民等利益相关者积极参与到遗产保护中；此外还要加强对遗产价值的研究和挖掘，弘扬中国传统茶文化，推广中国茶故事；最后制定旅游高质量的开发战略，实现对遗产的高效利用，让遗产"活"起来。[②]

普洱景迈山古茶林以申遗为契机，通过民居保护、环境整治和基础设施建设，使景迈山各民族的生活质量、生活环境、文明程度得到显著提升，实

---

① 《汇聚中外智慧 同守文化遗产——记 2023 年文化遗产管理与评估国际培训班》，国家文物局，2023，http://www.ncha.gov.cn/art/2023/11/24/art_722_185483.html，最后检索时间：2024 年 6 月 3 日。

② 《贡献人类可持续发展的中国智慧——文化和旅游部副部长、国家文物局局长李群谈"普洱景迈山古茶林文化景观"成功申遗》，中华人民共和国中央人民政府，2023，https://www.gov.cn/lianbo/bumen/202309/content_6904638.htm，最后检索时间：2024 年 6 月 3 日。

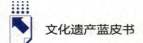
现了景迈山古茶林申遗保护成果助力乡村振兴，惠及广大百姓。目前，景迈、芒景两个村寨 90% 的劳动力从事与茶产业相关的工作，诸如种植，茶园的维护，茶的制作、加工、储藏及贸易等各个方面，茶叶收入占村民总收入的 90% 以上，遗产地居民收入远远超过所在地区和全国平均水平，带动了遗产地经济社会的可持续发展，也促进了古茶林的保护。①

（三）可持续旅游

2023 年是全球旅游业复苏发展的重要一年。据世界旅游组织（UN Tourism）统计，截至 2023 年底，全球旅游业已经恢复到 2019 年 88% 的水平，国际旅客达到 13 亿人次，实现旅游业收入 1.4 万亿美元，并预测 2024 年全球旅游业将全面恢复到新冠疫情前水平。②

中国国内旅游同样迎来强势复苏。2023 年，中国国内出游量达到 48.91 亿人次，同比增加 93.3%，出游总花费为 4.91 万亿元，同比增长 140.3%。③ 中国世界文化遗产监测预警总平台统计数据显示，2023 年中国世界文化遗产和混合遗产均出现游客量大幅增加的现象，许多遗产地接待游客量甚至超过 2019 年的水平。

为兼顾遗产保护和游客体验，包括北京故宫、麦积山石窟、炳灵寺石窟、"鼓浪屿：历史国际社区"、天坛、颐和园在内的众多遗产地，依据《文物保护单位游客承载量评估规范》④ 并参考国际上的游客体验与资源保护承载量评估体系（Visitor Experience and Resource Protection），对游客承载量和游线安排进行了评估和及时调整。

① 《从茶中来 向世界走 普洱景迈山古茶林文化景观的保护与传承之路》，国家文物局，2023，http://www.ncha.gov.cn/art/2023/9/17/art_722_184083.html，最后检索时间：2024 年 6 月 3 日。
② 《国际旅游业有望在 2024 年恢复至疫情前水平》，联合国，2024，https://news.un.org/zh/story/2024/01/1125947，最后检索时间：2024 年 6 月 4 日。
③ 《2023 年国内旅游数据情况》，中华人民共和国文化和旅游部，2024，https://zwgk.mct.gov.cn/zfxxgkml/tjxx/202402/t20240208_951300.html，最后检索时间：2024 年 6 月 4 日。
④ 《文物保护单位游客承载量评估规范》是由敦煌研究院起草，经全国文物保护标准化技术委员会归口上报国家文物局批准后，于 2017 年 12 月 1 日实施，现行有效的行业标准，标准号 WW/T 0083-2017。

（四）信息化管理

2023 年，在第 45 届世界遗产大会期间，联合国教科文组织世界遗产中心发布了世界遗产线上地图平台（WHOMP），这是一套集成世界遗产保护边界的地理信息系统（GIS），该系统与联合国教科文组织现有的数据库相连，显示世界遗产的遗产区和缓冲区边界数据并提供基础测量功能，帮助遗产管理者和项目开发商等相关方更方便地了解世界遗产的保护范围，以便进行更为准确的遗产影响评估和环境影响评估等工作，更好地对遗产进行监测和保护。[①]

中国自 2012 年起开始建设中国世界文化遗产监测预警体系，通过搭建基于地理信息系统的信息化管理平台，辅助遗产日常保护管理。2013~2017 年是中国世界文化遗产监测预警总平台的初创阶段，这一阶段的主要任务为平台框架体系和基础模块的搭建。2018~2022 年，总平台框架基本形成，主要任务为基于遗产保护管理工作中的新需求研发新的功能模块和采集新数据。2023年以来，总平台建设步入新阶段，提升数据精度和模块自动化水平成为新的工作目标。

目前，中国的世界文化遗产监测预警体系仍保持世界领先水平，开发世界遗产线上地图平台的时间比国际上早了近十年。

（五）提升"名录"平衡性、代表性和公信力

根据《世界遗产公约》及其操作指南要求，缔约国应向世界遗产中心提交一份包含未来五至十年申遗项目的清单，即预备名单。正式申遗项目须以列入预备名单作为先决条件。在 2023 年第 45 届世界遗产委员会会议审议预备名单更新的环节，与会代表围绕是否应"每十年强制更新一次预备名单"并"制定预备名单项目退出机制"的问题展开讨论，尽管世界遗产中心表示预备名单的设置应由缔约国主导，不宜制定强制措施，但依然鼓励缔约国至

[①] WHC. "World Heritage Online Map Platform", 2023, accessed on 8 June, https://whc.unesco.org/en/wh-gis/.

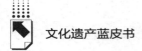
少每十年更新一次预备名单。

中国上一次系统更新预备名单是 2012 年，至 2023 年已满 10 年。因此，国家文物局于 2023 年 4 月正式启动《中国世界文化遗产预备名单》更新工作，完善预备名单动态管理机制、预备项目培育工作机制，建立近期申报世界文化遗产预备项目梯队。本次工作采取各地自主申报、逐级遴选、专业评审的方式实施。市（县）人民政府作为《中国世界文化遗产预备名单》的申报主体，省级文物行政部门负责初审遴选，形成推荐名单并上报。省级推荐项目数量原则上不超过 2 项。跨省、跨国联合申遗项目不受数量限制。

三　世界遗产领域的新知与探索

（一）应对遗产风险

1. 应对气候变化

2023 年 3 月，国际古迹遗址理事会发布了一项名为"保护遗产：为过去创造未来"的全球行动倡议，旨在减轻气候变化对文化遗产的影响，帮助世界各地的遗产管理者和社区准确评估当前的极端气候和未来的气候变化对文化遗产的影响，以便在气候变化造成不可逆转的损失之前及时采取行动保护遗产地。该行动将以菲律宾、约旦、柬埔寨、美国等国的 10 处遗产地作为试点，在结合科学、地方和本地传统知识的基础上，为遗产地制定出可持续的、文化上可行的、长期的保护方案。[①]

同年 4 月，国际古迹遗址理事会、联合国教科文组织和政府间气候变化专门委员会（IPCC）共同合作的科学研究成果《关于文化、遗产与气候变化的全球研究和行动议程》（Global Research and Action Agenda on Culture, Heritage and Climate Change）以英文和法文正式发布。这份研究成果肇始于

---

① ICOMOS, "ICOMOS Coordinates New Global Initiative to Safeguard Heritage from Climate Change", 2023, accessed on 8 June, https://www.icomos.org/en/89-english-categories/home/121976-icomos-coordinates-new-global-initiative-to-safeguard-heritage-from-climate-change?utm_content=bufferd89e3&utm_medium=social&utm_source=twitter.com&utm_campaign=buffer&continueFlag=1fde90bb9c87206ed100db87e8bf7790.

2021 年 12 月举办的文化、遗产和气候变化国际会议（ICSM-CHC），科学指导委员会在综合了来自 45 个国家的 100 多位专家的专业意见后撰写。议题涵盖世界范围内 13 个案例研究和 45 条关键信息，旨在加强文化、遗产和气候变化科学之间的协同作用，代表文化已经被完全纳入国际气候行动中。[1]

　　2023 年，中国各地组织的各项世界遗产主题研讨会和纪念活动，普遍将气候变化作为会议议题之一，探讨气候变化对世界遗产的影响及应对方案。6 月 29 日，安徽黄山召开第四届联合国教科文组织名录遗产与可持续发展黄山对话会，会议讨论形成发布《联合国教科文组织名录遗产与可持续发展黄山愿景》和《应对气候变化保护名录遗产行动倡议》。[2]8 月 22 日，在重庆大足召开的首届石窟寺保护国际论坛邀请国内外百余位专家围绕"气候变化背景下的石窟寺保护"的主题进行研讨，并形成了《气候变化背景下石窟寺保护大足宣言》。[3]

2. 防灾减灾

　　2023 年 6 月，联合国教科文组织、国际搜索救援咨询小组（INSARAG）、国际文化财产保护和修复研究中心联合发布城市遗产地搜救指南，旨在为城市搜索救援队伍、遗产保护部门和文化遗产急救人员等相关方在灾难发生后的遗产地开展工作时明确应遵循的程序，为跨部门协作提供必要的基本关键信息。这份指南在结合灾害应对和文化遗产保护方面迈出了关键一步。[4]

　　中国继开展"不可移动文物自然灾害风险评估与应急处置研究"和组织 2022 年"不可移动文物防灾减灾线上研修班"后，于 2023 年继续组织"文物防灾减灾体系建设线上培训班"，并推动成立"中国灾害防御协会文化遗产专

[1] ICOMOS, "Release of the Global Research and Action Agenda on Culture, Heritage and Climate Change ｜ EN and FR", 2023, accessed on 8 June, https://www.icomos.org/en/focus/climate-change/122830-the-graa-is-released-in-english-and-french.
[2] 《第四届联合国教科文组织名录遗产与可持续发展黄山对话会开幕》，国家文物局，2023，http://www.ncha.gov.cn/art/2023/6/30/art_722_182651.html，最后检索时间：2024 年 6 月 16 日。
[3] 《中外专家共话全球气候变化下的石窟寺文物保护》，国家文物局，2023，http://www.ncha.gov.cn/art/2023/8/22/art_722_183640.html，最后检索时间：2024 年 6 月 16 日。
[4] ICCROM, "INSARAG-UNESCO-ICCROM Issue Guidelines for Urban Search and Rescue at Heritage Sites", 2023, accessed on 8 June, https://www.iccrom.org/news/insarag-unesco-iccrom-issue-guidelines-urban-search-and-rescue-heritage-sites.

业委员会"，为探究文化遗产防灾减灾工作的新理念、新方法、新技术提供了平台支撑。[①]

（二）遗产类型和价值的探索

1. 探索遗产类型的新边界

（1）天文遗产

国际古迹遗址理事会于 2023 年 1 月宣布成立了一个新的国际科学委员会——航空航天遗产国际科学专委会（ISCoAH），将遗产工作范围从地球上的航空和航天相关设施扩展到月球和整个太阳系。人类自 18 世纪开始探索航空航天技术以来，已经在地球和宇宙中留下了丰富多样的遗产，包括机场和航天发射场、航空器、卫星、空间站、深空探测器以及外星球着陆点等，但其中许多遗产地因受到气候变化和人类活动等影响正遭受日益严重的威胁和破坏。该委员会由考古学家、历史学家、飞行员、建筑师、工程师等多个相关领域的专家组成，将与国际古迹遗址理事会的其他科学委员会和国际科研机构密切协作，实现对位于地球上、地外轨道上和其他天体上的物质和非物质航天遗产进行辨识、调查、保护和可持续管理。[②]

（2）瓷业文化景观

2023 年，景德镇以申报世界文化遗产为统领，高效推进相关申遗要素点位的考古、研究、规划、管理、文物保护、展示利用、监测系统、环境整治等 8 个方面的工作。这一年，景德镇的申遗主题从"景德镇御窑厂遗址"延展为"景德镇窑址"，申遗内容得到进一步优化和丰富。作为一个新的细分类别，景德镇瓷业文化景观有望为填补《世界遗产名录》的类型缺口作出贡献。

（3）近代冲突记忆遗产

自 2018 年法国和比利时的申遗项目"第一次世界大战（西线）的墓葬

---

① 《中国灾害防御协会文化遗产专业委员会成立大会在济召开》，新京报，2023，https://www.bjnews.com.cn/detail/170288663119057.html，最后检索时间：2024 年 6 月 16 日。

② ICOMOS, "New ICOMOS ISC on Aerospace Heritage", 2023, accessed on 8 June, https://www.icomos.org/en/89-english-categories/home/121302-new-icomos-isc-aerospace-heritage.

和纪念场所"（Funerary and memory sites of the First World War-Western Front）引出《世界遗产公约》价值体系对近代冲突记忆遗产（或称"与近期冲突相关的记忆遗产"，Sites Associated with Memories of Recent Conflicts）的适用性问题以来，国际古迹遗址理事会组织了专题研究并发布了两轮研究报告。2023 年，世界遗产委员会第 18 次特别会议对该问题进行审议并给予明确解释。"近代"指"20 世纪以来"；"冲突"涵盖"战争、战役、屠杀、种族灭绝、酷刑、军事占领、自决运动、抵抗运动、摆脱殖民、种族隔离和占领的解放运动、流亡、驱逐和大规模侵犯人权、可能影响国家领土完整等事件或行动"；"记忆遗产"指"某个国家、人民（或至少是部分人民）或社区想要记住的事件发生地。代表对和解、纪念、和平的反思，必须发挥着教育的作用，用以促进和平与对话的文化"。① 以此为依据，2023 年第 45 届世界遗产委员会会议审议通过了搁置 5 年的"第一次世界大战（西线）的墓葬和纪念场所"项目，此外，阿根廷申报的"ESMA 博物馆和纪念地"（ESMA Museum and Site of Memory – Former Clandestine Centre of Detention, Torture and Extermination）和卢旺达申报的"种族大屠杀纪念地"（Memorial sites of the Genocide: Nyamata, Murambi, Gisozi and Bisesero）也终于列入《世界遗产名录》。

2. 推动多重类型的遗产融合

2023 年 11 月，联合国教科文组织在那不勒斯举办 21 世纪文化遗产会议（Naples Conference on Cultural Heritage in the 21st century），在《保护世界文化和自然遗产公约》（Convention Concerning the Protection of the World Cultural and Natural Heritage）签署 50 周年和《保护非物质文化遗产公约》（Convention for the Safeguarding of the Intangible Cultural Heritage）签署 20 周年之际，回顾两项公约的成就，并就两项公约之间的协同作用展开探讨，讨论重点围绕发掘遗产作为可持续发展和和平与稳定的驱动力的潜力。大会主张提出一种创

---

① 孙燕、解博知:《机遇与危机并存——第 45 届世界遗产大会热点问题回顾》，《自然与文化遗产研究》2024 年第 3 期。

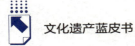

新包容的遗产保护方法，充分整合自然与文化、物质和非物质遗产以及传承与创新之间的关系，并将其视为一个整体内的互补要素。[1] 大会最后发表了《"那不勒斯精神"行动倡议》（Call for Action: "The Spirit of Naples"），主要包含要以整体的方法来保护文化（物质和非物质）和自然遗产，并将促进所有人平等地参与和获取文化资源，以及加强遗产与当地社区的关系作为文化战略的核心；使人们更为清楚地认识自然和文化之间的相互联系对应对气候变化影响和改善环境可持续性的重要作用；保护活态遗产的知识产权以保障遗产地周围本地社区民众的福祉和维持其生计；通过高质量的教育将与遗产相关的知识、技能、实践、表现形式和表达方式以全面、连贯、可持续的方法传承给子孙后代等方面。[2]

3. 中华文明探源

2023 年 12 月，国家文物局发布中华文明探源工程最新进展，对中华文明起源的阶段性划分方式有了更清晰明确的认识。从距今约 5800 年开始，中华大地上各个区域相继出现较为明显的社会分化，进入了文明起源的加速阶段。从距今 5800 年至距今 3500 年可划分为古国时代和王朝时代。其中，二里头遗址和三星堆遗址为进入王朝时代后的典型代表。[3]

（1）二里头遗址

2023 年，洛阳市将二里头遗址申遗纳入重点工作，力争尽快纳入《中国世界文化遗产预备名单》，申遗策略研究和保护规划修编工作已经同步开展。[4] 在 2023 年度河南考古工作成果交流会上，中国社会科学院考古研究所二里头考古队队长赵海涛介绍了二里头遗址考古新发现，包括在遗址中心区新发现

---

① UNESCO, "Naples Conference on Cultural Heritage in the 21st Century", 2023, accessed on 8 June, https://www.unesco.org/en/culture/naples-conference.

② UNESCO, "Call for Action: the Spirit of Naples", 2023, accessed on 8 June, https://www.unesco.org/sites/default/files/medias/fichiers/2023/11/UNESCO_CALL_FOR_ACTION_NAPLES.pdf.

③ 《新闻联播 | 国家文物局发布中华文明探源工程最新进展》，国家文物局，2023，http://www.ncha.gov.cn/art/2023/12/9/art_1027_185867.html，最后检索时间：2024 年 6 月 11 日。

④ 《洛阳今年全力推进二里头遗址申遗》，河南省人民政府，2023，https://www.henan.gov.cn/2023/02-24/2695228.html，最后检索时间：2024 年 6 月 11 日。

的多条道路和道路两侧的墙垣，以及在洛河以北古城村遗址发现的疑似二里头遗址外侧壕沟和城垣的遗迹。[①] 这些道路和墙垣遗迹反映出二里头严谨、清晰、规整的规划布局，表明当时社会结构层次明显、等级有序，暗示当时成熟发达的规划思想、统治制度和模式，是二里头进入王朝国家的最重要标志，为进一步廓清二里头遗址潜在的突出普遍价值提供了重要支撑。

（2）古蜀文明遗址

作为《"十四五"文物保护和科技创新规划》中明确的申遗重点项目，三星堆遗址和金沙遗址自 2021 年签署联合申遗合作协议以来，持续推进考古发掘、研究阐释、保护利用、展示展览、宣传推广等工作。2023 年 7 月，中国国家主席习近平在四川视察时指出，三星堆遗址考古成果展现了四千多年前的文明成果，为中华文明多元一体、古蜀文明与中原文明相互影响等提供了更为有力的考古实证。12 月 20 日，三星堆遗址管委会在广汉召开三星堆遗址申遗工作专家咨询会，与会专家充分肯定已开展的申遗前期工作，对申遗策略及技术路径以及下一步围绕申遗开展的考古发掘、专项研究、价值提炼、保护展示、环境整治等工作等提出意见建议。[②]

四 总结与建议

在 2023 年图瓦卢加入《世界遗产公约》的决定正式生效后，公约缔约国已达到 195 个，《世界遗产公约》是全球范围内缔约国数量最多的国际公约之一。但是，公约诞生之初所描绘的"于人之思想中筑起保卫和平之屏障"的美好愿景仍未完全实现，局地武装冲突仍然存在，并且对文化遗产造成严重威胁，2023 年列入《濒危世界遗产名录》的文化遗产均与战争及战后影响有关。中国始终坚定支持联合国事业，积极致力于冲突的和平解决

---

① 《二里头遗址新发现多条道路》，河南省文化和旅游厅，2023，https://hct.henan.gov.cn/2023/12-21/2870471.html，最后检索时间：2024 年 6 月 11 日。

② 《三星堆遗址申遗工作专家咨询会在广汉召开》，四川省文物局，2023，https://wwj.sc.gov.cn/scwwj/newpic/2023/12/22/d452fb6867e540568c21241a4a191bf6.shtml，最后检索时间：2024 年 6 月 11 日。

和冲突中的遗产保护事业；践行《亚太地区区域框架行动计划》，推动亚洲文化遗产保护联盟框架下的交流合作；不断深化同其他缔约国在申遗项目培育、保护研究、展示利用等方面的双边和多边合作。此外，中国持续推动世界遗产的理论研究与实践探索：在遗产治理方面，推广新型管理评估工具的应用，增进文化遗产提升社区居民福祉，有效应对后疫情时代游客数量激增的现象，使用信息化平台管理世界遗产；在应对气候变化和文化遗产防灾减灾方面，组织大量研讨活动，探究应对措施和解决方案；在增强《世界遗产名录》的平衡性、代表性和公信力方面，积极开展缺口类型遗产的主题研究和预备名单项目的价值研究，取得良好进展。基于 2023 年世界遗产工作的形势和特点，中国在继续做好上述工作的同时，还可考虑在未来开展以下工作。

（一）围绕"濒危世界遗产"和受灾遗产开展更多国际合作

通过开展合作研究、实施保护工程、设立专项基金等方式，帮助更多缔约国的濒危世界遗产移出《濒危世界遗产名录》，或是帮助受灾害破坏的遗产开展灾后恢复工作，借此增加中国在世界遗产委员会会议 7A 和 7B 议题[①] 审议环节的曝光度，进而提升中国的国际形象。

（二）推动研究和实践成果转化为教科文组织专题项目

系统整理近年来中国各遗产地在应对气候变化、防灾减灾、社区参与、科技赋能遗产管理等方面取得的研究成果和优秀实践案例，结合《亚太地区区域框架行动计划》的工作目标，适时酝酿并资助一项教科文组织专题项目，借此形成中国在新兴议题上的引领地位，逐步提升中国在国际舞台上的话语权。

---

① 世界遗产委员会会议 7A 议题审议列入《濒危世界遗产名录》的遗产保护状况，7B 议题审议其他世界遗产的保护状况。

（三）科学培育新增申遗项目并在国内推行预评估机制

以预备名单更新工作为契机，探究同质化项目打包合并的可能性，开展预备名单缺口项目主题研究，在国内推行预评估机制并制定具体实施方案，避免地方政府对不具备潜在突出普遍价值的项目进行无效投入，规范申遗工作秩序，提高申遗成功概率。

B.7
中国世界文化遗产 2023 年舆情监测数据分析

李雨馨 *

摘　要： 随着社会经济的发展和各类文化交流的加深，文化遗产的保护传承利用日益成为公众关注的焦点。2023 年，中国世界文化遗产的舆情信息数量显著增加，文旅融合的持续推进使各遗产地的宣传展示和旅游与游客管理工作受到进一步关注，尤其是大运河、长城、明清故宫、丝绸之路和莫高窟等文化遗产的舆情讨论更加频繁。舆情所见长城、大运河国家文化公园建设工作重点从制度建设和规划编制等方面逐步转向保护传承利用协调推进，石窟寺保护利用在跨区域、跨机构保护合作成果丰硕，世界文化遗产中的大遗址考古与保护工作亮点频出，世界文化遗产申报管理工作取得重要进展。

关键词： 文化遗产　舆情监测　网络舆情

一　2023 年度舆情监测总体情况

中国世界文化遗产舆情监测技术，主要应用了包括舆情监测分析系统、网文影响力分析系统、信息采集系统、文字数据处理平台等多种技术模块。重点基于 Web 信息攫取技术，针对对国内外重点网站、博客、论坛中与我国

---

* 李雨馨，中国文化遗产研究院中国世界文化遗产中心（中国世界文化遗产监测中心）馆员，主要研究领域：世界文化遗产保护管理、世界文化遗产监测管理、遗产价值研究。

世界文化遗产相关的热点热门新闻、政策、法规、话题等进行监测，通过自动抓取、下载相关信息，对信息进行分类、聚类和排重，建立全文检索数据库，从而实现对舆情信息的筛选和展示应用。

当前，舆情监测范围已实现覆盖全国 31 个省（自治区、直辖市）各级平面媒体、网络媒体、社交媒体及广播电视栏目，以及境外主流中英文媒体。根据用户使用习惯，本报告主要将媒体划分为传统媒体（平面媒体为主）和新媒体（网络社交媒体为主）两种类型。

（一）全年舆情信息数据显著增加，7月和9月出现峰值

2023 年度，涉及我国世界文化遗产[①]、列入《中国世界文化遗产预备名单》（以下简称"预备名单"）的文化遗产以及其他遗产相关的舆情信息共13714 篇。[②] 其中涉及我国世界文化遗产核心舆情信息[③]共 10431 篇，另有列入预备名单的文化遗产 3610 篇，外国世界文化遗产 177 篇，世界文化遗产相关宏观信息（不涉及具体遗产）398 篇，预备名单以外遗产的申遗动态63 篇。

2023 年度，我国世界文化遗产核心舆情信息数量总数陡增。相较上年，舆情总数量增加 4811 篇，增幅高达 85.60%，关注热度显著回升（见图 1）。整体看来，2023 年各月舆情信息数量波动较小，4~10 月数量为 1100~1400 篇。7 月和 9 月数量最多，分别为 1329 篇和 1327 篇（见图 2）。

除元上都遗址外，各遗产舆情数量几乎实现全部增长。其中，普洱景迈山古茶林文化景观为新列入《世界遗产名录》的文化遗产项目，因此报道量增幅最高（见表 1）。

[①] 截至 2023 年 12 月，我国共有 39 项世界文化遗产、4 项世界文化和自然混合遗产。

[②] 由于一篇舆情可能会涉及多个遗产地，故按类统计时存在数据重复统计情况，造成各类舆情数量之和可能会大于舆情总数。

[③] 为确保分析准确性，避免冗余信息干扰，本报告以涉及我国世界文化遗产地的核心舆情信息为分析对象。核心舆情信息即非转载的独立报道。

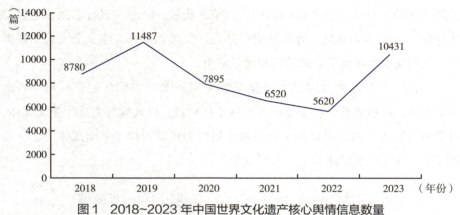

图1　2018~2023年中国世界文化遗产核心舆情信息数量

资料来源：中国世界文化遗产监测预警总平台舆情监测数据。

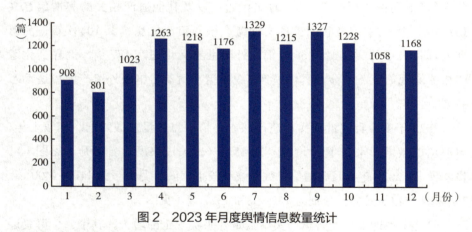

图2　2023年月度舆情信息数量统计

资料来源：中国世界文化遗产监测预警总平台舆情监测数据。

表1　2022~2023年中国各项世界文化遗产核心舆情数量变化情况		
		单位：%
序号	遗产名称	2023年报道量增减幅度
1	普洱景迈山古茶林文化景观	20.20
2	红河哈尼梯田文化景观	3.50
3	泰山	2.21
4	明清皇家陵寝	1.83

144

		续表
序号	遗产名称	2023 年报道量增减幅度
5	丽江古城	1.71
6	泉州：宋元中国的世界海洋商贸中心	1.71
7	皖南古村落—西递、宏村	1.66
8	云冈石窟	1.66
9	青城山—都江堰	1.54
10	拉萨布达拉宫历史建筑群（含罗布林卡和大昭寺）	1.51
11	高句丽王城、王陵及贵族墓葬	1.50
12	周口店北京人遗址	1.43
13	开平碉楼与村落	1.42
14	丝绸之路：长安—天山廊道的路网	1.35
15	庐山国家公园	1.32
16	土司遗址	1.28
17	福建土楼	1.24
18	杭州西湖文化景观	1.15
19	良渚古城遗址	1.09
20	北京皇家园林—颐和园	1.02
21	登封"天地之中"历史建筑群	1.00
22	大足石刻	0.97
23	鼓浪屿：历史国际社区	0.96
24	峨眉山—乐山大佛	0.87
25	秦始皇陵及兵马俑坑	0.82
26	殷墟	0.78
27	北京皇家祭坛—天坛	0.72
28	莫高窟	0.71
29	长城	0.70
30	明清故宫（北京故宫、沈阳故宫）	0.68
31	五台山	0.66
32	武夷山	0.63
33	左江花山岩画文化景观	0.59
34	承德避暑山庄及其周围寺庙	0.56

续表

序号	遗产名称	2023 年报道量增减幅度
35	武当山古建筑群	0.56
36	苏州古典园林	0.50
37	大运河	0.35
38	平遥古城	0.29
39	澳门历史城区	0.28
40	曲阜孔庙、孔林和孔府	0.17
41	黄山	0.11
42	龙门石窟	0.03
43	元上都遗址	−0.70

（二）大运河舆情数量持续居高，明清故宫舆情评论最多

在 43 项世界文化遗产的核心舆情信息中，信息数量排名前五的分别是大运河、长城、明清故宫（北京故宫、沈阳故宫）、"丝绸之路：长安—天山廊道的路网"、莫高窟，占中国世界文化遗产信息总数的 57.4%（见图 3），主要舆情内容为遗产的展示利用和旅游宣传推广（见表 2）。其中，大运河舆情数量已连续三年高居第一。

舆情评论是社会公众对舆情的意见和评论，是社会舆情的一种表达形式。舆情评论可以通过一定的载体（如文章、言论、评论回复等）来展示，也可以通过各种媒体进行传播，可能在公共领域中产生重大影响。2023 年，我国世界文化遗产舆情评论数量排在前三位的遗产项目基本与舆情总量前三位一致。明清故宫（北京故宫、沈阳故宫）的讨论热度最高，大众评论最多的是故宫的展示利用和旅游相关内容（见图 4）。

大运河的舆情数量始终排名首位，显示了大运河在公众心目中的重要地位。明清故宫（北京故宫、沈阳故宫）的评论数量最多，反映了公众对其历史文化价值的高度认可和关注。

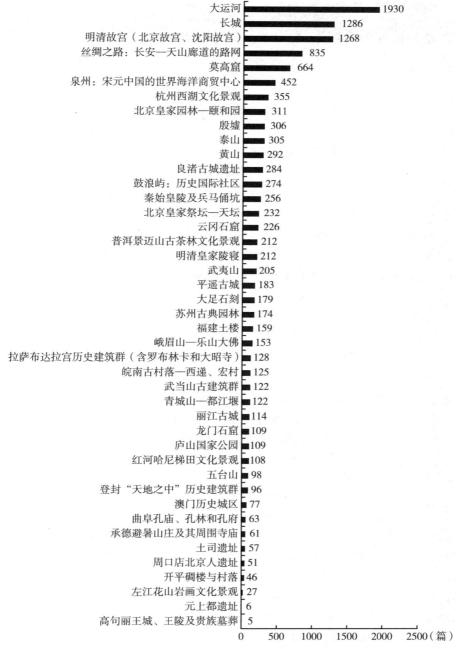

世界文化遗产	舆情信息数量（篇）
大运河	1930
长城	1286
明清故宫（北京故宫、沈阳故宫）	1268
丝绸之路：长安—天山廊道的路网	835
莫高窟	664
泉州：宋元中国的世界海洋商贸中心	452
杭州西湖文化景观	355
北京皇家园林—颐和园	311
殷墟	306
泰山	305
黄山	292
良渚古城遗址	284
鼓浪屿：历史国际社区	274
秦始皇陵及兵马俑坑	256
北京皇家祭坛—天坛	232
云冈石窟	226
普洱景迈山古茶林文化景观	212
明清皇家陵寝	212
武夷山	205
平遥古城	183
大足石刻	179
苏州古典园林	174
福建土楼	159
峨眉山—乐山大佛	153
拉萨布达拉宫历史建筑群（含罗布林卡和大昭寺）	128
皖南古村落—西递、宏村	125
武当山古建筑群	122
青城山—都江堰	122
丽江古城	114
龙门石窟	109
庐山国家公园	109
红河哈尼梯田文化景观	108
五台山	98
登封"天地之中"历史建筑群	96
澳门历史城区	77
曲阜孔庙、孔林和孔府	63
承德避暑山庄及其周围寺庙	61
土司遗址	57
周口店北京人遗址	51
开平碉楼与村落	46
左江花山岩画文化景观	27
元上都遗址	6
高句丽王城、王陵及贵族墓葬	5

图 3　2023 年度中国世界文化遗产舆情信息数量

资料来源：中国世界文化遗产监测预警总平台舆情监测数据。

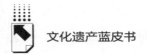

表2 中国世界文化遗产舆情信息数量 TOP5 遗产的主要舆情信息

单位：篇

遗产名称	序号	新闻名称	发布时间	转载篇数
大运河	1	"龙泉漱玉"重现北京昌平大运河源头遗址公园开园	2023 年 4 月 8 日	46
	2	2023 京杭对话暨运河文化节在京启幕 推动文明交流互鉴	2023 年 11 月 13 日	45
	3	2023 世界运河城市论坛开幕	2023 年 8 月 24 日	40
	4	京杭大运河再次实现全线水流贯通	2023 年 4 月 4 日	37
	5	护运河 溯文脉 承风华 苏科大环境学院举办信仰公开课	2023 年 5 月 13 日	36
	6	今年将持续开展京杭大运河贯通补水	2023 年 3 月 15 日	36
	7	大运河杭州上新：首艘绿色新能源公交船将投用服务亚运	2023 年 8 月 30 日	34
	8	北京近三年在运河沿线实施 229 项文物保护工程	2023 年 11 月 13 日	34
	9	2022 水韵宿迁·大运河全国首届摄影大赛作品展开展	2023 年 8 月 30 日	32
	10	天津发现元代漕仓遗迹 大运河十四仓取得重要考古收获	2023 年 8 月 18 日	28
长城	1	北京长城考古首次发现"武器仓库"	2023 年 10 月 15 日	82
	2	山西"省保"明代三十二长城被"拦腰斩断"	2023 年 9 月 4 日	42
	3	山西已建成黄河、长城、太行三个一号旅游公路 9797 公里	2023 年 10 月 16 日	38
	4	山海关中国长城博物馆正式定名	2023 年 7 月 24 日	26
	5	北京八达岭夜长城常态化开放	2023 年 5 月 4 日	16
	6	八达岭夜长城吸引超 10 万人次体验	2023 年 8 月 15 日	16
	7	最高检、国家文物局联合发布长城保护检察公益诉讼典型案例	2023 年 4 月 21 日	13
	8	明长城被"腰斩"！野蛮推土机，挖开了文物保护的缺口	2023 年 9 月 4 日	12
	9	绘就中华文明传承发展的"长城画卷"——北京长城文化带保护传承利用调研与思考	2023 年 8 月 10 日	12
	10	八达岭夜长城 4 月 28 日起常态化开放	2023 年 4 月 26 日	12
明清故宫（北京故宫、沈阳故宫）	1	文旅部公布首批"5G+ 智慧旅游"试点项目，含"故宫博物院"小程序	2023 年 11 月 10 日	112
	2	故宫博物院北院区项目举办开放日活动	2023 年 5 月 31 日	100
	3	故宫发布参观须知及《禁止携带物品目录》旨在优化游览环境	2023 年 6 月 15 日	53
	4	故宫北院开建 世界最大宫殿群为何"开分号"？专家解答→	2023 年 1 月 26 日	48
	5	故宫角楼咖啡亮相北京设计与艺术博览会，推出"宫味"蛋糕卷	2023 年 11 月 10 日	44
	6	到沈阳故宫见证古今艺术品的传承与对话	2023 年 12 月 29 日	38

续表

遗产名称	序号	新闻名称	发布时间	转载篇数
明清故宫（北京故宫、沈阳故宫）	7	"在这里感受中华文明的厚重与鲜活"——访香港故宫文化博物馆馆长吴志华	2023 年 6 月 10 日	34
	8	"全国青少年文化遗产知识大赛"将于 8 月在故宫举行颁奖仪式	2023 年 7 月 24 日	33
	9	故宫博物院发布参观须知：禁止商业性拍摄，露营车等禁入	2023 年 6 月 15 日	33
	10	香港故宫文化博物馆已录得百万人次到访	2023 年 4 月 17 日	33
丝绸之路：长安—天山廊道	1	丝路旅游春来早 甘肃省旅游城市喜迎"开门红"	2023 年 2 月 14 日	64
	2	第六届丝绸之路（敦煌）国际文化博览会举行 李书磊出席开幕式并发表主旨演讲	2023 年 9 月 6 日	41
	3	"丝绸之路考古合作研究中心"西安揭牌	2023 年 4 月 25 日	41
	4	麦积山石窟开启应急参观线路提升游客体验	2023 年 7 月 30 日	26
	5	第 11 届敦煌行·丝绸之路国际旅游节 4 月 26 日开幕	2023 年 4 月 24 日	22
	6	世界文化遗产炳灵寺石窟无恙	2023 年 12 月 20 日	22
	7	"敦煌文献系统性保护整理出版工程"有序推进	2023 年 8 月 17 日	21
	8	大雁塔景区周边交通优化方案征意见	2023 年 7 月 17 日	20
	9	敦煌文博会开幕 古丝路呈新貌拓多领域合作	2023 年 9 月 6 日	13
	10	"丝路光华——敦煌石窟艺术特展"在高雄开展	2023 年 12 月 16 日	13
莫高窟	1	联合国教科文组织为敦煌研究院及樊锦诗等颁发杰出贡献奖	2023 年 9 月 7 日	88
	2	樊锦诗再为敦煌事业捐资千万元	2023 年 7 月 10 日	59
	3	国家文物局：敦煌莫高窟不存在"湿度飙升、山洪和洞窟塌方"	2023 年 7 月 28 日	50
	4	国庆黄金周前夕，敦煌莫高窟又添打卡地，上新"寻境敦煌"VR 沉浸展	2023 年 9 月 20 日	39
	5	敦煌研究院和腾讯联合推出"数字藏经洞"游戏科技打造全球首个"超时空参与式博物馆"	2023 年 4 月 18 日	26
	6	"敦煌文献系统性保护整理出版工程"有序推进	2023 年 8 月 17 日	21
	7	"数字藏经洞"提供沉浸式体验敦煌文化新窗口	2023 年 4 月 18 日	18
	8	守护莫高窟六十载，她向北大捐赠 1000 万元支持敦煌学研究	2023 年 5 月 5 日	17
	9	三个细节折射莫高窟呵护文物之道	2023 年 8 月 13 日	15
	10	修丽可联合中国敦煌石窟保护研究基金会、敦煌研究院助力文化遗产保护	2023 年 8 月 28 日	10

资料来源：中国世界文化遗产监测预警总平台舆情监测数据。

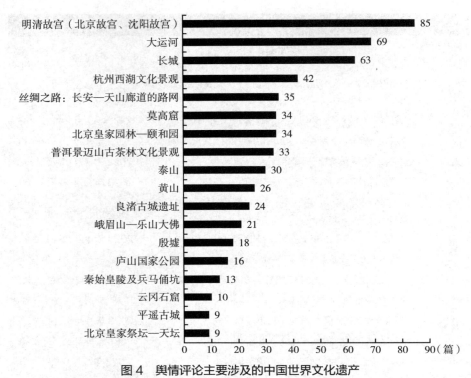

图 4 舆情评论主要涉及的中国世界文化遗产

资料来源：中国世界文化遗产监测预警总平台舆情监测数据。

（三）遗产宣传展示普遍受到重视，游客不文明行为报道增多

2023 年，我国世界文化遗产舆情信息中，正面舆情占 1.51%，较上一年度下降 0.25 个百分点，涉及莫高窟、大运河、长城、登封"天地之中"历史建筑群、明清故宫（北京故宫、沈阳故宫）5 项遗产，内容主要为获得的奖项表彰及相关工作取得的成果。中性舆情占比最大，高达 98.16%，基本与上一年度持平，主要涉及各遗产地的宣传展示工作；负面舆情占 0.34%，较上年增加 0.25 个百分点，共涉及 13 项遗产，占遗产项目总数的 30.23%。

2023 年度发生的所有负面舆情信息中，"游客行为"相关内容最多，占 82.9%；其次为"人为破坏"相关内容，占比为 8.6%；"保护管理措施""商业开发与城市建设""自然灾害影响"等相关内容占比相同，均为 2.9%。

从负面舆情发生率^① 来看，2023 年，秦始皇陵及兵马俑坑负面舆情发生率最高，其次为泰山、峨眉山—乐山大佛（见图 5）。秦始皇陵及兵马俑坑的负面舆情主要来源于游客翻越护栏、打架等不文明行为。

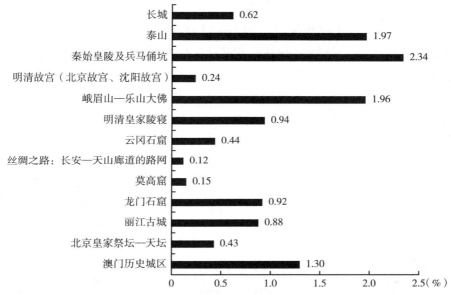

图 5　2023 年中国世界文化遗产负面舆情发生率

资料来源：中国世界文化遗产监测预警总平台舆情监测数据。

（四）舆情来源新媒体数量占比增加，报道内容更加多元活跃

2023 年，报道中国世界文化遗产及列入预备名单的文化遗产项目的媒体源共 1263 个。传统媒体数量占比较上一年度有所下降，占 37%，新媒体数量占比则较上一年增加 9 个百分点，占 63.00%。从媒体级别上看，中央媒体^②有 14 个，舆情报道量占到总数的 6.27%，较上一年度下降 0.18 个百分点。

---

① 单项遗产的负面舆情发生率 = 单项遗产负面舆情数量 / 单项遗产舆情总数。负面舆情发生率高并不能直接说明该遗产地容易发生负面舆情，也可能是因为分母较小，也就是单项舆情总数较低。

② 中央媒体主要指：人民日报、新华社、求是、解放军报、光明日报、经济日报、中国日报、中央人民广播电台、中央电视台、中央国际广播电台、科技日报、中国纪检监察报、工人日报、中国青年报、中国妇女报、农民日报、法制日报、中新社 18 个媒体。

从媒体类型看，2023 年，新媒体各类内容报道量均不同程度高于传统媒体（见图 6）。传统媒体时代，文化内容的生产和传播呈现明确的线性特征，形成了成熟的采编、审核、出版、传播流程。而网络媒体生态环境下，新媒体内容的生产和传播则逐渐同步化，成本也在数字网络技术的支持下大大降低，导致大量个人开始参与到内容的创作工作中，不仅使内容数量快速增长，在报道内容上也在不同分类领域均有涉猎，呈现出相较于传统媒体更高的关注程度和活跃度。

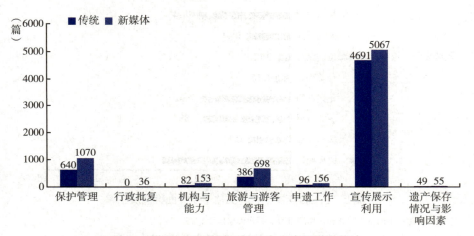

图 6　按媒体类型统计舆情信息内容报道量统计

资料来源：中国世界文化遗产监测预警总平台舆情监测数据。

（五）境外媒体舆情数量快速增长

2023 年，监测获取境外主流媒体中英文报道关于中国世界文化遗产舆情信息共 209 篇，涉及 30 项遗产，比上一年度增加 111 篇，涉及遗产翻了 1 倍。其中，报道量最大的仍然是明清故宫（北京故宫、沈阳故宫）和澳门历史城区（见图 7）。在所有舆情信息中，中性舆情信息 205 篇、正面舆情 2 篇和负面舆情 2 篇。

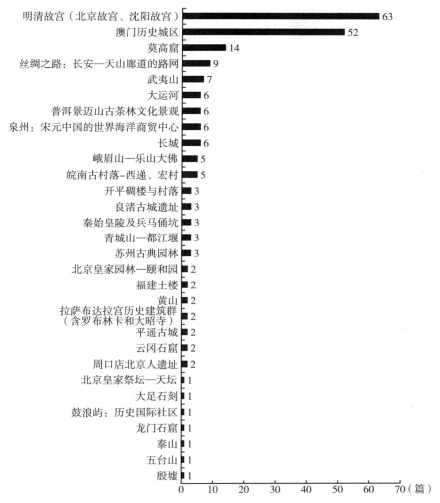

图 7　2023 年境外媒体关于中国世界文化遗产舆情信息报道情况

资料来源：中国世界文化遗产监测预警总平台舆情监测数据。

二　2023 年舆情热点事件梳理

从网络热议话题、主题活动和重要事件三个方面梳理和分析 2023 年度中国世界文化遗产舆情热点事件。

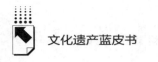

（一）网络热议话题

梳理网络舆论发现，随着社会发展和文化遗产影响力的逐渐扩大，公众对文化遗产的关注度越来越高，文物安全及相关工程对文物的影响，最容易引起公众的关注和网络舆情的热度。

表3的三个案例中，案例一的热度较低，且持续时间较短。分析原因，一是案例一的发起主体主要为个人。二是从舆情传播进程来看，案例一的舆情发生后，相关单位的积极回应使舆情没有进一步扩大。项目也未对平遥古城文物本体及环境造成损坏。三是从舆情感知来看，网友们讨论激烈、态度鲜明，对这项改造工程，部分网友表现出对遗产保护管理工作的高度关注，部分网友表示理解和宽容，多数网友希望能尽快完成。

案例二和案例三则不同，舆情发生后，许多媒体客户端对此进行了评论和转发。从舆情感知角度来说，虽然中立情绪占50%以上，但负面情绪占比较正面情绪占比高。值得关注的是，在案例二中，虽然施工项目未对世界文化遗产清东陵产生破坏，但媒体报道的内容并未聚焦到世界文化遗产保护方向，遗产相关信息也不十分准确。案例三中，在大多数人为长城遭到破坏而痛心的时候，也有不少网友提出"怎么知道这是文物""谁看得出这是长城"等疑问。这些工作均反映出地方政府关于文化遗产知识和相关法律宣传普及工作的漏洞，以及公众对遗产保护和相关法律认知的不到位。这些工作在未来都亟待进一步加强。

表3　2023年度中国世界文化遗产相关网络热议话题

话题	主要传播渠道	热度
"游客称平遥古城管架林立及景区回应"的相关信息	微博	47
遵化市马兰峪镇填坑项目对清东陵影响的相关信息	微博、媒体客户端	117
明长城遭"腰斩"的相关信息	媒体客户端、微博	355

（二）主题活动

1. 2023 年国际古迹遗址日（主要传播渠道：微博、媒体客户端，热度 11467）

4 月 18 日是联合国教科文组织确立的"国际古迹遗址日"。2023 年国际古迹遗址日的主题为"变革中的文化遗产"，其主场活动在北京圆明园举行，得到了全国各级媒体及民众的广泛关注与参与。其中，4 月 17 日，《人民日报海外版》刊发题为《世界遗产进入"节日季"（看·世界遗产）》的文章。作者表示，国际古迹遗址日、博物馆日、文化和自然遗产日，共同营造出了世界遗产一年中最为重要、热烈的社会氛围。作为有效的传播平台，世界遗产的"节日季"，正在以公共文化带动公众认知，真正成为全社会参与、共享的欢乐时光。①4 月 18 日，《人民日报海外版》刊发题为《时代变革中的文化遗产》的文章。作者指出，"变革中的文化遗产"可以从两个角度理解：一是文化遗产在世界变革中所处的位置、遇到的困境和解决途径；二是文化遗产在世界变革中所扮演的角色、作出的贡献和创造的价值。当今世界处于百年未有之大变局，变革过程中必然充满风险挑战，但变革也会催生新的机遇。②

本次活动的微博热门话题有：#年轻人游古城的正确打开方式#（9111.9 万次阅读 5028 条讨论）、#国际古迹遗址日#（5964.6 万次阅读 2.2 万条讨论）、#国家考古遗址公园 5 年打卡人次 1.46 亿#（158.1 万次阅读 122 条讨论）。

2. 2023 年文化和自然遗产日（主要传播渠道：微博、媒体客户端，热度 173145）

2023 年 6 月 10 日是我国第 18 个文化和自然遗产日，国家文物局发布的活动主题为"文物保护利用与文化自信自强"。此次主题活动的主场城市活动在四川成都举行。

各级媒体对此次活动给予了重点关注。从报道内容来看，主要有四个方

---

① 齐欣：《世界遗产进入"节日季"（看·世界遗产）》，人民网－人民日报海外版，2024，http://world.people.com.cn/n1/2023/0417/c1002-32666059.html，最后检索时间：2024 年 7 月 30 日。

② 宋新潮、燕海鸣：《时代变革中的文化遗产》，人民网－人民日报海外版，2024，http://ent.people.com.cn/n1/2023/0418/c1012-32666754.html，最后检索时间：2024 年 7 月 30 日。

向，一是成都主场城市活动的相关报道，涉及开幕式上公布的文物事业高质量发展案例、2023 年度中华文物新媒体传播精品推介项目、第五届"最美文物安全守护人"推介名单，以及揭幕"汉字中国：方正之间的中华文明展"。二是报道各地举办的相关系列活动。据统计，各地文物部门、文博单位围绕活动主题组织开展了 7200 余项精彩纷呈的文物展览展示和惠民活动。三是报道关于中国世界文化遗产的保护管理举措。四是关于"海南热带雨林和黎族传统聚落"申遗的相关报道。

此外，2023 年各地的活动中非物质文化遗产（非遗）的占比较高。在舆情数据总量的 440322 条中，涉及非遗的有 335731 条，占 76.25%。从舆情传播渠道来看，此类主题活动的传播渠道以新媒体为主，活动形式和报道内容精彩纷呈，呈现出多样化的趋势，并且活动主办方与公众的线上、线下互动性都更强。

（三）重要事件

1. "普洱景迈山古茶林文化景观"申遗成功（主要传播渠道：微博、媒体客户端，热度 7519）

北京时间 2023 年 9 月 18 日（沙特时间 9 月 17 日），在沙特阿拉伯利雅得召开的联合国教科文组织第 45 届世界遗产大会通过决议，将中国"普洱景迈山古茶林文化景观"列入《世界遗产名录》。这是中国，也是全球第一例茶主题的世界遗产。此事一经报道，立刻得到全国各级媒体及民众的广泛关注。

关于景迈申遗成功的微博热门话题有：#我国再添一处世界遗产#（1306.8 万次阅读 4858 条讨论）、#普洱景迈山古茶林文化景观申遗成功#（525.9 万次阅读 4810 条讨论）。另外，《人民日报》也对"普洱景迈山古茶林文化景观"成功列入《世界遗产名录》进行了整版聚焦，《云南日报》《春城晚报》等本地报刊媒体的头版头条也进行了专门报道。

从报道内容来看，主要有三个方向，一是报道了景迈山申遗经过及目前的保护措施；二是介绍了景迈山当地古茶林和古村寨的具体情况；三是详细分析为什么景迈山古茶林能成为全球首个茶主题世界文化遗产。从舆情传播的方式和影响程度上看，新媒体平台成为此类舆情信息传播的主要渠道。有少数自媒体在正式宣布入选世界遗产之前，就通过联合国教科文网站等渠道得到消息并开始庆祝。随着在这一领域权威的信息源确认后，微博"大 V"、微信公众号开始陆续刷屏，当夜的舆情热度立刻达到了峰值。此后传播主战场也从传统媒体（网站、客户端、数字报）变成了新媒体平台（微博、微信、抖音等）。

2. 亚洲文化遗产保护联盟大会成立（主要传播渠道：网站、媒体客户端，热度 6642）

2023 年 4 月 24~26 日，亚洲文化遗产保护联盟大会在西安召开。会上，亚洲文化遗产保护联盟正式成立，亚洲文化遗产保护基金启动，丝绸之路考古合作研究中心挂牌，《亚洲文化遗产保护联盟西安宣言》发布。各级媒体针对此事发表了诸多评论文章。如，央视网刊发题为《构建全球文明对话合作网络 共同推动人类文明发展进步》的评论文章；[1]海外网刊发题为《为保护人类文明精华作出亚洲新贡献》的评论文章。[2] 各级媒体的报道内容，主要有三个方向，一是介绍我国在亚洲文化遗产保护方面的成果；二是报道亚洲文化遗产保护联盟大会和第四届世界古都论坛暨亚洲文化遗产保护行动青年论坛的成果；三是习近平总书记致亚洲文化遗产保护联盟大会贺信在全国文物系统引起的热烈反响及相关评论。最终落脚点都是深化交流，繁荣世界文明百花园，凝聚共识，增强合作。

从舆情信息传播渠道来看，此类资信以传统媒体如官媒网站、客户端为主要传播渠道，微博等新媒体不再是主要传播途径，且网络互动评论较少。

三 2023 年舆情所见国家政策视野下的行业重点话题

（一）长城、大运河国家文化公园建设

2023 年，各地关于长城国家文化公园建设和大运河国家文化公园建设工作有序推进，相关报道增加，关注度、重视度有所提升（见图8、图9）。

---

① 《构建全球文明对话合作网络 共同推动人类文明发展进步》，央视网，2024，https://news.cctv.com/2023/04/25/ARTIYPvTiedVN8P4iaLllW1d230425.shtml，最后检索时间：2024 年 7 月 17 日。

② 《为保护人类文明精华作出亚洲新贡献》，海外网，2024，https://baijiahao.baidu.com/s?id=1764287643633612384&wfr=spider&for=pc，最后检索时间：2024 年 7 月 17 日。

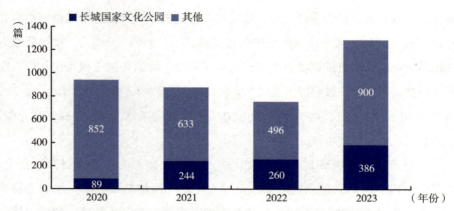

图8　2020~2023年长城及长城国家文化公园舆情信息数据情况

资料来源：中国世界文化遗产监测预警总平台舆情监测数据。

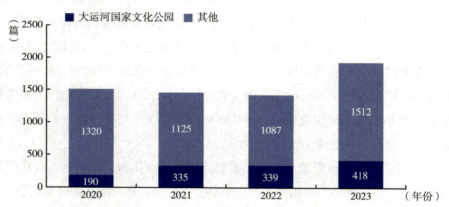

图9　2020~2023年大运河及大运河国家文化公园舆情信息数据情况

资料来源：中国世界文化遗产监测预警总平台舆情监测数据。

　　2023年，与长城相关的1286篇核心舆情信息中，有386篇涉及长城国家文化公园建设，占30.02%，报道数量比上一年度增长126篇。本年度，各地长城国家文化公园的工作重心，从推动修订、制定法律法规与编制建设保护规划，逐步转向为充分发挥地方党委和政府主体作用，围绕文物和文化资源保护传承利用协调推进目标，聚焦保护传承、研究发掘、环境配套、文旅融合、数字再现等关键领域，系统推进重点基础工程建设，并逐渐完善国家文化公园建设的管理体制机制。

与大运河相关的 1930 篇核心舆情信息中，有 418 篇涉及大运河国家文化公园建设，占 21.66%，报道数量比上一年度增长 79 篇。主要内容涉及各地大运河国家文化公园建设保护规划实施、大运河沿线文旅融合发展、运河保护传承利用跨省市联动、公园建设标准和标识体系打造等。本年度，"推动大运河文化带建设"或"建设大运河国家文化公园"和相关举措均写入北京、天津、河北、山东、江苏、浙江、安徽和河南等大运河沿线六省两市的政府工作报告。

案例：2023 年大运河文化保护传承利用 10 件大事

2023 年 12 月 27 日，中国大运河智库联盟联合大运河智库发展研究中心、重庆智库研究院，在京发布 2023 年大运河文化保护传承利用 10 件大事。

一、习近平总书记考察浙东运河文化园

9 月 20 日，中共中央总书记、国家主席、中央军委主席习近平乘车来到位于绍兴的浙东运河文化园考察。他步行察看古运河河道和周边历史文化遗存，详细了解浙东运河发展演变史和当地合理利用水资源、推进大运河保护等情况。习近平强调，大运河是世界上最长的人工运河，是十分宝贵的文化遗产。大运河文化是中华优秀传统文化的重要组成部分，要在保护、传承、利用上下功夫，让古老大运河焕发时代新风貌。

二、推动大运河文化带和大运河国家文化公园建设写入六省两市政府工作报告

1~2 月，北京、天津、河北、山东、江苏、浙江、安徽和河南等大运河沿线六省两市先后举行"两会"，"推动大运河文化带建设"或"建设大运河国家文化公园"和相关举措均写入其 2023 年政府工作报告。至此，大运河沿线 8 个省市级辐射区、40 个地市级拓展区和150个县（区、市）级核心区均将大运河文化保护、传承、利用列为政府工作的重要日程。

三、京杭大运河再次实现全线通水

4月4日，随着位于山东省武城县的四女寺枢纽南运河节制闸缓缓开启，天津的九宣闸枢纽南运河节制闸和新开河耳闸与此同步，漳河水、南水北调东线一期北延工程供水、引滦河水等补水水源，流向京杭大运河黄河以北相关河段。至此，大运河黄河以北段707公里实现水流贯通，这是京杭大运河再次全线通水。由水利部联合北京、天津、河北、山东四省市开展的全线水流贯通工作，补水河道5公里范围内地下水水位平均回升1.33米，进一步发挥了南水北调东线工程综合效益，大运河沿线河湖生态环境得到进一步改善。

四、京津冀人大首次对大运河开展协同监督

12月8日，在石家庄举行的京津冀人大协同监督大运河第一次联席会议，确定三地人大围绕大运河文化的保护和传承等情况开展协同监督，共同查找问题并推动解决。这是京津冀人大首次对大运河开展协同监督。联席会议通过了《2024年京津冀人大协同监督工作方案》，京津冀三地人大将围绕《关于京津冀协同推进大运河文化保护传承利用的决定》的贯彻实施情况，以及大运河文化遗产保护、文化宣传、文化带建设、绿色生态廊道建设等，通过调查研究、执法检查等形式协同开展监督检查。

五、"京杭对话"释放"传承运河文化 赋能美好生活"信号

11月13日，以"传承运河文化 赋能美好生活"为主题，由北京市政府新闻办、浙江省政府新闻办和中国新闻社等机构联合主办的2023中国大运河文化带京杭对话暨北京（国际）运河文化节在京举行，天津、河北两地首次共同参与京杭对话。"对话"显示，北京已将大运河文化带作为全国文化中心建设的标志性工程之一，不断深化

大运河文化遗产保护传承；浙江将全面深化与大运河沿线省市深度合作，做好研究传播、创新转化、富民为民"三篇文章"；天津将同北京、河北进一步完善大运河文化保护传承利用工作协调机制，不断增强京津冀协同发展的文化驱动力；河北将与北京、天津共同推动大运河文化在新时代展现蓬勃生机。

六、全国"行走大运河"全民健身健步走活动在六省两市铺开

5 月，国家体育总局、国家发展改革委与文化和旅游部联合开展全国"行走大运河"全民健身健步走活动。在大运河沿线的北京、天津、河北、山东、安徽、河南、江苏、浙江 8 省市各选一地作为主会场，响彻"大运河畔健步行走 新征程上勇毅前行""行走千年大运河 踏上万里健康路"等活动口号。健步走活动与社区运动会、科学健身指导、全民健身志愿服务、国民体质监测、国家体育锻炼标准达标测验、赶大集、庙会等活动相结合，融入了 8 省市特色旅游文化资源，带动大运河沿线居民的健身热潮，打造了集运动休闲、文化体验、观光游览于一体的体育文化旅游品牌。

七、北京大运河游船首航

3 月 19 日，北京城市副中心大运河游船拉响汽笛，开启首航。游船分别由大光楼码头、二号码头、漕运码头、柳荫码头出发，在水上联动起北京通州大运河文化旅游景区的北区、中区和南区。南区的船闸体验线路和北区的大光楼码头线路将在周末和法定节假日开通，充分展示大光楼码头、观景阁、甘棠闸等多个特色旅游景点，方便游客多方位感受大运河水运魅力和城市副中心别样清新的景色。目前，大运河游船的运营船舶（包括自航船和非自航船），均由清洁能源驱动。

八、江苏一论坛一展会持续接力

8 月 24 日，以"运河城市遗产保护与绿色低碳发展"为主题的

"2023 世界运河城市论坛"在扬州举行，论坛通过展示分享运河永续利用、绿色发展的"中国行动"与"国际案例"，交流可行路径与思路对策，推动国际运河城市交流合作，提升中国大运河国际影响力。9 月 21 日，第五届大运河文化旅游博览会在苏州开幕。本届运博会延续了往届"融合、创新、共享"的定位，穿插举办了大运河城市文旅精品展、特色旅游产品展、文旅产业展、非遗展、"丝路与运河的邂逅"主题展和大运河美食文化展等六大主题展览。

九、民族交响诗《大运河》等一批文艺作品厚重呈现

6 月中旬，京津冀三地民族乐团开启民族交响诗《大运河》大运河沿线城市巡演，包括序曲《开河》、第一乐章《黄金水道》、第二乐章《漕运沧桑》、第三乐章《江河万古流》、第四乐章《舟楫通南北》、第五乐章《运河明珠》、第六乐章《醉千秋》、终曲《大河·天下》。8 月 9~14 日，CCTV-9 播出六集系列纪录片《大运河之歌》，该片以时间为轴，以文明创造、经济和社会发展、工程智慧、文化影响和传承利用为故事主线，深入挖掘大运河承载的深厚文化价值和精神内涵，将历史文化与现实相交融，呈现出生生不息的大运河文化风貌。

十、"运河之都"淮安着力打造"致富河、幸福河"

在京杭大运河沿线 20 个设区地级市中，素有"运河之都"之称的江苏省淮安市已成为"致富河、幸福河"的率先践行者。淮安市委、市政府将"致富河、幸福河"的重要论述视为推进全体人民共同富裕现代化的"现在时"和"将来时"，切实增强人民群众获得感和幸福感。目前，京杭大运河在淮安境内留下大运河文化遗产区和缓冲区面积超过 1 万公顷，约占全线世界文化遗产的 1/7。列入世界文化遗产的包含 2 处遗产区、1 段河道。该市通过人大立法、出台规划、智库研报、印发方案等方式，全方位策应"致富河、幸福河"建设。

资料来源：《中国大运河智库联盟发布 2023 年大运河文化保护传

承利用十件大事》，中国经济新闻网，2023，https://www.cet.com.cn/wzsy/ycxw/3502785.shtml，最后检索时间：2024 年 8 月 5 日。

（二）石窟寺保护利用和管理

根据国家文物局组织开展的全国石窟寺专项调查结果，全国共有石窟寺 2155 处、摩崖造像 3831 处，共计 5986 处。其中，中国世界文化遗产有莫高窟，云冈石窟，龙门石窟，乐山大佛，大足石刻，"丝绸之路：长安—天山廊道的路网"中的遗产要素麦积山石窟、克孜尔石窟、炳灵寺石窟、彬县大佛寺石窟，以及杭州西湖的遗产要素飞来峰造像等 10 处石窟寺或摩崖造像。

2023 年，与石窟寺及石刻类遗产相关的核心舆情信息共有 1579 篇，比上一年度增长 827 篇，增幅达到 109.97%。除彬县大佛寺石窟、飞来峰造像 2 处遗产地以外，其他遗产地舆情信息数量均有较大增长（见表 4）。

表 4　2023 年中国世界文化遗产（石窟寺及摩崖造像）媒体报道情况统计

单位：篇

序号	名称	舆情信息数量	舆情信息关键词
1	莫高窟	664	预防性保护、文物保护技术、文化交流对话
2	云冈石窟	226	遗产价值传播、旅游开发、旅游管理
3	龙门石窟	109	旅游管理、研修培训、游客管理
4	大足石刻	179	文化交流推广、文物数字保护、合作交流
5	乐山大佛	77	工程建设、旅游服务、游客行为
6	麦积山石窟	47	游客与文物安全、景区游客服务中心、整体性保护
7	克孜尔石窟	65	数字化保护、游客中心、文化旅游助力乡村振兴
8	炳灵寺石窟	20	抢救性保护修缮、监测巡查、文物安全
9	彬县大佛寺石窟	1	保护加固工程
10	飞来峰造像	5	文明交流互鉴、3D 复原技术、文化表达创新

资料来源：中国世界文化遗产监测预警总平台舆情监测数据。

石窟寺保护一直是我国文化遗产保护领域的重点内容，而全面提升石窟寺保护工作的科技和管理水平，是未来我国文化遗产保护领域的重点工作之一。2023年度，各遗产地主要围绕《"十四五"石窟寺保护利用专项规划》，开展了一系列保护合作、科技创新和人才培养工作，探索出具有遗产地特色的石窟寺保护利用之路。

（三）大遗址考古与保护工作

2023年，我国世界文化遗产中的大遗址相关舆情信息共1272篇，其中排名前三位是殷墟、良渚古城遗址、秦始皇陵及兵马俑坑（见表5）。从舆情内容看，主要涉及考古新发现、考古遗址博物馆建设、保护规划修订等。

本年度，周口店北京人遗址、良渚古城遗址、殷墟、丝绸之路－汉魏洛阳城遗址、丝绸之路－隋唐洛阳城定鼎门遗址5处遗产地，均有最新考古发现和考古成果发布。

考古遗址博物馆，不仅是国家考古遗址公园建设中的重要亮点，也是大遗址保护服务社会公众的重要文化设施和当地的地标性文化建筑。2023年，良渚古城遗址、丝绸之路－汉魏洛阳城遗址、殷墟、丝绸之路－唐长安城大明宫遗址、丝绸之路－北庭故城遗址5处遗产地，在考古遗址博物馆方面有最新进展。

另外，2023年度，新修订的《周口店遗址保护规划（2021-2035年）》得到北京市政府审批，并由北京市文物局公布实施；《周口店国家考古遗址公园规划》通过国家文物局论证。《城村汉城遗址总体保护规划》《城村汉城考古遗址公园规划》终期意见征询会在福建闽越王城博物馆召开。

2023年4月18日的国际古迹遗址日当天，国家文物局在武汉市举行国家考古遗址公园现场工作会，对第四批19家国家考古遗址公园授牌。会上，中国文化遗产研究院发布了《国家考古遗址公园发展报告（2018—2022）》。

表5　2023 年度中国世界文化遗产中的"大遗址"相关舆情信息 TOP20

单位：篇

序号	名称	舆情信息数量
1	殷墟	326
2	良渚古城遗址	314
3	秦始皇陵及兵马俑坑	278
4	周口店北京人遗址	58
5	丝绸之路 – 汉魏洛阳城遗址	42
6	土司遗址 – 海龙屯遗址	35
7	丝绸之路 – 交河故城	35
8	丝绸之路 – 隋唐洛阳城定鼎门遗址	32
9	武夷山 – 城村汉城遗址	20
10	丝绸之路 – 汉长安城未央宫遗址	18
11	丝绸之路 – 唐长安城大明宫遗址	18
12	丝绸之路 – 北庭故城遗址	18
13	土司遗址 – 老司城遗址	16
14	丝绸之路 – 苏巴什佛寺遗址	16
15	泉州：宋元中国的世界海洋商贸中心 – 德化窑遗址	14
16	丝绸之路 – 高昌故城	11
17	丝绸之路 – 锁阳城遗址	10
18	元上都遗址	6
19	高句丽王城、王陵及贵族墓葬 – 五女山城	5
20	高句丽王城、王陵及贵族墓葬 – 洞沟古墓群、丸都山城、国内城	5

资料来源：中国世界文化遗产监测预警总平台舆情监测数据。

（四）世界文化遗产申报管理工作

2023 年，在预备名单中的许多遗产地积极地推进世界文化遗产的申报工作，并取得了重要的进展。主要涉及北京中轴线、景德镇御窑瓷厂、济南泉·城文化景观、江南水乡古镇、中国白酒老作坊、中国明清城墙、万里茶道（中国段）、古蜀文明遗址、海上丝绸之路（中国段）等（见图10）。工作

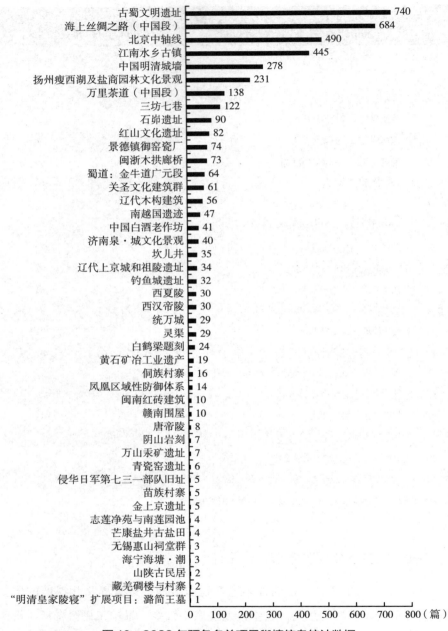

图10　2023 年预备名单项目舆情信息统计数据

资料来源：中国世界文化遗产监测预警总平台舆情监测数据。

内容包括申遗文本编制、保护管理规划编制及实施、保护管理措施实施及制度建立、环境整治及修缮工程、文物保护科技保障、申遗机构人员机制建设、国内外学术研讨会等。

除此之外，还有一些遗产尚未列入预备名单，但申遗工作进展迅速并且引起了广泛关注的遗产。例如，二里头遗址、上山遗址等。

四　总结

2023 年，我国世界文化遗产舆情信息数量较上一年度有较大增长，其中核心舆情显著增加，热点事件和行业重点话题讨论广泛，反映出公众对世界文化遗产的关注度和参与度正在不断提升，新媒体也逐渐成为舆情信息的重要来源和传播途径，遗产宣传展示和旅游推广成为主要传播内容。从周期上来看，4~10 月舆情信息数量波动较小，在这一时间段内加强对文化遗产的宣传和保护工作，可以更好地满足公众需求。总体上可以看出，随着社会对文化遗产保护与利用意识的进一步增强，文化遗产的网络舆情研究将成为未来行业工作的重要组成部分。尤其是在数字化时代背景下，深入地探讨舆情信息对文化遗产管理决策的影响，可以更好地研究如何利用新媒体技术提升文化遗产保护传承利用的公众参与度和舆情管理效率。

基于此，建议各级文物部门和各遗产地保护管理机构，加强对舆情信息的监测与分析，建立健全文化遗产的舆情反馈机制，及时发现潜在问题和风险，迅速作出反应，确保舆情的可控性和正面导向性。与此同时，随着新媒体的崛起，传统的信息发布渠道已经不能完全满足公众快速获取有效信息的需求。应进一步优化信息发布渠道，积极利用微博、微信、抖音等新媒体平台，进行多形式、多角度的信息发布，增强信息传播的广度和深度，确保信息的权威性和准确性，减少谣言和误导信息的传播。

另外，从 2023 年度的热点事件和行业重点话题中可以看到，促进多方合作是提升世界文化遗产保护利用和宣传推广效果的重要手段。政府、媒体、学术机构和社会组织加强协作，能够有效地共同推动文化遗产保护工作，提

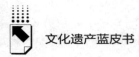

升公众参与度。多种形式的公众活动，如文化遗产日、线上互动、高质量纪录片等，也能增加公众对文化遗产的认知和兴趣。

参考文献

中国文化遗产研究院研创《中国世界文化遗产保护研究报告（2023）》，社会科学文献出版社，2023。

B.8

中国世界文化遗产 2022~2023 年
图斑监测数据分析

范家昱[*]

摘　要：《国家文物局关于 2023 年度文物行政执法和安全监管工作情况的通报》中明确提出要求，"开展卫星遥感执法监测"。中国世界文化遗产中心运用卫星遥感技术，自 2018 年起开展中国世界文化遗产地遥感监测工作，并在中国世界文化遗产监测预警总平台上发布变化图斑信息。2023 年，10 项 26 处遗产地开展了遥感监测的遗产地图斑变化仍以人工地物为主，但自然地物变化面积较上年明显增多，遗产地整体环境呈现向好趋势。报告建议全面推行世界文化遗产保护管理规划，出台变化图斑跟踪处置长效机制，并且鼓励社会力量广泛参与监督，全面落实国家文物局关于卫星遥感执法监测工作的各项要求，助力世界文化遗产的保护与传承。

关键词： 世界文化遗产　遥感监测　涉建项目　图斑监测

　　截至 2023 年，我国共拥有世界遗产 57 项，其中文化遗产 39 项、自然遗产 14 项、文化和自然混合遗产 4 项。遗产区划范围内的涉建项目管理一直是各级保护管理机构重点开展的工作之一。世界遗产的涉建项目管理通过保护管理规划、专项保护管理法规和规章，以及具体管控措施，实现遗产区、缓冲区连同周边更广泛区域的涉建项目管理，达到遗产本体与周边环境的和谐，

＊ 范家昱，中国文化遗产研究院中国世界文化遗产中心（中国世界文化遗产监测中心）工程师，主要研究领域：世界文化遗产保护管理规划、遗产展示利用。

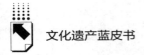

保护遗产突出普遍价值。

就涉建项目管理工作而言，世界文化遗产地面临的问题往往比文物保护单位更复杂，管理难度较大。文物保护单位通常按照《文物保护法》的相关要求公布了明确的保护范围、建设控制地带，并且有明确的保护管理对象、管理机构、管控要求。虽然部分世界文化遗产地可以通过文物保护范围和建设控制地带实现管理，但世界文化遗产与文物保护单位的管理目标、要求不尽相同，保护管理工作面临更大困难。

为此，中国世界文化遗产中心利用中国世界文化遗产监测预警总平台（以下简称"总平台"）开展了遥感监测，综合利用全球导航卫星系统（GNSS）、航空航天遥感技术（RS）、地理信息系统技术（GIS），基于两期遥感影像数据，主动获取世界文化遗产地遗产区、缓冲区内不同时期地表覆盖变化情况，早发现、早干预、早处理，为世界文化遗产的保护管理、监测提供数据支撑，切实提升保护管理效率和水平。

遥感影像具有分辨率高、覆盖范围广、目视解译容易等特点，是目前适用于我国世界文化遗产监测最有效的数据源之一。遥感监测信息采集是利用两期高分辨率遥感影像数据，采集遗产区、缓冲区范围内不同时期的变化信息，展现地物变化情况，并对其进行统计分析。

一　2023 年度遥感监测总体情况

2023 年，共对 10 项 26 处遗产地开展了遥感监测（见表 1），并对监测得到的图斑比对进行初步分析。

对 26 处遗产地所提取的变化图斑进行统计[①]，2023 年度，共发现变化图斑 5483 处，较上年（6106 处）减少 623 处；变化面积 520.05 公顷，整体较 2022 年减少超过一半。

明清皇家陵寝－十三陵，五台山－台怀核心区，杭州西湖文化景观，秦始

---

① 2023 年度遥感监测发现的变化图斑大部分未经人工判定，不能完全体现本年度我国世界文化遗产地涉建项目和保护管理的实际情况。

170

序号	遗产地		基准影像 （前时相）	对比影像 （后时相）
1	明清故宫（北京故宫、沈阳故宫）	北京故宫	2022	2023
2		沈阳故宫	2022	2023
3	秦始皇陵及兵马俑坑		2022	2023
4	周口店北京人遗址		2022	2023
5	曲阜孔庙、孔林和孔府		2022	2023
6	武当山古建筑群		2022	2023
7	明清皇家陵寝	十三陵	2022	2023
8		清东陵	2022	2023
9		清西陵	2022	2023
10		清昭陵	2022	2023
11		清福陵	2022	2023
12		清永陵	2022	2023
13		明孝陵	2022	2023
14		明显陵	2022	2023
15	五台山	台怀核心区	2022	2023
16		佛光寺核心区	2022	2023
17	登封"天地之中"历史建筑群	太室阙和中岳庙	2022	2023
18		少室阙	2022	2023
19		启母阙	2022	2023
20		嵩岳寺塔	2022	2023
21		少林寺建筑群（常住院、初祖庵、塔林）	2022	2023
22		会善寺	2022	2023
23		嵩阳书院	2022	2023
24		观星台	2022	2023
25	杭州西湖文化景观		2022	2023
26	泰山		2022	2023

表1　2023 年开展遥感监测的 10 项遗产 26 处遗产地

皇陵及兵马俑坑，明清皇家陵寝－清西陵、清东陵，周口店北京人遗址，泰山，明清故宫－北京故宫9处遗产地图斑变化数量较多，登封"天地之中"历史建筑群－太室阙和中岳庙、观星台、嵩阳书院、少室阙，明清皇家陵寝－清永陵、明显陵、清福陵，曲阜孔庙、孔林和孔府8处遗产地图斑变化数量次之；明清皇家陵寝－明孝陵、清昭陵，明清故宫－沈阳故宫，武当山古建筑群，登封"天地之中"历史建筑群－会善寺、少林寺建筑群（常住院、初祖庵、塔林）、启母阙、嵩岳寺塔，五台山－佛光寺核心区9处遗产地图斑变化数量相对较少。

二 图斑变化信息统计分析

（一）自然地物变化面积较去年明显增多

2023年的图斑变化仍以人工地物为主，但通过对比2022年①的数据发现，由人工地物转为自然地物的变化面积增加41.26公顷，自然地物转为人工地物的变化面积较2022年下降90.24公顷（见图1）。这在一定程度上反映出遗产

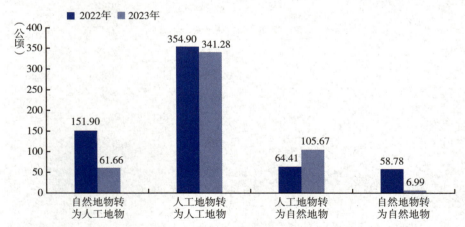

图1 2022~2023年26处遗产地地物类型变化面积统计－遗产区划

资料来源：中国世界文化遗产监测预警总平台遥感监测。

---

① 2023年遥感图斑变化涉及的遗产地较2022年度增加1处，即登封"天地之中"历史建筑群－嵩岳寺塔，且嵩岳寺塔图斑变化数量、面积均较少，故将2022年与2023年图斑变化数据进行对比分析。

地政府和保护管理机构越来越重视遗产建设项目管理，遗产地整体环境呈现向好趋势。

以明清皇家陵寝－十三陵为例，2023 年十三陵监测到的图斑变化中，由人工地物转为耕地、林地、水域等自然地物的图斑占十三陵图斑变化面积的 19.46%。经了解，这是十三陵自 2019 年起延续至今的村庄搬迁、修复林地等工程，旨在以生态建设促文化遗产保护，提高周边居民人居环境质量，履行申遗承诺（见图 2）。

图 2 明清皇家陵寝－十三陵图斑变化示意（人工地物转为自然地物）

资料来源：中国世界文化遗产监测预警总平台遥感监测。

（二）变化图斑部分反映规划执行情况

遗产地涉建项目控制在很大程度上依赖法律和规章的支撑。虽然变化图斑的数量、面积不能直观反映遗产地的保护管理情况，但可通过与保护管理规划编制及公布情况交叉分析，反映出遗产地保护管理规划的编制和执行情况。

2023 年度开展遥感监测的 10 项遗产 26 处遗产地中，有已公布且现行有效的保护管理规划的遗产地有 6 处（占比 23.08%），为明清故宫－北京故宫，周口店北京人遗址，明清皇家陵寝－明孝陵、清东陵、清西陵，以及五台山－佛光寺核心区；3 处遗产地的规划为通过审批待公布状态，为武当山古建筑群，曲阜孔庙、孔林和孔府，以及明清皇家陵寝－清永陵；其余遗产地规划为在编、无规划或已过期（见图 3）。

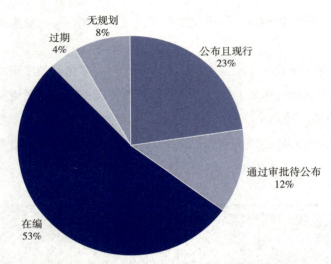

图3　2023年度开展遥感监测的遗产地保护管理规划编制及公布情况

资料来源：2023年我国世界文化遗产监测年度报告。

　　明清皇家陵寝－明孝陵和五台山－佛光寺核心区两处遗产地2022~2023年度的图斑变化数量、面积较少，一方面得益于两处遗产地均有公布且现行的保护规划，即《明孝陵总体保护规划（2018—2035）》和《山西省五台县佛光寺保护总体规划》，另一方面两处遗产地的保护管理机构、人员对遗产保护、建设控制等拥有较高的保护认知，在日常保护管理工作中能够积极落实保护规划提出的保护要求。其他拥有已公布且现行的保护管理规划的遗产地，虽然有现行规划，但受到保护范围和建设控制地带未能覆盖遗产区和缓冲区，或保护管理机构与属地政府相关职能机构间合作协调不畅影响，在遗产区、缓冲区范围内的建设控制面临较大困难，未能严格落实保护管理规划中的各项规定。

　　20处遗产地（占比76.92%）尚无现行有效的保护管理规划，缺乏明确的保护管理对象和管控要求，加上当地政府对遗产保护与建设控制的认知不足，在一定程度上影响了图斑变化数量、面积。

（三）制度建设为有效处置遥感变化图斑提供制度保障

　　2022年，国家文物局印发《文物安全防控"十四五"专项规划》的通知，在该规划的"安全监管平台建设"专栏中提到：建设全国重点文物保护单位遥感监测数据库，建立文物遥感监测执法督察全流程管理、执法人员动态管理和违法案件信息共享系统，构建大数据评估和文物违法预警机制。

规划中提出要建立文物遥感监测执法督察全流程管理，表明遥感变化图斑监测工作得以落实，一方面需要以遥感技术、AI 自动比对等技术为基础，另一方面需要从制度、机制方面加以保障。

遗产地 2022~2023 年度变化图斑核查结果显示，5483 处变化图斑[①] 中仅有 329 处图斑经过遗产地保护管理机构人工核实，占比 6.00%（见图 4）。经过人工核查的变化图斑占比较少主要有以下原因：一是部分遗产地的建设项目信息不经过遗产保护管理机构，保护管理机构不掌握工程情况；二是世界遗产的遗产区、缓冲区规模普遍大于文物保护单位的保护范围和建设控制地带，我国世界文化遗产地的保护管理大部分依托文物机构，难以协调超出保护范围和建设控制地带区域的建设项目情况；三是目前我国大部分遗产地未将遥感变化图斑的核查、上报工作纳入地方规范性文件或保护管理机构内部制度予以严格落实。

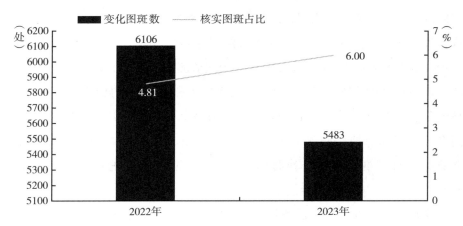

图 4　2022~2023 年图斑核实情况统计

资料来源：2022~2023 年我国世界文化遗产监测年度报告。

---

① 5483 个变化图斑涉及遗产区、缓冲区，以及保护范围、建设控制地带。

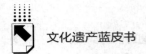

遥感监测工作需要在遗产所在地多部门的协同下有效开展，浙江省文物局在遥感监测方面的工作方式和经验值得学习借鉴。为贯彻落实《国家文物局关于印发〈文物安全防控"十四五"专项规划〉的通知》等重要精神，浙江省文物局要求 2023 年全年开展遥感动态监测，范围覆盖省级以上文物保护单位的保护范围、建设控制地带，以及世界文化遗产的遗产区和缓冲区，明确了处置流程和调查核实周期，并将有关情况录入监管应用。据了解，2024年起，浙江省文物局将通过政务协同平台下发遥感监测工作任务，进一步促进数据多跨共享，提高工作效率。浙江省利用卫星遥感技术，对文物保护单位保护区划内的建设项目实施高频率的动态监测，借助大数据多跨协同与相关职能部门开展合作，弥补了人工监测巡查力度的不足，有效遏制违法建设行为，极大限度地维护了文物安全。

三　对策与建议

2024 年，国家文物局将全面启动卫星遥感执法监测工作，重点监测世界文化遗产和全国重点文物保护单位。各级文物行政部门要高度重视，认真组织协调文物本体及保护区划地理信息落图、地物变化实地复核、违法案件督办查处等工作。各地要主动与属地自然资源部门对接，共享卫星遥感资源，逐步推进本地区不可移动文物卫星遥感执法监测工作。

随着国务院办公厅《"十四五"文物保护和科技创新规划》的印发，科技创新在文物和文化遗产保护领域的不断深入融合，围绕世界文化遗产全面开展卫星遥感执法监测工作，这种自上而下的工作模式极大提高了各级文物行政部门的重视度与执行力，有效提升世界文化遗产保护管理工作水平。

考虑到卫星遥感执法监测是一项需要长期投入开展的工作内容，建议同时加强以下三个方面的工作，全面推行"世界文化遗产保护管理规划"，增强遗产地保护管理工作基础；从政策、制度建设角度完善变化图斑跟踪处置长效机制；鼓励社会力量广泛参与和监督，以弥补保护管理机构人员的不足，为高效、全面落实国家文物局关于卫星遥感执法监测工作的各项要求，助力世界文化遗产的保护与传承。

（一）全面推行"世界文化遗产保护管理规划"

依据《世界遗产公约》和《实施〈世界遗产公约〉操作指南》的要求，编制世界文化遗产保护管理规划是管理的必要手段，是加强遗产保护管理要求采取的有效措施，以确保"列入《世界遗产名录》时所具有的突出普遍价值以及完整性和 / 或真实性"在未来的社会发展中得到保持或加强，而不是受到破坏。

编制和执行世界文化遗产保护管理规划，是维护遗产价值的最基本要求和手段，是实现世界遗产长远保护和有序利用的重要技术指导性文件。经地方人民政府批准公布后的遗产保护管理规划具有法律效力，更是实施世界文化遗产保护管理工作的法律依据。

加快推进世界文化遗产保护管理规划编制、公布、实施的进程，落实《世界文化遗产保护管理办法》中对世界文化遗产保护管理规划组织编制、审定、公布实施的要求。提高规划编制质量，切实解决不同遗产地、不同遗产类型在保护、利用、管理、研究等方面的主要矛盾，科学、合理地制定规划策略、保护管理要求和各项具体措施，以保证保护管理规划能够高质量指导遗产地在今后一段时期内的保护与发展。

（二）出台变化图斑跟踪处置长效机制

结合国家层面世界文化遗产监测制度规范体系建设，修订《中国世界文化遗产监测巡视管理办法》，出台《中国世界文化遗产地监测工作指南》，明确提出变化图斑处置机制，并通过制度建设使之高效、长效运转。

截至 2023 年，我国世界文化遗产地遥感监测的工作流程大多为：发现图斑—下发图斑—人工复核—平台上报，且该项工作内容与流程未在法规、规章层面上予以保障，在实际执行时更多取决于遗产地保护管理机构和工作人员对遥感监测、建设项目控制的认知和重视程度。

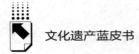

此外，遥感监测工作更加侧重发现—人工复核等工作，忽略了对发现的违规建设工程的后续跟踪处置。变化图斑作为监测成果不应仅仅停留在平台上，各地应结合本地信息化工作，加强与本地政务系统的数据共享，完善对违建、涉建项目的后续跟踪处置，重视违法案件的督办查处等工作，使监测成果更有效地服务于世界文化遗产保护管理，助力遗产地可持续发展。

（三）鼓励社会力量广泛参与和监督

我国世界文化遗产地规模较大，要素众多，受到城镇化建设、商业旅游开发、基础设施建设等多方面影响，而保护管理机构的人员配置、日常巡查工作难以全面覆盖遗产地的各个角落，单凭遗产地保护管理机构和属地文物部门难以及时发现、了解遗产区划内建设项目情况。

建议加强公众宣传与引导，鼓励社会力量积极参与监督，保护管理机构和属地政府应提供畅通的社会监督渠道，规范社会监督受理流程，对提供有效涉建信息线索者进行奖励，形成全社会参与、监督、保护、传承文化遗产的良好氛围。

ICOMOS China 的 30 年

中国古迹遗址保护协会 *

摘　要： 2023 年，是国际古迹遗址理事会中国国家委员会（ICOMOS China）成立 30 周年。30 年来，ICOMOS China 从一个微小的团体，不断建章立制，成长为我国世界文化遗产领域最重要的社会组织，见证着国家文物事业的发展革新，也伴随着国际古迹遗址保护事业的脚步一同前行。

关键词： ICOMOS China　世界文化遗产　文物事业

1993~2004 年，中国加入国际古迹遗址理事会（ICOMOS）大家庭，成立 ICOMOS 中国国家委员会，并通过编制《中国文物古迹保护准则》确立了其文化遗产领域重要社会组织的角色和地位。2005~2016 年，以在民政部正式注册中国古迹遗址保护协会、召开第 15 届 ICOMOS 全体大会为契机，ICOMOS China 在世界文化遗产领域影响力持续扩大，推动国内外学术交流。2017 年以来，ICOMOS China 加快发展壮大，充实业务范围，持续推动国际交流、助力行业管理、完善会员服务、打造品牌项目，在国家文化遗产事业高质量发展中积极扮演社会组织角色。2019 年，民政部授予中国古迹遗址保护协会 4A 级全国性社会组织称号。

回首 30 年的历程，ICOMOS China 积极扮演着沟通国际与国内、联结专

＊　执笔人：王珏，中国古迹遗址保护协会项目专员、馆员，主要研究领域：世界文化遗产、遗产展示与阐释；燕海鸣，中国文化遗产研究院中国世界文化遗产中心（中国世界文化遗产监测中心）副主任、研究馆员，中国古迹遗址保护协会秘书处主任，主要研究领域：世界遗产、遗产与中国社会。

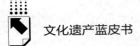

业与公众的角色，是国际文化遗产领域和中国文物事业的桥梁，是世界文化遗产在中国的智库，是文化遗产保护利用的行动者，也承担了全国性行业协会的重要职能。本报告将从以下四个方面，对 ICOMOS China 的 30 年做全面的回顾。

一 搭建国际交流桥梁

（一）加入国际古迹遗址理事会

国际古迹遗址理事会（ICOMOS）与国际自然保护联盟（IUCN）、国际文化财产保护与修复研究中心（ICCROM），是联合国教科文组织（UNESCO）在世界遗产领域三大咨询机构，负责文化遗产的评估与咨询，在国际文化遗产界具有举足轻重的地位。1993 年 7 月，ICOMOS 第 10 届全体大会在斯里兰卡首都科伦坡召开。这是 ICOMOS 首次在西方世界以外召开大会，标志着这一国际组织真正迈向国际。在这届大会上，中国正式加入了 ICOMOS，并成立了中国国家委员会（ICOMOS China）。ICOMOS 大会上首次有中国代表团参加，张柏、黄景略、晋宏逵、盛蔚蔚、常青五人出席了会议。在时任 ICOMOS 主席罗兰·席尔瓦（Roland Silva）和秘书长赫布·斯托夫（Herb Stovel）的工作报告中均指出，通过积极协商，中国正式加入 ICOMOS，设立国家委员会，与此同时，印度尼西亚、巴基斯坦、菲律宾、泰国等其他亚洲国家也加入了ICOMOS。斯里兰卡总统维杰通加（Wijetunge）在 7 月 30 日开幕式上的致辞中，还专门提及了中国，表示欢迎中国的五名代表，"亚洲文明之父"中国终于加入了 ICOMOS 大家庭，全场响起热烈的掌声。

（二）承担ICOMOS大国责任

作为文物大国，中国在加入 ICOMOS 之后，积极参与 ICOMOS 各项活动，为世界文化遗产的国际治理作出贡献。其中最具标志性的事件，是积极举办了 ICOMOS 第 15 届全体大会。

2005 年 10 月，由 ICOMOS China 和西安市人民政府共同承办的 ICOMOS

第 15 届大会在中国西安举办。来自 81 个国家和地区的 634 名国外代表和 273 名中国代表参加了大会。10 月 21 日，第一部以中国古都命名的国际古迹遗址保护领域行业共识性文件《西安宣言》获大会通过。会议同时通过的还有《埃格尔—西安原则》《文化线路国际宪章草案》等其他相关文件。2006 年 10 月，在大会召开和《西安宣言》发表一周年之际，ICOMOS 西安国际保护中心（IICC-X）正式成立，这是 ICOMOS 在总部之外设立的唯一的专业性二类机构。2008 年 6 月，ICOMOS 亚太地区会议在杭州举办；2012 年 10~11 月，ICOMOS 年度顾问委员会暨科学研讨会会议在北京举办。上述会议的成功召开都离不开 ICOMOS China 作为中国国家委员会的联络和协助，也标志着 ICOMOS China 已经成长为国际文化遗产保护领域不可或缺的组织力量。

在亚太地区，ICOMOS China 的影响力持续增强，助力乌兹别克斯坦成立 ICOMOS 国家委员会，推动中、日、韩等东亚国家形成定期互动机制。每年世界文化遗产领域的评估都有 ICOMOS China 的专家参与其他亚太地区国家项目的工作。在全球领域，ICOMOS China 积极联系和参与 ICOMOS 国际学术交流，在一系列国际科学委员会中都有中国专家活跃的身影。文化遗产记录、考古遗产管理、乡土建筑、土质建筑、军事遗产等国际科学委员会的年会曾在中国举办。清华大学张杰教授因其在历史村镇科学委员会的杰出贡献，成为首个被授予终身荣誉会员的中国专家。

（三）推动国际保护理念交流研讨

ICOMOS China 作为沟通国际国内的桥梁，作为与时俱进的专业团体，在保护理念和技术实践领域，积极引介国际最新成果，并推动文物保护的中国经验和智慧走向世界。

成立伊始，ICOMOS China 便成为中国世界文化遗产的申报和保护管理领域的关键力量，在世界遗产项目考察中为 ICOMOS 专家提供支持，推动了历史城镇、文化景观等新类型遗产进入中国文物保护语境。1994 年、1995 年，ICOMOS China 配合国家文物局和联合国教科文组织在河北易县清西陵举办

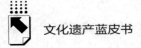

"古建筑理论培训班"和"木结构保护技术培训班",对推动中国文物保护与国际文化遗产保护观念的碰撞、思考和发展发挥了重要的作用。

ICOMOS China 的专家参与了 20 世纪 90 年代以后 ICOMOS 所有重要会议,包括对世界遗产的发展产生重要影响的 1994 年日本奈良会议,为《奈良真实性文件》的形成作出了贡献。ICOMOS China 助力美国盖蒂保护研究所在敦煌和承德的合作项目,莫高窟 85 窟保护工程和《殊像寺保护规划》即为两个项目成果。通过美国盖蒂保护研究所这一平台,让国际文化遗产保护界更加了解中国的文物保护状况与特点。

2007 年和 2008 年,ICOMOS China 接连承办了两届关于东亚地区文物建筑保护和木结构彩画保护的国际研讨会。会议成果《北京文件——关于东亚地区文物建筑保护与修复》和《关于东亚地区彩画保护的北京备忘录》,成为这一类东亚地区独特类型文物保护的行动纲领和实施准则,进一步丰富了国际文化遗产保护理论。2013 年的"中国世界遗产地游客承载量研究与游客管理国际研讨会"和 2014 年的"红河哈尼梯田可持续发展国际学术研讨会",让中外专家共聚中国世界文化遗产地,为世界文化遗产保护、旅游、发展等议题的国际研讨提供了中国视角。

ICOMOS China 积极参与 ICOMOS 重要项目,如遗产重建主题研究,推荐了我国泰顺廊桥灾后修缮项目作为中国案例在全球宣介;还参与了文化与自然融合联合实践计划,在 2019 年促成了 ICOMOS 和国际自然保护联盟(IUCN)的国际合作项目——"文化与自然融合联合实践计划"专家组在红河哈尼梯田文化景观的调研,参与完成了《文化与自然融合联合实践计划第三阶段报告》(见图 1)。

近年来,ICOMOS China 持续关注气候变化等全球性的议题,并在相关主题的研讨中扮演主导角色。2021 年,由 UNESCO、ICOMOS、IPCC(联合国政府间气候变化专门委员会)联合主办的"文化、遗产与气候变化全球联合会议"举行。本次会议是全球范围内以气候变化和文化遗产为主题召开的最高规格的学术研讨。ICOMOS China 代表全程参会,在筹备过程中提供了建设性意见,推荐中方专家参会和发言,并及时将会议成果《关

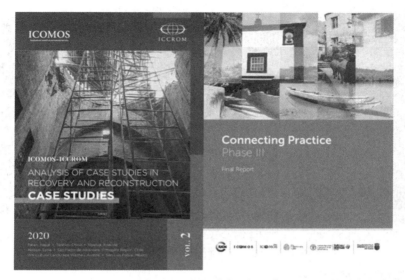

图 1 《全球文化遗产恢复和重建案例研究》（左）及《文化与自然融合联合实践
计划第三阶段报告》（右）

资料来源：ICOMOS 官网。

于文化、遗产与气候变化的全球研究和行动议程》翻译为中文。ICOMOS
China 还积极主导了 ICOMOS "茶文化景观" 主题研究编制工作，除了承担
该研究中国章节编写的组织工作，完成 ICOMOS《茶文化景观主题研究中
国》报告，还为总报告提供整体性的支持和学术引领。在茶文化景观这一
议题上，2019 年，ICOMOS China 主办了景迈茶文化景观保护与可持续发展
国际研讨会；2020 年，主编了《茶文化景观保护研究和可持续发展普洱景
迈山国际学术研讨会论文集》（中英文）（见图 2），是世界文化遗产领域首
部以 "茶文化景观" 为主题的出版物，为推动全球茶文化景观遗产的研究
与保护提供了重要的学术支撑。2022 年，ICOMOS China 的专家会员和青
年学者还参与了 ICOMOS《东亚和东南亚的热带和亚热带地区水文化遗产
研究》（2022 年）（ICOMOS Thematic Study-The cultural heritages of water in
tropical and subtropical Eastern and South-Eastern Asia，2022）主题研究的编写
工作。

图2　ICOMOS《茶文化景观主题研究中国》及《茶文化景观保护研究和可持续发展普洱景迈山国际学术研讨会论文集》（中英文）

资料来源：ICOMOS China。

二　塑造世界遗产智库

（一）助力世界文化遗产申报

世界文化遗产始终是 ICOMOS China 最重要的领域。ICOMOS China 自成立起，一直配合国家文物局推动中国世界文化遗产项目申报，20 世纪 90 年代起，在 UNESCO、ICOMOS 的各类考察评估中发挥了重要作用。同时，ICOMOS China 助力我国参与世界遗产的全球治理，在世界遗产大会中提供咨询，在国家文化遗产预备项目的培育中担任第三方机构角色。

ICOMOS China 在丝绸之路、大运河等大型系列遗产申遗过程中发挥重要作用。2009 年 11 月 3~5 日，国家文物局和联合国教科文组织世界遗产中心主办，ICOMOS China 和 IICC-X 承办的"丝绸之路系列申遗协调委员会第一次会议"在西安成功举办，来自世界遗产中心、中国、哈萨克斯坦、吉尔吉斯斯坦、塔吉克斯坦、乌兹别克斯坦等国以及相关国家政府和专业机构代表、专家等共 50 余人与会，是丝绸之路跨国联合申遗项目的一个里程碑。此后数年中，ICOMOS China 继续参与国际会议，在国际主题研究和交流活动中积极参与，并为申遗文本编制提供专业咨询。2014 年，"丝绸之路：长安—天山廊道的路网"申遗成功。

2010 年起，ICOMOS China 承担大运河价值研究及申遗预备名单遴选等工作，研究论证大运河突出普遍价值与申遗标准；收集整理大运河申报预备名单材料；组织"大运河申报世界文化遗产预备名单专家会议"；组织专家完成大运河沿线 8 个省、直辖市大运河河道、遗产点现场考察，形成考察评估报告；形成预备名单专家推荐意见等，为大运河申遗的价值论述和组成遴选奠定了基础。2014 年，中国大运河申遗成功。

近年来，面对越来越严格的审核标准，ICOMOS China 在申遗项目培育过程中积极协助遗产地开展国际咨询交流。"良渚古城遗址""泉州：宋元中国的世界海洋商贸中心""普洱景迈山古茶林文化景观"等项目的成功，离不开 ICOMOS China 持续的助力。尤其是 2022 年 9 月，克服新冠疫情影响，ICOMOS China 代表作为观察员全程陪同国际专家考察普洱景迈山古茶林文化景观，给国际专家留下深刻印象，成为申遗项目获得成功的保障。

（二）参与世界文化遗产国际治理

ICOMOS China 代表已经连续十多年参加联合国教科文组织世界遗产大会，会前做好预案准备，对大会审议的每一项文化遗产或文化与自然双遗产项目提出建议，供我国代表参考；会议期间及时向中国文物代表团提供专业支持和最新动态；会后认真总结报告。

世界遗产大会期间的边场会议，是各国展示世界遗产工作成果、在国际舞台发声的重要平台。ICOMOS China 积极利用这一平台，组织召开主题边会，2018 年举办"丝绸之路世界遗产：回首四年，继往开来"主题边会；2019 年，与英格兰遗产委员会联合召开"中英双墙合作"主题边会；2021 年举办"海上丝绸之路的保护与研究""城市历史景观保护与可持续发展""'世界遗产引领作用的回响'——从福州到喀山"主题边会；2023 年举办"海上丝绸之路与世界遗产的未来""文化遗产数字赋能"主题边会。

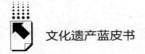
ICOMOS China 陆续组织翻译编辑最新版的《实施〈世界遗产公约〉操作指南》，还多次委派专家参加《实施〈世界遗产公约〉操作指南》修订工作组的工作会议并建言献策。世界遗产申报、管理的最新理念和动向趋势，都通过 ICOMOS China 这一平台，及时向国内专家学者和一线工作者传递。

（三）培育申遗项目

受国家文物局委托，ICOMOS China 积极承担培育预备名单相关技术服务。2012 年，组织完成了中国世界文化遗产预备名单更新工作，2024 年，组织开展了新一轮预备名单的更新。除了上文提到的丝绸之路和大运河两大系列遗产之外，近年来，还完成普洱景迈山古茶林、西夏陵、江南水乡古镇、海宁海塘·潮文化景观、济南泉·城文化景观等项目的审核，多次组织召开世界文化遗产预备名单咨询和专家评审会议，为景德镇、二里头遗址、白鹤梁、三星堆等潜在申报项目提供专业咨询指导。

ICOMOS China 持续支持北京中轴线申遗，2018 年、2019 年、2020 年连续三年协助举办国际学术会议，邀请到多位权威国际专家，对中轴线价值表述、申遗研究和国际宣传都起到了极大的推动作用；制定了专门的文本提升国际专家咨询方案，根据文本团队需求，邀请专家成立特别专家工作组，对文本最终修订工作给予多形式的咨询，对文本提出更有针对性的修改意见，切实提升文本质量。ICOMOS China 同时支持中国、蒙古国、俄罗斯三国联合申报万里茶道工作，多次召开三国联合申遗工作协调会和学术研讨会，积极联系接洽俄罗斯和蒙古国有关组织和专家，促成与蒙古国 ICOMOS 签署合作备忘录，推动赴蒙古国、俄罗斯开展调研。

为践行"一带一路"倡议，ICOMOS China 在丝绸之路南亚廊道和海上丝绸之路项目上持续发力，2021 年，开展了丝绸之路东亚段的专题研究，梳理这一区域中国境内潜在遗产点和路线；2022 年，在澳门承办了"海上丝绸之路国际文化论坛"，邀请了海内外多位专家学者发表专题研究成果和演讲，围绕"海上丝绸之路历史与考古研究、时空界定""海上丝绸之路文化遗产保护管理国际交流与合作"等议题展开交流和分享。

三　担当行业协会角色

（一）编制《中国文物古迹保护准则》

ICOMOS China 成立后，一个重要任务便是编制一份吸纳国际经验、符合中国实际的导则性文件。1997 年，国家文物局组建了"准则编撰项目组"，除中国专家之外，还邀请了美国盖蒂保护研究所和澳大利亚遗产委员会的专家参与。编制过程中，中、美、澳专家多次有针对性地考察三国的古迹遗址及其保护工作，在高度总结中国经验的基础上，吸收了《威尼斯宪章》和《巴拉宪章》的精髓，形成了具有中国特色的文物保护纲领性文件。2000 年 10 月 10 日，在承德举行的中国 ICOMOS 会议上，《中国文物古迹保护准则》（以下简称《准则》）获得通过，并以 ICOMOS China 名义发布。

《准则》对文物保护程序和原则提出了明确的指引，提出文物古迹保护工作的程序以及文物古迹保护的原则。《准则》是在中国文物保护法律法规体系的框架下，参照以《威尼斯宪章》为代表的国际原则而制定，是对文物古迹保护工作进行指导的行业规则和评价工作成果的主要标准，也是对保护法规相关条款的专业性阐释。

经济社会的快速发展，对文化遗产保护提出了新的要求，需要对《准则》及时作出相应的修订与补充。2010 年，ICOMOS China 启动《准则》的修订工作，成立了包括多个领域的专家小组，美国盖蒂保护研究所也受邀参与了修订工作。经过大大小小近 30 次国内、国际专家研讨会，并广泛征求行业专家和一线工作者的意见，新版《准则》在 2015 年正式发布（见图 3）。修订后的《准则》既充分尊重了 2000 年版的主要内容，又充分吸收了 ICOMOS China 十多年来文化遗产保护理论和实践的成果，在文化遗产价值认识、保护原则、新型文化遗产保护、合理利用等方面充分体现了当今中国文化遗产保护的认识水平。关于价值认识，新版《准则》在强调文物的历史、艺术和科学价值的基础上，进一步提出了文物的社会价值和文化价值，进一步丰富了中国文化遗产的价值构成和内涵，对于构建以价值保护为核心的中国文化遗产保护理论体系，产生积极的推动作用。

图 3   2000 年版及 2015 年版《中国文物古迹保护准则》

资料来源：ICOMOS China。

（二）抢救保护冲锋在前

2008 年 5 月 12 日四川汶川特大地震发生后，ICOMOS China 组织专家对灾区受损文物进行了实地勘察，协助国家文物局和相关地方文物行政部门，明确了灾后文物抢救保护相关的规划编制、勘察设计、抢险保护工作任务；参与组织藏、羌民族传统建筑工艺培训班，为四川汶川特大地震灾后重建任务全面完成提供了高水平的专业技术支持。2009 年 7 月，ICOMOS 主席古斯塔夫·阿罗兹（Gustavo Araoz）来华访问，ICOMOS China 安排代表团现场考察了四川汶川特大地震灾区世界文化遗产青城山—都江堰抢救保护工作，并在成都举办了"震后文化遗产保护国际研讨会"，介绍了中国同行在震后文物抢救性保护方面的主要措施和工作进展。阿罗兹一行对我国灾后文物保护工作所取得的成就给予高度评价。

（三）文物保护工程资质资格管理

2017 年，文物保护工程资格考试纳入《国家职业资格目录》。2019 年，为助力文物保护工程资质资格行业管理，在国家文物局指导下，中国古迹遗址保护协会进行文物保护工程从业资格考核工作，分别于 2019 年、2020 年、2022 年、2023 年开展了文物保护工程从业资格考试，为保障考试的公正性和安全性，委托了专业机构协助开展命题与考务工作。此外，还组织编写了考试大纲、学习参考资料和参考样题集供考生免费学习。同时，在国家文物局统筹安排下，ICOMOS China 持续协助开展文物保护工程资质管理工作，承担文物保护工程规划项目评审和备案管理等工作。通过个人资格考核和资质管理等工作，文物保护行业逐步形成现代化治理体系，全行业人才培养稳步有序发展。这也是 ICOMOS China 践行行业协会职能的重要体现。

（四）专业委员会建设

为对标 ICOMOS 国际科学委员会，构筑国内外专业人员联系机制，推动中国专家走出国门，ICOMOS China 不断培育建设专业委员会，目前共设立 8 家专业委员会，分别为石窟专业委员会、历史村镇专业委员会、文化线路遗产保护研究专业委员会、文化遗产防灾减灾专业委员会、文化遗产管理研究专业委员会、数字遗产专业委员会、文化景观专业委员会和考古遗产管理专业委员会。各专委会工作按照社会组织管理要求有序进行，认真制订工作计划，精心筹备符合专委会职能的学术活动。

石窟专委会继续提升《石窟寺研究》学术期刊平台，通过微信公众号等新媒体宣传展示石窟领域最新工作成果。历史村镇专委会积极参与 ICOMOS 历史村镇科学委员会（CIVVIH）学术活动，举办国际研讨会。文化线路遗产保护研究专委会聚焦丝绸之路南亚廊道文物调查研究，开展专业咨询。文化遗产防灾减灾专委会通过遗产地灾后调研、编写教材、举办讲座等方式，助力、参与文物防灾减灾理念研讨与经验分享。文化遗产管理研究专委会深度参与世界遗产国际会议与报告，助力遗产地管理能力提升，搭建世界遗产传播平台。2023 年新组建的数字遗产和文化景观专委会将进一步对标 ICOMOS 国际科学委员会，在文化遗产数字化保护与展示、文化景观学术研讨与保护管理等方面推动行业交流、凝聚行业共识。

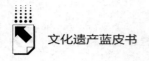

四　树立品牌项目活动

（一）传播文保项目优秀范例

为宣传推广优秀古迹遗址保护项目的典型做法和经验，促进文物保护工程质量提升，充分发挥文物保护成果惠及社会的积极作用，在国家文物局指导下，协会开展优秀古迹遗址保护项目推介活动。最初的项目名称为"全国十佳文物维修工程评选推介活动"。2014~2017 年，ICOMOS China 与中国文物报社共同主办了 4 届推介活动。2018 年起，推介活动由协会独自举办，名称调整为"优秀古迹遗址保护项目推介"。为保证获选项目质量，在项目定位、类型、程序等方面，进一步强调、突出了研究工作在文物保护实践中的重要地位，完善和优化了项目的推介机制。2022 年，《2018—2019 年度优秀古迹遗址保护项目案例详解》正式出版。该项目旨在全面促进和提升文物保护水平，加强文物保护工作导向，强调对不可移动文物进行研究性保护这一工作方针，普及文物保护"研究性修缮""研究性保护"理念，树立文物保护项目的质量典范和正确保护理念的标杆。

为积极践行国家乡村振兴事业，推动新时代文旅融合，在国家文物局指导下，ICOMOS China 陆续开展了两届乡村遗产酒店示范项目推介活动。项目汇集了来自文物保护、规划、社会学、农业遗产、酒店管理等领域的专家学者，同时邀请了知名媒体、旅游平台共同参与，报名参评的酒店各具特色，无论是在遗产保护、适应性改造，促进乡村就业、提高社区活力，还是酒店运营管理等方面，都作出了有益探索。两届共有来自全国各地的 10 家酒店获得示范项目荣誉。

（二）提升4·18品牌影响力

4 月 18 日是国际古迹遗址日，也是 ICOMOS 自己的节日。ICOMOS China 每年对国际主题进行专门解读，发布主题文章，对主题的国际背景和概念进行本土化阐释，并号召团体会员单位开展丰富多彩的活动，在所有国家委员会中举办活动最多。2020 年，在新冠疫情特殊时期，ICOMOS China 在颐和园举办了以"共同守护、共享未来：中国世界文化遗产的培育与传播"为题的国际古迹遗址日特别分享活动。2021 年，ICOMOS China 邀请 15 名听力障碍青少年参加在故宫博物院举办的以"我在故宫画彩画——听障青少年走进文化遗产地"为题的特别活动，中央电视台当晚的《新闻联播》中播报了这一活动，获得了社会的广泛关注。2023 年，ICOMOS China 与北京市文物局、北京中轴线申遗保护工作办公室在圆明园共同举办国际古迹遗址日中国主场活动。此次活动围绕国际古迹遗址日"变革中的文化遗产"这一主题，通过专家演讲、圆桌座谈、公众交流、展览展示等环节，让专家与公众交流分享关于时代变革中文化遗产保护利用的思考。活动旨在推动国内文化遗产界和广大公众，在遗产保护利用实践过程中，探讨如何看待变化、应对变化、创造变化，让传统知识和文化遗产的认知为变化提供精神力量，激发文化自身的生命能量。

（三）会员服务和培训宣传

ICOMOS China 不断提升会员服务水平，于 2018 年、2019 年召开两次会员大会，积极组织学术论坛和专业调研等活动。在故宫博物院等遗产地的大力支持下，十余家遗产地面向协会个人会员及 ICOMOS 国际会员开放调研。

ICOMOS China 鼓励会员走出国门，组织会员单位赴意大利参加一年一度的地中海考古旅游国际交流展会；推动在澳大利亚、法国举办世界文化遗产培训班，招收中国世界文化遗产地学员，联系两国遗产地管理机构，开展实地培训。ICOMOS China 支持世界文化遗产的展示阐释工作，对清东陵、清西陵，以及世界文化遗产中的考古遗址类博物馆进行调研，提出工作建议。

ICOMOS China 推动文化遗产的公众宣传，组织策划的"中国世界文化遗产三十年图片展"在北京、南京、香港等地广受好评；基于图片展内容设计、制作的《中国世界文化遗产之旅》（"Around China in 40 Sites"）中英文双语图册及周边，在团体会员及国际会员间发放，宣传推广了中国世界文化遗产。ICOMOS China 更关心培养青少年热爱文化遗产、保护文化遗产，2023 年 7 月，

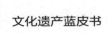
中国福利会少年宫携手上海市文物保护行业协会共同创建"青少年文物保护传承基地"和"青少年文物保护传承社会实践基地"。

五 结语

30 年来，ICOMOS China 不断发展壮大，自身机构建设不断提升，在世界文化遗产和文物保护工程领域的影响力持续加强。作为我国文物保护领域重要行业协会，作为 ICOMOS 在世界上会员数量多、影响力大、受关注高的国家委员会，其在 ICOMOS 的发展建设和国家文物保护事业发展、国内外学术交流等方面，已经成为不可或缺的力量。

尤其是党的十八大以来，ICOMOS China 深入学习贯彻党的十八大、十九大、二十大精神；认真落实习近平总书记关于文化遗产保护传承的重要论述及指示批示；充分认识"两个结合"，特别是马克思主义基本原理同中华优秀传统文化相结合；认真贯彻落实党中央关于坚持保护第一、加强管理、挖掘价值、有效利用、让文物活起来新文物工作要求。新时代新征程上，ICOMOS China 将以习近平文化思想为指引，坚定文化自信，秉持开放包容，坚持守正创新，为中华民族现代文明的建设作出更大的贡献。

ICOMOS China 发展至今，是一代代文化遗产工作者接力奉献的成果，离不开文化和旅游部、国家文物局的关心指导，前辈专家和领导的关怀鼓励以及广大会员的强大支持。进入"而立之年"，ICOMOS China 将沿着 30 年来走过的路程，继续深化遗产保护利用理论研究，推动遗产保护理念创新和实践创新；继续努力服务行业发展，深化行业人才能力建设与专业学术水平提升；继续推动文化交流和文明互鉴，推介中国保护理念，讲好中国遗产保护故事。

B.10
社会力量参与文化遗产保护与传承

初迎霞　鲜汪娟 *

摘　要： 我国文化遗产资源非常丰富，截至 2024 年 9 月共拥有 59 项世界遗产、76.7 万处不可移动文物、1.08 亿件（套）国有可移动文物，全国备案博物馆达到 6833 家，它们是"百万年人类史、一万年文化史、五千多年文明史"的实证。数量巨大意味着保护难度大、有效利用挑战大、传承压力大、资金缺口大，在保护修缮、展示陈列、活化利用、数字采集、交流互鉴等方面，亟须社会力量的广泛参与。尤其是随着经济社会的持续发展，文化遗产日渐成为满足人民美好生活的需要。公众对文化遗产的参与意识、参与热情也越来越高。科技的快速发展，更进一步拓宽了社会力量参与文化遗产事业的路径。

关键词： 社会力量　文化遗产　保护与传承

一　社会力量参与文化遗产保护与传承的基本状况

（一）长城开启社会力量参与文化遗产保护先例

2024 年是"爱我中华，修我长城"活动 40 周年。1984 年 7 月 5 日，《北京晚报》《北京日报》联合八达岭特区办事处等单位，共同发起"爱我中华，

---

* 初迎霞，中国文物保护基金会常务副秘书长、高级工程师，主要研究领域：社会力量参与文化遗产保护；鲜汪娟，中国文物保护基金会研究宣传部主任，主要研究领域：社会力量参与文化遗产保护。

修我长城"活动,开启社会集资修长城的先例。邓小平和习仲勋同志为活动题词。倡议发出后,社会力量参与踊跃,在全国乃至海外迅速掀起了保护长城、修复长城的热潮。工人、学生、个体户等社会各界人士纷纷捐款、捐物,各企事业单位也积极行动,秦皇岛、天津、嘉峪关等长城沿线城市也陆续启动集资修长城活动。到1994年,活动已开展10年,海内外参与这项活动的捐款个人达50多万人、单位团体近10万个,共收到海内外修复长城赞助款6000余万元,文物部门用捐款修复了八达岭长城4000多米、慕田峪长城1800多米、司马台长城840米,总长超过6000米、城台20多座。

这个项目是新中国成立后第一次社会集资修复国家重点文物,也是影响最大、规模最大、成效最好的社会募集活动。罗哲文曾评价,"是一件有意义的事情,长城是中国、也是世界最大的文物之一⋯⋯如果继续坏下去,以后就不好修了。我们这一代人现在修好它,并且保护好,对子孙万代都是大好事"。[①]

(二)社会力量参与文化遗产的模式探索

国家对文化遗产越来越重视,特别是党的十八大以来,以习近平同志为核心的党中央高度重视文化遗产事业发展。文化遗产日益成为人民美好生活的需要。人民群众对文化的获得感、认同感、幸福感日益增强,对文化遗产的认知和理解充满深度渴望,追求更高层次的精神需求。另外,文化遗产也得到了更多的社会关注和参与,从而实现更好地保护和传承发展。

社会力量是一个很广泛的概念,指除了政府部门之外,所有关心文化遗产工作的个人(志愿者、专家学者等)、企业、机构、媒体和社会组织等。社会力量可以通过合法途径表达或亲身参与文化遗产相关工作。特别是社会组织的参与,起到连接政府和公众的作用。在我国,社会组织主要包括基金会、社会团体、民办非企业单位等组织形式,开展非营利性活动。参与方式主要有志愿者行为、资金和物资捐赠、技术参与、公众传播、能力培养、学术研究等多种。

---

① 《爱我中华修我长城——长城专家罗哲文谈长城修缮问题》,《北京晚报》1984年7月6日,第1版。

志愿者行为主要是指个人自觉自愿利用空余时间参与文化遗产保护工作。资金和物资捐赠则是直接的资金或物资支持，可以为文化遗产的保护、修复和传承提供必要的资金，特别是能弥补财政资金所不能覆盖的范畴；同时还包括文物捐赠、非政府行为的海外文物返还、回归等。技术参与是从技术、管理方法、数字化技术等方面给予支持，可以帮助文化遗产的保护和修复，提高保护的效率和质量。公众传播是将文化遗产的保护利用成果向公众进行展示及体验传播等，可以提高公众对于文化遗产的认知和理解，帮助更多人了解和关注文化遗产的价值、重要性和保护工作，使更多的人参与进来；只有公众的广泛参与和支持，才能确保文化遗产得到充分保护和传承。能力培养主要是对文化遗产相关人才的培养，包括从业者、遗产地管理者、遗产地社区的素质和技能培训等；人才队伍及能力建设是文化遗产保护和传承的重要保障。学术研究是具有学术价值和实践指导意义的公益性专业研究，且研究成果向社会公开；学术研究成果可以为文化遗产的传承提供理论支持和实践指导，深入挖掘文化遗产的历史、文化、艺术等内涵，推动文化遗产的公益性保护深入发展。

社会力量参与文化遗产保护也经历了多个阶段，从最初的被教育、被宣传到实际参与其中。1972 年，《世界遗产公约》发布，标志着世界遗产申报、保护、利用、管理和研究进入了新阶段。1979 年通过、1999 年修订的《巴拉宪章》正式明确了公众参与的概念："在遗产地保护、诠释和管理中，应当纳入那些与遗产地有特殊关联或对其有特殊意义的公众，或是对遗产地负有社会、精神或其他文化责任的人士的参与。"2015 年，ICOMOS China 通过修订《中国文物古迹保护准则》将"社会价值"纳入遗产价值，鼓励全社会共同参与文物古迹保护，共享保护成果，强调将文物保护与经济发展、社会进步联系起来。社会力量参与的机制逐渐成熟，涉及的维度更广，内容更丰富，形式更多元。

（三）社会力量参与文化遗产工作格局基本形成

经过多年实践，政府不再是文物保护的绝对主体，社会各界，特别是文化遗产相关公益组织，通过连接企业、各相关机构以及更广泛的大众，形成了一股更有张力、更多元的力量。文化遗产保护与传承逐渐形成一种新的利益相关方参与结构，"发挥政府主导作用，鼓励和支持社会各方面参与，实现政府治理和社会自我调节、居民自治良性互动"。

法律法规逐步健全。社会力量全面参与文化遗产保护与传承，政策导向非常重要，日趋完善的法律法规是参与的前提保障。2016年3月，习近平总书记对文物工作作出重要指示，"广泛动员社会力量参与，使文物保护成果更多惠及人民群众"。中办、国办2018年出台《关于加强文物保护利用改革的若干意见》，2021年出台《关于在城乡建设中加强历史文化保护传承的意见》，都明确提出，要健全社会参与机制，支持社会力量合理利用文物资源。国家文物局相继印发《关于促进文物保护利用的若干意见》等文件，尤其是2022年7月国家文物局出台的《关于鼓励和支持社会力量参与文物建筑保护利用的意见》，是近年来首个关于社会力量参与文物保护利用领域的政策性文件。2024年6月25日，《文物保护法》修订草案二审稿提请十四届全国人大常委会第十次会议审议。二审稿明确国家健全社会参与机制，调动社会力量参与文化遗产保护的积极性，鼓励引导社会力量投入文化遗产保护。并在表彰奖励、文物认定、行政管理等方面作出细化规定，为社会力量参与文物保护提供制度支撑。

各级政府积极推动。国家大方针政策给予支持，各级政府也逐渐意识到社会力量参与文化遗产的重要性，并发布相关政策、文件及措施，包括鼓励社会力量参与；引导社会力量参与文化遗产的保护及推广，健全社会参与机制及参与路径，推动文物保护事业的改革；鼓励社会资金投入，积极推广社会力量参与实践等。如为支持社会力量共建、共管博物馆，多地明确社会力量参与博物馆设立和发展可享受税收、财政资金、专业指导等方面的支持政策。为针对低级别文物建筑保护利用，山西、福建、安徽等地鼓励引导社会力量参与文物建筑认领认养。为解决古建筑保护难题，苏州市又先后出台了《苏州市古建筑保护条例》《苏州市古建筑抢修保护实施细则》，实行产权多元化、保护修缮社会化、经营运作市场化等。

社会共识基本形成。随着社会经济高速发展，公众对文化遗产的关注和重视程度越来越高，文博热度持续高涨。文物保护志愿者、志愿组织快速发展，他们主要通过博物馆志愿讲解、拍摄记录、学术讲座、调查研究、文物普查、文物巡查巡护、监督举报、组织文化遗产旅游、编辑出版等方式参与文物保护利用，在文物工作中发挥着重要作用。文物主题游火热出圈，以文物古迹为旅游目的地，亲身前往体验，也是公众参与的一种方式。与文物相关的自媒体作品、文艺创作等层出不穷。随着参与形式的多种多样，社会力量参与文化遗产保护的社会共识已经基本形成。

二 新时代社会力量参与文化遗产保护与传承的实践

社会组织是推动社会力量参与文化遗产保护传承的重要力量，特别是基金会，有着较强的资金募集能力和资源协调能力。中国文物保护基金会成立于1990年，是专门致力于引导社会力量参与文化遗产事业的社会组织，扮演了文物领域拾遗补缺的角色。先后联手腾讯、字节跳动等企业实施了"保护长城 加我一个""石窟寺数字化保护""古籍保护与活化利用"等具有影响力、示范性的公益活动，为推动社会力量参与文化遗产保护与传承进行积极实践。

（一）保护长城 加我一个

2006年，国务院颁布《长城保护条例》，提出"国家鼓励公民、法人和其他组织参与长城保护"。2019年，文化和旅游部、国家文物局联合印发《长城保护总体规划》，鼓励社会力量参与长城保护相关工作。2016年起，在国家文物局指导下，中国文物保护基金会与腾讯基金会合作设立长城保护公益专项基金，发起"保护长城 加我一个"公益项目。主要从长城本体的保护修缮、长城周边人的关怀、长城的公众传播与倡导等方面开展工作。项目通过线上募集与线下筹款相结合的方式，向社会公开募集资金7000余万元，吸引38万余人次参与。经过多年实践，长城保护公益专项基金已经成为社会力量参与长城保护的重要平台，得到社会各界广泛认可。

在长城本体修复方面，在国家文物局的指导下，完成了北京怀柔箭扣南

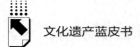

段、河北喜峰口西潘家口段、北京延庆八达岭段的长城保护修缮，2024 年 6 月又启动了箭扣长城五期保护修缮项目。在箭扣长城二期修缮项目中，引入考古环节，推动设计施工一体化，应用数字化技术开展全过程记录，为修缮提供全面、系统、科学的依据。项目得到国家文物局的认可，成为明代砖石类长城修缮的示范项目。箭扣长城五期保护修缮项目，采取边考古边修缮，继续探索数字化技术在修缮中的作用，进一步加强考古研究。

在长城的人文关怀方面，非常重视生活在长城附近的人，包括长城保护员和长城沿线的居民，发起了"长城保护员加油包""点亮长城边""抢救长城砖"等项目。"长城保护员加油包"重点支持长城保护员能力提升，截至 2024 年，先后为近 200 名长城保护员讲授系统的长城课程，购买野外作业保险以及配备必要的巡查装备；"点亮长城边"为长城周边的村子修路灯，给孩子讲美育课或文化课，点亮路面，也点亮智慧；"抢救长城砖"组织村民收集并上交散落在社会的长城砖。这些项目虽然资金体量都不大，但是着重关注到长城周边的人，让他们充分感受到温暖和尊重，感受到社会对长城保护的重视，从而更好地推动长城保护工作的开展。

在长城的价值研究和传播方面，中国文物保护基金会和腾讯基金会充分发挥各自优势，以修缮项目为基础，拍摄纪录片《筑城纪》，真实记录了喜峰口长城修缮过程；出版科普绘本《长城绘》，以绘本的形式多维度来解构长城等。特别是充分发挥了腾讯科技公司的技术和传播优势，推出公益小程序"长城你造不造"，用步数兑换成"修砖能量"，为长城捐步献砖；携手腾讯手游《和平精英》开展"龙跃长城"主题数字文保合作，创新联动传播。通过这些形式，与公众形成更多互动，以便更深入地了解长城的历史、地理、建筑、文化、军事、生态和保护。特别是在 2022 年，推出了"云游长城"小程序，运用腾讯云游戏技术，打造数字长城，实现考古、清理、砌筑等修缮工艺的沉浸式体验，让长城以趣味性的方式走近大众，是"科技 + 文保 + 公益"的创新应用。

（二）亚洲文化遗产保护基金

2019 年，习近平主席在亚洲文明对话大会上强调，中国愿同各国开展亚洲文化遗产保护行动，为更好传承文明提供必要支撑。在国家文物局支持下，2021 年，中国文物保护基金会携手腾讯公益慈善基金会、信德集团、泰康保险集团、中国银行、贵州茅台基金会等联合发起，设立亚洲文化遗产保护基金（以下简称"亚洲基金"）。通过民间交流，助力文明交流互鉴。

亚洲基金切实参与亚洲文化遗产国际交流合作，通过资助文物保护项目、人才培养、合作办展、支持国际论坛、资助联合考古等方式，深化国际交流的广度和深度。已先后开展亚洲文化遗产教育合作网络、亚洲文化遗产保护行动开放申报项目、亚洲文化遗产守护人、面向全球征集"共同愿景"亚洲遗产可持续发展优秀案例、吴哥窟守护人、巴米扬守护人等项目。

鼓励更多亚洲国家参与。亚洲基金负责亚洲文化遗产保护行动开放申报项目。该项目鼓励更多国家参与到文化遗产保护工作中来。2023 年共收到 155 个国内、外机构申报的有效项目，其中，124 个项目来自国内 38 家单位、31 个项目来自联盟成员国。项目申报的类别涵盖了联合考古、文物保护修复、世界遗产保护、展览展示、人才培养、学术研究与交流、公众宣传等多个方面，全面覆盖文化遗产保护的各个领域。

发挥青年力量。促进青年参与世界遗产保护，一直是世界遗产领域内的重点话题。2022 年，亚洲基金发起亚洲文化遗产教育合作网络项目，先后共有来自 16 个国家的 21 所境外院校、5142 名学生参加，征集作品 148 份，在广东珠海举办了"亚洲文化遗产青年论坛"等系列活动，得到亚洲各国媒体广泛报道，反响良好。2024 年 5 月 31 日，亚洲文化遗产青年论坛二期在马来西亚正式启动，标志着 2024 亚洲文化遗产教育合作网络项目的正式开展。项目将重点关注亚洲青年，汇聚青年智慧、保护亚洲文化遗产，彰显亚洲文化力量，为保护人类文明精华作出亚洲新贡献。

关注亚洲文化遗产守护人。亚洲基金发起亚洲文化遗产守护人项目。2022 年，在互联网平台发起吴哥窟守护人项目，关注新冠疫情期间吴哥窟当地的文保工作者的生活状况，募集资金，为 2000 名吴哥窟守护人家庭提供爱心包，包含防疫物资、防蚊用品、学习用具等。一份小小的爱心包裹，传递了在中国的文保工作者对吴哥窟的文保工作者的关爱，有效增进了两国人民的民心相通。2022年下半年，启动巴米扬守护人项目。项目汇聚中国、阿富汗、全球巴米扬遗产研究领域一流专家及青年学者、志愿者，与阿富汗国家博物馆、国家历史古迹修复局、巴米扬大学、巴米扬信息文化厅等当地单位紧密合作，独创"馕课"等卓有成效的丝路沿线文保形式。2023年9~12月，巴米扬守护人二期项目以遗产区原住民文保教育、当地骨干文保人才培养、配合文保行动的物资援助为三大工作方向，克服阿富汗当地文保基础条件不利、安全环境复杂等种种困难，着力提升阿富汗巴米扬文化遗产核心区及缓冲区原住民的文保意识及能力，帮助培养阿富汗亟须的文保人才及后备力量。项目核心惠及180户900人以上。

（三）古籍保护与活化利用

2021年6月，中国文物保护基金会联合字节跳动设立古籍保护专项基金，首批捐款1000万元，并与国家图书馆（国家古籍保护中心）合作开展"古籍保护与利用公益项目"，资助古籍修复、人才培养、古籍活化与数字化等工作。项目实施以来，取得阶段性丰硕成果。一期项目共完成104册件珍贵古籍修复工作，培养107位古籍修复师，并推出"全民晒书""寻找古籍守护人"等互联网话题，拍摄纪录片《穿越时空的古籍》，持续通过各类活动向公众传播，在业界和社会公众中引起广泛共鸣。

2023年6月，与故宫博物院合作开展"古籍保护与活化公益项目"二期项目，开展古籍修复与保护、古籍数字化、雕版整理与保护，展览展示等工作。在新时代背景下，整合资源进一步激发社会力量参与古籍保护工作。

（四）文物抢险救灾

2021年夏季汛期，河南和山西两省先后经历大范围、长时间强降雨，两省受灾惨重，不少文物严重受损。中国文物保护基金会第一时间作出响应，携手腾讯公益慈善基金会、北京字节跳动公益基金会、贵州茅台酱香酒营销有限公司、深圳萨摩耶公司、BOSS直聘以及广大热心文化遗产保护事业的爱心公众，为山西、河南两省因灾受损文物募集资金3995万元，用于支持两地灾后文物的抢险和修复工作。山西、河南两省文物部门迅速统筹安排，积极开展设计方案、施工和监理的协调工作。特别是在山西的修缮中，重点关注到了山西 13 处低级别文物的保护修缮工作，为社会力量助力低级别文物保护工作进行了有益探索。

（五）英国北洋水师水兵墓修缮项目

"英国北洋水师水兵墓修缮项目"是中国文物保护基金会开展的第一个海外公募项目，亦是中国首次利用社会资金对中华海外文化遗产进行保护修缮。1881 年和 1887 年，正值北洋水师组建期间，清政府分别派人远赴英国纽卡斯尔造船厂接收在此订购的军舰。却不承想，陈受富、连成魁、顾世忠、袁培福和连金源等 5 名年轻的水兵因病客死异乡，被埋葬于纽卡斯尔市圣约翰墓园，一百多年过去，他们的墓碑身处他乡，有的倒塌、有的断裂，亟待维修。

英国北洋水师水兵墓是清末洋务运动在海外购买军舰建立北洋水师的重要历史见证，是位于外国的特殊中华海外文化遗产，保护责任主体在法律层面存在界定空白，按照传统文物保护程序难以直接开展保护，也没有相应的专项资金。但从水兵墓的重要历史价值、文化价值和社会价值上，从墓地所有权属上，从民族情感上，我国都具有保护的义务。

2016 年 11 月，中国文物保护基金会启动首个海外公募项目——英国北洋水师水兵墓修缮项目，修复北洋水师墓地"以示炎黄子孙血脉相承，以予为国献身者的应有尊严"。很快，项目募集资金近 40 万元。修缮工程于 2017 年 6 月开始，到 2019 年全部完工。该项目的实施过程与完工都引发了广泛的社会关注与参与。英国北洋水师水兵墓已经与我国日益强盛的国力与海军联系起来，"山东舰""福建舰"下水，都会有爱国人士自发前去祭拜；成为英国华人华侨、留学生和游客旅游参观的一处重要爱国主义纪念场所，凝聚了中华民族伟大复兴的情感内涵，丰富了遗产的社会价值。

本项目起源于在英国的中国留学生个人对该遗产的关注，在国家文物局的委托下，在海外华人华侨组织的协助下，由中国文物保护基金会通过社会募集的方式筹措资金并组织实施。由中国文物保护专家与英国当地专家、管

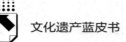

理部门协商、讨论保护事宜，以确定符合中英两国保护理念、原则与程序。项目从发起、资金来源与操作都不同于以政府为主导的文物保护方式，完全由个人、协会和基金会组织操作，是社会力量参与海外文化遗产保护的示范。

三　社会力量参与文化遗产保护与传承的难点

（一）社会力量参与体制机制不健全、路径不畅通

社会力量参与文化遗产保护仍然存在参与路径不明晰、参与渠道不畅通、协调机制不健全等问题。因此仍然需要进一步建立健全文化遗产保护传承的体制机制，为社会力量参与提供顺畅的渠道。要理顺各相关机构的责权关系，优化资源配置，加强制度建设，完善工作机制，建立统筹协调的制度和协作配合的机制，及时解决参与过程中出现的问题。

（二）参与各方的权益不清晰

在文化遗产保护与传承呈现出的多元利益结构中，涉及的利益相关者较多，包括政府部门、文博机构、企业、社会组织、个人、媒体、社区等。各方都有诉求。政府鼓励更多力量的参与；文博机构需要更多的资金和技术支持；企业希望获取更多的文化遗产资源；社会组织思考如何更好地搭建平台，同时满足各方需求；对于个人而言，希望能够感受和了解更多的文化遗产；等等。

如果仅是从道德层面要求社会力量必须无私参与文化遗产保护、不求回报，将是不可持续的。更应该给予参与者荣誉和适当的权益。作为文化遗产工作者、政策制定者，要深入了解各方的实际诉求，激发各方参与热情，形成强大合力。要充分发挥文化遗产周边社区的力量，提供培训、活动等多种参与方式，提高公众对文化遗产保护的认同感和责任感。要为爱心企业提供荣誉，共享保护成果，提供参与保护的机会。特别是将文化遗产的保护利用与当地经济发展相结合，让文化遗产成为助力地方经济发展的新质生产力。

（三）文化遗产参与度参差不齐

就目前来看，社会会更多关注到具备大 IP 属性的文化遗产，比如故宫、敦煌莫高窟、兵马俑等，这些遗产无论是社会关注度、参与度还是所获资源，都非常充足。但是许多比较小众的文物，特别是大量的低级别文物，所获得的关注度、重视程度较低，资源较少，更谈不上社会力量参与。其实这类文化遗产资源更加需要社会力量的关注和参与。社会资金灵活、便捷，参与方式多样化，只有建立适当的参与机制，才能让社会力量更有效地参与其保护工作。

四　社会力量参与文化遗产保护与传承的展望

社会力量参与文化遗产保护传承还有很大发展空间。特别是以中国文物保护基金会为代表的文化遗产公益机构，需要继续以专业公益项目为示范引领，以多元参与来合作共享，助力社会力量参与文化遗产事业的可持续发展。

（一）保障各方权益，调动社会参与积极性

文物公益事业参与面更广、参与的形式更加多样化。随着制度越来越健全，从之前简单的资金和人才支持，变得更加系统化，也更加复杂。在这个过程中，会出现很多新的问题，对各利益相关方都有新的挑战。因此，在法律法规制度保障下，各方要细化举措、大胆实践，让利好政策落地落细。比如文博机构和社会力量各自角度不一样，在知识产权等某些方面可能无法达成一致，这需要彼此理解和积极协商。政府要做好及时引导，文博机构要开放心态，社会组织要搭建交流平台，企业要积极履行社会责任，媒体要加大传播力度，志愿者要热心参与活动等。各界明确自身权利义务，履职尽责，通力合作，形成合力，以产品化、项目化的思维推动形成社会力量积极参与文物公益事业的格局。文博机构要提供更多公共文化服务，探索开发更多公共文化产品；社会组

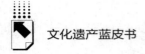

织设计公益产品、策划公益项目，为公众和捐赠人提供切实的参与路径，支持其认识、了解、保护文化遗产。

（二）利用数字技术，推动创新参与

近年来，数字技术不断变革发展。数字技术与文化遗产具有天然的融合优势，为文物保护利用和展示传播开辟了新路径，具有更加广阔的想象空间。数字技术让文物以数字形式得以永久保存，有利于传承民族文化记忆。通过交互体验，让文物在展示的同时得到了有效保护和传播；通过虚拟现实等技术，可以在虚拟空间看到文物细节；通过网络直播、短视频、小游戏等方式，提升了文物的传播力、感染力和影响力。如中国文物保护基金会重点推出的"云游长城"小程序，首次通过云游戏技术，实现最大规模文化遗产毫米级高精度、沉浸交互式的数字还原，是前沿科技和数字技术在文保领域实现创新应用的标志性范例。

（三）加大传播力度，更多参与、更好传承

文化遗产的保护传承，需要与公众产生更多的连接、交流与互动，要持续加大文化遗产的传播力度。近年来，新媒体技术的快速发展，让文化遗产的表现形式、传播方式、传播路径、传播场景等具有了更加广阔的想象空间。文化遗产传播理念和手段不断创新，《何以中国》《如果国宝会说话》《国家宝藏》等节目火爆荧屏。文化遗产传播和扩大中华文化国际影响力，既要有战略，也要有战术；既要借助大事件大平台，也要在小处着手寻找共情。重大事件和活动效果明显，同样也要善于利用小事件，创造大热点。同时，借助网络社群推动文化遗产传播，激发全民参与，鼓励群众创新创造，开展线上文化遗产传播活动，鼓励专业人才和公众人物参与。只有更多的人参与进来，才能实现更好地保护利用和传承文化遗产。

（四）发挥社会组织积极作用，搭建参与平台

文化遗产有更广泛的参与性和凝聚性，社会各界越来越希望参与其中。

不同专业机构、人员之间的协作会越来越多，并更加模块化及区域化。很多行业的机构都在自己擅长的领域寻找能够与文化遗产结合的地方，尝试一些合作项目。文化遗产类社会组织能够发挥重要的平台作用，特别是基金会，是重要的资金募集方和捐赠方，为文物工作带来了更为多元化的合作、更灵活的机制和创新理念，通过资源整合，与企业、政府合作，推动公众参与，实现文物保护的规模化与高效化，从而吸引更多社会资源和专业力量加入文物保护的行列。

社会力量参与文化遗产保护与传承，已经经历了有效的实践，并取得了显著的成绩。虽然依然面临一些问题和挑战，如政策问题、路径不畅通、各方权益不清晰、参与度不均衡等。但是随着社会经济持续发展和文化意识的提高，社会力量在传播、研究、创新等方面能够发挥更大的能量。这是一项长期的事业，社会各界都要共同努力，希望更多的公众关注文化遗产，更多的社会力量亲身参与，更多的企业践行责任，助力文化遗产的保护利用和传承，助力弘扬优秀传统文化，推进中国特色社会主义文化建设，建设中华民族现代文明。

参考文献

《众志成城——记 40 年前的"爱我中华 修我长城"活动》，《北京日报》，2024年 5 月 28 日，第 9、12 版。

特色遗产篇

B.11
曲阜孔庙及孔府文物建筑预防性保护试点项目
——传承、探索与展望

刘海霞　徐　宽[*]

摘　要： 曲阜孔庙及孔府是国家文物局首批 11 处文物建筑预防性保护项目试点之一。2021 年 8 月正式启动，2023 年 1 月实施完成，项目覆盖曲阜孔庙及孔府内的 208 处文物建筑及院墙地面等。试点在传承传统岁修曲阜模式的基础上，结合试点工作要求，实践探索了更为科学规范的文物建筑预防性保护操作规程，形成了成熟有效的组织模式、实施流程、管理要求和技术规范。

关键词： 曲阜孔庙　孔府　文物建筑　岁修　预防性保护

---

[*] 刘海霞，曲阜市文物局三孔世界遗产监测中心副主任，主要研究领域：世界遗产保护与监测、不可移动文物保护；徐宽，曲阜市三孔古建筑工程管理处工程师，主要研究领域：文化遗产保护、建筑历史研究。

一　国家文物局文物建筑预防性保护试点工作

全国文物建筑预防性保护试点工作是贯彻习近平总书记关于文物工作重要指示批示精神、落实全国文物工作会议和《"十四五"文物保护和科技创新规划》有关要求的重要举措，是推动全国重点文物保护单位从抢救性保护到预防性保护转变的具体实践，是构建我国文物建筑预防性保护体系的积极探索。2021 年，国家文物局批复实施第一批 11 处文物建筑预防性保护试点项目，曲阜孔庙孔府成功入选。2023 年 5 月 22 日，国家文物局在山东曲阜召开全国文物建筑预防性保护试点工作总结会，总结第一批文物建筑预防性保护试点情况，国家文物局副局长出席会议并讲话，曲阜市文物局也在会议上与专家同行分享总结了曲阜孔庙孔府以"岁修"模式为蓝本的预防性保护经验。

二　孔庙孔府古建筑保护及传承发展

（一）岁修历史

孔庙孔府古建筑型制成熟、布局规整，轴线统辖主导、居中对称，空间转乘得当、开阔有致，建筑精雕细琢、技术精湛，是古代祠庙、府邸建筑的艺术精品。1961 年曲阜孔庙孔府孔林被公布为第一批全国重点文物保护单位，1994 年列入《世界遗产名录》。《三孔突出普遍价值声明》[①] 这样评价"三孔"的真实性："由于曲阜孔庙、孔林、孔府的重要地位，在中国历史上对它们的维修保护从未中断，这种维修、保护则一直使用反映中国文化传统的维修方法。无论是在建筑群规制的设计、建筑材料的使用、建筑技术的延续，环境条件的保存、精神价值的表达等方面都具有高度的真实性，是中国传统文化的真实表达。"

除了历史上几次大规模的重修扩建外，"三孔"日常保养维修，即岁修

---

① 《三孔突出普遍价值声明》正式采纳于 2012 年联合国教科文组织第 36 届世界遗产大会。

工作对古建筑的延年益寿和永续保存起到了非常重要的作用。岁修，是指各种建筑工程每年进行的有计划的整修和养护工作，是我国传统的建筑修葺制度，也是当今探索构建符合中国国情、具有中国特色的文物建筑预防性保护体系的重要参考。曲阜孔庙孔府有着悠久的岁修传统。据《孔府档案》以及《清实录》等资料记载，衍圣公府最晚至清代已有负责岁修的专门机构和人员，档案记载有与岁修活动相关的往来公文、资金来源、工料清单、工匠名册及检修措施等内容，要求"随时修葺，以肃观瞻"①。至民国年间，曲阜孔庙仍偶有零修。新中国成立后，曲阜孔庙孔府的岁修工作亦从未间断。1949 年，曲阜成立古代文物管理委员会，同年成立了古建修缮队，专门负责"三孔"以及曲阜境内古建筑维修和日常保养工作。七十多年来，曲阜文物部门坚持每年春秋两季对"三孔"古建筑屋面拔草倒陇，在雨雪冰冻等恶劣天气集中巡查检修，做好木构件、墙体、台基、院落地面、排水等的日常养护。遵循"不改变文物原状"和"最小干预"的基本原则，相继开展了全面的古建筑和油饰彩画专项保护工程，"三孔"古建筑得到了良好的保护修缮。

（二）古建技艺传承与发展

在漫长的历史长河中，中国历代优秀工匠参与了孔庙孔府的设计和营造，使这座建筑群成为代表中国古代建筑独特艺术和美学成就的杰作。"三孔"古建筑用料考究，技术成熟，加工细腻，雕刻精湛，是古代工匠精神的代表。继续延续和弘扬这种工匠精神，是保护好、传承好"三孔"世界遗产的重要保障。

1. 古建工匠培养

"三孔"世界遗产地目前的修缮队伍是由历史上为衍圣公府服务的八大作匠人延续而来，固守代代积累、辈辈接续的传统师徒制方式，有序传承了传统官式营造技艺和曲阜独具特色的匠作谱系。他们严格遵循"原材料、原形制、原工艺、原做法"的"四原"原则，运用古老的修缮技艺，用心守护着

---

① 《清实录》同治朝实录卷一百一十六。

祖辈传承下来的珍贵遗产。除了师徒相授外，工匠们积极参与全国和省级的文物技能大赛，磨练技艺，屡获佳绩。

2. 传统材料制备

"三孔"遗产地拥有4处共150亩料场，常年循环储存木、砖、瓦、兽件、灰、麻和矿物颜料等文物建筑维修材料和工具，自备多处灰池，传承了传统的材料制备工艺，为岁修提供材料保障。木料的囤积是使其逐步达到平衡含水率的客观要求，也是提前备料、有备无患的材料保障手段（见图1）。砖、瓦等材料在经过时间检验后，达到稳定状态再选料备用，能够避免在修缮后

图1　料场——木材（上）、灰池（下）

资料来源：项目组提供，拍摄于2021~2023年。

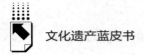

的建筑本体上出现材料质量问题。在传统制备工艺方面，坚持传统制备工艺发制石灰、血料，熬制骨胶、桐油等，有效保证了保养和修缮工程中的材料质量。做好修缮材料的提前储备和质量把控，能够极大降低修缮后的维修成本，减少二次干预。

3. 科技赋能文物保护

"三孔"遗产地在注重传统古建技艺传承的同时，不断提高文物建筑的现代化保护水平。中国明清官式建筑研究保护重点科研基地、国家级文物建筑保护专业技术人才联合培训基地等多家科研和培训基地相继落地曲阜，整体提升了曲阜文物保护科研水平，培养了技术人才。在文物病害勘查、古建修缮和彩画保护过程中注重传统与现代技艺并用，借助高科技手段用心保护好文物，实现文物事业的可持续发展。

三 孔庙孔府文物建筑预防性保护的探索

（一）试点项目基本情况

曲阜孔庙及孔府文物建筑预防性保护项目于 2021 年 8 月正式启动，2023年 1 月实施完成，保护对象包括曲阜孔庙及孔府内的 208 处文物建筑及院墙地面等。试点在传承了传统岁修曲阜模式的基础上，结合试点工作要求，实践探索了更为科学规范的文物建筑预防性保护操作规程，形成了成熟有效的组织模式、实施流程、管理要求和技术规范。

本次试点在巡查工作方面共完成 8 轮次巡查工作，编制各类巡查报告及措施单 14 份；在检修工作方面，对 107 处保护对象进行了 142 次专业检修，开展了多部位、多工种、季节性的检修作业，完成检修报告 4 份。

（二）试点的组织模式

曲阜孔庙及孔府文物建筑预防性保护试点开始之初，就重点完善了组织模式，并逐步明确了各方职责。由遗产地管理使用单位曲阜市文物局负责项目组织开展，委托常年服务于"三孔"古建筑群的曲阜市三孔古建筑工程管理处和曲阜市安怀堂文物工程设计有限公司分别负责试点项目的施工和设计。得益于成熟的传统岁修模式，试点前期能够做到快速启动。在项目实施过程中进一步明确各方职责，确保了试点工作高效有序开展。

具体来讲，曲阜市文物局负责项目计划的制定及实施期间的监督、管理、指导，由下属文物保护科、三孔世界遗产监测中心、项目办公室、孔庙孔府保护中心、安全保卫科等部门作为项目管理和巡查组成员直接参与项目实施并负责日常巡查工作。曲阜市安怀堂文物工程设计有限公司负责定期巡查、专项巡查，以及巡查报告、措施清单、年度报告的编制工作。曲阜市三孔古建筑工程管理处负责项目检修措施的具体实施及检修报告、施工资料和预决算的编制工作（见图2）。

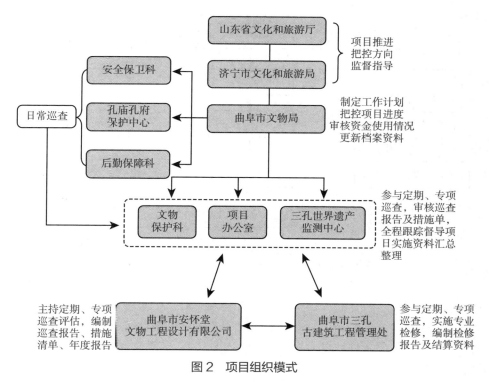

图2　项目组织模式

资料来源：项目组提供。

（三）试点的工作流程

曲阜孔庙孔府文物建筑预防性保护试点过程中重点完善了工作流程，进一步细化了成果体例。试点探索了各类巡查评估、专业检修、报告资料会签归档的工作流程，完善了各类巡查报告、措施清单、检修报告、年度报告的编制体例和要求。项目开展的总体工作流程为：编制年度工作计划→开展日常巡查、定期巡查及专项巡查→填写巡查表、编制巡查报告→根据巡查评估情况制订保护措施清单→开展专业检修、形成检修报告→开展新一轮次定期巡查并对上轮次检修成效进行评估→按流程循环进行，完成一个年度周期后形成年度报告（见图3）。

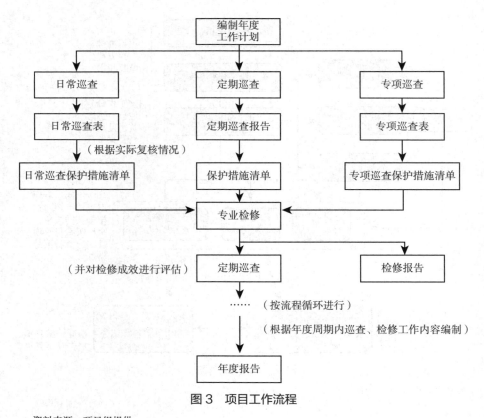

图3 项目工作流程

资料来源：项目组提供。

试点规定自 2021 年 9 月起算，每 3 个月为一个专业检修周期。在每一个专业检修周期开始前，应完成定期巡查并下达针对下面 3 个月专业检修周期的保护措施清单。保护措施清单应由管理使用方、设计方、施工方三方签字盖章后生效。

施工方根据保护措施清单，在一个专业检修周期内完成清单内容。在下一次定期巡查时，施工方原则上应完成上一次保护措施清单中的全部内容。自第二次定期巡查起，除常规巡查内容外，还应对上一次专业检修成效进行评估。

除定期巡查外，根据实际情况开展针对某一类病害类型或威胁因素的专项巡查，设计方编制专项巡查表及专项巡查保护措施清单；根据管理使用单位日常巡查反馈的情况，在巡查组现场复核后及时下达必要的日常巡查保护措施清单，以增强巡查检修工作的时效性。

每一个专业检修周期结束后，施工方应根据实际检修情况，及时编制本周期内的检修报告。每一个实施年度结束后，由设计方根据本年度内的巡查和专业检修情况编制年度报告。

定期巡查报告、专项巡查表及保护措施清单、日常巡查保护措施清单、检修报告、年度报告由甲方、设计方、施工方三方签字盖章后归档。各类巡查报告、保护措施清单、检修报告甲方留存 2 份，设计方、施工方各留存 1 份。

（四）试点的巡查检修工作

为规范工作内容，服务项目实施，设计团队基于实践探索制定了相关操作规程，明确了文物建筑预防性保护的基本要求、巡查评估要求和管理组织要求，初步建立了预防性保护措施的干预标准。制定并向施工方工匠详细讲述砖墙剔凿挖补和勾缝的检修工序标准，开展样板示范，确保专业检修实施效果；优化施工设备措施的使用要求，在保障施工作业规范安全的前提下，因地制宜地选择经济、适用的登高作业设备，提高资金使用效能。此外，为规范日常巡查工作，明确工作内容及成果要求，在总结前期工作经验的基础上，设计团队制定了日常巡查操作指南，为文物局一线管理人员更好地完成日常巡查提供制度保障和技术支持。

试点的巡查分为日常巡查、定期巡查和专项巡查。日常巡查为管理使用单位开展的常规性检查，对项目保护对象的除尘保洁、植物侵扰、病虫害、构件脱落缺失、排水等情况进行检查，发现并记录保护对象的保存现状和病害发展情况；定期巡查为设计方主持，三方共同开展的季节性全面巡视检查，每季度一次，对项目保护对象的保存状态进行全面检查评估，准确、全面地掌握保护对象的保存现状和病害发展情况；专项巡查是设计方主持、三方共同开展的，在某一类自然因素或人为因素威胁文物建筑安全时进行的，有针对性的巡查，发现、记录灾害对文物建筑产生的不利影响和病害情况，统计受损面积、数量、程度，制定应急措施。本次试点的巡查工作，一是形成了系统的、分级分类有序进行的巡查模式，有由管理使用单位开展的日常巡查，有由专业机构开展的定期巡查，以及在突发自然或人为灾害后及时进行的专项巡查；二是巡查工具更完备，检测技术手段更先进，能够有效提高后续检修工作的针对性，提升检修效率；三是病害诊断和记录更细致，巡查成果更完善，试点形成的一系列翔实的巡查诊断档案，可以为今后系统地总结文物建筑病害发展规律提供数据支撑（见图5）。

图4　曲阜孔庙古建筑巡查

资料来源：项目组提供，拍摄于2021~2023年。

　　本次试点的专业检修范围涵盖屋面、墙面、木结构、木装修、油饰、台明、地面、院面各部位，检修工种包括瓦、木、油、石四作，在有限的实施时间内尽可能尝试了多种不同的检修类型（见图6）。本次试点落实了春秋、雨季、冬雪前等气候节点的季节性保养措施，除传统的春秋两季屋面拔草倒垄（见图7）、雨季前疏通排水系统和入冬前屋面扫垄外，试点在雨季前针对侵扰建筑屋面的树枝进行了剪枝专项行动，制定了兼顾文物本体安全和文物环境风貌的剪枝干预标准，实施效果良好。

图5　杏坛北侧台明检修前（左）及检修后（右）

资料来源：项目组提供，拍摄于2021~2023年。

图6　大成门屋面拔草倒垄实施前（左）及实施后（右）

资料来源：项目组提供，拍摄于2021~2023年。

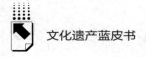

（五）创新点总结

一是传承传统岁修经验。对曲阜传统岁修模式和经验的传承，是曲阜孔庙孔府文物建筑预防性保护试点能够做到快速启动、高效实施的基础，才能够在试点期间深入探索以传统岁修模式为蓝本的当代文物建筑预防性保护体系和制度建设。在预防性保护专业检修的施工质量和工艺方面，依托施工单位丰富的材料储备和传承有序的匠人队伍，在材料和人员方面能够有效保障预防性保护措施的实施质量。同时，文物建筑预防性保护模式的深入推广实施，亦能有效促进对传统岁修曲阜模式的进一步传承发展。

二是科技检测融入巡查。在巡查评估中，试点将科技检测手段与人工巡查相融合，能够有效提高巡查工作的准确性。使用三维扫描仪、木材应力波测定仪、红外热成像仪等仪器设备辅助重点病害勘察，加强了后续专业检修工作的针对性，降低后续专业检修干预力度，取得了良好的巡查和检修成效。

三是开展小型检修实验。本次试点在巡查检修过程中积极开展小型实验，探索屋面及墙体除草实验、屋面渗漏点红外热成像仪检测等技术手段，取得了良好的实验效果，提高了专业检修的效率和质量。

四是开展关键技术的探索。开展了专业检修干预力度、预防性保护项目与修缮工程边界等重点问题的探索，初步建立了预防性保护干预标准，明确了预防性保护与修缮工程二者之间的转化路径，积累了丰富的项目经验。

四　试点遇到的相关问题及解决方案

（一）专业检修干预力度方面的探索

在本次试点过程中，最为困扰项目团队的问题便是专业检修干预力度问题和预防性保护项目与修缮工程的边界问题，试点团队对此进行了相关探索。

在专业检修干预力度方面，试点的经验是以评估干预的必要性及其后果、判断干预措施能否解决病害致因和改善残损现状作为确定干预力度的依据，在实施过程中将对彩画、油饰和院面的非必要干预程度降到最低限度，更好地落实了最小干预原则。在油饰保护方面，首先判断残损是否涉及地仗层、地仗残损是否影响对木构木装修的防水保护；对于未涉及地仗层残损，或内檐、背雨面高处等对木构防水无影响的油饰，不进行干预；对于地仗层剥落裸露木骨且导致木骨持续受雨水侵蚀影响的，在局部补做地仗后通刷油饰随色。在砖地面保护方面，仅对影响建筑周边排水的地面，严重坑洼不平、影响游客观览体验的地面，或局部缺失或隆起、仅需小范围补砌归安的地面进行必要的检修，对平整地面的碎裂砖件不再进行干预，保持与文物氛围相协调的文物环境风貌。

此外，针对彩画的预防性保护干预力度问题，由于除尘、回帖的专业检修措施与修缮工程边界不清晰，针对彩画的有关病害，试点单位倾向于通过修缮工程予以解决，或今后尝试开展彩画的预防性保护专项，进一步探讨工程边界问题，以及时解决相关病害。

在预防性保护项目与修缮工程的边界界定方面，试点探索了在巡查和检修过程中发现小型修理无法解决的病害情况应及时申请修缮工程立项的项目转化机制。在本次试点过程中，由于木基层残损具有的隐蔽性特点，出现了两例在屋面查补、局部揭瓦检修时，发现灰背粉化和椽望糟朽的情况，针对这种情况，试点在进行局部检修复原后随即申请了当年度的修缮工程立项，并于当年通过立项批复，完成了由预防性保护项目转化为修缮工程的路径尝试。

（二）屋面渗漏问题的解决方案探索

在检修实操中发现，部分保护对象屋面渗漏问题通过常规的屋面查补勾抹、漏雨处局部揭瓦检修措施难以有效解决。为加强检修实效，针对部分屋面检修成效不理想的情况，设计团队在巡查中加强了渗漏点检测手段，如对红萼轩屋面渗漏情况进行了红外热成像扫描，根据漏雨时的温差变化研判渗漏路径和渗漏点，有针对性地进行局部揭瓦检修，同时在检修中进一步强化了材料和工艺要求，检修后一年内复查未再出现新的渗漏情况，有效解决了屋面局部渗漏问题。

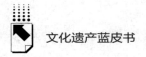

建议针对此类突出的重大共性问题，制定检测检修工序标准等相关技术要求，研究推广屋面漏点无损检测等技术手段，为解决预防性保护中普遍存在的关键技术难点问题提供解决方案。

（三）屋面杂草复生问题的解决方案探索

杂草的生长是文物建筑屋面的主要威胁因素，如果不及时清除屋面杂草会导致灰梗脱落和屋面渗漏。以大成门为例，屋面杂草主要为地黄，地黄根系较长且生命力极强，藏于瓦内难以清除，屋面拔草倒垄后的植物复生问题严重，部分建筑甚至出现拔草后地黄长势更好的情况。为夯实屋面拔草倒垄检修实效，针对屋面拔草倒垄后的植物复生问题，在项目实施过程中开展了针对地黄的屋面除草试验，试验在喷洒药剂后，待地黄完全干枯再开展拔草倒垄检修，后续复查中未出现原位地黄复生的情况。在大成门檐头检修时，经揭瓦检查，发现地黄根部枯死，证明喷洒恰当的药剂能有效杀死地黄根茎。经过一年的除草试验，大成门目前仍未见地黄复生，实施效果较好，这种做法的推广使用能够显著提升屋面专业检修的实效，降低对屋面的干预频次。此外，试点过程中针对砖墙内的植物侵害也开展了墙体除草试验，实施效果良好，通过杀死植物根系，降低对砖墙的检修干预程度，能够更好地落实最小干预的文物保护原则。

针对此类季节性的病害，或较短时间内反复发生相同病害现象的文物本体部位，应适当加强巡查频率，重点关注记录病害发展情况，分析可能的病害致因，对相关工作提出建议，并采取有针对性的措施及时干预。

（四）砖墙修补效果不一问题的解决方案探索

砖墙修补措施主要包括砖墙剔补和缝灰勾抹，由于缺少针对砖墙修补的操作标准，以往的修复工作中存在着不同工人对该项操作的认识不清、操作工艺不统一、不同工人完成的检修效果有所差异的问题。为更好地实施砖墙修补措施，施工方在实施过程中及时开展了砖墙修补样板示范，并对工人进行了培训，砖墙修补取得了良好的、更为一致的实施效果。

五 未来展望

一是完善文物建筑预防性保护制度建设，加快相关规范标准的制定。文物建筑预防性保护工作尚需进一步完善顶层设计、夯实制度保障，通过规范、标准和操作规程的制定，加强对预防性保护工作的引导和约束。

二是继续探索曲阜市域文物建筑预防性保护模式。《"十四五"文物保护和科技创新规划》中提出，要"按文物保护单位、保存文物特别丰富的市县、省域三个层级开展常态化、标准化预防性保护"。曲阜文物资源丰富，将延续孔庙孔府古建筑试点经验，积极探索实践市域层面文物建筑预防性保护区域巡检模式，重点完善数据积累、总结劣化规律、深化干预指标体系建设，为构建我国文物建筑预防性保护体系继续贡献曲阜方案。

三是加强传统岁修历史研究，探索与科技监测的融合发展。当前，我国文物建筑保护工作处于从抢救性保护到预防性保护转变的历史节点，做好预防性保护工作，重视岁修、减少大修，已成为行业共识。下一步，曲阜团队将继续加强对传统岁修历史的研究，挖掘传统岁修价值、诠释传统岁修内涵、传承传统岁修经验，结合已批复的曲阜孔庙世界文化遗产监测项目，将人工巡查与科技监测有机结合，统筹文物建筑预防性保护工作和监测工作形成有机整体，使传统岁修模式在预防性保护实践中发展创新，以期探索出一条具有深厚历史文化底蕴的中国特色文物建筑预防性保护之路。

B.12
大足石刻病害调查与保护实践

朱　敏　陈卉丽　蒋晓菁[*]

摘　要： 大足石刻是中国南方石窟寺文物中的一颗璀璨明珠，代表了公元9~13世纪世界石窟艺术的最高水平。历经千百年自然侵蚀的大足石刻，正遭受着水害、岩体失稳、生物侵蚀、表面污染、石质劣化、彩绘劣化、贴金层劣化及历史修复材料老化等多种复杂的文物病害。面对多重文物病害叠加的严峻考验，大足石刻研究院坚持预防性与抢救性保护并重的原则，在岩体加固、水害治理、文物本体修缮、预防性保护及数字化保护等方面争取大额专项资金，采取一系列保护措施，使大足石刻文物保护取得显著成效。

关键词： 大足石刻　文物病害　岩体加固　水害治理　本体修缮　数字化保护

　　党的十八大以来，以习近平同志为核心的党中央高度重视文物保护利用和文化遗产保护传承。习近平总书记多次实地考察石窟寺保护状况，就石窟寺保护利用工作作出了系列重要指示批示。大足石刻研究院始终牢记习近平总书记"一定要把大足石刻保护好"的重要要求，始终坚持"保护第一、加强管理、挖掘价值、有效利用、让文物活起来"的新时代文物工作方针，持续践行多学科交叉融合，深化全球气候变化研究，倡导以石窟寺价值阐释—监测预警—环境控制—灾害治理—保护修复为一体的石窟寺综合保护理念，

---

　　* 朱敏，大足石刻研究院保护工程中心文博馆员，主要研究领域：石质文物保护；陈卉丽，大足石刻研究院保护工程中心主任、研究馆员，主要研究领域：石质文物保护；蒋晓菁，大足石刻研究院保护工程中心文博馆员，主要研究领域：石质文物保护。

大力推进大足石刻文物本体保护工作，取得显著成效。

大足石刻是重庆市大足区境内所有石窟造像的总称。始凿于初唐，历经五代，盛于两宋，是世界石窟艺术史上最后的一座丰碑，代表了公元 9~13 世纪世界石窟艺术的最高水平。其规模宏大，题材丰富，特色鲜明，价值突出，是中国南方最具代表性、典型性的大型石窟群。其中，尤以北山、宝顶山、南山、石门山、石篆山石窟最具特色，1999 年，以此"五山"为遗产要素的大足石刻被列入《世界遗产名录》。

一 石窟寺文物病害调查研究

大足石刻造像以自然崖壁山体为依托，长期处于高温高湿的开放环境，历经千年，在自然和人为因素影响下，文物本体出现了不同程度的渗水、风化及岩体失稳等病害，其完整性、历史信息和艺术价值正在被逐渐破坏，影响到参观体验并削弱了其社会教育功能，甚至使石窟寺文物难以更好地长久保存。

石窟寺文物病害研究是保护修复必不可少的重要环节，大足石刻借鉴中医"望闻问切"的诊病方法，总结出文物保存状况及病害调查、环境监测及地质特征勘察、文物病害监测评估和病害机理研究分析四个石窟寺文物病害诊断分析方法。为了加深对石窟寺文物病害的认知与评估，通过对大足石刻病害的多次调查，总结出大足石刻主要病害类型如下。

（一）渗水病害

大足地处中国大西南腹地，为亚热带湿润季风气候，雨量充沛，空气湿度大，日照偏少，年均相对湿度约为 85%，大量地表水、地下水通过各种裂隙渗入岩体，导致岩石溶蚀破坏、疏松瓦解。渗水病害是大足石刻保存的天敌，大量病害因水而起。一方面，渗水带动大量盐分在岩体中运移，在干湿循环作用下形成可溶盐结晶，引起盐风化病害；另一方面，渗出的水不仅为微生物提供必要的生存环境和养分，还与文物本体的装饰层发生反应，诱发石窟寺文物及装饰层生物病害，加速表层开裂、褪变色、脱落、泛盐等病害（见图 1）。

图1 造像背部裂隙渗水（左）、地下毛细渗水（右）

资料来源：大足石刻研究院提供。

（二）岩体失稳

岩体失稳是指岩体在多种自然营力和人为因素影响下，结构构造发生变化，失去其既有的力学平衡状态，变形不断发展直至破坏的过程，表现为岩体变形、开裂、滑移、坍塌等形式的不稳定性病害，破坏石窟寺文物依着的岩体，对文物安全构成了严重威胁（见图2）。

图2 窟顶板开裂塌陷失稳（左）、岩体变形开裂滑移（右）

资料来源：大足石刻研究院提供。

（三）石质风化

石质风化是大足石刻主要病害之一。由于物理、化学和生物作用，造成岩石成分、结构构造等发生变化。物理风化是在温差、水与植物等的作用下发生的机械破坏，使岩体表层发生变化，产生开裂、脱落等，影响其表层完整性和局部稳定性。化学风化是岩石在水、有害气体、粉尘等作用下发生化学分解，改变岩石的物理状态和化学成分，主要表现为溶解、水解、氧化和硫化等形式。生物风化是生物活动对岩石的破坏作用，引起岩石机械性破坏，植物、微生物生长繁衍分泌出的有机酸使岩石分解破坏（见图3）。

图3　石质粉末状风化（左）、石质孔洞状风化（右）

资料来源：大足石刻研究院提供。

（四）石质文物表面劣化病害

在自然和人为因素影响下历经千百年自然侵蚀，大足石刻产生了多种病害，并相互叠加、相互影响，已进入病害高发期，对长久健康保存构成威胁。随着国家对文物工作的逐步重视，以及文物工作者对石窟寺文物病害的认识不断加深，为更加清晰地了解大足石刻文物本体的保存状况、病害情况及发展规律，对文物本体进行全面、系统的病害调查。为长期、持续研究造像本体病害成因和劣化机理储备基础数据，为后期保护研究和修复实践提供科学

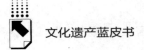
依据，十分有必要对大足石刻文物本体进行全面的病害勘察研究。

依据《大足石刻千手观音石质、金箔和彩绘病害术语与图示》、《馆藏砖石文物病害分类与图示》（GB/T 30688—2014）和《古代壁画病害与图示》（GB/T 30237—2013），大足石刻病害主要表现为表面污染、风化、水害、生物病害、盐风化病害等。按构成文物材料分为彩绘病害、金箔病害、石质病害及历史修复材料劣化4种类型，展开描述如下。

大足石刻彩绘包括5大类（13种）病害，分别是表面颜色变化（烟熏、水渍）、表面形态变化（鼓泡、龟裂、起甲、泡状起甲、尘土）、表面完整性病害（脱落、点状脱落、地仗脱落、粉化剥落）、人为干预（涂覆）、生物病害。金箔存在4大类（10种）病害，包括表面颜色变化（烟熏）、表面形态变化（起翘、分层开裂卷曲、崩裂、龟裂、尘土）、表面完整性病害（脱落、点状脱落、地仗脱落）、生物病害。石质本体存在6大类（12种）病害，包括表面颜色变化（烟熏、水渍）、表面形态变化（空鼓、尘土、盐析、水锈结壳）、结构性病害（残缺、断裂及裂隙）、表面完整性病害（粉化剥落、片状剥落）、人为干预（涂覆）、生物病害。历史修复材料主要有黄泥、水泥、黏土混合物等材料，存在6大类（12种）病害，包括表面颜色变化（烟熏、水渍）、表面形态变化（空鼓、尘土、盐析）、结构性病害（残缺、断裂及裂隙）、表面完整性病害（粉化剥落、片状剥落）、筋骨劣化（竹木质筋骨劣化、金属筋骨劣化）、生物病害。

二　抢救性保护状况

大足石刻自开凿以来经历多次修补和妆彩贴金，历次的修复行为都蕴含丰厚历史文化信息，承载了时代的技艺与文化特征，都具有一定的历史价值，都是当下需要保护的内容。在进行文物修复保护时，既要考虑时间流逝带给文物的无情损伤，也要考虑运用成熟的技术治理这些损伤，以最小的代价让文物的历史、艺术、科学以及社会文化价值得到充分展示。

大足石刻文物病害治理技术涉及水害治理、岩体加固、造像本体修缮等多项内容的研究与实践。党的十八大以来，大足石刻研究院积极争取国家文物保护专项资金用于世界文化遗产保护，开展了大足石刻宝顶山大佛湾水害治理工程、大足石刻北山北段水害治理前期勘察研究、大足石刻宝顶山圆觉洞抢险加固工程、大足石刻石篆山摩崖造像抢险加固工程、北山石刻摩崖造像第 168 号窟抢险加固工程、重庆大足石刻大佛湾窟檐岩体抢救性加固保护工程、中意合作保护大足石刻舒成岩摩崖造像项目、宝顶山石刻卧佛小佛湾造像修缮工程、宝顶山圆觉洞综合性保护工程前期勘察研究、大足石刻世界文化遗产监测预警体系建设项目和北山摩崖造像、南山—石篆山摩崖造像安防工程等多项水害治理、岩体加固、造像本体修缮、预防性保护项目。

（一）实施水害治理工程，解决长期渗漏水难题

开展大足石刻宝顶山大佛湾水害治理工程、大足石刻北山北段水害治理前期勘察研究，突破水害治理关键性技术。大足石刻宝顶山大佛湾水害治理工程，采用了截水帷幕、地表排水、竖向泄水等技术措施综合治水，完工的区域经受住多次暴雨考验，解决了几十年来"卧佛"渗水的老大难问题。大足石刻宝顶山大佛湾水害治理工程（一期）荣获 2020 年度重庆市文物保护优质工程，现以此工程为例做水害治理介绍。

大足石刻宝顶山大佛湾水害治理工程是集科学研究与工程施工于一体的综合性保护项目，于 2015~2023 年分两期实施完成。施工前，采用示踪[①]、钻孔压水、孔内电视成像、探坑[②]等勘察技术手段，针对"卧佛"及其周边区域进行极其细致且全面的勘察，同时也对大足石刻宝顶山大佛湾整个区域进行系统的地质勘察，查明卧佛水害的成因、类型、分布范围、发展趋势及危害程度，查明卧佛区域及其周边的岩土层类型、深度、分布和物理力学性质，查明地下裂隙的分布及埋深情况，评价"卧佛"区域的水害机理和周围地质条件对施工的影响，为后期工程施工提供各类参考性技术参数，指导试验性

---

① 示踪是一种科学方法，用于追踪和监测特定物质或过程的位置、数量和动态变化。
② 探坑是一种在地表开挖深度不大的探坑，用以揭露各种地质现象的勘探手段。

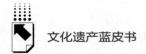

施工和卧佛区域的重点施工工作。

结合大足石刻宝顶山大佛湾前期水害精细勘察成果，依照试验性施工设计方案，通过材料比选试验、现场灌浆试验、浆液污染清洗等试验性施工，确定合理、可行、有效的灌浆工艺，确定最佳的灌浆孔、排距、分段压力、浆液配比、浆量控制、压水试验等灌浆技术参数，选定科学、适宜的灌浆材料。

工程实施秉承动态监测、信息化施工[①]的理念，注重"综合治理，突出重点；截排结合，因地制宜；分区分期，逐步推进；监测并行，信息化施工"的石窟寺水害治理设计思路，形成石窟裂隙渗水治理方案。采取截水帷幕[②]、水平防渗、地面疏排水、水平导水孔、垂直导水孔等技术措施，建立了综合性的立体截排水系统，通过孔内电视检查、钻孔取芯检查、非金属超声波仪检测、压水试验等系列检验手段，以及水位观测、渗漏检测等监测评估方法，使"卧佛"区域大部分渗水病害得到了有效治理，基本解决了宝顶山大佛湾造像区域的水害问题，为同类文物水害治理提供了有益借鉴（见图4）。

（二）实施文物岩体加固工程，消除重大险情

大足石刻的危岩体加固技术历史久、路线成熟。早在20世纪50年代初，就已采用砌筑条石支护悬空岩体和加固基岩底部风化凹槽。80年代后，开始石窟区工程地质与水文地质及岩体稳定性专项勘察，采用锚杆和灌浆技术加固开裂、变形岩体。20世纪初，对石窟区岩体稳定性进行详勘和评估，首次实施反向锚杆，采用锚杆、灌浆、支顶、垫砌、现浇钢筋混凝土支撑等综合性措施对危岩体进行加固。2017年以来，先后施工完成大足石刻宝顶山圆觉洞抢险加固工程、大足石刻石篆山摩崖造像抢险加固工程、北山石刻摩崖造

① 信息化施工，是指在施工过程中所涉及的各部分各阶段广泛应用计算机信息技术，对工期、人力、材料、机械、资金、进度等信息进行收集、存储、处理和交流，并加以科学地综合利用，为施工管理及时、准确地提供决策依据。
② 截水帷幕是一种用于阻隔或减少地下水通过基坑侧壁与坑底流入基坑和控制基坑外地下水位下降的幕墙状竖向截水体。

图 4　大足石刻宝顶山卧佛头部水害治理前（上）后（下）对比

资料来源：大足石刻宝顶山大佛湾水害治理工程项目组提供。

像第 168 号窟抢险加固工程、重庆大足石刻大佛湾窟檐岩体抢救性加固保护工程等岩体加固工程。

　　大足石刻宝顶山圆觉洞抢险加固工程前期地质勘察，综合应用水平定向钻探、钻孔内三维激光扫描、超声波探测和贯入阻力仪等勘察技术，查明了裂隙空腔填充条石的几何特征和支撑状态，以及危岩裂隙、弱层和空腔的结构特征。在此基础上，通过三维建模法①和等效刚度法②，分析了圆觉洞的受力变形特点和变形破坏机制，重点评估了支撑条石破碎脱空长度和风化凹腔深度对顶板稳定的影响，综合判定顶板变形当前处于加速阶段。

基于等效刚度法构建了条石稳定性的解析方法，通过建立三维数值计算模型开展圆觉洞顶板稳定性分析，通过不同条件下应力场和位移场计算结果的对比分析，揭示了圆觉洞顶板的受力和变形特点，以及研究影响圆觉洞顶板稳定性的主要因素和需要重点监测的条石。这些研究也为川渝地区大量存在的石窟寺洞室顶板稳定性分析及评价提供可靠的参考依据。

北山石刻摩崖造像第 168 号窟（以下简称"北山 168 窟"）抢险加固工程是大足石刻岩体抢险加固的示范性工程，于 2021~2022 年实施完成。在工程施工前，首先对北山 168 窟结构及地形进行测绘，开展水文地质条件现状勘察，开展北山 168 窟现状病害调查，完成窟区崖壁裂隙分布调查、窟区周边环境监测、窟内顶板裂隙现状调查、造像本体病害调查及成因分析。采用高频瑞雷波物理探测技术、地质雷达物理探测技术等无损检测手段，对窟内顶板岩体进行物理探测研究，获得窟顶围岩质量及裂隙发育深度的空间变化情况。

结合前期的水文地质勘察、本体现状病害调查和岩体裂隙发育情况结果，展开岩土体、岩石微观结构及矿物成分分析实验，同时进行石窟结构稳定性分析，厘清窟顶裂隙产生的原因和机理。最后，根据北山 168 窟南侧凹腔结构加固设计、窟内顶板岩体加固、地表排水系统设计及防水设计方案，开展北山 168 窟抢救性保护工程项目，主要对逐渐失去临时支护作用的原钢构件进行拆除，首次采用岩顶设置悬吊梁、利用悬吊锚杆悬吊顶板的方式，将原来的临时支顶结构优化为永久提拉、悬吊结构，解决了北山 168 窟顶板稳定性问题，时效性长，窟内隐蔽性好，保持了该窟的整体美观性，为国内平顶石窟顶板加固提供了科学借鉴（见图 5）。

---

① 三维建模法是一种利用三维坐标系统创建出逼真的三维物体模型的技术。
② 等效刚度法是一个无闭合回路杆系结构中跨杆件两端以外其余的杆件等效成两个带有弹性刚度的支座，通过计算出简图的端部弯矩，并一次性向两边传递，从而完成结构弯矩计算的一种方法。

图 5 北山 168 窟悬吊系统施工前（上）后（下）钢结构支撑对比

资料来源：北山石刻摩崖造像第 168 号窟抢险加固工程项目组提供。

（三）实施造像本体修缮，维系世界文化遗产突出普遍价值

实施完成大足石刻千手观音造像抢救性保护工程、中意合作保护大足石刻舒成岩摩崖造像项目，正在开展宝顶山石刻卧佛小佛湾造像修缮工程、宝顶山圆觉洞综合性保护工程前期勘察研究工作。大足石刻千手观音造像抢救性保护工程作为"全国石质文物保护一号工程"，开创了多学科、多领域开展大型不可移动石质文物修复的先河，荣获"全国优秀文物维修

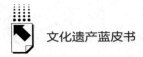

工程"称号。

中意合作保护大足石刻舒成岩摩崖造像项目，是中国和意大利首次合作对潮湿环境下彩绘贴金石质文物开展的保护修复项目，于 2017~2022 年由大足石刻研究院与意大利威尼托文化遗产集群合作实施完成。针对舒成岩摩崖造像发育的各种病害，项目开展了舒成岩摩崖造像保存现状调查与评估，历史沿革调查研究，造像石质本体及彩绘、金箔劣化病害机理研究，造像石质本体及彩绘、贴金层保护修复技术研究，生物病害防治研究。根据舒成岩摩崖造像石质、彩绘、金箔、泥补塑体存在的不同病害和病害防治研究结论，编制造像本体保护设计方案，按照施工设计方案实施保护建筑维护和造像本体保护修复。

造像本体保护修复以传统材料和现代化学材料互补、传统工艺和现代科学技术相结合的方式，完成了保护建筑龛檐局部加固、贴金层修复、彩绘层修复、石质本体修复、泥补塑体粘接复位等工作，达到去除表面污染物和附着物、增强造像石质和泥补塑体抗风化能力、增强彩绘层和金箔层稳定性的修复效果。项目充分发挥国际合作优势，从病害机理研究、保护修复试验到现状修复坚持以科技为支撑，有效地维系了文物原真性，促进了中意两国文物修复领域技术与经验交流（见图 6）。

2023 年，大足石刻研究院有序推进 16 项文物保护项目。其中，大足石刻宝顶山摩崖造像圆觉洞抢险加固工程、宝顶山大佛湾水害治理工程等 4 项保护工程通过竣工验收，北山石刻摩崖造像第 168 号窟抢险加固工程等 3 项文物保护工程通过初步验收，宝顶山摩崖造像圆觉洞综合性保护工程、中日合作开展大足石刻峰山寺摩崖造像保护项目等 9 项文物保护项目持续开展，大足石刻文物病害治理取得良好效果。2023 年 8 月，首届石窟寺保护国际论坛[①] 在大足石刻举办，聚焦"气候变化背景下的石窟寺保护"，发布《气候变化背景下石窟寺保护大足宣言》。

---

① 首届石窟寺保护国际论坛由国家文物局、重庆市人民政府主办，在重庆市大足区举行。

图 6　舒成岩摩崖造像 1 号淑明皇后龛修复前（上）后（下）对比

资料来源：中意合作保护大足石刻舒成岩摩崖造像项目组提供。

三　预防性保护

大足石刻保护坚持抢救性保护与预防性保护并重的原则。遗产监测作为预防性保护的重要手段，在大足石刻保护方面发挥着至关重要的作用。要做好预防性保护，就必须开展好遗产监测。为此，2012 年，在国家文物局的支持下，大足石刻被列入我国世界文化遗产监测试点单位之一，率先开展了一系列监测实践和相关研究、探索工作。

（一）研究大足石刻监测指标框架体系及监测运行机制

大足石刻监测指标不仅包含中国世界文化遗产监测预警总平台涵盖的 16

大类 56 项，同时结合大足石刻自身特点，对监测内容进行了扩展和深化，涵盖了遗产要素单体、本体与载体病害、旅游与游客管理以及保护展示与环境整治工程等共计 18 大类 70 余项内容。并根据大足石刻研究院自身工作特点，建立起了由"院长—分管副院长—监测中心—院内其他职能部门—遗产区专兼职监测人员"组成的多部门联动的监测管理组织体系，通过各部门间的相互协作、相互补位，为监测工作产生合力。

（二）建设大足石刻世界文化遗产监测预警系统

2019 年底，大足石刻世界文化遗产监测预警系统顺利通过重庆市文物局组织的专家验收，该项目开发了大足石刻世界文化遗产监测预警平台及大足石刻 e 监测手机 App，并于 2020 年初正式投入使用，至此大足石刻遗产监测正式步入智能化监测阶段，实现了遗产监测动态化、可视化、信息化的监测目标，提高了大足石刻预防性保护的能力。

（三）实施专项监测

从遗产监测总体目标来看，遗产监测的主要目的就是为预防性保护及文物保护工程提供数据支撑和科学依据。因此，在开展日常监测的同时，近年来，大足石刻研究院还结合文物本体、依托重大文物保护工程等开展了专项监测。如千手观音微环境监测自 2008 年开始，一直持续至今，该项目通过对大足石刻千手观音所在核心区域及其周边区域气、水、土三相环境质量的连续监测，深入了解大气中的酸污染、颗粒物污染、氧化性污染以及凝聚水、裂隙水等对千手观音的侵蚀危害，不仅为千手观音抢救性保护工程方案设计提供了科学依据，也为后期开展千手观音的预防性保护工作提供了技术支撑。再如北山石刻泗州大圣渗漏水监测，2022 年 5 月，监测数据显示北山石刻第 177 号龛出现严重渗水，保护工程中心工作人员及时对崖壁裂隙进行了封堵处理，解决了渗水问题，这项监测工作目前仍在持续进行，暂未发现新的渗水点位。除了以上列举的专项监测，还开展了宝顶山大佛湾水害治理工程专项监测、石篆山抢险加固工程专项监测、宝顶山圆觉洞微环境监测、宝顶山千手观音造像本体跟踪监测、北山石刻—五百罗汉窟专项监测、石门山岩体稳定性专项监测等，共计 10 余项。

（四）开展日常保养维护

常态化开展科学、规范的日常保养维护，及时发现、妥善处理病害威胁，保持石窟寺文物及保护建筑的良好状态，最大限度地保存、延续文物的真实性和完整性，延续文物保护建筑的使用寿命。针对在巡视检查过程中发现的文物局部存在的微小病害，编制日常保养维护工作方案，定期对"五山"等国保单位开展脱落粘接、除尘、除草、清除生物活动残留物等保养工作。

四　科技在石窟寺保护领域的领航作用

（一）加大文物保护科研项目投入

依托文物保护的人才、实验仪器设备、科研成果等基础，基于重庆市文化遗产保护科研基地——大足石刻文物医院（重庆大足石质文物保护中心），建成大足石刻研究院博士后科研工作站、石窟寺数字化国家文物局重点科研基地（大足石刻研究院工作站）、石窟寺岩体裂隙灌浆材料产学研一体化基地、川渝石窟保护研究联合实验室（重庆）等重点石质文物保护科研平台。

2023 年，大足石刻研究院针对大足石刻多处文物点，参与了"石窟文物本体风化病害评估系统及保护技术研究""砂岩质石窟岩体裂隙渗流精细探测与防治关键技术研究""大足石刻宝顶山大佛湾柳本尊至观经变段崖壁岩体抢救性保护综合研究"等重点项目研究，实施了"川渝地区石窟岩体裂隙渗流病害治理关键技术研究与应用""潮湿环境砂岩质石窟岩体微生物加固补配修复关键技术研究""重庆市石窟寺保护现状调查与研究""川渝地区石窟寺彩绘病害机理研究"等文物保护科研项目，促进了大足石刻科技保护水平的提升。

（二）数字化赋能大足石刻科技保护

一是建立石窟基础信息数字化档案。实施完成"大足石刻宝顶山大佛湾

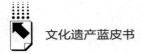

石刻三维数据采集与数据库建设项目"，运用三维激光扫描、多基线近景摄影测量、虚拟建模等技术，采集石窟本体信息，建立了1万余尊造像数字档案，实现了从文物本体到载体再到自然环境的整体三维数据采集与数据库建设。

二是提升文物保护技术水平。将最新数字技术运用于大足石刻勘查研究、病害诊断分析与治理、遗产监测等多项保护项目，实现文物科技保护和信息化管理，全面提升文物保护技术科技含量。

三是助力文物考古研究。利用三维激光扫描、多基线近景摄影测量、无人机倾斜摄影等数字测绘技术，重点对全国重点文物保护单位的大型石窟寺进行记录和全息保全，三维模型、正射影像图、线划图等数字成果构建了系统的、可持续应用的、高精度的数字资源，满足了考古研究需求。

四是丰富展示利用手段。采用实景拍摄、历史场景情景再现拍摄和类实景拍摄相结合的方式，把现实空间转换成数字空间，创新推出4K数字影片《天下大足》和8K球幕影片《大足石刻》（见图7），被评为全国首批24个智慧旅游沉浸式体验新空间之一，建成大足石刻数字展示中心。采用高精度三

图7 8K球幕电影《大足石刻》

资料来源：大足石刻研究院官网《大足石刻》球幕电影。

维激光扫描、摄影测量、高清摄影、360 度全景等技术手段，相继完成了千手观音、圆觉洞辨音观音、北山石刻第 245 号龛的精细测绘，构建了高清精度彩色三维模型，按原尺寸进行等比例的 3D 打印复制，得到高保真复制品，具有拼装、拆卸、运输便捷、快速等特点。2023 年，大足石刻数字博物馆建成，实施了"云游·宝顶"元宇宙数字文旅项目，并实现线上运营。

（三）联合国际国内科研机构、高校，参与重大文物保护项目

大足石刻研究院与意大利威尼托文化遗产集群（Italia Venetian Herritage Cluser）、日本奈良文化财研究所（Nara National Research Institute for Cultural Properties）等国际文物科研机构持续开展合作，与浙江大学、复旦大学、四川大学、重庆大学等高校合作，推动科教融合发展。

大足石刻研究院参与上海大学牵头的国家重点研发计划重点专项"石窟文物本体风化病害评估研究及保护技术研究"之课题二"石窟水盐运移的监测系统及规律研究"，该课题融合多种探测技术和监测手段，建立石窟岩体水盐运移的三维动态模型，揭示石窟水盐运移变化规律，实现石窟水盐运移的智能预测，为石窟水害预警预报提供科技支撑。

重庆大学与大足石刻研究院联合申报国家自然科学基金项目"砂岩质文物内部可溶盐相态变化诱发岩体损伤机理研究"，通过对含裂隙砂岩质文物本体内部可溶盐运移规律、干湿循环条件下砂岩内部盐蚀作用细观机制、可溶盐周期性渗透作用下砂岩质文物表层化学损伤模型以及砂岩质文物表层损伤劣化量化评估方法进行研究，分析砂岩内部盐蚀作用细观机制，建立可溶盐渗透作用下砂岩质文物表层化学损伤模型，研究砂岩质文物表层损伤劣化量化评估方法，并最终依托现场实际，进行砂岩质文物风化速度预测，为岩质文物劣化评估与保护提供理论保障。

以复旦大学作为牵头单位、学术带头人王金华教授作为首席科学家，大足石刻研究院联合吉林大学、中国水利水电科学研究院、中国科学院武汉岩土力学研究所等多家高校、文博机构和科研院所成功申报国家重点研发计划"砂岩质石窟岩体裂隙渗流精细探测与防治关键技术研究"。项目以我国砂岩

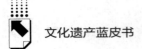
质岩体裂隙渗水病害现象微弱，渗流通道狭窄，现有探测技术难以探测、评估的深层次问题，以及防治关键技术亟待提升的迫切需求，聚焦砂岩质石窟岩体裂隙渗流网络的地球物理场响应机理、裂隙渗流通道分级及渗流动力学机制、微小裂隙无机材料浆液扩散模型等科学问题，并通过应用示范研究、产学研用一体化基地、行业标准等推广项目研究成果。

五 推进川渝石窟寺保护利用

大足石刻研究院充分发挥专业机构的技术帮带和示范引领作用，推广"以大带小""一个机构带一片"的输出管理模式，积极推进成渝地区双城经济圈、巴蜀文化旅游走廊建设。不断加强合作交流，参加了成渝地区双城经济圈文物保护利用调研工作及座谈会。启动《巴蜀石窟全集》编撰工作，与安岳石窟研究院合作启动安岳千佛寨石窟数字化项目。负责完成潼南千佛寺摩崖造像现场调查及保护修缮前期调查研究立项计划书、四川乐至报国寺摩崖造像现场调查及保护修缮工作方案等。推进《川渝石窟寺国家遗址公园（重庆片区）总体规划》编制工作，以川渝地区石窟寺保护利用突出问题为导向，加强针对川渝地区石窟寺保护关键共性技术、保护材料、装备的研发，深化南方潮湿环境下石窟寺保护基础理论研究，高标准建设川渝石窟寺国家遗址公园，推动川渝地区石窟寺实现保护、研究、展示一体化，走出一条具有川渝特色的石窟寺保护研究利用之路。

六 小结

大足石刻在持续的文物保护工作中，始终坚持保护第一，进一步加大高层次人才引进力度，构建形成学术带头人、科研骨干和青年后备力量的人才金字塔，加强石窟寺文物保护专业人才建设，为文物保护事业发展提供基础性保障。实施各类保护项目，有效遏制文物病害。加强保护技术研究，大力提升科技保护水平，建立高温高湿条件下中国南方石质文物保护的科研实践体系。健全大足石刻监测预警体系，切实做好文物预防性保护。不断总结石窟寺文物保护的新思路、新方法，旨在让石窟文物永久保存、永续利用，也为同类石窟寺保护提供大足石刻样板、作出大足石刻贡献。

参考文献

黄克忠：《石质文物保护若干问题的思考》，《中国文化遗产》2018年第4期。

易泽平、阮方红：《大足石刻中小型石窟岩体保护治理措施探讨》，《文物鉴定与鉴赏》2024年第5期。

符贵军、刘斌、任伟中：《石窟岩体水害防治对策研究——以大足石刻为例》，《石窟与土遗址保护研究》2023年第4期。

赵宏欣、张晶、魏子贺等：《综合物探法在大足石刻圆觉洞窟保护中的应用》，《物探化探计算技术》2023年第5期。

《中意合作修复大足石刻舒成岩摩崖造像》，大足石刻研究，https://www.dzshike.com/classic_case/benti/detail/621.html，最后检索时间：2024年9月4日。

《古老石窟如何传下去、"活"起来？》，重庆市大足区人民政府，http://www.dazu.gov.cn/zwxx_175/qxdt/202308/t20230828_12276636.html，最后检索时间：2024年9月3日。

B.13
大运河世界文化遗产保护状况报告

朱 媛 光晓霞[*]

摘 要: 根据《国家文物局办公室关于开展世界文化遗产保护状况评估工作的通知》(办保函〔2024〕153号),大运河遗产保护管理办公室具体负责2024年大运河世界文化遗产保护状况专题调研。调研报告显示大运河沿线的8个省(市)对大运河世界文化遗产保护工作高度重视,并且持续加大了工作力度。在保护管理、展示阐释、传承利用等方面,采取了一系列积极有效的措施,大运河世界文化遗产的保护管理状况整体较好。大运河遗产保护管理办公室始终围绕保护好、传承好、利用好大运河遗产的工作中心,在国家文物局以及中国文化遗产研究院的指导下,开展遗产调研、价值阐释、宣传研究、国际交流等一系列工作。

关键词: 大运河 世界遗产保护 遗产地保护

一 基本信息

(一)遗产构成

大运河位于中国中东部,是世界上开凿时间较早、沿用时间最久、规模最大的一条人工运河。它沿途经过北京、天津、河北、山东、安徽、河南、

---

* 朱媛,大运河遗产保护管理办公室(扬州市世界遗产保护管理办公室)副主任,主要研究领域:大运河文化国际交流等文化遗产保护;光晓霞,大运河遗产保护管理办公室(扬州市世界遗产保护管理办公室)文物博物副研究馆员,主要研究领域:文化遗产保护、大运河文化等。

江苏、浙江等 8 个省级行政区，沟通了海河、黄河、淮河、长江、钱塘江五大水系。南北向运河北至北京、南至浙江杭州，纬度 30°12′~40°00′；东西向运河西至河南洛阳、东至浙江宁波，经度 112°25′~121°45′。大运河沿途经过 2 个直辖市、6 个省的 25 个市。遗产区包括 31 个组成部分。面积总计 73566 公顷，其中遗产区为 20819 公顷、缓冲区为 52747 公顷。[①]

全段由 27 段河道与 58 个遗产点（其中扬州 10 个），共计 85 处遗产要素组成。其中，运河水工遗存（包括河道、湖泊）共 63 处，运河附属遗存包括配套设施、管理设施共 9 处，运河相关遗产包括相关古建筑群、历史文化街区共 12 处，由多处河道、水工设施、相关古建筑群或遗迹组成的综合遗存 1 处。[②]

大运河各段河道分段凿成，时有兴废。依据历史时期大运河的分段和命名习惯，大运河总体上分为：通济渠段、卫河（永济渠）段、淮扬运河段、江南运河段、浙东运河段、通惠河段、北运河段、南运河段、会通河段、中河段 10 段。依据历史和考古研究成果，现存的大运河遗产从春秋至清代的历史格局基本上是完整的。

（二）突出普遍价值

大运河是纵贯中国北方和中东部平原的巨型内陆水道系统，自公元前 5 世纪以来持续建造，到公元 7 世纪（隋朝）首次成为中国统一的水路交通系统。一系列巨大的工程，创造了工业革命之前世界上规模最大、范围最广的土木工程项目。大运河历经多个朝代修建和维护，是中国内陆交通体系的主干道，供应了百姓生存所需的粮食物资，实现了对领土的统一管辖和军队的运输。13 世纪（元朝）大运河发展达到顶峰，形成了拥有 2000 多公里人工河道的统一内陆航运网络，将黄河、长江等中国境内五大最重要的江河流域连接了起来。大运河直到今天仍是重要的内陆交通运输方式，自古至今在保障中国经济繁荣和社会稳定方面发挥了重要作用。

---

① 详见国家文物局《中国大运河申报世界遗产文本》。
② 遗产要素类型表详见中国文化遗产研究院《中国大运河遗产管理规划》第 14 条遗产要素。

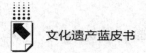

标准（ i ）：大运河是人类历史上水利工程的杰出代表，因为它起源非常古老、规模宏大、连续发展并在不同时代应对不同环境进行了改进。它是人类智慧、决心和勇气的确凿证据，是人类创造力的杰出实例，体现了一个直接起源于古代中国的辽阔农业帝国的技术能力和对水文学的掌握。

标准（ iii ）：大运河见证了通过漕运系统管理运河的这一独特文化传统的盛衰变迁，包括它的起源、繁盛发展、为不同朝代及其相继建立的都城所进行的适应性改变，以及20世纪的废弃不用。漕运系统包括皇家对漕粮、盐、铁的垄断运输和存储以及征税体制。大运河有助于农民经济、朝廷和对百姓和军队的粮食供应之间的根本联系。大运河沿岸经济和城市的发展见证了一个伟大农业文明的功能核心，见证了水道网络的发展在这方面所起的决定性作用。

标准（ iv ）：大运河是世界上最长的、最为古老的运河。它见证了早期水利工程的卓越发展，是工业革命开始之前的一项重要技术成就。大运河许多建筑与当时环境的多样性和复杂性完全契合，这为应对复杂的自然环境提供了一个基准。大运河充分体现了东方文明的技术能力。大运河包含了重要的、创新的而且很早的水利技术实例。大运河同时也见证了堤岸、河坝和桥梁的特殊建筑技术，以及石头、素土夯实和混合材料（如黏土和稻草）的独创而精巧的利用。

标准（ vi ）：自公元 7 世纪起，大运河是历代中国王朝直至现代中国经济和政治统一的一个有利因素，也是一个主要的文化交流地带。它创建并维持的生活方式和运河沿岸居民特有的文化，在很长一段历史时期内影响了中国很大一部分地区和人口。大运河体现了中国古代的大一统哲学观念，并曾是中国这一伟大农业帝国自古以来实现统一、互补和团结的重要因素。

完整性：大运河河段、水利设施遗迹以及相关的补充设施和城市设施全面体现了大运河的路线、与自然河流和湖泊共同发挥的水利功能、管理系统的运作以及在历史上的重要利用所在的环境。这些遗产的地理分布足以反映出大运河的规模、各航道的地理分布以及大运河在中国国内历史上所起的重要历史性作用。组成大运河遗产的全部 85 处遗产要素中，71 处遗产要素被认为得到了妥善保护并保持了完整性，而其余 14 处完整性则有所欠缺。但是，将最近发掘的考古遗迹纳入提名，意味着并不总是能够恰当地判断这些遗产要素对全面理解大运河的作用，尤其是就技术操作而言。而且，大运河遗产存在一个悖论，一方面，大运河河段的重复性和连续性似乎没有对遗产的突出普遍价值起到决定性的贡献；另一方面，这一不连续的系列遗产又无法反映出大运河河道贯穿中国的连续性及其水利系统的连续性。总之，目前所提供的关于大运河影响力、互补性和规模的证明，说明构成该遗产的各个遗产要素均已满足完整性的要求。

真实性：大运河遗产的所有遗产要素无论从其形式和概念来说，还是从建造材料和地点来说都令人满意地反映了遗产的真实性，它们恰当支持并表达了遗产的价值。尤其是大运河大部分遗产要素的使用功能都存在且清晰可辨。大运河各个遗产点作为一个整体的组织结构，就其外观和让游客所产生的情感而言，也体现了高度的真实性。但是，在遗产展示方面有两个困难。第一个与某些大运河河段的历史、持续的疏浚、深挖和拓宽工程以及对相关设施进行的技术改造相关。某些河道很明显近期在原河床或者沿其早期河道进行了重修。第二个困难与大运河某些城市或郊区河段的景观相关，这也是从这个角度而言的：一个具有历史意义的运河，其要素被认为代表了中国漫长的历史。尽管有一定的保留，尤其是对一个仍在使用之中的遗产某些点段被人认为的历史真实性和景观真实性有所保留，该系列遗产无论是作为一个整体还是从单个遗产点讲，都满足真实性条件。

（三）大运河沿线保护管理总体情况

2024 年 3~4 月，国家文物局组织开展世界文化遗产（含文化和自然双遗产中的文化遗产部分）保护状况专题调研。专题调研的组织实施工作由中国文化遗产研究院牵头，其中中国大运河由大运河遗产保护管理办公室具体负责。调研以梳理党的十八大以来的工作进展、成功经验、分析问题和提出思路为中心，分为遗产地自查和专家现场调研两部分，重点关注大运河世界文化遗产和全国重点文物保护单位大运河，兼顾大运河文化带和大运河国家文化公园建设项目，通过现场评估、资料查阅、表格梳理、专题座谈等方式开展，利用无人机、摄影摄像等科技手段跟拍，对遗产本体和环境现状进行影像数据搜集。形成了《大运河世界文化遗产保护状况专题调研总报告》和8个分报告（见图1）。调研显示，大运河沿线的8个省（市）对大运河世界文化遗产保护工作高度重视，并且持续加大了工作力度。在保护管理、展示阐释、传承利用等方面，采取了一系列积极有效的措施，大运河世界遗产的保护管理状况整体表现较好。主要表现在以下几个方面。

一是遗产地立法保护工作得到重视。从国家层面。2012年，文化部以部门规章形式公布了《大运河遗产保护管理办法》。2021年底，国家文物局委托山东省古建筑保护研究院正式开展《大运河文化遗产保护条例研究项目》，为大运河文化遗产的全国性立法保护提供重要的技术支撑和参考。在省市级层面，大运河法律法规和规划体系不断完善。截至2024年6月，江苏、浙江、河北已经完成了省级立法，天津的省级立法工作也即将完成。2021年，浙江省出台《浙江省大运河世界文化遗产保护条例》，明确了大运河遗产保护区划以及核心监控区范围。对遗产区内的土地使用权、工程建设等作出了详细的规定，对遗产区、缓冲区以外的核心监控区的开发利用提出了要求。2022年，《河北省大运河文化遗产保护利用条例》发布，明确了保护要求，注重大运河文化遗产保护利用水平，强化政府责任，指出应加强大运河文化遗产保护利用数字化、信息化、智能化等项目建设。自2017年《杭州市大运河世界文化遗产保护条例》出台后，嘉兴市、绍兴市、淮安市、扬州市等多地市级大运河保护条例陆续公布。各市条例明确了大运河文化遗产的界定范围，指出大运河文化遗产保护传承利用要遵循科学规划、统筹协调、分级管理、保护优先、活化传承、合理利用的原则，维护文化遗产的真实性、完整性。此外，天津、江苏、浙江、河南等省市还印发了核心监控区管控通则，推动将文物保护纳入国土空间规划体系。

二是遗产地监测预警体系逐步形成。在管理层级上，国家文物局委托中国文化遗产研究院牵头开展了大运河世界文化遗产监测预警总平台建设工作。建立了"两级平台、三级管理"监测工作机制。省级监测系统方面，2021年，

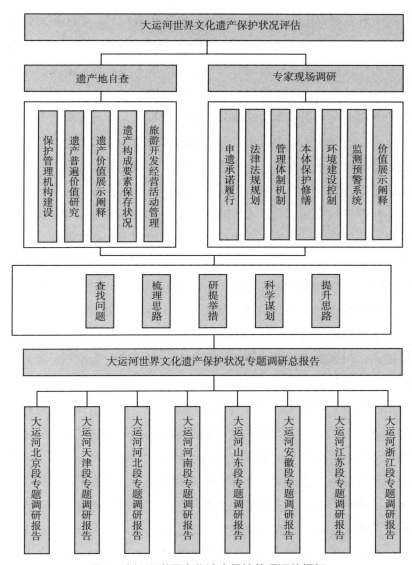

图1 大运河世界文化遗产保护状况评估框架

资料来源：课题组提供。

浙江省开展以国家、省、市县三级监测体系为核心的监测系统建设。向上通过打通大运河世界文化遗产监测预警平台及提升浙江段试点实现与国家平台互通，向下有效整合杭州、嘉兴、湖州、宁波和绍兴五个地区的文化遗产保护监测系统，实现与满足了跨部门、跨层级共建共享的信息化目标。同年，江苏省大运河世界文化遗产监测管理平台正式投入试运行。通过与江苏省文物局综合信息平台、江苏省智慧文旅平台的数据互联互通，实现全省大运河遗产保护管理情况数据采集、统计分析及监测预警。全面掌握世界文化遗产和全国重点文物保护单位大运河及其各组成部分的江苏省大运河遗产监测管理体系。市级监测系统方面，杭州建设"数智运河——大运河（杭州段）世界文化遗产数智管理系统"项目，搭建"水、陆、空、星"四位一体监测网络体系。江苏苏州大运河遗产监测管理中心创新联动管理，将水务、气象、交通等相关职能部门一同纳入大运河遗产保护机制。北京市开展"中国大运河（北京段）文化遗产遥感监测系统平台研发"项目，进行大运河景观廊道文化遗产数字存档、虚拟重建、动态监测与利用评估全链条的关键技术研发。

三是遗产地遗产本体保护和环境提升正在持续推进。近年来，大运河关键河段、水闸、桥梁等重要遗产本体，得到了有效的维护和修复，呈现多样的保护模式。山东省德州市按照"修旧如旧、最小干预"原则，实施南运河德州段河道等文物本体项目，周边环境风貌得到了极大改善。衡水景县的华家口夯土险工由于年代久远和自然侵蚀，曾面临一定的损坏和破坏风险。自2012年以来，持续对其进行全面的保护加固维修，最大限度地保留了险工的原真性和完整性。2017年，安徽省柳孜运河遗址出现了较为严重的病害，出现地下水渗水量大、石筑台体下沉、土遗址内部虫洞密集等问题。2018年，当地完成了柳孜运河遗址病害处理工程，并开展柳孜运河遗址保护大棚临时加固维修及永久性保护大棚建设项目。2021年，河南特大暴雨后，安阳开展了运河生态环境保护及修复提升工作。主要进行河道梳理、清障，生态环境修复，河道软堤加固，周边配套设施重建等工程项目。根据各地提交世界文化遗产保护状况自查报告相关数据统计，2012年以来，世界文化遗产保护维修项目累计154项，总投入资金约90000万元，其中，国家文物保护专项资金投入近66700万元、地方投入资金近23300万元（见图2）。

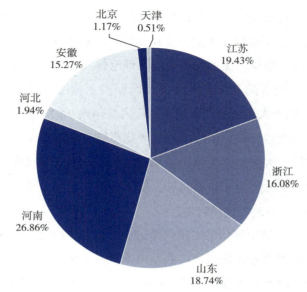

图2　保护工程项目实施资金情况统计

资料来源：课题组提供。

四是遗产地保护协调机制有序完善。综合协调方面，国务院文物主管部门主管大运河遗产的整体保护工作，并与国土、环保、交通、水利等主管部门合作，依法在各自的职责范围内开展相关工作。大运河沿线县级以上地方人民政府文物主管部门，负责本行政区域内的大运河遗产保护工作，形成保护管理多元、多维和综合的体系。2019年，为贯彻落实《大运河文化保护传承利用规划纲要》，加强跨地区、跨部门协作，经国务院同意，建立大运河文化保护传承利用工作省部际联席会议制度。由国家发展和改革委员会等17个部门以及北京市等8个省（市）组成。运河沿线各市陆续成立相应的大运河保护协调组织和重大工程协调机制，加强机构建设和财力保障，以协调解决运河遗产在保护管理利用方面遇到的重大问题。遗产保护机构方面，各地开始进一步建立和完善大运河遗产保护专职机构。2015年，浙江省杭州市成立了专职保护管理机构——杭州市京杭运河（杭州段）综合保护中心，隶属杭州市园林文物局，主要参与大运河文化保护传承利用规划及文化公园建设

245

相关工作，承担大运河世界文化遗产的日常保护、监测、展示和宣传工作等。2018年，河北省沧州市成立大运河文化发展带建设办公室，隶属于沧州市人民政府，为正处级单位，负责统筹协调管理沧州大运河文化保护传承利用工作。2017年，河南省滑县成立大运河遗产保护示范区管理委员会，为副处（县）级机构，负责大运河遗产保护示范区内总体规划的实施、大运河文化遗产的保护利用、大运河保护示范区内的产业布局和日常管理等。2020年，河南省浚县成立浚县大运河文化保护传承利用中心，2023年优化整合为浚县文旅融合发展服务中心，为正科级机构，属于公益一类事业单位，负责浚县大运河遗产的保护、管理与展示利用。

五是遗产地价值阐释相关工作取得进展。多元化研究机构建立。中国文化遗产研究院中国世界文化遗产中心（中国世界文化遗产监测中心）具体负责组织实施中国世界文化遗产、不可移动文物监测预警、信息数据系统建设。聊城大学运河学研究院是国内首个以历史学为基础的运河学研究机构。扬州大学中国大运河研究院由扬州大学与扬州市政府共建，是基于多学科交叉的实体性、智库类研究机构。另外，绍兴市成立浙东运河文化研究中心、文博研究中心等重点社科研究基地、新型智库。多领域专著研究成果丰富。由江苏凤凰出版传媒集团出版的《中国运河志》，列入"十三五"国家重点出版物出版规划，并获国家出版基金资助出版。由全国政协文化文史和学习委员会、中国文化遗产研究院编撰的"国家文化公园画传系列"丛书中的《大运河画传》，全景式呈现大运河的深厚历史底蕴和人文价值，入选2022年"中国好书"榜单。各级各类期刊、报纸、杂志等对大运河的关注和研究走向纵深，主要集中在历史学、地理学、文化遗产学等领域。场馆展示体系建设。河南省建成隋唐大运河仓窖考古遗址公园（含回洛仓遗址、含嘉仓遗址、黎阳仓遗址），形成了模拟展示仓城格局、仓窖本体真实揭露展示、展厅设置陈列展览的遗产展示阐释体系。山东省济宁汶上县大运河南旺枢纽建成国家考古遗址公园。江苏省扬州中国大运河博物馆、北京市通州大运河博物馆、浙江省杭州京杭大运河博物馆、安徽省淮北隋唐大运河博物馆、河南省洛阳隋唐大运河文化博物馆等，成为遗产价值展示的重要载体。

二　大运河遗产保护管理办公室世界遗产保护工作基本情况

（一）保护管理机构及人员

2007 年，大运河申遗工作正式启动，国家文物局明确扬州市为大运河联合申遗牵头城市，在扬州挂牌成立"大运河联合申报世界文化遗产办公室"。同期，扬州市委、市政府成立"扬州市申报世界文化遗产办公室"，与大运河联合申报世界文化遗产办公室一体化运作。机构职能为牵头组织全国沿线 8 省（市）35 座城市的联合申遗工作，同时承担大运河扬州段世界文化遗产申报工作。

2014 年 6 月，中国大运河项目列入《世界遗产名录》后，国家文物局将"大运河联合申报世界文化遗产办公室"更名为"大运河遗产保护管理办公室"，同期，"扬州市申报世界文化遗产办公室"更名为"扬州市世界遗产保护管理办公室"。机构职能从"申遗"向"保护传承利用"转型，继续在大运河遗产保护与管理方面发挥作用。

大运河遗产保护管理办公室（扬州市世界遗产保护管理办公室）为公益一类事业单位，机构规格为正处级。2022 年 2 月，扬州市委、市政府《关于印发〈扬州市世界遗产保护管理办公室（大运河遗产保护管理办公室）机构职能编制规定〉的通知》（扬办〔2022〕5 号）重新核定了机构职能，明确主要职责为：接受国家、省、市文物部门委托，协调、组织、实施、督查大运河全线遗产保护管理工作，主要为大运河遗产点监测、保护管理工作调研和督查，向各级文物部门提出工作建议，组织大运河遗产保护工作和文旅发展的交流研讨，开展遗产保护相关专业人员培训；承担市委、市政府交办的扬州市世界遗产保护相关工作；承担大运河遗产的价值研究、文化传承、宣传弘扬、交流合作等相关工作；承担协调、组织、实施海上丝绸之路扬州遗迹和大运河新增遗产点申报工作；承担世界运河历史文化城市合作组织（World Historic and Cultural Canal Cities Cooperation Organization，WCCO）及中国大运河学会（筹）秘书处的日常运作；协助市委、市政府举办相关国际国内论坛、会议和培训，协助开展经贸、文化、旅游、教育等国际国内联动、协作、共建活动等。设综合处、宣传推广处、保护监测处、传承发展处、交流合作处、协调联络处等内设机构 6 个。现有在职职工 30 人，含在编职工 19 人、编外职工 11 人。其中，从事管理岗位人员 12 人、专业技术岗位人员 7 人；持有高级专业技术职称 4 人、中级专业技术职称 10 人；研究生学历 7 人、大学本科学历 19 人。

（二）大运河遗产保护管理办公室工作概要

一是履行大运河全线保护管理的部分协调职能。为推动大运河保护和申遗工作稳步开展，从 2007 年开始，大运河联合申遗办受国家文物局委托，通过对大运河沿线城市申遗和保护管理工作开展多频次、常态化的调研督查，举办大运河保护和申遗工作推进会等方式，有效地推进了联合申遗的相关工作。申遗成功后，在国家文物局和中国文化遗产研究院的支持下，大运河保护办与扬州大学成立中国大运河遗产保护中心，分别在 2016 年、2017 年、2024 年对运河沿线 27 个城市具体实施全面巡查，形成《大运河遗产点段专项巡查报告》《大运河遗产点段保护利用研究报告》《大运河世界文化遗产保护状况专题调研报告》等成果。2019 年、2022 年，由大运河保护办自行组织，先后两次对大运河全线、大运河江苏段开展拜访工作，形成《2019 年大运河沿线城市拜访情况报告》《2022 年大运河江苏段遗产保护传承利用调研报告》等。2022~2023 年，受国家文物局委托承办"大运河文化遗产保护传承利用工作会议"，按要求配合开展会议统筹、现场调研和业务服务等工作。

二是承担大运河保护管理的相关宣传任务。申遗期间，大运河联合申遗办受国家文物局委托统筹大运河沿线 35 座城市，组建了有 40 多名通讯员参加的专业宣传团队。开通大运河申遗中英文网站，专辟申遗工作新闻、城市遗产介绍、专业知识指导等窗口，及时发布各个城市大运河申遗相关权威信息，并结合实际工作需要，进行数次改版，宣传了大运河的经济社会和文化价值。2008~2016 年，连续编发《大运河保护与申遗》月度工作简报，每期报送全国政协相关委员会，省部际会商小组成员单位，沿线各省（市）、各城市政府及有关部门，取得了很好的宣传效果。通过举办通讯员培训班、制定考核奖励办法等方法，构建了覆盖全线、影响广泛的宣传网络体系。2014年后，大运河申遗网更名为大运河遗产网（网址为http://www.chinagrandcanal.com/），设机构介绍、新闻速递、基础信息、韵河天地等版块，推介和分享大运河沿线城市遗产保护方面的最新动态。

2022年，增开大运河保护办（扬州世保办）微信公众号，致力于加强大运河文化传播与普及、增进运河城市的沟通与交流，为大运河沿线城市遗产保护、传承、利用、宣传、研究提供更为便捷的新媒体信息平台。2024年，组织"歌咏长河——重走申遗路"大型融媒体新闻行动，"记者＋主持人"以"行走"的方式，赴中国大运河沿线城市，以镜头记录展示10年来运河文化保护成果，邀请运河沿线城市的文化学者、非遗传承人等回顾大运河的申遗之路，解码大运河文化。

三是发挥大运河全线保护管理的先遣作用。大运河联合申遗办在大运河沿线城市率先于2010年组织编制《大运河（扬州段）遗产保护规划（2010—2030）》，撰写《大运河扬州段申遗子文本》等技术性文件，为运河沿线城市提供了范本。申遗成功后，2021年底，大运河保护办作为国家《大运河文化遗产保护条例》研究项目领导小组成员单位，组织专业技术人员及业务骨干支持和参与立法研究报告编制工作。2023年，大运河保护办参与论证的《扬州市大运河文化遗产保护条例》由扬州市人大常委会颁布，为全面推进大运河文化遗产保护工作、为大运河文化遗产保护传承利用贡献了法治力量。2022年起，探索性开展大运河扬州段遗产点段扩展调研，主动对扬州境内未列入世界遗产项目的大运河点段开展摸底普查，挖掘价值标准、提炼核心内涵。初步筛选出35个大运河扬州段遗产点，形成大运河遗产扩展项目基础名单，汇总初选点段的基础材料，完成其历史沿革、现状描述、保护机制、建设项目、宣传展示、文化活动等数据档案建设。2023年，受扬州市政府委托，主要参与位于扬州三湾的中国大运河申遗展示馆建设，2024年6月建成开馆。分国家行动、江苏实践、扬州担当等六大专区，结合国家层面申遗、江苏省

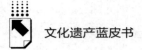

大运河文化带及国家文化公园建设、扬州牵头申遗及运河遗产、运河风情沉浸式展示、世界运河城市印象、运河研学空间等内容进行布局，以期通过展示馆发挥传承历史、教育后人、启迪思想的重要作用。

四是推进大运河保护管理的监测预警工作。申遗成功前，按照国家文物局要求，大运河联合申遗办及时建成大运河扬州段监测预警中心，并在此基础上开发了大运河遗产监测预警通用平台软件，在大运河沿线 31 个遗产区部署建设。并与中国文化遗产研究院的大运河总平台进行对接，实现了大运河遗产两级平台的数据互通，以及国家、省及遗产地的三级管理体系。申遗成功后，经国家文物局批准，大运河保护办启动了涉及运河沿线 27 个遗产城市的大运河遗产通用平台建设及提升项目，进一步提升了大运河沿线城市遗产监测预警水平。2021 年，受江苏省文物局的委托，开始承担全国首个省级大运河监测管理平台的建设和运营，收录最新的工程数据、定期报表、舆情数据、水位数据等，并结合 50 路实时视频信号，实现了全省大运河遗产保护管理数据采集、统计分析和监测预警的数字化管理。同时，配合江苏省文物局进行大运河遗产江苏段涉建项目督查，参与调研大运河无锡段清名桥历史文化街区保护区划内定胜河区域桥梁改造项目、宿迁港惠然实业码头项目等多个世界遗产涉建项目，掌握大运河江苏段保护现状，为大运河保护管理工作提供基础信息支撑。

五是构建大运河保护传播的国际对话平台。立足世界运河城市论坛，搭建运河城市文化交流平台。自 2007 年起，作为主办、承办或支持单位连续参与 16 届世界运河城市论坛，每年围绕运河保护、生态建设、文旅发展等不同热点，与全球运河城市分享治理经验、推介城市形象。2022 年，论坛成功升格为部省联办，并列为江苏省中华文化走出去重点项目。2023 年，论坛邀约到近 30 个国家、700 多位国内外嘉宾参会，以"运河城市遗产保护与绿色低碳发展"为主题，展示各方在推动运河城市遗产保护和可持续发展方面的有益探索和典型案例。保持国内外运河城市的常态化互动，推动与国内外机构的长效性共建。2016 年，同亚太地区世界遗产培训与研究中心（World Heritage Institute of Training and Research For The Asia And the Pacific Region）、北大文博学院等联合主办"大运河与海上丝绸之路国际学术研讨会"，日本、韩国、新加坡等国文化遗产专家参会，就大运河和海上丝绸之路在未来的保护、管理与利用深入交流。2018 年开始，与内河航道国际组织（Inland Waterways International）①保持密切互动，以参加或举办世界运河大会的形式在国际会议上持续发声，扩大大运河文化在学术界的影响力。此外，还通过参加亚太遗产中心纪念《世界遗产公约》50 周年"世界遗产对话"活动等契机，强化与各方的合作与联动。

六是加强大运河文化遗产价值阐释研究。围绕大运河申遗进行以来各方机构、专家等相关成果，编制完成大运河"世界的扬州·文化遗产丛书"1 套11 册，包含《历史深处的画舫》《大地上的卷轴画》等，共同展示扬州文化遗产价值再发现的初步成果。涉及历史、美学、文献学、遗产学、考古学、建筑景观学、民俗学等领域，较为系统地分析扬州文化遗产的历史原貌、物质形态、精神气质、布局结构、发展演化、建筑风格、构成要素等内容，并站在人类文明的高度，对瘦西湖、大运河扬州段、海上丝绸之路扬州史迹等进行观察和阐述。正在筹划出版的"大运河世界遗产研究系列丛书"，包含《世界遗产·中国大运河十年》《大运扬波》《大运河世界遗产——扬州重宁寺》等，从历史、人文视角，解读大运河世界遗产在人类文明发展史上的重要地位和作用，挖掘大运河承载的深厚文化价值和精神内涵。

推动实施"大运河文化进校园活动"项目。2021~2022 年，与扬州大学中国乡土教育研究中心合作，遴选完成"大运河文化融入大中小幼思政教育一体化课程"基地学校（10 多所），搭建"大运河文化融入大中小幼思政教育一体化课程"专家和讲师团队。开展"运河课堂""大运河文化进校园"微课程等。2020 年以来，连续 4 年举办"运河讲坛"，打造"大运河研学基地"，聘请文物、考古、非遗等不同领域中对大运河文化有所建树的专家学者，走进运河沿线城市、驻扬高校等宣讲运河文化，讲述中国故事，为运河城市的

---

① 内河航道国际组织（Inland Waterways International）是世界上有一定知名度的运河研究机构，其主办的世界运河大会是以内陆河道及人工运河的管理、利用和发展为主题的专业性国际会议，已举办 35 届。

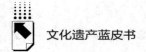

市民提供运河文化盛宴，提高民众的知识素养，提升民众文化自信。此外，"大运河文化国际传播共创计划""运河遗产与致富河、幸福河"学术研讨等项目也是近年来作出的重要尝试和实践。

三　主要问题与思考

一是大运河文化遗产调研普查亟待深入。大运河遗产构成清单有待进一步细致、深化，如获取清晰的界定，明确河流、驳岸、植被、沿线建筑物和构筑物等的具体保护措施等。建议国家层面组建大运河调研专家组，委派专业机构采用定期巡查的方式，推动和加强对大运河沿线省、市等各级规划对象相关文物保存、保护情况的深入调研，挖掘实证大运河水工科技价值、文化交流历史、统一多民族国家形成、古代国家治理理念和现当代水利交通等的大运河文物资源，加强研究与价值评估，推动相关资源依法公布为不可移动文物，以及相应等级的文物保护单位。

二是大运河遗产保护监测需要提升。遗产监测工作涉及文化、水利、交通、环保、发改委等多个部门，协调工作比较复杂。省平台尚未与大运河国家总平台连通。各市监测平台之间，数据同步和事项协调难度大。建议由国家文物局和中国文化遗产研究院支持，建立常态化协调机制，提升大运河世界文化遗产监测预警平台建设功能，强化实时监测、动态管理，实现大运河世界文化遗产各构成要素的技术监测、安防监控等重要数据与国家总平台等各级各类相关平台的互联互通，建设集地理数据、监测数据、业务数据于一体的遗产数据库，采集、记录、分析、评估遗产本体的监测、保护、管理数据，实施预警处理，指导其预防性保护、科学决策和有效管理。

三是大运河遗产价值挖掘尚需深入。具有权威性学术影响力的研究成果占比不高，价值研究工作需要进一步关注。目前，在现有研究中，历史文化类的成果占比较大，其中既能保持专业性又具备通俗性的科普读物数量不多。针对大运河现存遗产的研究尚显不足，需加强理论研究和实践探索。在普及大运河遗产知识方面，需要进一步推动专业研究成果的转化。建议由国家层面支持并设立专项研究基金，按照中办、国办印发的《大运河文化保护传承利用规划纲要》要求，继续深入推动挖掘大运河承载的深厚历史价值，使涉运相关学术研究走向纵深，确保大运河突出普遍价值和保护理念得到进一步阐释。

四是大运河遗址类遗产保护利用模式需要创新。遗址类遗产面临的本体环境潮湿、地下水侵扰等影响，需要引起进一步重视。建议加大对该类遗产的科学保护技术研究及资金支持，例如，将遗产保护与乡村公共文化、休憩空间建设相结合等，衔接乡村振兴战略，探索大运河遗产保护、环境整治和利用举措。吸收借鉴成功经验，梳理整合各类不可移动、可移动文物资源，以特定主题为主线，有机关联、串珠成链，形成一批融文物、文化、休憩功能于一体的大运河线性文化遗产展示利用示范项目，并利用现代科技手段提高其观赏性、教育性及趣味性。

五是大运河遗产保护管理力度需要加大。尤其是大运河郊野地区，因区域周边环境尚需完善、文旅融合难度较大等影响，相关遗产保护破题难度不小。建议继续落实大运河文化遗产保护属地管理责任、相关部门的监管责任和保护机构的直接责任。持续实施大运河沿线重要水利遗产、工业遗产、农业遗产协同保护。针对通水通航河道内的桥梁、闸坝、险工，充分认识到其面临的安全风险，开展病害调查，做好技术监测，推进专题研究，制定缓解举措，降低风险隐患。

六是大运河遗产统筹协调机制有待加强。由于大运河遗产的保护传承与利用涉及多部门，各省市、各部门之间权责利划分不清晰，致使管理中可能出现一些不足，因此如何进行多部门协作联动是当前亟待解决的问题。建议由国家层面支持、赋权大运河专业管理机构，围绕日常工作和重大事项等建立健全政府主导、多部门联动、纵向到底的协同保护机制，共同做好大运河保护工作。

B.14
世界文化遗产创新保护的福建模式

福建省文物局 *

摘　要： 福建是世界遗产大省，世界遗产数量达 5 项，位列全国第 2。从 2022 年开始，福建省文物局以创新精神，推出"文物保险＋服务"文化遗产管护模式，陆续在世界文化遗产地的泉州市、武夷山市、南靖土楼、永定土楼等地推行该模式，将更多的世界文化遗产纳入"保险箱"，取得了较大成果。在 2023 年文化和自然遗产日活动开幕式上，"文物保险＋服务"创新文物管护模式，入围文物事业高质量发展案例名单，是近年来文物工作积极探索的典型代表。

关键词： 福建　世界文化遗产　"文物保险＋服务"保护模式

　　福建世界遗产资源丰富、数量众多、品种齐全、特色鲜明。福建是世界遗产大省，数量达 5 项，位列全国第 2，目前拥有武夷山世界文化与自然遗产（1999 年 12 月）、福建土楼世界文化遗产（2008 年 7 月）、泰宁丹霞世界自然遗产（2010 年 8 月）、"厦门鼓浪屿：历史国际社区"世界文化遗产（2017 年 7 月）、"泉州：宋元中国的世界海洋商贸中心"世界文化遗产（2021 年 7 月）等 5 项世界遗产。其中世界文化遗产 3 项、世界文化与自然遗产 1 项、自然遗产 1 项。

---

　　* 执笔人：肖玉琴，福建省文物局文物保护与考古处处长。

近年来，福建省文物局以创新精神，推出"文物保险＋服务"文化遗产管护模式，持续推进世界文化遗产的保护工作，取得了较大成果。这种模式，由文保单位管理机构、保险公司、科技公司联手合作，创新"防重于赔"保险思路，建立物联网系统和安全监管平台，为安保人员装上千里眼，减少安全巡查的劳动强度，解决文物点多面广管理不到位、维护不及时等问题，补齐文物安全工作短板。

一 福建世界文化遗产概况

（一）武夷山世界文化与自然遗产（1999年12月）

武夷山世界文化与自然遗产地处福建武夷山市的西南部，核心区域包括中西部的国家级自然保护区、东部的自然与文化景观保护区以及古汉城（闽越王城）遗址保护区，中部的九曲溪生态保护区（见图1左）则为次核心区域。

武夷山世界文化遗产点主要有：架壑船棺、闽越王城、武夷精舍、兴贤书院等。

武夷山悬棺葬（架壑船棺，距今3000多年前的商代）分布武夷山风景区内九曲溪沿岸，武夷山古代船棺分布在18处，现存船棺19具。

闽越王城位于风景区南约20公里处，依山傍水、保存完整、规模宏大，是现今我国长江以南保存最完整的一座汉代古城址，被誉为"中国江南第一古城"（见图1右）。在48万平方米的王城内外，发现了闽越族人民的居住遗址、墓葬区、手工业作坊区、祭祀建筑等遗迹，出土了众多的生产工具、生活用具和铁兵器，种类有陶瓷器、铁器、青铜器、玉器等。

武夷精舍位于九曲溪（五曲）北隐屏峰西南麓，占地数亩，是宋代武夷山的一大建筑，世称"武夷之巨观"。武夷精舍落成后，朱熹在此著述讲学长达十年之久，来此就读的四方学者众多，朱熹在此完成了《四书章句集注》等一批理学著作。

兴贤书院位于武夷山市五夫镇兴贤古街上，兴建于南宋孝宗时期（1163~1189），是朱熹为了纪念其师胡宪而建的。兴贤，意为兴贤育秀，书院

门牌楼高耸，上嵌竖匾，匾文为朱熹手迹"兴贤书院"四个遒劲大字。朱熹曾在此著述授徒、传播理学，这是朱熹重要的学术活动场所。

图1　武夷山九曲溪（左）和闽越王城（右）

资料来源：福建闽越王城博物馆提供。

（二）福建土楼世界文化遗产（2008年7月）

福建土楼是中国东南山区土楼中最出色的代表和最值得保护的典范。这些土楼建造于13~20世纪，坐落于肥沃的深山峡谷之中，是一个社区族群长久以来共同生活和抵御侵害的独特民居建筑，代表了7个多世纪以来夯土建筑技艺的出现、创新、发展和杰出的艺术水平。福建土楼内部精细划分为不同的功能，其中一些具有精美的外部装饰，满足了社区人群在物质和精神方面的需求，并以一种独特的方式反映了在面临潜在威胁的环境下，处于偏远地区的复杂社会组织的一种发展模式。土楼建筑和它们所处环境之间的关系，显示了风水观念，以及建筑与环境和谐统一的理念。

福建土楼数量众多，其总量大约为3000座。入选世界遗产的土楼由永定、南靖、华安三县的"六群四楼"组成，共计46座，即永定区的初溪、洪坑、高北土楼群，振福楼、衍香楼；南靖县的田螺坑、河坑土楼群及和贵楼、怀远楼；华安县的大地土楼群。

初溪土楼群位于永定区下洋初溪村，由集庆、余庆、华庆、庚庆、锡庆、福庆、共庆、藩庆、善庆、绳庆共计10座土楼组成（见图2左）。

洪坑土楼群位于永定区湖坑镇湖坑村，由光裕、福兴、奎聚、福裕、如升、振成、庆成共7座土楼组成。

高北土楼群位于永定区高头乡高北村，由承启、五云、世泽和侨福4座土楼组成。

振福楼位于永定区湖坑镇西村，始建于1913年，为双重圆形土楼。衍香楼位于永定区湖坑镇新南村，1842年开始修建，为单重圆形土楼。

田螺坑土楼群位于南靖县书洋镇上坂村田螺村，由方形的步云楼和圆形的振昌楼、瑞云楼、和昌楼、文昌楼共5座土楼组成，其中步云楼位于中部，其余4座土楼分布于四周。这5座土楼依山势起伏，高低错落，疏密有致。居高俯瞰，4座圆楼拱卫中间的方楼，形成极其独特的人文景观，观之令人震撼（见图2右）。

河坑土楼群位于南靖县书洋镇曲江村河坑村，由朝水、永盛、绳庆、永荣、南熏、阳照、永贵、裕昌、东升、晓春、永庆、裕兴、春贵共计13座土楼组成，是入选世遗土楼最多的土楼群。

怀远楼位于南靖县梅林镇坎下村，建于清光绪三十一年（1905）至宣统元年（1909），为单重圆形土楼。

和贵楼位于南靖县梅林镇璞山村，建于清雍正十年（1732），为单重长方形土楼。

大地土楼群位于华安县仙都镇大地村，由二宜楼、南阳楼和东阳楼组成。二宜楼建于清乾隆五年（1740），为双重圆形土楼，是世遗土楼中为数不多的单元式土楼。

图2 永定区（初溪）土楼群（左）和南靖县（田螺坑）土楼群（右）

资料来源：永定区文物局、南靖县土楼管委会提供。

（三）"厦门鼓浪屿：历史国际社区"世界文化遗产（2017年7月）

鼓浪屿位于厦门市思明区，是厦门岛西南隅一座面积为1.88平方公里的小岛。"鼓浪屿"开拓于宋末元初，在19世纪中叶到20世纪中叶的一百年历史中，随着厦门作为福建地区早期开放的重要对外贸易港口之一，受到来自中国闽南地区、西方国家和亚洲国家等多元文化的共同影响。外来多元文化的碰撞、共存和融合，以及华人文化具有的巨大创造力和积极作用是"鼓浪屿"独特的文化特征。"鼓浪屿"完整的发展历程见证了19世纪中叶到20世纪中叶，传统社会融入现代公共设施向新社会形态转变的历史变革。"鼓浪屿"是在多元文化共同影响下发展、完善的近代居住型社区的独特范例。岛上公共租界时期的国际化公共社区整体空间结构和环境要素以及历史建筑都被相对完整地保护下来，列入世界文化遗产点近1000点（见图3）。

图3　鼓浪屿八卦楼（左）和俯瞰鼓浪屿岛（右）

资料来源：鼓浪屿管委会提供。

（四）"泉州：宋元中国的世界海洋商贸中心"世界文化遗产（2021年7月）

"泉州：宋元中国的世界海洋商贸中心"被认为符合世界遗产文化标准第ⅱ、ⅲ、ⅳ条，于2016年被列入我国世界遗产预备名单。泉州曾是10~14世纪世界海洋贸易网络中高度繁荣的商贸中心之一，它作为宋元中国与世界的对话窗口,展现了中国完备的海洋贸易制度体系、发达的经济水平以及多元包容的文化态度。遗产整体由22处代表性古迹遗址及其关联环境构成,分布在自海港经江口平原并一直延伸到腹地山区的广阔空间内,它们完整地体现了宋元泉州富有特色的海外贸易体系与多元社会结构,多维度地支撑了"宋元中国的世界海洋商贸中心"这一价值主题。22处代表性古迹遗址包括:九日山祈风石刻、市舶司遗址、德济门遗址、天后宫、真武庙、南外宗正司遗址、泉州府文庙、开元寺、老君岩造像、清净寺、伊斯兰教圣墓、草庵摩尼光佛造像、磁灶窑址、德化窑址、安溪青阳下草埔冶铁遗址、洛阳桥、安平桥、顺济桥遗址、江口码头、石湖码头、六胜塔、万寿塔(见图4)。

图4 泉州开元寺(左)和德济门遗址(右)

资料来源:泉州市申遗中心提供。

二 创新"文物保险+服务"文化遗产保护模式

为更好地探索文物保护方式,从2021年开始,福建省文物局筹备开展"文物保险+服务"试点工作。2023年,陆续在世界文化遗产地的泉州市、武夷山市、南靖土楼、永定土楼等地推行该模式,将更多的世界文化遗产纳入"保险箱"。

福建省文物局"文物保险+服务"项目通过创新"防重于赔"保险思路、创新文物估值方式、创新智慧文物管理平台、创新文物管护资金来源、创新共同保护巡检方式等多方面的手段，让保险公司给文物保护单位找疏漏、上设备、织密防护网，为每个文物量身定做安全可靠的保护方案。

福建省文物局与保险公司协商，采取"定值保险"方式，即每个文物保护单位的保险金额以建筑面积为基础，双方约定标的保险价值并在保险合同中载明，保险标的发生损失时，以约定的保险价值为赔偿计算标准，具体以文物"重置价"基值上浮 20% 的定价方式，为文物保护单位投一份保单，这一方式较为科学地解决了文物投保难定价的问题，得到了保险公司认同。基于"防重于赔"的思路，福建省文物局和保险公司创新性地采购第三方文物安全科技服务，在前端文保单位安装消防、安防、环境、结构等物联网设备，搭建智慧安全监管平台，实行 24 小时集中值班，并采用手机 App 和微信小程序，进行数字化第三方巡查，达成监测预警和日常监管网络化、信息化和精准化，实现实时和远程监测、监管，提升监测效率和监管效能。

关于如何解决文物维护经费缺乏的问题，福建省文物局要求保险公司预留 20 万元"预防措施费用"，用于文保单位的小修小补，防止隐患扩大。同时，在文物部门与保险公司签订的合同中，除因自然灾害等意外事故责任外，新增偷盗损坏维修、烟熏清污等责任，解决了文物因局部损坏后续维修经费难筹措的问题。

2023 年 2 月 8 日，福建省文物局在上杭县召开了"文物保险＋服务"项目经验推广暨现场工作推进会。会议介绍，自项目实施以来，有关单位通过"文物＋保险""文物＋科技""文物＋服务""文物＋预防"解决了文物管护不到位、文物巡查力量不足、文物维护经费缺乏等问题，达到防范在前的目的，项目试点取得了阶段性成效，使文物安全隐患防范快速形成闭环，成功织密文物安全防护网，文物安全工作得到进一步加强。福建文物局"文物保险＋服务"项目，开创了政府、商业保险、第三方专业科技公司共同参与的多层次、多渠道、可持续的文物保护新模式，补齐福建省内文物安全防护工作短板，为全国文物安全防护措施的更新升级提供了新路径（见图 5）。

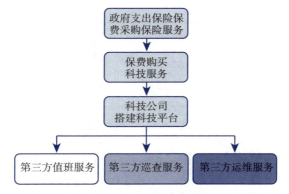

图 5 "文物保险 + 服务"创新文物管护模式

资料来源：课题组提供。

该项目实现了 5 个创新：

一是创新"防重于赔"保险思路，进行数字化第三方巡查，实时和远程监测、监管，提升监测效率和监管效能。

二是创新文物估值方式，以文物建筑面积为基础约定标的保险价值。

三是创新智慧文物管理平台，通过数字化、可视化、集中管理、安全保护以及数据分析等功能，提高了文物保护的管理效能和可持续发展效能。

四是创新文物管护资金来源，预留"预防措施费用"，用于文保单位的小修小补，防止隐患扩大。

五是创新共同保护巡检方式，依托"文物保险 + 服务"模式，新组建了一支文物安全保护巡查员队伍，构建"发现及时、指令精准、跟踪到位、处置高效、反馈迅速"的"人工巡防"系统，共同承担文物保护巡检工作。

在 2023 年文化和自然遗产日主场城市活动开幕式上，国家文物局公布了文物事业高质量发展推介案例名单。福建省文物局"'文物保险 + 服务'创新文物管护模式"（图 6）入围文物事业高质量发展案例名单，体现了福建省文物局在推动文物工作融入国家大局、助推区域发展战略等方面的创新有为，是近年来文物工作积极探索的典型代表。

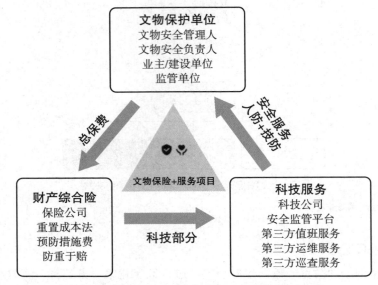

图 6 "文物保险 + 服务"创新文物管护关系示意

资料来源：课题组提供。

三 福建世界文化遗产保护模式的实践成果

2023 年，福建省文物局将永定土楼、南靖土楼、武夷山、泉州等世界文化遗产重点区域作为"文物保险 + 服务"推进县区，引进保险机构、科技公司和专门巡查人员，织密线上线下防护网。这是对现有文物保护模式的有益补充，有利于前移保护关口、放大文物保护资金效应，解决文物管理不到位、维护不及时等问题，促进文物安全防护更新升级，同时有效提升公众对文物珍贵价值的认识，为文物保护探索出一条新路子。

（一）福建土楼保护（永定）"文物保险+服务"项目成果

2023 年 8 月，福建省文物局下发《福建土楼保护（永定）文物保险 + 服务项目设计方案的批复》（闽文物字〔2023〕328 号）。该项目涵盖全区国保单位 3 处 13 个点，省级文物保护单位 28 处 28 个点，共 31 处 41 个点。

项目总投资 449 万元，上级补助资金 340 万元，永定区自筹资金 109 万元。2023 年 10 月委托代理公司进行公开招标，2023 年 11 月与中标单位中国人民财产保险股份有限公司龙岩市分公司签订服务合同。截至 2024 年，该项目正在进行科技部分设备设施安装和调试阶段，已完成总工程量的 50%，将投入正常使用。

下一步，利用成熟的"保障＋技防＋人防"服务型产品在多项公共服务中的运用成果，解决文物保护单位分布区域广、存在静态展示状态、基层文物保护人员少、巡检质量难控制、事故不可追溯、应急补救不到位等突出问题。通过建设龙岩市永定区文物建筑智慧安全监管平台，力求用现代化的技术和设施来预防和解除各种风险因素对该项目所列文物保护单位文物建筑的危害，使之古貌依旧。

（二）福建土楼（南靖）"文物保险+服务"项目成果

2023 年 2 月，南靖县向福建省文物局申请实施福建土楼（南靖）"文物保险＋服务"项目，2023 年 3 月，省文物局批复同意实施该项目。2023 年 5 月，报送项目总体方案，2023 年 9 月 25 日，通过省局专家评审并批复。福建省财政厅、文旅厅分三批下达福建世界文化遗产土楼保护（南靖）省级及以上文物保护单位"文物保险＋服务"项目共计 320 万元。

南靖县重点推进覆盖省级以上文保单位的福建土楼（南靖）"文物保险＋服务"项目。该项目涵盖南靖县省级以上文物保护单位，共 31 处 55 个点，文物保险时长 3 年，累计投入 320 万元。该项目是全省文物保护创新示范项目，首创"保险＋科技"的方式，在原有文物财产保险的基础上，引入第三方文物安全科技力量，通过"文物安全监管平台"，创新"前端物联网系统＋数字化巡查系统＋安全监管平台＋人工巡查"模式，保障监测文物建筑的安全状况，同时配备安全科技手段和人工定期巡查巡视，精准发现文物的"小灾小病"，再由保险公司提供"及时修缮理赔服务"，第一时间开展修缮工作，排除安全小隐患，实现保障流程的闭环管理。

（三）"鼓浪屿：历史国际社区"世界文化遗产管理体制机制

"鼓浪屿：历史国际社区"世界文化遗产地缓冲区面积约 316.2 公顷，遗产区面积约 886 公顷。岛上有不可移动文物 151 个，其中全国重点文物保护单位 36 个、省级文物保护单位 27 个、市级文物保护单位 4 个、区级文物保护单位 3 个、一般不可移动文物 81 个。已认定历史风貌建筑 439 栋，其中重点保护风貌建筑 128 栋、一般保护风貌建筑 311 栋。

2017 年 7 月 8 日，"鼓浪屿：历史国际社区"成功列入《世界遗产名录》。近几年来，鼓浪屿认真践行习近平总书记重要批示精神，借鉴国际理念，健全长效机制，落实各项保护措施，推动文化遗产的科学保护与有效利用，成效斐然。

1. 强化条例规划保障

借鉴国际先进理念，充分运用厦门经济特区立法权，严格对标世界文化遗产保护公约和国际一流标准，颁布实施了"升级版"法规——《厦门经济特区鼓浪屿世界文化遗产保护条例》[①] 和《厦门经济特区鼓浪屿历史风貌建筑保护条例》[②] 等，对文物建筑修缮、文化保护传承、社区营造建设、居民权利保障等作出"带牙齿""有温度""接地气"的规定，将全岛旅游、交通、商业等规划与文化遗产保护有机结合，依法严格保护全岛，守护遗产地的历史真实性、风貌完整性、文化延续性。有关条例的颁布实施，为控制违法建设、保持自然景观、维护街区格局、延续文化肌理、促进鼓浪屿的长效保护和可持续发展提供了有力保障，鼓浪屿世界文化遗产保护进入依法治理新时代。

根据立法条例，制定相关规划来促进鼓浪屿的保护发展，先后制定《风景名胜区总体规划》《文化遗产地保护管理规划》《历史文化街区保护规划》

---

① 《厦门经济特区鼓浪屿世界文化遗产保护条例》，2019 年 6 月 28 日经厦门市第十五届人民代表大会常务委员会第二十六次会议通过，自 2019 年 7 月 8 日起施行。
② 《厦门经济特区鼓浪屿历史风貌建筑保护条例》，2009 年 3 月 20 日经厦门市第十三届人民代表大会常务委员会第十五次会议通过，自 2009 年 7 月 1 日起施行。

《历史风貌建筑保护规划》《鼓浪屿世界文化遗产地消防专项规划》等，为鼓浪屿全方位保护发展提供依据、奠定基础。

鼓浪屿管委会正在开展《鼓浪屿世界文化遗产地保护管理规划》的修编工作。此外，草拟了《鼓浪屿风貌保护与有机更新设计导则》，对鼓浪屿一般建筑的修缮更新提出了思路方向。

2. 健全管理体制机制

厦门市鼓浪屿世界文化遗产保护委员会于 2018 年正式成立，由省委常委、市委书记担任主任，市长为第一副主任，市委、市政府各部门领导担任委员，全面统筹鼓浪屿文化遗产保护工作，研究制定鼓浪屿文化遗产保护发展战略，解决重大问题，统筹协调重大事项。保护委员会下设办公室，市委常委、市委宣传部部长任办公室主任，分管副市长任办公室副主任，主要负责落实鼓浪屿文化遗产保护工作的组织实施、统筹协调、监督检查等。站在全市高度更好地负责统筹鼓浪屿文化遗产的保护工作，研究制定鼓浪屿文化遗产保护发展战略，审议重大问题，统筹协调重大事项，每年 7 月，鼓浪屿管委会向厦门市委常委会提交《关于深入贯彻落实习近平总书记重要指示精神全面推进鼓浪屿世界文化遗产保护利用的情况汇报》。

鼓浪屿管委会加强与历史文化街区所在地思明区的融合，领导交叉任职，鼓浪屿管委会党工委书记为思明区委书记、鼓浪屿管委会主任为思明区委副书记、鼓浪屿街道书记为鼓浪屿管委会党工委委员，对涉及鼓浪屿文化遗产保护传承的重大事项、重点工作统筹协调、共同研究、统一部署。鼓浪屿管委会统筹协调驻岛单位，有效破除"二元化"管理困境，形成全岛统一管理、相互衔接、高效科学的管理体系。

改革执法体制，整合全岛执法力量，成立鼓浪屿综合执法处、综合执法大队，建立执法巡查机制。根据《厦门经济特区鼓浪屿世界文化遗产保护条例》第 7 条规定，"市人民政府可以确定相应的行政执法部门，或者依法设置综合执法机构，在前款规定的执法领域实行相对集中行使行政处罚权"，破解多头执法、多元管理、"九龙治水"困局，文物保护、占道经营、油烟噪音、无证导游等问题得到明显改善。

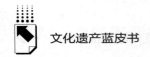

3. 优化社区服务品质

首创"物业城区"管理服务模式，引进城市服务单位，为全岛提供"管家式"服务，有利于提升文化遗产保护的专业化和精细化，进一步提升鼓浪屿的居住品质和旅游品质。

构建共治共管的多元治理机制，充分发挥公共议事会、家庭旅馆及商家自治组织、文化遗产保护志愿者队伍、群防群治队伍作用，推动社会力量和专业机构参与鼓浪屿文化遗产保护工作，进一步增强居民归属感、幸福感、获得感。以"众语堂"为名打造鼓浪屿社区治理典范空间，共治共管共享不断深化。

设立多种"申遗惠民"政策，鼓浪屿居民每年有一定数量的亲友过渡名额；为辖区范围内 60 岁以上的老年人提供助餐配餐服务，为出行不便的老人提供送餐服务；对私人业主开展核心要素修缮提供一定比例的补助；每年根据文物和历史风貌建筑的保护状况，按轻重缓急，由政府出资安排对危及公共安全和影响景观的文物建筑（历史风貌建筑）开展小修保养工作；在厦门市政府的领导下，由政府出资开展不可移动文物集中保护修缮工作。

4. 深耕遗产监测预防

鼓浪屿管委会设立监测中心，始终围绕预防性保护原则，利用人机结合，强化遗产地日常巡查监测，构建监测预警体系。形成定期定点巡查、极端天气专项巡查的制度，每年年初完成遗产地监测年报报送到中国世界文化遗产监测总平台，2021~2023 年，发现并上报病害 120 余处。在日常工作中建立了《鼓浪屿文化遗产保护监测预警联动处置机制》《鼓浪屿文化遗产地巡视巡检制度》《鼓浪屿监测中心安全管理制度》等制度，促进了安全管理的协调联动，确保安全隐患及时得到排查与处置。借助设施设备提升保障水平，利用定点监控守好核心要素和景区等重点区域的日常安防，在岛上制高点布设自动巡查的云台监控，每天定时巡查，监控肉眼无法看到的火情烟雾等警情，监控海岸线潮汐安全，为职能部门提供及时的安全工作信息支持。截至 2023 年底，监测中心在遗产核心要素、文保单位、全岛制高点、海岸线等安装 103

路监控，基本覆盖了全岛重要保护对象，为遗产地、居民社区和旅游景区安全保障提供有力的技术支撑。

（四）"文物保险+服务"助力泉州世界文化遗产筑牢安全"防火墙"

泉州鲤城区拥有世界遗产点8个。2023年，全力落实"文物保险＋服务"试点项目，建立"1+1+1+2"（投一份1.5亿元大额保单，建立一套监测系统，安装一批安消防设施设备和组建两支专业队伍）的文物安全防护体系，成功打造全省首个覆盖国家、省、市三级文保单位试点模式，助力世界遗产安全监管规范化、标准化。

1. "及时雨"，最大化发挥险种效能

拓外延。将文物保险链条延展至国家、省、市三级，除涵盖全部世遗点、国保、省保外，精心筛选10个市级文物保护单位纳入整个"盘子"，尤其是将70%私人产权的文物保护单位一并纳入，助力解决私人产权文物在管理、资金、利用等方面的难点、痛点。

挖内涵。根据鲤城文物自身特点以及存在问题情况，为文物保护单位投保的险种包括了自然灾害险、地震险、盗窃险、火灾险、预防措施险等。其中预防措施险主要由保险公司固定每年从保额提取一定费用，用于文物保险标的的日常维护管理、紧急抢险等，资金使用率和文物安全隐患处置率均达100%。

全覆盖。利用保险公司每年度固定划拨的20万元预防措施费，全面实施白蚁防治和"杜苏芮"台风防御工程等，16处土木结构类文物保护单位白蚁得到有效防治，台风杜苏芮期间纳入项目的36处文物保护单位得到有效防范，文物本体未出现较大的受损情况。部分轻微受损的文保单位均获得全款理赔并第一时间得到有效修复。

2. "智多星"，最大化优化系统功能

建立智能化多重监管平台，通过建立物联网信息化数据汇聚系统，将收集到的多项传感器设备信息数据实时上传"文物保护单位安全监管平台"并联动纳入全区"一网统管",实现与城管、消防、公安等应急部门安全信息共享、联动功能,同步上传至省文物局;以此实现多管齐下对文物进行监测、防范,利于对文保单位对信息和数据进行汇聚、管理及分析,同时做到文物安全险情可溯源、可迅速采取应急处置措施。

建立穿透式预警设施,充分利用文物保护单位原有的视频监控和智慧用电,统一汇聚一个平台、打破信息孤岛,便于统一值守和协调管理。至 2024 年上半年,共安装各类火灾探测报警 225 套、用电管理 65 套、视频监控 65 套、语音广播 26 套、灭火控制 18 套,对文物保护单位风险隐患点进行 24 小时在线监测,一旦出现异常,及时智能预警提醒至网格员、文物安全员、相关利益者进行处置。

3."众行远",最大化释放专业动能

通过购买第三方社会服务,组建起文物监控值守、文物安全巡查两支专业队伍。一支队伍是文物监控平台值守人员,主要履行 24 小时全天候值班职责,负责盯屏、应急处理工作,及时将安全预警"上传下达",以便文保单位各级管理人员作出精准预判,采取处置措施。同时还需承担文物安全隐患统计、保护知识宣传、舆情动态收集等任务,已有效登记 700 多条安全隐患并得到反馈解决;另一支队伍为文物安全巡查人员,主要任务为每周 2 次对文物保护单位进行巡查以及配合各级政府部门开展的文物专项督查行动,巡查内容包括文物本体安全、两线范围建设、安消防设施设备情况等,对发现的文物安全问题及时督导、跟踪、排除,确保将安全隐患消灭在萌芽中。项目实施以来,已发动文物巡查近 1450 人次,有效阻断文物问题萌芽。

参考文献

肖玉琴:《以创新方式补齐文物管护短板——"文物保险 + 服务"保护新模式初探》,《福建文博》2023 年第 2 期。

郭斌:《我省在上杭县创新推出"文物＋保险＋服务"模式，从事后的出险赔付向万无一失的事前防控转变——文物穿上"保险衣"助力防患于未然》,《福建日报》2022年3月14日。

李晓东:《基层文物保护管理工作现状与对策分析》,《遗产与保护研究》2019年第4期。

B.15
土遗址类中国世界文化遗产地监测预警体系建设研究与思考

——以良渚古城遗址为例

张玉敏　宋晓微　李　雪 *

摘　要： 根据《实施〈世界遗产公约〉操作指南》中对世界遗产的保护和管理要求，监测是世界遗产申报和保护管理机制的核心内容之一，是缔约国必须建立的保护管理体系的重要组成部分，也是提升我国世界文化遗产保护管理水平的重要手段。本报告以良渚古城遗址为主要研究对象，采用具体案例分析方法，研究我国土遗址类世界文化遗产地监测预警体系建设思路、内容和方法。通过对良渚古城遗址监测预警体系建设进行案例研究分析，得出针对我国土遗址类世界文化遗产地普遍存在的分布面积广、周边建设压力大、利益相关方协调复杂、本体脆弱且保护难度大等突出问题，监测预警体系建设应以建立完善的人力资源和制度保障体系、服务于保护管理为目的、注重分析与监测本体病害和环境影响因素、建立应对气候变化的灾害预防性保护体系为重点，支撑新形势、新要求下世界文化遗产的整体性、系统性保护。

* 张玉敏，中国文化遗产研究院中国世界文化遗产中心（中国世界文化遗产监测中心）工程师，主要研究领域：世界文化遗产保护管理、监测研究；宋晓微，中国文化遗产研究院中国世界文化遗产中心（中国世界文化遗产监测中心）工程师，主要研究领域：世界文化遗产保护利用、监测研究；李雪，中国文化遗产研究院中国世界文化遗产中心（中国世界文化遗产监测中心）助理工程师，主要研究领域：世界文化遗产保护管理。

关键词： 世界文化遗产　监测预警体系　良渚古城遗址　土遗址

一　概述

根据《世界遗产公约》及《实施〈世界遗产公约〉操作指南》中对世界遗产的保护和管理要求，监测是世界遗产申报和保护管理机制的核心内容之一，是缔约国必须建立的保护管理体系的重要组成部分。[①] 中国世界文化遗产监测体系建设旨在通过建立衡量遗产保护管理状况的指标体系，定期采集、研究、分析监测数据，评估遗产保护管理状况，从而指导保护管理机构制定相应保护措施，实现有效控制、防范、消除各类风险，提升遗产保护管理工作的科学化、规范化、精细化水平，更好地保护遗产价值及其真实性和完整性。

依据中国世界文化遗产的分类方法[②]，我国世界文化遗产中共有古文化遗址、古墓葬类遗产 9 项，其中典型的土遗址有秦始皇陵及兵马俑坑、周口店北京人遗址、殷墟、元上都遗址、良渚古城遗址、"丝绸之路：长安—天山廊道的路网"中部分的遗产组成部分等。

土遗址类世界文化遗产具有时代较早、遗址本身分布范围较广、抵御灾害能力较弱、保护难度较大等特点，这样就给遗产监测工作带来了很大挑战。土遗址类遗产的监测预警体系建设，不论是人力资源和制度规范系统建设，还是工程技术系统建设，都应以遗产价值为根本，从实际保护管理需求出发，建设符合遗产地自身特点的监测预警体系。本报告以良渚古城遗址为主要研究对象，探讨我国土遗址类世界文化遗产地监测预警体系的建设思路和方法，并总结可借鉴的实践经验。

[①]　王喆：《符合国情的中国世界文化遗产监测体系建设思考》，《中国文化遗产》2018 年第 1 期。

[②]　中国世界文化遗产分类：除大运河外，主要分为古建筑，古文化遗址，古墓葬，石窟寺，古村落、历史城镇和中心，以及文化景观等类型。

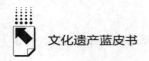
二　良渚古城遗址监测预警体系建设

良渚古城遗址位于中国东南沿海长江流域天目山以东河网纵横的平原上（见图 1），隶属浙江省杭州市余杭区，由瑶山遗址区、谷口高坝区、平原低坝—山前长堤区和城址区 4 个部分组成，遗产区面积 1433.66 公顷，缓冲区面积 9980.29 公顷。良渚古城遗址于 2019 年被列入《世界遗产名录》，符合世界遗产价值标准（ⅲ）、标准（ⅳ）。

良渚古城遗址展示了中国新石器时代晚期一个较早的以稻作农业为经济支撑、出现了明显社会分化、具有统一信仰体系的区域性国家。该遗产由一系列遗址构成，包括公元前 3300~2300 年建造的城市遗址、功能复杂的外围水利系统、反映社会等级的墓葬（包括一处祭坛）、以具有信仰和制度象征意义的玉石文物为代表的各类考古文物，以及遗产所处的年代，反映出长江流域对中华文明起源作出的突出贡献。另外，首都城市的模式、功能区划、良渚文化定居点的独特特征，以及带有平台的外城，都充分支持了遗产的价值特征。[①]

标准（ⅲ）：良渚古城遗址是良渚文化的权力和信仰中心，是新石器时代晚期中国长江流域下游一带出现的早期区域性国家的杰出见证，这里以稻作农业为经济支撑，并出现了明显社会分化和统一的信仰体系。该遗产为中国和该地区新石器时代晚期和青铜器时代早期的文化认同、社会和政治组织，以及社会文化发展状况提供了独一无二的证据。[②]

标准（ⅳ）：良渚古城遗址阐明了从小规模新石器社会向具有明显社会分化、礼制和工艺相结合的大规模统一的政治社会的过渡。这反映在以下杰出的例证中，陶制遗迹、城市和景观规划反映了早期城市化特征；遗产现存墓葬等级体系反映了社会分化现象；对空间的组织安排和权力的物质化反映

[①]　资料来源：中国世界文化遗产监测预警总平台门户网站，https://www.wochmoc.org.cn。
[②]　资料来源：中国世界文化遗产监测预警总平台门户网站，https://www.wochmoc.org.cn。

了社会－文化策略。该遗产代表了 5000 多年以前中国史前稻作农业文明所取得的伟大成就，也是早期城市化文明的杰出代表。[①]

图 1 良渚古城遗址

资料来源：杭州良渚遗址管理区管理委员会。

（一）现状评估

2016 年，杭州良渚遗址管理区管理委员会（以下简称"良渚遗址管委会"）委托中国文化遗产研究院编制《良渚古城遗址遗产监测预警系统建设方案》。项目组基于良渚古城遗址遗产价值，以良渚古城遗址申遗文本、良渚古城遗址保护管理规划和本体勘察成果为基础，从遗产保存、保护管理、监测体系 3 个方面 15 个维度对良渚古城遗址开展了全面、详细的现状评估，总结出遗产保护管理存在的问题，并针对需要通过监测来提供支撑的保护管理工作，提出监测需求。

良渚古城遗址遗产保存现状总体较好。遗址大部分为自然地下掩埋或考古回填状态，保存状况相对稳定，但会受到地下水、地表水的影响。裸露的遗址主要受到雨水冲刷导致土体剥落，地下水、地表水也会使遗址产生局部渗水、遗产表面产生微生物病害等。除此之外，因常年风吹日晒雨淋而引起的风化剥落、裂隙、掏蚀、冲沟、动物、植物、微生物等病害，也是影响遗

---

① 资料来源：中国世界文化遗产监测预警总平台门户网站，https://www.wochmoc.org.cn。

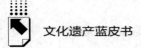

产保存的主要问题。另外，遗址还受到村镇建设、基础设施建设、农民生产生活、自然灾害等因素影响。

良渚遗址管委会是良渚古城遗址的保护管理机构，隶属于余杭区人民政府，主要职责为编制和实施良渚遗址的规划，审核建设项目，负责良渚遗址和出土文物的日常管理与保护工作，组织良渚遗址区内出土文物的征集、收藏和宣传展示工作，开展良渚文化学术研究和交流工作，组织实施良渚国家文化公园规划建设，指导和组织管理区内相关文化产业发展工作等。良渚古城遗址设立了独立的专职监测机构，机构人员基本充足，监测制度与机制基本满足监测工作需要。良渚古城遗址保护管理机构设置合理、职责明确，建立了相对完善的监测机构和监测工作机制，为良渚古城遗址监测体系建设提供了重要的基础。但保护管理协调机制尚不完善，特别是与余杭区其他部门的协调，保护管理、监测制度规范还有较大提升空间，潮湿环境下的土遗址保护还需进一步加强。

良渚古城遗址已开展的监测工作为保护管理工作提供了基本支撑，但还需要与现阶段保护管理需求更加紧密结合，并依托大数据、人工智能、物联网、区域链技术，为保护管理提供更有力的支撑。此外，良渚古城遗址监测工作在监测技术、监测理论、预警阈值研究、监测数据分析利用等方面还需进一步加强。良渚古城遗址已与国内科研机构、高校、高新技术企业建立了良好的合作机制，建立了土遗址保护实验室，但还需进一步提升运行效果和产出效果。

（二）监测预警体系建设

1. 人力资源建设

人力资源建设是有效开展监测工作的先决条件。良渚古城遗址设置了专职监测机构——杭州良渚古城遗址世界遗产监测管理中心（以下简称"监测中心"），为正处级独立法人的专职机构，隶属于良渚遗址管委会，机构编制15人。主要职责为建设良渚古城遗址监测预警体系与良渚古城遗址保护管理数字驾驶舱，编制良渚古城遗址保护管理监测报告，建立良渚古城遗址遗产档案中心和数据中心，统筹管理更新所有与良渚古城遗址有关的保护、管理、考古、研究、展示、教育、利用、监测和可移动文物等的记录文件的整理、建档和数字化工作，组织开展良渚古城遗址监测、保护、管理及专项性保护监测工作，协助文物与遗产管理局做好良渚古城遗址日常巡查管理工作等。

监测培训方面，监测中心人员主要参加遗产价值、遗产利用、遗产保护管理、保护修复技术、保护管理理论与技术、政策法规规章、安消防、旅游管理服务、历史文化与大众教育等方面的专业培训，以提升专业能力。

2019~2023 年，良渚古城遗址用于遗产监测项目的总经费约 3000 万元，主要包括良渚古城遗址专项监测、预警系统优化提升、遗产档案工作、保护监测服务项目、遗产大脑建设、监测研究等，监测经费保障基本满足保护管理需求。

2. 制度规范建设

健全的监测制度规范是监测工作有效开展最基本、最重要的保障。在监测中心成立后，良渚古城遗址围绕遗产监测制定了监测中心管理制度、工作人员岗位责任规定、监测中心安全管理制度和日常巡查制度，建立了监测工作月报、季报、年报的工作机制，以及相应的考核机制，保障了监测工作有效运行。

良渚遗址管委会还调动遗产管理相关的各机构及各类数据资源，共同开展监测工作。例如，余杭区层面，建立了监测工作协调机制，共享数据，协助处置预警；良渚遗址管委会层面，建立了监测工作分工协作的工作方式、预警处置流程。同时，按照工作职责，建立多部门合作的预警处置流程，确保发现的预警有人处置、有人跟踪落实，使发现的问题能够第一时间得到有效解决。

此外，良渚遗址管委会还在遗产区建设项目风貌设计审查管理、建设控制地带和环境控制区建设项目文物前置审核管理、保护区在建项目的文保巡查、良渚古城遗址公园重点区域巡查管理及监控中心管理、文物安全管理、档案数字化等方面制定了详细的管理办法，以及制定了有关游客、灾害、突发事件的应急预案。

3. 技术系统建设

良渚古城遗址监测预警系统建设是以监测需求研究、监测系统设计方案

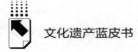

为蓝本建设的。随着监测需求不断变化和监测技术的不断进步，监测系统也随之迭代升级，以更有效地服务于遗址的保护管理为主要目的。

（1）监测业务流程

基于良渚古城遗址自身保护管理需求，项目组对监测业务进行分析，形成了集监测内容、数据采集、监测管理、预警、数据利用等于一体的监测业务流程，并配以信息化手段，提升保护管理效能（见图2）。

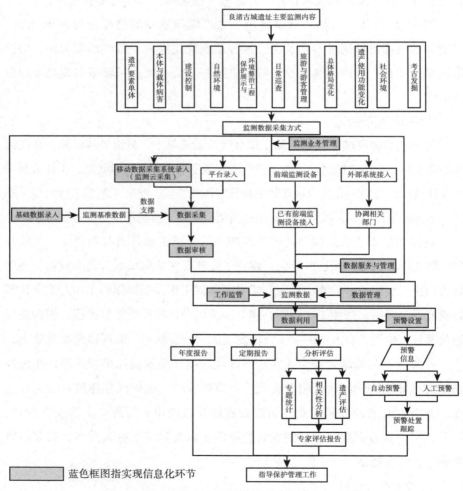

图2 良渚古城遗址监测业务流程

资料来源:《良渚古城遗址文化遗产监测预警系统方案》。

（2）监测指标体系

良渚古城遗址以遗产价值为核心，针对面临的突出问题和保护管理需求，开展了细致、深入的监测需求研究，制定了一套包含遗产本体、总体格局、本体病害、自然环境、考古发掘及建设控制等方面，共 16 大类 167 项监测数据和 86 项监测指标。通过监测指标的量化，更能精准地找到保护管理面临的问题，从而为保护措施的制定提供更科学、有效的数据支撑。重点监测内容包括以下几个方面。

总体格局方面，主要监测良渚古城遗址的自然环境、选址特征，以及遗产要素之间不可分割的空间关联性，监测对象包括 C 形盆地格局、"山—丘—水—城"整体格局、向心式三重布局结构、遗产要素及周围地形地貌的空间关系、城址和瑶山遗址四周天际轮廓线。

遗产要素单体方面，主要监测体现良渚古城遗址真实性的重要指标，要素单体形式、有意义的历史/传统材料、特征部位（或特征值）以及技术工艺的变化可能会对遗产突出普遍价值造成的负面影响，监测对象包括城址区的宫殿区、内城居址（含手工作坊）、内城墓地、城墙、城门、外城台地、外城墓地、古河道的边界形态，瑶山遗址，山前长堤—平原低坝。

本体与载体病害方面，主要监测对遗产要素单体产生威胁的病害及其影响因素，监测对象包括瑶山遗址的渗水，城址区内大莫角山台基和马金口台地的水土流失，塘山遗址的风化剥落，谷口高坝区秋坞的植物病害、土体剥落，老虎岭遗址的土体流失、裂隙、风化剥落、渗水、土体温湿度及微生物病害，南城墙渗水、积水、裂隙、土体温湿度以及水位，反山的裂隙、风化剥落等（见表1）。

自然环境方面，主要监测影响遗产本体及载体病害、遗产环境保存的影响因子，监测内容包括土壤温湿度、地下水位、地表水位、水质、区域环境、微环境、气象数据、自然灾害等（见表2）。

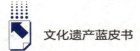

监测数据	监测对象	数据形式	数据要求	监测周期	预警需求	监测方式	监测指标
渗水、积水	南城墙：露明展示面、积水区域	图片	定点拍摄渗水部位照片，每处病害一张，编号与病害调查监测工作情况记录文档编号相同	每周1次，雨天每天1次。如发生急剧变化，增加监测频率。摄像头实时采集积水区域视频	无	移动采集设备+摄像头	①渗水点/区域数量 ②渗水总面积 ③与基准相比，渗水发生变化的程度： －无变化 －渗水点/区域增多 －渗水点/区域减少 －渗水面积增加 －渗水面积减少 ④水位深度 ⑤病害控制状态评估： －治理较好 －控制正常 －开始恶化，但程度较轻，尚未造成威胁 －严重恶化，造成很大威胁
		数值	需采集渗水点/区域数量、面积（单位cm²）等，并对其变化进行评估	每周1次，雨天每天1次，与图片同步录入。水位计实时监测	有	移动采集设备+水位计	
		文档	根据监测数据对该病害当前的威胁程度进行评估	同上	有	移动采集设备	
裂隙	南城墙、反山展示剖面、老虎岭剖面	图片	定点拍摄裂隙的情况，每处一张，编号与病害调查监测工作情况记录文档编号相同，需与文档文件同步录入	每周1次	无	移动采集设备	①裂隙宽度、长度、深度值 ②年平均裂隙宽度、长度、深度值 ③年最大裂隙宽度、长度、深度值 ④年最小裂隙宽度、长度、深度值 ⑤参考裂隙宽度、长度、深度值平均变化速率，本次裂隙宽度、长度、深度变化速率是否有异常： －有 －无 ⑥病害控制状态评估： －治理较好 －控制正常 －开始恶化，但程度较轻，尚未造成威胁 －严重恶化，造成很大威胁
		数值	采集裂隙的宽度、长度、深度（单位mm），并对其变化情况进行描述，每处对应一个文档，文档需与照片同步录入	同上	有	移动采集设备+手持式裂缝监测设备+检测	
		文档	根据监测数据对该病害当前的威胁程度进行评估	同上	有	移动采集设备	

表1　本体与载体病害监测数据总表（部分监测数据节选）

资料来源：《良渚古城遗址文化遗产监测预警系统方案》。

278

表2 自然环境监测数据总表（选取部分监测数据）							
监测数据	监测对象	数据形式	数据要求	监测周期	预警需求	监测方式	监测指标
土壤温湿度	南城墙、南城墙东水城门、南城墙西水城门、大莫角山台基、塘山遗址－秀才弄段、马金口台地、老虎岭遗址、瑶山遗址	数值	通过土壤容积含水量获取土壤的温湿度值	实时数据	有	土壤墒情监测设备	季节性土壤湿度平均值，土壤湿度最高、最低值，当前土壤湿度
地下水位	大莫角山台基、反山墓地北侧、北城墙、南城墙、老虎岭遗址	数值	通过水位计获得地下水位数据	实时数据	有	水位计传感器	季节性水位平均值，水位最高、最低值，当前水位
地表水位位、水质	东苕溪、南城墙（保护棚蓄水池）、卞家港古河道、塘山遗址－长庆湖、石坞遗址、长命港古河道－邹王庙桥、南城墙、老虎岭遗址	数值	通过水位计获得水位、水质数据，水质包括pH值、电导率、浊度、溶解氧	每天3次，雨期每小时1次	有	水位水质传感器	当前水质
自然灾害	暴雨、大风、台风、洪水、冻融、地震等	文档	对接获取	实时采集	有	外部系统对接	暴雨、台风、洪水、冻融、地震预警信息

资料来源：《良渚古城遗址文化遗产监测预警系统方案》。

　　建设控制方面，主要监测遗产区、缓冲区内对遗址本体、景观风貌等造成影响的新建项目，重点监测区域为城址区的内城外西北部建筑区，瑶山遗址东北部建筑区，塘山遗址西部、中部附近的村落，谷口高坝区的梧桐弄区域建筑、岗公岭区域建筑、周家畈区域建筑，地下项目包括道路、给排水、电力等。

　　社会环境方面，主要监测对遗产产生一定影响的社会环境因素，监测内容包括土地利用性质、遗产地人口数量、资源开采点、严重污染工业企业、人口密度、产业发展情况等。

　　日常巡查方面，主要监测遗产本体和环境保存的异常情况和潜在威胁，

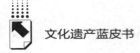

监测内容包括所有的遗产要素保存状况，遗产区和缓冲区的景观环境、建设项目等的异常情况，表3详细梳理了需重点关注的巡查内容。

表3　日常巡查重点内容	
类型	重点巡查内容
遗产要素单体	因开展保护展示工程使遗产要素单体改变等，或受暴雨、雨水冲刷等自然因素影响，或受取土、盗挖、建房、开垦种植等人为因素影响，或本体出现局部坍塌等病害，从而引起遗产要素单体材料或形状改变
新发病害	城墙两侧边坡、台地四周边坡主要巡查局部坍塌、冲沟、动物破坏、坝体断面、两侧、顶部主要巡查局部坍塌、冲沟、土体风化、剥落、微生物滋生、植物病害、根部掏蚀、动物破坏；古河道主要巡查驳岸局部坍塌、缺失、损坏等；河道淤塞；水质污染等
周围环境	植被是否发生改变，山体是否发生改变，建房是否存在房屋新建、改建、加建、拆除等，各类设施建设包括道路、桥梁、电力设施等的新建、改变等
其他活动	其他影响遗产本体安全及环境的活动（取土、盗挖、开垦种植、焚烧垃圾等）；保护、展示、环境整治工程；安消防设施情况；监测设备是否发生改变

资料来源：《良渚古城遗址文化遗产监测预警系统方案》。

良渚古城遗址监测指标体系的建立，可全面掌握影响遗产本体和环境保存的各方面因素及发展趋势，实现了对良渚古城遗址全面、科学管理，确保其突出普遍价值得到有效保护。

（3）数据联动与预警处置

数据是一个系统的核心，也是支撑系统良好运转最主要的部分。通过对良渚古城遗址监测数据进行联动分析，得出分析结论，并按照预警级别开展相关预警处置。本报告以本体病害为例，具体如下。

本体病害主要通过采集病害监测数据、自然环境监测数据，以及日常巡查发现病害等方式进行日常/实时监测，并与自然环境、自然灾害（历史、实时接入）、保护展示与环境整治工程、游客量、土壤分析检测等数据进行实时汇总分析（见图3），实现对遗产本体及载体病害类型、病害发育程度的及时掌握，将分析结果发送至相关部门，相关部门填写处置措施，并按照其措施对应的任务采集监测数据，监测中心对其进行跟踪监测（见图4）。

　　每月、每半年、每年，将本体病害监测数据和日常巡查发现病害问题进行汇总分析，并结合实时汇总分析结果，生成月报、定期评估、监测年度报告。

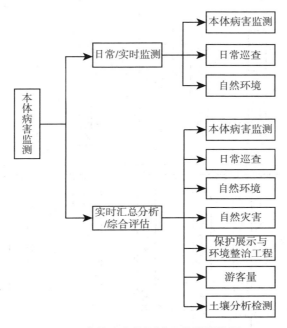

图3　本体病害监测涉及的监测数据

资料来源：作者自绘。

　　按照病害类型开展相关监测及预警处置。

　　①裂隙、风化剥落、渗水、积水、水土流失病害：按病害类型开展监测，主要采用摄像头、红外相机、水位计、监测云等方法开展持续性监测，对积累的监测数据进行分析，制定相关保护措施。其中，对于结合保护工程开展的监测，需增加保护工程效果评估监测内容，主要包括保护材料、工程时间、工程效果等。

　　监测及处理流程：病害监测→摄像头、红外相机、水位计、监测云采集监测数据→数据对接至监测预警系统→系统自动执行数据比对（引入智能算法）→预警或继续监测。

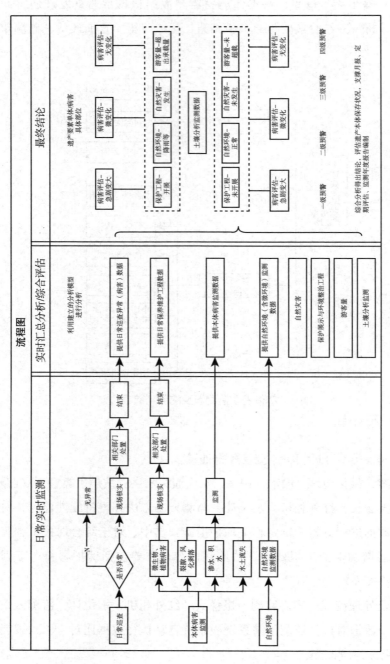

图 4　本体病害监测流程

资料来源：作者自绘。

－预警：预警处置（相关部门）→跟踪监测（监测云采集监测数据）→提交至监测预警系统→任务结束。

－继续监测：重复病害监测→预警或继续监测。[①]

②微生物、植物病害：与日常巡查、日常保养维护结合，开展此项病害监测和治理工作，一旦发现上述两种病害后，建议及时开展日常保养维护进行治理，避免因治理不及时导致遗址本体遭受更严重的破坏。

监测及处理流程：日常巡查→发现微生物／植物病害→监测云采集监测数据→数据提交至监测预警系统→审核后下发任务→开展日常保养维护并记录本次工程数据（相关部门）→跟踪监测（监测云采集监测数据）→提交至监测预警系统→任务结束。[②]

（4）监测系统建设

2017 年，为配合良渚古城遗址申报世界文化遗产及其保护管理的需要，良渚遗址管委会启动了"良渚古城遗址监测预警系统建设工程"，初步建成了变化可监测、风险可预报、险情可预控、保护可提前的良渚古城遗址遗产监测预警体系。监测系统主要分为九个子系统，包括基础数据管理系统、监测数据采集系统、监测数据审核系统、监测数据管理系统、数据服务与管理系统、监测业务管理系统、监测工作监管系统、监测数据分析评估系统、动态监测预警系统，初步实现了各类监测数据的集成管理和共享。根据新的保护管理需求，目前正在建设"良渚遗址 5000+"数智系统，该系统构建了良渚古城遗址保护"整体智治"新格局，打造了良渚学术研究"共建共享"新模式，拓宽良渚文化遗产"活化"新路径。

根据业务需要，对日常巡查、形态格局、本体病害与自然环境、考古发掘、建设控制监测数据进行了细化和分析（见图 5）。

---

① 注：流程中未标识的任务，均为监测中心执行。

② 注：流程中未标识的任务，均为监测中心执行。

图5 良渚古城遗址监测预警系统界面

资料来源：良渚古城遗址世界文化遗产监测预警系统。

及时发现安全隐患的日常巡查。日常巡查是发现遗产本体和环境保存异常状况，及时防范、控制或消除各种潜在或已存在风险的重要手段。良渚古城遗址遗存要素多、分布范围广，周边环境复杂、建设压力大，巡查对象涵盖了所有的遗产要素、遗产环境以及其他自然和景观环境等，规范、有序地执行日常巡查任务，能够使遗产本体和环境的安全得到有效保障。

评估对遗产价值产生影响的形态格局监测。良渚古城遗址的形态格局反映了选址特征，体现了遗产要素之间不可分割的空间关联性，是构成遗产突出普遍价值的重要载体之一。通过利用遥感影像，以及使用无人机和相机进行定点拍照的监测方法，重点监测遗址四大片区内重要的空间关系，及时掌握良渚古城遗址的重要形态是否发生变化，评估其变化对遗产突出普遍价值的影响。

支持研究决策的本体病害与自然环境监测。对本体病害和自然环境进行关联性分析是支撑保护管理决策的重要手段。通过对本体病害和环境的关联性分析，及时掌握本体病害与自然环境的现状及变化趋势，有助于分析遗产本体与环境因素之间的关联性，为保护措施的制定提供依据。

支撑价值研究的考古发掘监测。规范、完整地记录整个考古发掘工作对遗址保护研究的重要意义。结合良渚古城遗址考古工作现状，建立历年考古发掘资料数据库，以及对正在开展考古的场地开展定期监测，记录现场发掘照片、发掘面积及进度等信息，为确定遗产本体、研究遗产价值提供重要数据。

防患于未然的建设控制监测。遗产区、缓冲区内的违规、违法建设可能会对遗产本体、周边环境及景观风貌等造成一定的负面影响。重点选择天际轮廓线以及新建项目的建设情况开展主动监测，提早发现、及时解决与处理涉建问题，最大限度减少因城市建设和经济发展需要给遗址保护带来的负面影响。此外，还针对良渚古城遗址的保护管理特点，研发良渚监测云，设计网格化监测模式，引入遥感监测，采用无人机定点巡查等新技术、新方法，建立多部门合作的监测工作机制、完善的预警处置流程，鼓励社区居民参与等，切实使遗产监测成为良渚古城遗址保护管理工作的有力抓手。

（三）监测数据分析利用

良渚古城遗址针对土遗址本体边坡稳定性开展专项数据分析利用，基于降雨历史数据、2019 年全年监测数据，对不同工况开展了数值模拟分析，得出边坡危险滑裂面的具体位置，为遗址日常巡查工作提供重点监测点位。[①] 数值模型分析结果还为遗址边坡保护工程中排水措施制定提供了数据支撑。

此外，良渚古城遗址还利用已积累的日常巡查、自然环境、微环境、游客量、建设控制、保护工程、考古发掘、社会环境等监测数据开展数据分析利用，分析结果用于支撑日常保护管理工作，以及监测内容优化、核心监测指标提炼、"遗产大脑"建设及监测年度报告编制等。如，近 5 年的日常巡查数据分析显示，良渚古城遗址主要发现的问题有遗址存在局部渗水、积水、土体局部风化剥落、生物病害等，枯树倒伏，展示牌脱落，遗址周围护栏损坏，游客踩踏植被，以及外围遗址存在农民种菜等人为破坏现象。良渚古城

---

① 董梅、郭青岭、孔梦悦等：《考虑降雨入渗的良渚古城老虎岭遗址边坡稳定性分析》，《地基处理》2021 年第 3 期。

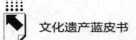

遗址监测过程中发现的上述问题，因监测机制运行良好，得到了及时处理解决，有利于遗址的保护。

以 2023 年监测数据分析利用为例，老虎岭遗址通过监测发现苔藓滋生，已通知相关部门开展生物病害治理工作；老虎岭遗址剖面因顶部冷凝水滴溅出现 1 处孔洞，处理措施是覆盖防水薄膜、定期处理薄膜上部积水；老虎岭遗址剖面在降雨时持续渗水并出现积水现象，处理措施是及时进行吸水、排水处理，清理剖面底部淤泥，重新铺设卵石，栈道钢板外侧垫土；大莫角山台地坡面发现若干处凹坑，因游客踩踏所致，处理措施是放置游客警示牌、遮盖裸露部分并复绿；南城墙底部因受地下水位抬升等因素影响，发生持续渗水、积水现象，处理措施是进行吸水、排水处理，并对西侧河流与底部渗水现象进行持续观察、记录。另外，还对治理效果开展了跟踪监测，如针对老虎岭遗址剖面出现的孔洞现象，监测数据分析结果显示孔洞个数未增加，孔径未增大，冷凝水未滴至遗址本体，孔洞无恶化趋势，治理效果较好。通过监测数据分析，提出了较为合理的治理措施，生物病害、渗水、积水、土体流失等病害得到了有效控制。

三　特点分析

（一）建立完善的人力资源和制度规范保障体系

我国土遗址类世界文化遗产兼具多重身份，即全国重点文物保护单位、大遗址、国家考古遗址公园等，通常分布面积较广，周边建设压力较大，需要协调的利益相关方较为复杂，且因考古发掘持续开展，文物保护责任重大。因此，该类世界文化遗产的监测机构要充分发挥作用，需建立完善的人力资源、制度规范和资金保障体系。

首先，完善制度规范。遗产地层面，建立行之有效的监测机构和监测机制，确保监测机构与遗产地主管部门、省级和国家级的监测机构有效沟通，并在遗产监测保护中能充分协调遗产地各相关责任部门。遗产地所在地政府层面，应强化跨部门合作机制，整合文物、旅游、自然资源、建设、公安等部门的资源和职能，形成保护合力，提升保护管理效率。重视土遗址类世界文化遗产保护管理规划的编制，明确监测机构职能及机制设计，同时为合理解决遗址保护和城乡发展矛盾提出切实可行的策略和路径，从而更加有效地应对建设压力，确保文物安全，实现遗产的可持续保护和合理利用。

其次，建立专业监测团队，负责日常巡查、数据收集和分析工作。同时，加强专业人才培养，特别是在考古、文物保护、监测、数据分析等方面，提高从业人员的业务能力和专业素养。

最后，确保稳定的财政支持，为世界文化遗产的监测、保护和管理工作提供必要的资金保障。探索多元化的资金筹措渠道，包括政府拨款、国际援助、社会捐赠等。合理分配和使用资金，优先保障关键区域和重要项目的监测与保护需求。

（二）建设服务于保护管理的监测预警体系

土遗址受土这一材质的物理、化学性状决定，是文物保护工作中最为困难的类型之一。土遗址保护不能只靠经验，而是需要科学的数据作为支撑，其中建立适用于保护管理的监测预警体系尤为重要，是遗址保护必不可少的，也是实现预防性保护最主要的手段之一。

随着"保护第一、加强管理、挖掘价值、有效利用、让文物活起来"文物工作要求的提出，数字时代的到来，新质生产力的应用，土遗址作为保护难度大、较为脆弱的遗址，更应科学保护，不断创新发展，保护利用并传承好遗产价值，建设一套符合遗产保护管理的监测预警体系势在必行。

监测预警体系建设应以遗产价值为核心，以提升保护管理水平为目标，以解决根本问题为出发点，结合遗产自身特点，且符合其保护管理需求，从而有效防范风险，维护遗产价值以及真实性和完整性。

（三）注重遗产本体病害和环境影响因素监测与分析

国内外对潮湿环境下土遗址的保护研究多集中在室内和现场保护加固材

料研究方面，而缺少对潮湿环境下土遗址保护的关键因素和先决条件——水环境稳定问题的研究。以良渚古城遗址为代表的潮湿环境下的土遗址，其所处的自然环境更为复杂，容易遭受遗址发掘后失水产生的干燥开裂和局部坍塌，过饱和水渗出对遗址的冲蚀，土体在水作用下的软化、变形和崩塌，土体表面在湿度变化和土体干湿交替作用等因素下出现的风化剥落，以及生物因素等作用下出现的各种破坏。

因此，要阻止或者减缓这种破坏，需重点监测保存情况较差或病害威胁较大的遗产本体面临的风化、土体稳定性，以及地下水和地表水位、降雨量、区域空气温湿度、局部土壤含水率和温度等环境因素，分析其发展趋势，为潮湿环境下的土遗址保护提供科学依据。

（四）应对气候变化的灾害预防性保护

土遗址较其他类型遗产更具脆弱性，受自然灾害影响更严重。良渚古城遗址针对气候变化，开展自然灾害方面的相关研究和实践，如利用长期积累的土遗址病害数据、环境气象数据、水环境数据、土壤环境数据、生物环境数据、土遗址与水体的关联性数据等，结合土遗址分析监测和测绘数据，建立预警阈值分析模型，分析自然环境变化因素造成的土遗址病害作用机理，设定模型算法计算，研究土体稳定性，得出土遗址保存状况，为预防性保护提供科学数据支撑。

除应对气候变化的科学研究外，遗产地还应利用监测数据分析成果制定灾害预防措施，建立各级部门灾害联动处置机制，充分发挥监测工作的重要性。通过监测系统接入暴雨、洪水、台风等灾害预警信息，遗产地收到预警信息后，应根据以往监测结果判断遗产所受灾害影响的重点风险点和区域等，做好灾前预防措施，如增加巡查力度、排查和整改隐患点、布防等。灾中加强监测，一旦发生灾害，立即联合各级部门开展联动处置，并做好监测记录，利用监测数据辅助减灾。灾后，利用监测数据辅助灾害恢复。

四　实施效果

良渚古城遗址世界文化遗产监测预警体系运行 8 年来，不仅在技术层面提升了保护管理水平，还在行政层面提高了行政管理效能。总体来说，实施效果较为显著。机构能力建设方面，通过监测预警体系持续地运行和随之反映出来的问题，良渚古城遗址在机构设置、人员配置、能力培训、资金投入等方面取得了明显成效，如新增设"潮湿环境土遗址保护实验室"用于开展潮湿环境土遗址保护研究和试验，促进良渚古城遗址整体保护管理和研究水平提升。工作机制建立方面，良渚古城遗址不断完善制度建设，建立了以监测为核心的监测预警联动处置工作机制，促进多部门协同管理以实现良好运转。基础数据库建设方面，良渚古城遗址建设了符合中国世界文化遗产基础数据要求的数据库，共 3 大类 32 项，厘清了数据家底，为基础研究提供了翔实的数据资料。监测预警系统建设方面，随着保护管理需求不断细化，以"良渚古城遗址世界文化遗产监测预警系统"为蓝本，建设了更适用于土遗址保护管理的"良渚遗址 5000+"，促进良渚古城遗址科学保护、可持续发展。数据分析利用方面，良渚古城遗址利用已积累的本体病害、环境、日常巡查、建设控制等监测数据开展分析，分析结果用于支撑开展日常保养维护工程、编制本体保护工程方案、提供研究课题所需的监测数据、提前发现本体安全隐患及时实施预警处置、审批和监管涉建项目等，为良渚古城遗址精细化管理提供科学数据支撑。[①]

五　结论与建议

良渚古城遗址作为最具代表性的大型土遗址，其监测预警体系建设不仅为保护与申遗工作奠定了基础，而且基于新时代文化遗产保护理念，在超大

---

① 郭青岭：《世界遗产视角下良渚古城遗址系统化监测的实践和思考》，《自然与文化遗址研究》2020 年第 3 期。

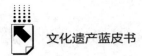

范围遗址管理、潮湿环境下的土遗址保护、社区居民参与、多部门协作运行及预警处置等方面进行探索与实践，为我国世界文化遗产保护管理、遗产监测提供了一套可借鉴、具有可操作性的范例。作为大型土遗址类遗产，如何利用数字化改革成果，打通部门壁垒、强化多部门协同，实现数据共享、共同管理，也是亟待解决的问题。

面对文化遗产保护的新形势、新要求，土遗址类世界文化遗产应结合保护管理需求，建设能够有效服务于遗产地保护和管理的监测预警体系，还应充分发挥地方政府区域管理优势，依托专业机构力量、引入社会公众参与模式、建立国际合作交流平台，充分借助和发挥遗产保护管理、监测、展示阐释等各方面的优势力量，保护好世界文化遗产，传承好历史文脉。

参考文献

赵云、许礼林:《中国世界文化遗产监测》，中国建筑工业出版社，2017。

《良渚古城遗址遗产监测预警系统建设方案》，2020。

《良渚古城遗址世界文化遗产监测年度报告》，2023。

B.16
根据文物勘察制定监测需求的北京中轴线
世界文化遗产监测方案设计

王　喆　张玉敏　宋晓微 *

摘　要： "北京中轴线"是北京老城的灵魂和脊梁，是中国乃至全世界现存保存最完整的传统都城中轴线。《北京中轴线文化遗产保护条例》要求建立中轴线文化遗产资源调查、保护监测、应急管理等制度。本报告通过梳理、总结为了指导北京中轴线保护监测工作的深入开展而编制的《北京中轴线世界文化遗产监测与保护平台建设方案深化设计》中的主要策略和方法，进一步研究以文物本体病害勘察、保护管理评估为基础，制定包括具体的监测需求、明确系统要求、落实设计内容的监测方案技术路线，提炼出一套采用文物保护工程要求开展遗产监测信息化建设的技术体系，科学研判病害程度和成因，系统性分级分类开展监测措施，"说文物话、画文物图"，将监测方案设计真正融入文物保护工程体系，完善落实《中国世界文化遗产监测巡视管理办法》《中国世界文化遗产地监测工作指南》中提出的原则与要求，探寻一条中国世界文化遗产监测的"中轴线之路"。

关键词： 北京中轴线　监测保护　世界文化遗产

---

* 王喆，中国文化遗产研究院中国世界文化遗产中心（中国世界文化遗产监测中心）高级工程师，主要研究领域：世界文化遗产的保护管理监测；张玉敏，中国文化遗产研究院中国世界文化遗产中心（中国世界文化遗产监测中心）工程师，主要研究领域：世界文化遗产保护管理、监测研究；宋晓微，中国文化遗产研究院中国世界文化遗产中心（中国世界文化遗产监测中心）工程师，主要研究领域：世界文化遗产保护利用、监测研究。

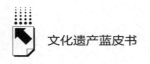
一 概述

（一）基本情况

北京中轴线是北京老城的灵魂和脊梁，是中国乃至全世界现存保存最完整的传统都城中轴线。北京市委、市政府高度重视中轴线保护和申遗工作，要求把传承北京城市历史文脉的中轴线保护好，以中轴线申遗为重要抓手，统筹保护北京丰富的历史文化遗产，进一步提升全国文化中心建设水平。

《北京中轴线文化遗产保护条例》要求，对各类保护对象制定分类保护和管控措施，建立中轴线文化遗产资源调查、保护监测、应急管理等制度，鼓励不可移动文物和历史建筑的保护利用。[①] 为此，建设北京中轴线世界文化遗产监测与保护平台，成为北京中轴线保护管理利用的必不可少的抓手。

为了指导北京中轴线保护监测工作的深入开展，按照文物保护的要求，落实前期方案设计提出的各项措施与工作内容，扎实推进北京中轴线世界文化遗产监测与保护平台建设，在北京京企中轴线保护公益基金会的资助和支持下，中国文化遗产研究院编制了《北京中轴线世界文化遗产监测与保护平台建设方案深化设计》[②]（以下简称《方案》）。

《方案》通过现状评估勘察文物本体病害、保护管理现状，制定具体的监测需求，明确系统要求，落实设计内容，扎实推进北京中轴线世界文化遗产监测与保护平台建设，为北京中轴线保护和申遗工作的顺利开展奠定了良好的基础。

本报告通过总结《方案》编制工作中的主要策略和方法，进一步完善落实《中国世界文化遗产监测巡视管理办法》《中国世界文化遗产地监测工

---

① 《北京中轴线文化遗产保护条例》，北京市第十五届人民代表大会常务委员会，http://www.bjrd.gov.cn/rdzl/dfxfgk/dfxfg/202205/t20220526_2721515.html，最后检索时间：2024年9月1日。

② 中国文化遗产研究院：《北京中轴线世界文化遗产监测与保护平台建设方案深化设计》，北京京企中轴线保护公益基金会资助项目成果，国家文物局批复同意（文物保函〔2023〕728号）（设计方案未公开发表）。

作指南》中提出的原则与要求，探寻一条我国世界文化遗产监测的"中轴线之路"。

（二）总体策略

根据《北京中轴线申报世界遗产名录文本》（以下简称《申遗文本》）、《北京中轴线保护管理规划（2022年—2035年）》（以下简称《管理规划》），以"北京中轴线"世界文化遗产的遗产区和缓冲区为项目范围，以《申遗文本》中确定的申报要素为项目对象。

由于北京中轴线遗产构成要素众多，保护管理和监测工作现状较为复杂，部分要素已经列入《世界遗产名录》，部分要素由相关部门和行业管理，仅少数要素受到文物系统直接管理。为保证各遗产要素保护责任人都能采取适当、有效的监测巡视措施，按照《北京中轴线监测巡视制度体系建设方案》，北京中轴线各遗产要素分为3类，使用不同的监测工作落地方法（见表1）。

其中，Ⅰ类构成要素为按照全面信息化模式开展监测对接工作的遗产构成要素，监测设备和人工采集数据直接进入平台信息系统，系统辅助监测数据的分析、研判和处置。Ⅱ类构成要素为按照报表模式开展监测工作的构成要素；Ⅲ类要素为已经被列入《世界遗产名录》的要素[①]，按照合作共享模式开展监测对接工作。

表1 北京中轴线遗产要素监测方法分类表		
编号	遗产构成要素	分类
1	钟鼓楼	Ⅰ
2	万宁桥 （作为大运河通惠河北京旧城段的构成要素）	Ⅲ
3	景山	Ⅱ
4	故宫	Ⅲ

---

① 即《北京中轴线文化遗产保护条例》第十三条中明确的"北京中轴线保护区域内现有世界遗产"，包括故宫、天坛、万宁桥（作为大运河通惠河北京旧城段的构成要素）。

		续表
编号	遗产构成要素	分类
5	太庙	II
6	社稷坛	I
7	端门	II
8	天安门	II
9	外金水桥	II
10	天安门广场及建筑群	II
11	正阳门	I
12	天坛	III
13	先农坛	I
14	中轴线南段道路遗存	II
15	永定门	II

资料来源：中国文化遗产研究院：《北京中轴线监测巡视制度体系建设方案》，北京市文物局委托研究项目成果（未公开出版）。

《方案》工作重点为北京中轴线 I 类要素——钟鼓楼、社稷坛、正阳门、先农坛。方案在勘察评估上述 4 处要素的各类构成基础上，结合相关环境和影响因素的评估，制定全面的监测指标体系，确定要素构成本体监测措施（含设备点位和人工巡查点位），制定保护管理相关监测措施等。

因此，本报告也以北京中轴线 I 类要素为例，重点分析文物勘察和本体病害相关的监测方案的编制技术路线。即以文物勘察和现状评估为依据，制定监测需求，进而确定监测系统建设要求的工作方法。

二　方案编制技术路线

（一）现状评估

对 I 类要素的本体进行病害勘察，对遗产环境现状评估，总结主要破坏因素或现存主要问题，确定重点监测的对象并识别主要病害及破坏程度，为监测指标设计和监测设备布设、确定日常巡查点位提供依据。

（二）需求研究

根据遗产本体勘察以及现状评估结果，提出符合中国世界文化遗产监测预警总平台（以下简称"总平台"）要求的监测指标体系[①]，确定遗产监测内容、监测指标、数据形式与采集方法、数据规则、监测周期等，根据监测指标体系提出具体监测措施，明确监测责任人。

（三）明确监测预警系统要求

结合数据需求、监测工作业务需求，从规范性要求、基础数据管理、业务管理、遗产监测、统计分析、监测报告、预警管理、监测数据采集、数据接入与管理、系统管理、系统集成、运行环境、前端设备等方面提出监测预警信息系统建设的要求。同时，细化分析遗产要素监测对象，明确监测点、监测内容、设备布设点、数据采集监测技术要求等内容，绘制监测点分布图、监测设备布设图。

三　文物勘察与评估

（一）本体勘察与病害情况

1. 勘察标准

北京中轴线遗产要素主要类型为古建筑，根据古建筑各部分的病害程度，将各个部位的病害评价等级分为严重、中等、一般、轻微，具体标准如下（见表2）。

[①] 总平台监测指标体系包括《中国世界文化遗产监测预警总平台监测指标》《中国世界文化遗产基础数据规范》《中国世界文化遗产监测数据总表》等，由中国文化遗产研究院中国世界文化遗产中心（中国世界文化遗产监测中心）制定（未公开出版）。

序号	评估对象	严重程度	勘察评估标准
\多行{表2　北京中轴线Ⅰ类遗产要素本体勘察评估标准表}			

序号	评估对象	严重程度	勘察评估标准
1	屋面	严重	有结构性病害、漏雨等
		中等	瓦件局部破损、松动、脱落、缺失，轻微漏雨等
		一般	瓦件少量破损、松动、脱落、缺失，脊饰局部破损、残缺等
		轻微	屋面积存落叶，长草长树等
2	大木构架	严重	有结构性病害，严重歪闪、变形、移位、糟朽等
		中等	局部歪闪、变形、移位、糟朽、缺失、虫蚁蛀蚀等
		一般	有局部表面损伤，少量糟朽、缺失、虫蚁蛀蚀等
		轻微	基本完好，病害程度很轻
3	砖石砌体结构	严重	有结构性病害，严重沉降、倾斜、断裂、构件缺失移位等
		中等	少量沉降、裂缝、歪闪、移位等，以及大面积酥碱风化
		一般	局部酥碱风化，抹灰、粉刷空鼓、粉化、脱色脱落、霉变等
		轻微	少量酥碱风化，局部抹灰空鼓、粉化、脱色等
4	台明	严重	有结构性病害，严重歪闪、移位、下沉、破损、碎裂等
		中等	少量歪闪、移位、下沉、破损、碎裂等，以及大面积酥碱风化
		一般	局部酥碱风化，少量构件缺失
		轻微	少量酥碱风化等
5	装修	严重	有结构性病害，构件大量缺失
		中等	局部扭闪变形、构件饰件残缺等
		一般	少量变形、残缺等
		轻微	基本完好，病害程度很轻
6	油饰彩画	严重	地仗、彩画大量缺失
		中等	地仗局部起甲、龟裂、脱落等，彩画局部裂缝、龟裂、空鼓、脱落等
		一般	地仗少量起甲、龟裂、脱落等，彩画少量裂缝、龟裂、空鼓、脱落等
		轻微	基本完好，病害程度很轻

2. 勘察内容

按照分类评估策略，通过现场勘查，对Ⅰ类构成要素各处古建筑各个部分进行详细病害勘察和评估，此处仅以钟鼓楼为例（见表3、表4）。钟楼的具体病害位置和类型详见图1、图2。

表3　钟楼病害评估

建筑部位	现状描述	主要病害	主要影响因素	病害等级
屋面	基本保存完好，局部构件裂缝、风化脱落	构件开裂、渗水、植物病害	降雨、冻融、地震	一般
楼体	墙面砌块都存在不同程度的风化破坏现象，个别砌块出现竖向和斜向裂缝	表层剥落、泛盐、碎裂	降雨、冻融、地震	轻微
券洞、二层台明须弥座	雨水冲蚀导致表面出现坑状溶蚀坑和表层剥落；且雨水入渗到券洞内，影响城台结构安全性和稳定性	构件开裂、渗水、植物病害	降雨、冻融、地震	轻微，已维修
城台墙面	台面砖都存在不同程度的风化破坏现象	表层剥落、泛盐、碎裂	降雨、冻融、人为刻画	轻微
装修	保存状况基本完好，个别位置存在破损、裂缝	起皮、破损、裂缝	自然老化残损	轻微
油饰彩画	整体保存状况较好；内部天花、梁架个别位置彩画脱落；外部椽头、檐枋处地仗油饰脱落现象较为普遍	油饰脱落	自然老化残损	轻微
其他	院墙排水不畅、车辆剐蹭，广场活动嘈杂、随意停车	—	排水不畅，疏于管理	轻微

表4　鼓楼病害评估

建筑部位	现状描述	主要病害	主要影响因素	病害等级
屋面	基本保存完好，个别位置瓦面灰浆脱落	灰浆脱落	降雨、冻融	轻微
大木	整体保存状况完好，上部结构未见因地基不均匀沉降而导致的明显裂缝和变形	无	无	轻微
二层平座	平座整体外闪、沉降，平座结构拔榫，2022年完成抢险加固工程后，平座外闪得到较大缓解	结构失稳	年久失修，荷载较大	一般
城台墙面	台面砖都存在不同程度的风化破坏现象	表层剥落、泛盐、碎裂	降雨、冻融、人为刻画	轻微
装修	保存状况基本完好，窗户部位普遍存在起皮现象，个别位置存在破损、裂缝	起皮、破损、裂缝	自然老化残损	轻微
油饰彩画	整体保存状况较好；内部天花、梁架个别位置彩画脱落；部分椽头、檐枋处地仗油饰脱落	油饰脱落	自然老化残损	轻微
其他	广场活动嘈杂、随意停车	—		

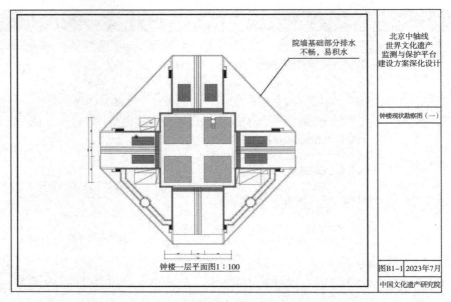

图1　钟楼现状勘察评估图（一）

资料来源:《北京中轴线世界文化遗产监测与保护平台建设方案深化设计》。

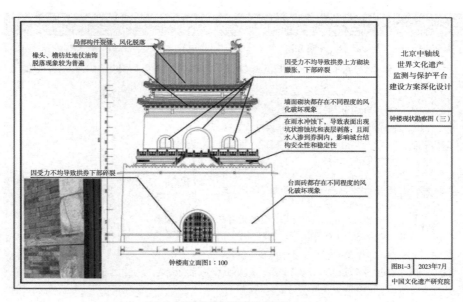

图2　钟楼现状勘察评估图（二）

资料来源:《北京中轴线世界文化遗产监测与保护平台建设方案深化设计》。

3. 勘察结论

勘察评估结论：钟鼓楼保存状况一般。

主要问题：钟楼墙面砌块都存在不同程度的风化破坏现象，个别砌块出现竖向和斜向裂缝，二层台明须弥座因雨水冲蚀，表面出现坑状溶蚀坑和表层剥落，且雨水入渗到券洞内，影响城台结构安全性和稳定性。鼓楼大木整体保存状况完好，上部结构未见因地基不均匀沉降而导致的明显裂缝和变形，二层平座整体外闪、沉降，平座结构拔榫。

（二）本体相关影响因素评估①

1. 环境压力

北京中轴线遗产区和缓冲区在一定程度上面临着空气污染、酸雨侵蚀、水质污染等多种环境压力。

空气污染和酸雨会加速文物腐蚀的速度，地表水和地下水受到污染后，污水在循环排放的过程中渗透到地下，会对地下文物产生危害，以上环境压力均可能对北京中轴线遗产构成要素中的建筑群与遗址造成损害。②

2. 自然灾害与防灾

影响北京中轴线文化遗产保护和城市环境安全的主要自然灾害为暴雨。近年来，北京夏季偶有暴雨发生，瞬时强降水可能对文物造成直接冲击破坏，也考验着传统建筑屋面防水及院落排水能力。

其他自然灾害还包括雷电、地震、火灾、大风、冰雪冻胀、虫害等。其中，雷电可能直接击毁古建筑构件或高大树木，或导致配电线路损坏，从而引发火灾。大风、冰雪冻胀可能造成屋顶夹垄灰、大墙灰皮脱落以及瓦件冻

---

① 除了本体勘察和病害相关影响因素评估外，《方案》中的评估还包括格局与选址、景观视廊、周边环境、保护管理行为、旅游、发展建设等。为了突出文物勘察确定监测需求的工作策略，本报告中仅介绍与古建筑本体与病害相关的评估，以及与后续监测需求和系统要求的关系。

② 《方案》环境压力评估基于《北京中轴线保护管理规划（2022 年—2035 年）》，北京市人民政府，https://www.beijing.gov.cn/zhengce/zhengcefagui/202301/t20230130_2908430.html，最后检索时间：2024 年 9 月 1 日。评估数据根据最新情况有所修正更新。

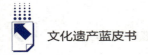

裂等损坏。白蚁蛀蚀、鸟类筑巢等也是侵蚀古建筑，危害建筑结构稳定性、构件强度、壁画和油饰彩画的因素。

四 制定监测需求

基于以上对遗产本体保存状况、潜在影响因素和保护管理状况的全面评估，参考《中国世界文化遗产监测数据规范》《中国世界文化遗产基础数据规范》，分别从构成要素本体监测、影响因素监测等方面 [①]，确定各项监测工作的监测对象、监测方式、录入方式、资料来源、监测周期、监测指标等。

（一）本体病害监测需求

按照病害勘察与评估结论，对不同程度、不同类型的病害进行分类监测。主要分为重点监测（安装监测设备）、常规监测（人工病害日常巡查）和专项监测（定期结构检测）。

1. 重点监测（安装监测设备）

针对程度较为严重的裂缝、渗漏等病害开展重点监测，安装设备进行自动化监测，结合定期巡查，密切关注病害发展情况。以下仅以钟鼓楼为例，说明 I 类构成要素的具体监测设备。

根据钟鼓楼现状病害情况，对其中程度相对较重、影响较大的病害安装监测设备，通过监测系统自动收集监测数据（见表 5）。

表 5 钟鼓楼病害部位及监测设备					
主要病害/影响因素	建筑部位	现状描述	病害等级	监测设备名称	监测设备数量
位移/地铁扰动	鼓楼梁柱	梁柱变形	一般	倾角计	3
风	鼓楼楼体	屋面、墙面局部风化剥落	一般	风力计	6
温湿度	鼓楼二层望板	望板湿度较大	一般	温湿度计	8

---

① 除了本体监测和影响因素监测之外，《方案》中还包括对环境格局的监测、保护管理行为监测、发展建设压力监测等。为了突出文物勘察确定监测需求的工作策略，本报告仅介绍与古建筑本体与病害相关监测需求。

2. 常规监测（人工病害日常巡查）

主要针对程度一般的风化、裂缝等病害开展常规监测，人工定期巡查，用手机 App 将监测数据录入监测系统中，密切关注病害发展情况。

以下仅以钟鼓楼为例，说明Ⅰ类构成要素的具体病害巡查点位和周期。根据钟鼓楼现状病害情况，对其中影响一般和轻微的病害开展人工巡查，通过手机 App 采集监测数据，录入监测系统（见表6）。要素的具体巡查监测点位详见图3。

表6　钟鼓楼日常巡查点位及周期				
主要病害	建筑部位	现状描述	病害等级	监测周期
构件开裂、渗水、植物病害	钟楼屋面	局部构件裂缝、风化脱落	轻微	季度
表层剥落、泛盐、碎裂	钟楼楼体	墙面砌块都存在不同程度的风化破坏现象	轻微	半年
构件开裂、沉降	钟楼券洞、拱券	受力不均导致拱券上方砌块臌胀、下部碎裂	一般	季度
植物病害、剥落	二层台明须弥座、券洞	雨水冲蚀导致表面出现坑状溶蚀坑和表层剥落	轻微	季度
表层剥落、泛盐、碎裂	钟楼城台墙面	台面砖都存在不同程度的风化破坏现象	轻微	半年
油饰脱落	钟楼油饰彩画	整体保存状况较好；内部天花、梁架个别位置彩画脱落；外部椽头、檐枋处地仗油饰脱落现象较为普遍	轻微	季度
脱落	鼓楼屋面	个别位置瓦面灰浆脱落	轻微	季度
裂缝	鼓楼大木	大木柱子多处竖向裂缝	轻微	季度
沉降、外闪、拔榫	鼓楼二层平座	平座整体外闪	一般	季度
表层剥落、泛盐、碎裂	鼓楼城台墙面	台面砖都存在不同程度的风化破坏现象	轻微	半年
油饰脱落	鼓楼油饰彩画	整体保存状况较好；内部天花、梁架个别位置彩画脱落；部分椽头、檐枋处、下架地仗油饰脱落	轻微	季度

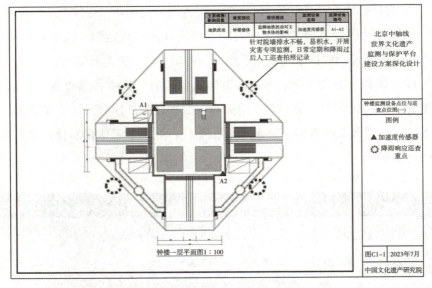

图3 钟楼监测设备点位与巡查点位图（一）

资料来源：《北京中轴线世界文化遗产监测与保护平台建设方案深化设计》。

3. 专项监测（定期结构检测）

在所有 I 类要素程度较重、影响较大的病害中，部分病害在技术上无法通过简单的安装监测设备实现有效监测、科学分析，应采取定期专项监测措施，以人工检测的方式，采集技术数据，进行对比分析，得出评估结论。以下仅以钟鼓楼为例，专项监测具体内容见表7，要素的具体专项监测点位详见图4。

表7　钟鼓楼专项监测措施要求与周期						
专项监测名称	主要病害／影响因素	建筑部位	现状描述	病害等级	专项建议	周期
钟楼拱券结构稳定性结构检测	断裂、臌胀	钟楼拱券	拱券局部碎裂、砌块局部臌胀	一般	结合人工巡查，委托专业机构开展专项测量，进行数据比对分析	一年
鼓楼二层平座歪闪情况定期检测	沉降	鼓楼二层平座	二层平座整体歪闪、拔隼	一般	结合人工巡查，委托专业机构开展专项结构检测，进行数据比对分析	一年

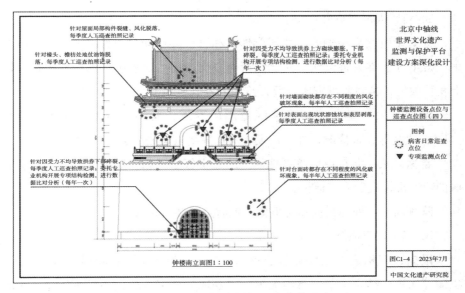

图 4　钟楼监测设备点位与巡查点位图（二）

资料来源：《北京中轴线世界文化遗产监测与保护平台建设方案深化设计》。

（二）本体相关影响因素监测需求

1. 环境压力监测

针对北京中轴线遗产区和缓冲区面临的空气污染、酸雨侵蚀、水质污染等多种环境压力，开展气象、大气环境质量、微环境等多种监测，从北京市生态环境局、北京市气象局外部接入以上相关数据，实时监测环境压力情况，监测内容概要如下。

监测对象：缓冲区和遗产区范围内气象数据（其中包括温度、湿度、风向、风力、降水量等）、大气环境质量数据［其中包括细颗粒物（PM2.5）、可吸入颗粒物（PM10）、二氧化硫（SO_2）、二氧化氮（NO_2）等］、水质、植被与土壤等。

监测方法：北京市生态环境局、北京市气象局相关数据接入。

监测周期：外部数据实时更新。

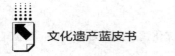

2. 自然灾害和防灾

针对影响北京中轴线文化遗产保护和城市环境安全的自然灾害，开展暴雨、雷电等各类灾害监测，从北京市应急管理局、北京市气象局外部接入以上相关数据，实时监测灾害情况，监测内容概要如下。

监测对象：缓冲区和遗产区范围内暴雨、暴雪、雷电、大风、沙尘（暴）、冰雹等灾害情况，并评估灾害对构成要素造成的影响。

监测方法：北京市应急管理局、北京市气象局相关数据接入，构成要素保护管理机构灾后人工评估。

监测周期：外部数据实时更新，灾后及时评估录入。

3. 降雨响应巡查

根据遗产构成要素保存状况评估，针对I类要素受到降雨影响的积水、渗漏等病害，结合上节"自然灾害"中获取的外部自然灾害预警信息，开展降雨响应监测，在降雨中、降雨后，向相关管理机构推送巡查任务，通过手机 App 给将监测结果录入监测系统中。

监测对象：I类遗产要素在降雨前、降雨中、降雨后对重点部位开展巡查（见表8）。以钟鼓楼为例，该I类构成要素的具体降雨响应巡查重点点位详见图3。

表8　钟鼓楼降雨响应巡查重点部位			
建筑部位	现状描述	主要病害	病害等级
院墙	院墙排水不畅	积水	轻微

除重点点位之外，还应在降雨中、降雨后，对各处建筑屋面、檐口、落水口、螭首等易受降雨影响的部位开展响应巡查。

监测方法：构成要素保护管理机构人工巡查。

监测周期：降雨发生时及时评估录入。

4. 其他极端天气响应巡查

针对I类要素有可能受到大风、雷电、沙尘影响的情况，开展其他极端天气响应巡查监测，在气象灾害过程中、灾害过后，向相关管理机构推送巡查任务，通过手机 App 将监测结果录入监测系统中。

监测对象：I 类遗产要素在其他极端天气条件（大风、雷电、沙尘等）下开展，在事前、事中、事后对重点部位开展巡查（见表 9）。

　　监测方法：构成要素保护管理机构人工巡查。

　　监测周期：极端天气条件发生时及时评估录入。

表 9　其他极端天气条件的巡查重点部位		
极端天气	巡查重点	预案与准备工作
大风	各方向（特别是西、北方向）的门扇、隔扇及其固定装置的稳定性和可靠性，尤其是钟鼓楼、正阳门城楼和箭楼等高处的门扇和隔扇；瓦当、滴水、走兽等屋面、檐口易脱落部件的稳定性	屋檐下隔离一片空间防止坠物
雷电	避雷设备的完好性	雷火应急响应
沙尘	建筑高处的彩画（特别是钟鼓楼、正阳门等较高位置的建筑彩画），风力较大位置的墙体侵蚀程度	无

五　确定监测内容与方式

　　按照本体病害和相关影响因素的监测需求，《方案》通过本体病害监测、人工巡查和日常管理、自然环境和灾害三种方式来实现监测要求，落实监测措施（见表 10）。

表 10　各类监测需求的监测方式		
编号	监测需求	监测方式
1	本体病害监测：重点监测（安装监测设备）	（七）本体病害监测
2	本体病害监测：常规监测（人工病害日常巡查）	（七）本体病害监测（十二）日常管理
3	本体病害监测：专项监测（定期结构检测）	（七）本体病害监测
4	环境压力监测	（八）自然环境
5	自然灾害和防灾	（八）自然环境
6	降雨响应巡查	（十二）日常管理
7	其他极端天气响应巡查	（十二）日常管理

　　注：监测方式的序号，即"（七）""（十二）"等，依据中国文化遗产研究院中国世界文化遗产中心（中国世界文化遗产监测中心）制定的《中国世界文化遗产监测数据总表》中序号和次序。

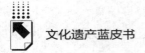

　　根据每项监测需求的不同要求，结合各类监测方式的数据规范，《方案》进一步明确监测内容、数据要求、数据录入方式、资料来源、监测周期等实际操作方式，提出相应的系统要求。

（一）本体病害监测

　　开展重点监测，安装监测设备采集的监测数据定时按照"（19）病害监测数据"的要求自动录入监测系统。

　　开展常规监测，采用人工日常巡查的监测成果，应按照"（18）病害调查监测工作情况记录"的要求录入监测系统；如有重要病害改变的情况，应按照"（19）病害监测数据"的要求及时录入监测系统。

　　开展专项监测，定期结构检测的成果，包括病害监测数据、病害变化趋势、病害评估结论等，按照"（17）病害分布图""（18）病害调查监测工作情况记录"的要求及时更新录入监测系统。

　　上述病害数据更新后，应及时更新"（20）病害控制状态评估"的系统数据，对上述每项监测数据对病害的威胁程度进行评估（见表11）。

表 11　本体病害的监测内容与方式

监测项	监测内容 / 数据要求	录入方式	资料来源	监测周期	监测指标
（17）病害分布图	遗产构成要素病害分布总图，以总体范围地形图为底图，叠加病害分布图层。直观、集中地反映总体病害分布情况	系统平台	北京中轴线遗产保护中心、遗产构成要素管理单位	基础文件，建立监测数据时录入，有较大变化时及时更新	各类型总体病害统计表、分布面积或涉及要素
	遗产构成要素病害分布要素图，以遗产要素分布图为底图，叠加病害分布图层，直观、集中地反映遗产本体病害分布情况	系统平台	北京中轴线遗产保护中心、遗产构成要素管理单位	基础文件，建立监测数据时录入，有较大变化时及时更新	各类型总体病害统计表、分布面积或涉及要素
（18）病害调查监测工作情况记录	遗产构成要素的病害类型、病害分布、病害发育情况，记录每一处病害编号、病害位置、病害类型、对应的病害调查记录图、病害监测工作的相关信息。每处病害对应一个表格文档	系统平台	北京中轴线遗产保护中心、遗产构成要素管理单位	不定期数据，开始监测时、中止监测时、结束监测时、监测参数有变化时录入	病害总数、正在监测的病害数量、新发病害数量、治愈病害数量

续表

监测项	监测内容 / 数据要求	录入方式	资料来源	监测周期	监测指标
（19）病害监测数据	遗产构成要素的病害监测数据	移动采集系统 / 前端设备	北京中轴线遗产保护中心，遗产构成要素管理单位	详见"制定监测需求"一节	详见"制定监测需求"一节
（20）病害控制状态评估	根据每项监测数据（19）对该病害当前的威胁程度进行评估，选择一项	系统平台	北京中轴线遗产保护中心，遗产构成要素管理单位	与（17）（19）一致	病害控制状态评估： – 治理较好 – 控制正常 – 开始恶化，但程度较轻，尚未造成威胁 – 严重恶化，造成很大威胁

注：监测项的序号，即"（17）""（18）"等，也依据中国文化遗产研究院中国世界文化遗产中心（中国世界文化遗产监测中心）制定的《中国世界文化遗产监测数据总表》中序号和次序。

（二）人工巡查和日常管理

按照病害常规监测、降雨及其他极端天气相应巡查的监测需求，开展人工巡查工作，实时填写"（p9）日常巡查记录"。如有发现病害现象明显变化（病害常规监测）、降雨受灾情况影响（降雨响应巡查）以及其他极端天气灾害影响（其他极端天气相应巡查），应及时按照"（42）日常巡查异常记录"要求录入系统。如上述影响对象包括本体保存状况，并涉及病害的产生或变化，应按照"（19）病害监测数据"其他相关病害监测数据的要求及时录入监测系统（见表12）。

（三）自然环境及灾害

开展环境压力监测，按照"（22）自然环境监测数据"的要求，从北京市生态环境局、北京市气象局、北京市水务局等外部单位实时接入相应的监测数据。

监测项	监测内容/数据要求	录入方式	数据来源	监测周期	监测指标
（p9）日常巡查记录	采用移动采集系统，开展定期日常巡查及降雨、大风、雷电、沙尘等极端天气的响应巡查工作，填写巡查记录，包括巡查日期、时间、巡查员、有无异常情况（如有异常，自动归为下一类"日常巡查异常记录"）	移动采集系统	北京中轴线遗产保护中心、遗产构成要素管理单位	根据常规监测要求，详见"制定监测需求"一节	巡查日期、时间、巡查员、被巡查要素、有无异常情况
（42）日常巡查异常记录	基于遗产看护制度，集成移动采集系统的看护流程产生的文档数据，包括巡查日期、时间、巡查员、新发现异常情况描述等	移动采集系统	北京中轴线遗产保护中心、遗产构成要素管理单位 ②Ⅱ类实时上报	根据上一项周期，发生异常时实施录入	巡查日期、时间、巡查员、被巡查要素、异常情况影响：严重影响、轻微影响
	配合日常巡查异常记录，同步拍摄新发现异常情况照片	移动采集系统	北京中轴线遗产保护中心、遗产构成要素管理单位	同上	图片采集人、采集时间、采集地点等，以及相对应的异常记录编号
（43）保养与维护工程记录	采用移动采集系统，开展保养维护工作，纳入零修流程产生的文档数据。包括日期、对象、保养与维护内容、实施者等	系统平台/移动采集系统	北京中轴线遗产保护中心、遗产构成要素管理单位	有维护工作实施填报	保养工作日期、对象、保养与维护内容、实施者等

注：监测项的序号中包括"p"的，如"（p9）"，为本方案根据实际情况，在《中国世界文化遗产监测数据总表》之外新增的监测项。《方案》中新增的监测项共13项，即"（p1）"至"（p13）"，其中仅（p9）项与本体监测有紧密关联，因此本报告中仅论述此项，其他新增项不再赘述。

开展自然灾害监测，按照"（24）受灾记录"的要求，从北京市应急管理局实时接入Ⅱ类以上应急数据，并作为启动降雨及其他极端天气应急响应巡查的依据。

上述环境及灾害数据更新后，应及时更新"（23）环境影响评估"的系统数据，对上述每项监测数据的威胁程度进行评估（见表13）。

上述各项监测工作的方法和数据来源主要分为外部数据接入、遗产构成要素管理机构填报两大类。Ⅰ类遗产构成要素的管理机构通过手机App或监测系统终端直接采集数据录入平台信息系统（系统采集）。

监测项	监测内容 / 数据要求	录入方式	数据来源	监测周期	监测指标
（21）自然环境监测工作情况记录	包括大环境监测、环境污染监测，以及针对特定自然环境影响因素进行的专项监测和微环境监测的工作情况。每个监测项目对应一个文档	系统平台	北京中轴线遗产保护中心，遗产构成要素管理单位	不定期数据，每个监测项目开始监测时、中止监测时、结束监测时、监测参数有变化时录入	—
（22）自然环境监测数据	气象：温度、湿度、风向、风力、降水量等	外部系统	北京中轴线遗产保护中心，北京市生态环境局，北京市气象局	实时采集	相应的规范指标
	大气环境质量：细颗粒物（PM2.5）、可吸入颗粒物（PM10）、二氧化硫（SO_2）、二氧化氮（NO_2）	外部系统			
	微环境：水质、植被与土壤	外部系统	北京中轴线遗产保护中心，北京市水务局	实时采集	相应的规范指标
（23）环境影响评估	对每个自然环境监测数据的预警和处置记录，以及根据监测数据对该环境因素当前的影响程度进行评估。每个监测数据对应一个文档	系统平台	北京中轴线遗产保护中心，遗产构成要素管理单位	每个监测周期录入一次，与每个监测数据同步录入	对自然环境因素负面影响的控制情况：防治较好、控制正常、存在严重威胁
（24）受灾记录	暴雨/暴雪、雷电、大风、沙尘（暴）、冰雹、地震、病虫害	系统平台	北京中轴线遗产保护中心，北京市应急管理局II类实时上报	实时采集	遗产本体受到损害的程度评估：严重、较严重、一般、轻微

表 13 自然环境及灾害的监测内容与方式

监测系统（包括手机 App）的设计，均以监测内容与方式为基础，进一步设计集监测数据采集、审核与管理，预警信息发布、处置与跟踪，遗产状态分析与评估，监测工作监督与管理，基础数据管理等多种功能于一体的北京中轴线监测与保护平台。相关系统设计内容与本报告无紧密关联，在此不赘述。

六　结论

根据《文物保护工程管理办法》《文物保护工程设计文件编制深度要求

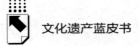

（试行）》，勘察为设计提供基础资料和必要的技术参数；设计依据勘察结果编制。上述文物保护工程的一般技术路线，也适用于监测方案设计，特别是世界文化遗产监测工作。

《方案》对Ⅰ类构成要素逐一开展评估勘察，研判病害程度和成因，建立科学的病害分级分类体系，为制定适当的巡查监测措施提供基础。《方案》根据病害评估和保护管理现状，细致梳理监测需求，对本体进行分级措施（人工病害日常巡查、定期结构检测、安装监测设备），对不同级别的病害分别进行差别化管理，并针对防灾需求，设置降雨等灾害响应。

此外，《方案》进一步提升了监测方案编制的技术水平，结合文物工作实际，采用文物保护工程的技术体系，减少信息系统方案的专业术语，明确文物保护措施，增加可操作性，"说文物话、画文物图"，将监测方案设计真正融入文物保护工程体系，真正实现了对监测工作的指导，为科学开展监测工作提供了扎实的基础。

七　余论

我国世界文化遗产监测工作开展已有十余年的历史。在监测试点开始的初期阶段，出现了监测工作缺少监测目标、科学性不强等问题。主要成因是部分监测方案由系统开发方主导编制（作为信息系统），缺少基于世界文化遗产的保护标准对本体保存状况和病害情况进行的系统调研，以及对遗产监测和管理需求的科学分析，无法科学确定监测需求，制定监测方式与内容。

从2015年起，国家文物局委托开展两期"中国世界文化遗产地监测预警体系建设评估"，并指导中国文化遗产研究院中国世界文化遗产中心（中国世界文化遗产监测中心）编制了一系列监测指南、规范等指导性文件，初步建立起我国世界文化遗产监测的业务标准体系，为我国世界文化遗产监测工作回归以文物勘察为基础的科学方法提供了坚实的基础。

B.17
故宫博物院社会服务工作成果

——以公众教育与馆藏文物数字化为例

李萌慧*

摘　要： 故宫博物院为更好履行世界文化遗产地管理要求与博物馆社会服务职能，一直将公众教育与馆藏文物数字化作为院重点工作。公众教育包括志愿者服务、馆校合作、国际培训和网络直播视频宣传四类工作。目前志愿者团队人员结构合理、专业过硬，获得多项荣誉。馆校合作内容丰富扎实，形式多样。国际博协培训中心一年为国内外博物馆专业人员提供两批为期十天的培训，促进文化交流与行业发展。网络直播视频宣传 2020 年后发展迅速，受到很多关注与好评。故宫博物院馆藏文物数字化工作包括基础数据采集及系统建设，经历了从胶片到数码照片、三维模型，从院内文物信息管理系统到面向公众开放展示的过程。故宫博物院坚持不断尝试将新技术手段运用到馆藏文物保护、研究、展示、利用中，形成一系列成果，实现了故宫文物"活起来"。

关键词： 故宫博物院　社会服务　公众教育　馆藏文物数字化

　　北京故宫旧称紫禁城，是明清两代皇家宫殿建筑群。故宫于 1961 年被国务院列为第一批"全国重点文物保护单位"，1987 年被联合国教科文组织列入《世界遗产名录》。而早在 1925 年，故宫博物院即成立并对外开放。作

---

　　* 李萌慧，故宫博物院故宫世界遗产监测部文博馆员，主要研究领域：遗产监测。

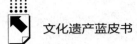

为集古代木结构建筑群、皇家宫廷收藏、历代文化艺术于一体的大型综合性博物馆，兼顾遗产地与博物馆双重身份，如何在保护好全人类共同财富的基础上，诠释展示文化遗产价值，为社会提供更好的服务，一直是故宫博物院面对的重要课题。① 建院以来，故宫博物院一直坚持在研究、收藏、保护的基础上与时俱进探索更多开放、展示的渠道。本报告围绕其中两项代表性工作——公众教育与馆藏文物数字化展开，其中公众教育作为面向公众开放的历史延续性工作，近年来有很多新尝试。馆藏文物数字化是适应数字智能时代到来的必然趋势，既有利于文物藏品的保护、研究，也为其展示利用提供了很多新的可能。

一　公众教育

根据国际博物馆协会（International Council of Museums，以下简称国际博协或 ICOM）2022 年 8 月 24 日公布的博物馆新定义，博物馆是为社会服务的非营利性常设机构，它研究、收藏、保护、阐释和展示物质与非物质遗产。向公众开放，具有可及性和包容性，博物馆促进多样性和可持续性。博物馆以符合道德且专业的方式进行运营和交流，并在社区的参与下，为教育、欣赏、深思和知识共享提供多种体验。② 博物馆定义的更新变化，将公众教育职能提到新的高度，也对其提出了新的期待与要求。

故宫博物院公众教育工作主要包括志愿者讲解、馆校合作、国际培训及网络宣传几方面。前三项工作为故宫博物院延续性的传统工作，网络直播及

---

① 《故宫博物院单位简介》，中华人民共和国文化和旅游部，2024 年 5 月 14 日，https://www.mct.gov.cn/wlbphone/wlbydd/zzjg/jgsz/zsdw_9794/202310/t20231007_947817.html，最后检索时间：2024 年 7 月 14 日。

② ICOMOS, "A Museum is a Not-for-profit, Permanent Institution in the Service of Society that Researches, Collects, Conserves, Interprets and Exhibits Tangible and Intangible Heritage. Open to the Public, Accessible and Inclusive, Museums Foster Diversity and Sustainability. They Operate and Communicate Ethically, Professionally and with the Participation of Communities, Offering Varied Experiences for Education, Enjoyment, Reflection and Knowledge Sharing", 2022, accessed on 14 July 2024 ,https://icom.museum/en/news/icom-approves-a-new-museum-definition/.

拍摄视频宣传受各方面因素影响近几年发展迅速，受到了社会各界的关注并收获好评。

（一）志愿者服务

故宫博物院公益志愿者服务起步于 2004 年，自面向社会公开招募第一批公益志愿者至今，团队累计有 600 余人参与志愿讲解服务。据统计，故宫志愿者在册人数稳定在 200 人左右，其中近 20 年来不间断服务的有 40 余人，占现有志愿者总数的 20%；有 30 余名志愿者累计服务时长超过 1000 小时，占总人数的 15%。志愿者中，在职人员与高校学生分别占 50% 和 15%，男女比例为 1∶1.5，是一支人员结构合理、专业素质过硬、可持续发展的团队。如今，志愿者团队在稳定发展的同时，力求创新、与时俱进，持续不定期面向社会招募志愿服务人才，并系统性地进行讲解培训，以更好应对开放区域逐步扩大、专馆展览逐年增多的新需求。

过去五年，故宫博物院志愿者服务在前期成熟模式的基础上，经历了新冠疫情防控政策下的灵活调整，新展览增多背景下的内容扩充，直到新冠疫情后全面恢复。新冠疫情前，配合院内展览安排，故宫志愿者团队主要参与家具馆常设展览及院内其他临展的讲解服务。2019 年，志愿者团队累计服务十万计参观人次，达到历史峰值。2020~2022 年，故宫博物院内展馆开放安排根据新冠疫情防控措施灵活调整，线下志愿者服务也受到很大影响，三年间共计服务观众 955 批次 8896 人。虽然线下讲解受阻，但志愿者活动一直持续，志愿者团队完成了"志愿讲国宝"线上视频项目，还接受多家主流媒体采访宣传及线上宣讲活动，与苏州丝绸博物馆、广东省博物馆志愿者代表交流学习。团队获得文化和旅游部 2020 年志愿服务项目线上大赛一等奖，中国青年志愿服务大赛银奖，中国博物馆协会第十一届中国博物馆十佳志愿者之星评选"十佳志愿者之星"团队奖等多项荣誉；故宫志愿者讲解项目在中宣部和国家文物局举办的"喜迎二十大强国复兴有我——青少年中华文物我来讲"活动中获"优秀博物馆志愿服务推介项目"。2023 年 4 月，故宫博物院志愿者日常讲解服务在珍宝馆、陶瓷馆、

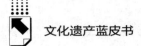

雕塑馆等常设展馆全面恢复，后续还将配合院内其他展览的安排持续为观众提供服务。

（二）馆校合作

近年来，党和国家高度重视发挥博物馆的教育功能，先后有针对性地出台了一系列博物馆青少年教育政策措施，2020 年 9 月 30 日，教育部和国家文物局发布《关于利用博物馆资源开展中小学教育教学的意见》，提出要继续推动博物馆教育资源开发应用，建立馆校合作长效机制，推进馆校合作共建，并且将博物馆青少年教育纳入课后服务内容。[①] 故宫博物院馆校合作项目经历了学生团体入馆参观、组织院内外教育讲坛活动，到向合作学校提供博物馆主题课程服务，最终形成系列课程及配套课件包，过程中还出版了一系列面向不同学龄受众的图书。

院方组织或接待学生团队参观，是故宫博物院馆校合作最初的模式，并且一直延续至今。这种方式组织灵活，适宜性强。特别是 2021 年 12 月之后，故宫博物院决定在原有 6 岁以下或身高 1.2 米以下儿童，以及每周二统一预约的中小学生免费的基础上，试行所有开放日对未成年人免费开放。[②] 学生团队入院参观人数迎来新高峰，尤其是 2023 年 7~8 月份，预约入院参观人数的1/3 为未成年人。大中小学生进入遗产地及展厅内进行现场学习、艺术创作、综合探究，是故宫发挥作为博物馆的教育职能的最直观体现。

故宫博物院主题教育讲坛活动内容多围绕院文物藏品及主题展览展开，活动起步于院内，后辐射到院外及其他省市。以 2019 年为例，故宫博物院举办教育活动、讲坛共 2157 场次，参与观众 6.85 万人，场均观众约 32 人次。其中院内活动 1445 场、故宫讲坛 16 场、院外讲座 41 场，服务 4915 人次，包括小学，教研机构，香港、秦皇岛、上海、宜兴等地观众。新冠疫情防控

---

① 《教育部 国家文物局关于利用博物馆资源开展中小学教育教学的意见》，中华人民共和国教育部，2020，http://www.moe.gov.cn/srcsite/A06/s7053/202010/t20201020_495781.html，最后检索时间：2024 年 7 月 16 日。

② 《关于对未成年人试行免费开放的公告》，故宫博物院，2021 年 11 月 29 日，https://young.dpm.org.cn/newsdetail/608，最后检索时间：2024 年 7 月 14 日。

期间，线下活动受到很大影响，但仍然根据开放情况及时调整开展，如 2020 年举办"我要去故宫，万物来启蒙"线下活动 20 期，同时通过线上直播等形式举办讲座。2023 年，线下教育讲坛活动全面恢复，全年先后与 7 所学校合作开设 10 门课程，执行 221 讲，惠及学生 6357 人。

2016 年春，故宫博物院与北京市第三十一中学合作，首次开展博物馆校内课程，将"故宫趣味课堂"作为学生选修课，获得多方好评。随后课程不断扩展，目前已涵盖大中小学阶段。并且形成了一系列成熟的课程配套资料包向外输出，过去五年间就向海外中国文化中心输出 20 个成熟项目的教育资料包，2022 年还与香港中国文化研究院合作，编辑制作针对香港中小学生的"我们的故宫"系列教育资源，在港传播推广。同时坚持开发新课程，2019~2023 年新开发课程共 111 个。前期成果"钟表上的工艺荟萃"教育课程还在 2020 年获中国博物馆协会"2015~2019 年度博物馆研学课程及线路推介活动"历史类最佳课程。除课程资料包外，还出版了《我要去故宫》《了不起的故宫宝贝》《藏品有话说》《探究紫禁城——首都科普主题研学基地课程知识手册》《哇！故宫的二十四节气》等一系列图书，包括繁体版、英文版、韩文版、僧伽罗语版等其他版本。

2023 年，故宫博物院开展"砖筑力量：馆校合作综合艺术实践教育成果展示"活动，对多年馆校合作成果进行总结展示。多年的馆校合作历程验证，以后的工作中要继续拓展概念，在坚持利用博物馆资源的前提下，加强阐释利用，使未来的馆校合作覆盖更多学生，取得更好效果。同时要积极鼓励、引导第三方组织参与馆校合作，使其在反复实践中积累面向博物馆和学校的服务经验。总的来说，在国家越来越重视博物馆教育的大背景下，博物馆与学校要进一步加强合作沟通，了解各自需求，积极达成合作意愿，促成双赢。

（三）国际培训

国际博协培训中心（ICOM-ITC），于 2013 年 7 月 1 日在故宫博物院正式成立，是国际博物馆协会、中国博物馆协会和故宫博物院合作建立的国际博物馆专业培训机构，是目前国际博协在海外设立的唯一博物馆专业培训机构。

在国际博协的指导下，故宫博物院充分利用专业资源，为国内外博物馆专业人员提供高质量的国际培训。常规约定在每年4月和11月举办两期常规培训班，每期培训班持续10天。培训致力于推动国际博物馆及博物馆专业人员研究与交流，促进其业务提升和能力建设。参加培训的教师来自国际博协各专业委员会、世界各大知名博物馆或高校，拥有丰富的实践经验和扎实的理论基础，是博物馆管理、藏品、教育、展览等各专业领域的资深专家。培训课程都以丰富多样的形式呈现，每期培训班面向全球博物馆领域招收30~35名学员，其中国际、国内学员各占一半。

2013~2019年，故宫博物院成功举办了13届国际博协培训班，培训涉及"博物馆管理实践""博物馆教育""博物馆展览"等主题，以2019年秋季培训班为例，围绕培训"营造博物馆学习环境：开发相关公众项目"主题，8位中外专家结合工作实践，从博物馆教育的目标与挑战、教育项目评估、博物馆教育中的科技运用、资源分享和社区合作等多个方面展开课程。课程内容丰富实用，理论实践并重，不仅探讨了学员们普遍关心的问题和难题，也拓宽了大家对博物馆教育的认知和理解。集中授课以外，培训班设置多个互动环节，鼓励学员主动分享、发现和展示。分享环节中多位学员带来自己所在博物馆的教育手册、工具包、教具等，介绍其最有代表性或最成功的教育案例。这些各具特色、创意满满的资料还成为课余讨论与交流的焦点。学员们在"藏品阅读"课选用的6件藏品中自行选择感兴趣的文物，据此分小组挖掘藏品信息，再通过小品剧等形式将这些信息讲述出来。此外，学员们还走出课堂，到宜兴市博物馆、中国陶瓷博物馆、前墅龙窑现场学习。

培训中心每年出版中、英文年度报告。同时在故宫官网英文版设立培训中心版块，上传培训资料供学员下载。2020~2022年，国际博协培训班暂停，期间培训中心对往期400余名学员开展问卷调查，评估培训项目长期效果。2021年国际博物馆协会、中国博物馆协会和故宫博物院三方达成一致意向，延续合作周期。2023年秋季培训班恢复，招收国内外学员26名，开展了主题为"好的展览：以观众体验为中心"的培训。

培训作为博物馆专业人员国际交流的平台，除对专业知识与实践经验的学习外，还增进了外国同仁对于中国文化及国内博物馆行业的了解，拓宽了中国博物馆从业人员的视野，也必将对国内外文化交流与博物馆行业的发展产生更加深远的影响。

（四）网络宣传

2020 年以前，故宫博物院官方网络宣传主要通过微博账号、微信公众号及其他传统主流媒体进行。2020 年，受新冠疫情影响，院内线下开放日及展览大幅减少，观众对于线上文博知识宣传的需求凸显，故宫博物院开始利用网络直播、短视频等新型媒介形式，带领观众"云游"故宫，推广故宫历史文化。

近几年的故宫官方网络直播根据内容可分为四大类，第一大类为宫廷建筑文化、人文历史景观主题直播，第二大类为读书日直播，第三大类为寒暑期知识课堂直播，第四大类是围绕院内展览的直播。其中以第一大类直播所覆盖的平台及媒体最广泛，2020~2022 年进行的直播有："春""夏""秋""冬"系列 4 次直播，展示一年四季故宫里的景色及宫廷应季生活礼仪制度；"雨中故宫，涓流尽汇"直播，重点关注故宫古建筑群排水系统；正月初一的"贺岁的故宫·冬日的祥和"直播，走进辞旧迎新的紫禁城，探访宁寿宫区域，向全国观众传达故宫人的美好祝福；"恢弘的故宫·中轴的奥秘"直播，沿中轴线自午门至神武门，参观前三殿、后三宫和御花园中的经典建筑，带领观众领略故宫中轴线的测定及文化内涵；"故宫迎年，紫禁飞雪"新春直播，走进过年前的故宫，领略紫禁城冬季雪景，了解明清宫廷取暖设施，体味中国传统节俗。此外，读书日直播分享推荐故宫相关图书，寒暑假知识课堂直播为连续系列性选题，以课堂形式传播故宫知识，展览直播向观众线上讲解院内热门展览。

与网络直播相比，短视频宣传更灵活，内容与形式更丰富多样。2020 年，故宫博物院宣传教育部协同院内其他相关部门先后开通"带你看故宫"抖音号、"我要去故宫"快手号，全年两平台账号共发布短视频 159 条，高质量的视频内容带来了粉丝量的快速增长，也引发了广泛关注。经过不断地更新拓展，目前已形成多个选题系列短视频，例如与抖音联合发起的"抖来云逛馆"科普短视频项目，邀请院内专家围绕故宫建筑藏品、历史文化出镜讲解，共发布20个专题200期短视频。"志愿讲国宝"系列视频也陆续在多平台视频账号发布。短视频已经成为公众随时随地了解故宫知识的一扇窗口。

二 馆藏文物数字化

故宫博物院藏有超过186万件/套可移动文物。对这些馆藏文物的保护、研究、利用、展示一直是故宫博物院重要职能。然而，作为世界文化遗产地，故宫博物院文物保护与开放展示之间的矛盾一直存在。2019年，故宫博物院正式提出以"平安故宫""学术故宫""数字故宫""活力故宫"为支撑发展"四个故宫"事业体系。[①] 其中"数字故宫"适应时代发展，突破了传统保护方式的局限，使文化资源的社会共享程度显著提升，"数字故宫"建设包含对遗产地范围内所有历史遗存的数字化工作，院文物藏品的基础数据采集、加工、开放、运用是其中重要组成部分。

（一）建设成果

故宫博物院馆藏文物数字化工作从20世纪90年代末起步，到现在经历了二十多年的时间。前期以技术更迭为契机，重点完成院内基础信息系统建设与馆藏文物数据采集标准化工作。积累一批影像数据之后，建设开放面向公众的网站，同时保障数据持续采集录入。在此基础上，根据系统使用需求及数据更新情况，进行系统更新升级合并联动。

20世纪90年代以前，故宫藏品影像多为胶片拍摄采集。到90年代末，以文物信息管理系统的建设为契机，故宫花费近十年时间，完成了95%以上院藏文物的账物核对工作，将百万条信息录入文物信息管理系统，形成文物的"数字户口簿"，奠定了故宫文物藏品数字化的基础。与账物核对工作基本

---

① 《故宫博物院文化遗产保护与传承主题云展览》，故宫博物院，2021年11月29日，https://www.dpm.org.cn/topic/party_building/ending.html，最后检索时间：2024年9月4日。

同步，故宫博物院积极引入数码摄影技术，拍摄完成了两万多件文物数字影像录入文物信息管理系统。这个阶段，馆藏文物数字化成果还主要运用于院内文物查找、管理，未实现对公众开放。

在前期工作积累的基础上，适应互联网时代的快速到来与发展，2001年故宫博物院官方网站正式发布上线。网站初始设置包含"藏品精粹""网上博物苑"在内的14个版块，故宫文物藏品的600多万文字信息、4000余张影像信息首次通过互联网与广大观众见面。基本同一时期，故宫博物院开始引入三维可视化技术，研究其在馆藏文物数字记录中的应用。后经过多年数据采集整理及系统更新，2014年，故宫博物院首次通过官网公布了院藏全部25大类1807558件文物藏品的简目信息。到2019年7月，故宫博物院首次在官网发布"数字文物库"，实现面向公众开放的检索、浏览服务，并且一次性公布了5万件文物藏品的高清图片和基本信息。同时还发布了展示书画作品的"故宫名画记"、展示文物三维立体模型的"故宫多宝阁"。同时持续拓展与社会力量的合作，保障每年有6万~8万件文物数字影像采集入库。过程中完善制定了故宫所有馆藏文物25大类和251个小类的基础影像拍摄标准，还结合开展馆藏文物细编目工作。到2020年，全新版本的"故宫博物院藏品总目"更新上线，实现了馆藏文物目录实时检索。2023年5月18日，故宫·腾讯联合创新实验室正式落成并投入使用。该实验室运用"数字孪生"技术，对文物影像采集工作场所进行数字化、智能化管理，使文物藏品的数字化采集、加工工作进一步规范化、标准化。到2024年7月，故宫博物院官网"藏品总目"发布文物藏品信息1863404条，"数字文物库"展示文物藏品总量103771件。

2020年初，受新冠疫情影响，结合手机端技术发展的趋势，故宫博物院在移动端推出"云游故宫"，满足观众无法到场参观也可随时欣赏和利用故宫文化资源的需求。年中，故宫博物院对前期所有线上数字服务进行梳理整合，推出"数字故宫"移动端小程序，并持续进行更新升级。至此"数字故宫"移动端小程序与中文、英文、青少年版PC端故宫博物院官方网站并列，结合新媒体文化传播途径，实现了面向公众打造的全覆盖服务模式。2022年，"数字故宫"小程序全面升级，更名为"故宫博物院"，同时官方微信公众号"微

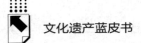

故宫"与"故宫博物院观众服务"合并，更名为"故宫博物院"，二者实现功能整合联动，可通过公众号界面直接点击跳转小程序使用服务，大大方便了公众对故宫文物数字资源的观赏、研究与利用。

（二）开放应用

在上述文物数字化信息采集处理、管理展示平台搭建升级及最终向公众开放利用的过程中，都产生了丰富的学术研究成果与良好的社会效益。除前文所述影像采集行业标准外，涉及的研究方向还包括"数字博物馆""新媒体传播""数字化展示设计""传统文化品牌建设"等。过去观众只能看到众多馆藏文物中的小部分展出，大多数文物藏品展示的机会都十分受限。而现在通过线上故宫博物院官网与移动端小程序，随时随地打开故宫博物院"藏品总目""数字文物库""数字多宝阁""故宫名画记"等栏目，既可全方位查询文物藏品名称、年代、形制等信息，还可以在多媒体导览讲解下，无极放缩欣赏古代绘画珍品的超高清数字影像。2024 年 7 月，升级发布的"故宫展览"在线展厅，将展厅整体三维模型搬到线上，实现了步进式看展、展厅路线导览、沉浸观展三大亮点功能，到展览结束后，也可回溯观看。

馆藏文物数字化展示技术也运用到了线下展览当中。2019 年春节期间故宫博物院推出的"贺岁迎祥——紫禁城里过大年"展将"数字沉浸体验"设为展览亮点，在传统展览中穿插数字媒体设计作品，利用高精度三维建模技术对展品进行 3D 化、动画化等工作，生动地揭示展品内涵，补充展示已经消失的年节习俗。如《乾隆帝岁朝行乐图》数字化作品中，将原画作中元旦当日明窗开笔这一场景中使用的年节用品统一展示，并将与画中器物对应的文物藏品陈列在四周，这样既能在同一历史场景中阐释展品的来历起源、使用方法、宫廷礼仪，又能立体生动地呈现这些展品背后的历史文化价值。故宫博物院还在数字馆中设置藏品文物展示部分。该部分由书画、家具、陶瓷、金属文物、织绣等分项组成，将文物藏品以数字化形态呈现给观众。数字化展陈与传统展览形式相结合，能够提升展览效果、增加交互环节，在静态陈列展览的基础上为观众带来不同的体验。

故宫博物院文创产业也与文物数字化技术结合，文创产品的开发成为文物藏品从静态展览到动态创意、从典藏到服务融媒体发展的媒介和成果。通过新的开发模式，很多具有趣味性的数字化或高科技新型文创产品面世，例如"清代皇帝服饰""皇帝的一天"等程序软件，都是围绕清代皇帝的生活起居设计开发的数字文创产品，带有故宫文化符号的表情包、输入法、微信红包封面等数字产品更是广为传播。故宫各类知识内容表达更精准有趣、呈现形式更丰富多样，吸引了新一代跨媒介消费群体，也成为文物数字化技术面对市场需求的又一有效尝试。

三　结语

伴随时代发展与科技进步，人民对美好文化生活的需求日益增长。故宫博物院作为世界文化遗产地与博物馆，将不断深入挖掘优秀传统历史文化中的丰富内涵，积极履行社会职能，秉持创新发展理念，探索更多社会服务的渠道与方式。在延续传统工作优势的基础上，充分将不断更新的互联网技术吸纳运用到文物保护、利用、展示中，努力推动故宫世界文化遗产保护工作高质量发展，履行好遗产地与博物馆双重职能，实现遗产永久保存和永续传承。

参考文献

曹武、朱梦宇:《数字故宫博物馆建设助力线上文化传播》,《丝网印刷》2023年第13期。

果美侠:《以点带面,全方位多角度地开展博物馆宣教工作——以故宫博物院为例谈当代博物馆特色宣教活动的启示与反思》,载《新世纪博物馆的实践与思考——北京博物馆学会第五届学术会议论文集》,2007。

果美侠:《馆校合作之审视与反思:理念、实践及第三方》,《博物院》2021年

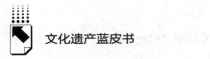

第1期。

康晓璐:《基于数据策管的博物馆数字服务设计——以故宫博物院一站式线上数字平台建设为例》,《自然科学博物馆研究》2023年第4期。

彭岩:《古建内全数字展厅特点浅析——故宫端门数字馆》,《科学艺术 传承创新—科学与艺术融合之路》,北京,2017。

王倩:《故宫博物院社会化媒体传播内容研究》,大连理工大学硕士学位论文,2020。

王旭东:《使命与担当——故宫博物院95年的回顾与展望》,《故宫博物院院刊》2020年第10期。

王旭东:《数字故宫的过去、现在与未来》,《科学教育与博物馆》2021年第6期。

张娜:《立足宣传教育,传播历史文化——故宫博物院宣传教育部的专业化发展道路》,《中国文物科学研究》2020年第3期。

B.18
"拙政问雅"夜游项目

—— 新时期古典园林活化运用的探索实践

薛志坚[*]

摘　要： 本报告聚焦"拙政问雅"夜游项目，探讨新时期古典园林的活化利用。园林夜游因旅游业发展及新冠疫情后恢复需求而启动，面临园林价值阐释不充分、游客体验受限以及文化传播需创新等问题。"拙政问雅"项目坚守园林本位，基于园林价值标准，以"雅"为定位，合理规划路线以保护生态，遵从保护文物的原则，同时运用数字光影技术营造沉浸式园林体验。"拙政问雅"项目一经推出，便成为苏州夜游行业的典范，游客满意度高，且带动了公众多维度、深层次理解苏州园林，为解读苏州古典园林提出了一个新的路径。

关键词： 拙政问雅　古典园林　沉浸式体验　文化传承

探索发展数字文化的实体体验空间，加强数字艺术、沉浸式体验等新兴文化业态的应用，是文化遗产价值传承展示所面临的时代背景。可以说，在这样的背景下，对古典园林传统文化价值的挖掘与活化利用迎来了一个崭新的时期。"拙政问雅"项目正是在这样的背景下"应运而生"，项目于2021年正式运营，2023年全面探索基于世界遗产价值的活化利用的运营服务提升，以新时代语境简释世界遗产价值，围绕园中既有的景点布局以及中国传统文

---

* 薛志坚，苏州市拙政园管理处（苏州市园林博物馆）主任、馆长，博物馆馆员，主要研究领域：世界文化遗产保护与管理、世界文化遗产活化利用。

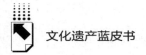

化的元素和意象，以崭新的媒体艺术表现在古老的园林中构建了一条跨时空的游园体验之道。

一　推出夜游项目的背景和面临的问题

2019~2020年，旅游业蓬勃发展，推动了一些旅游业发展的新方向。2020年4月，提出亟须恢复旅游业以带动内需循环，苏州市为凸显夜经济集合效应，提出打造"姑苏八点半"品牌，提出一系列具有苏州特色的演出、夜游线路和消费活动，促进城市夜经济的发展。在这样的时机下，2023年，苏州市拙政园管理处启动提升夜游项目的计划，探索传统园林价值在新时期的活化利用。

1997年，苏州古典园林便被列入《世界遗产名录》，如何做好园林遗产的价值阐释，是一个不新的话题。园林是四时皆宜的生活场景，当前面向游客的白天游览，只展现了苏州园林意境美中很有限的内容；同时，受景区服务中人工导览能力和人力的局限，大部分游客只能通过自助或者半自助的方式理解苏州园林，更是只能对园林的"一知半解"。

"拙政问雅"夜游项目是文化价值在新的时代背景下的再创作，旨在利用夜晚时间，做好苏州古典园林文化价值的多元化阐释；弥补白天游园的限制，开启游客无限的体验空间。一方面，夜晚的静谧空间，使游客心境与园林意境更接近；另一方面，夜色中的园林朦朦胧胧、影影绰绰，更容易打造一种契合园林精神的"归家"体验。时间维度的拓展、体验维度的增加，使游客对苏州园林意境有直观和深刻的感受。

此外，苏州园林作为苏州旅游的重要代表，传播渠道广泛，客户群体庞大且具备自我传播的生命力，夜游在带来新的文化体验的同时，也能激发出传播苏州园林文化的新手段、新方式。那么，如何做好夜间苏州古典园林的文化解读和宣传，带动公众多维度、深层次理解苏州园林？如何让一段游览经历能对个人产生影响和启迪，甚至主动成为优秀传统文化的传播者？这是"拙政问雅"项目面临的难题和挑战，也是苏州园林的一个全新命题。

二 "拙政问雅"项目的策划过程

孟兆祯在《园衍》中提出,"中国园林的设计序列为明旨、相地、立意、布局、理微和余韵,而借景作为中心环节与每个环节都构成必然的相互依存关系"。[①] "拙政问雅"项目的策划延续了园林的设计历程。

(一)"意在笔先"——项目的明旨

"明旨"是项目的基础和核心,那么如何定位拙政园的夜游设计?苏州古典园林作为世界文化遗产,具有 5 项突出普遍价值标准,即苏州古典园林是中国传统文化精髓的极致体现,所形成的独特且系统的造园艺术体系影响深远,是中国古代文人智慧和传统的体现,是 11~19 世纪江南地区社会文化和科学技术发展成就的集结,是中国传统居所与精心设计的自然环境的完美结合。"拙政问雅"便是基于这 5 项标准,试图阐释园林本体的价值。

"拙政问雅"的落脚点在"雅"。典雅是古典园林饱含精致秀美的文化价值的特质,其不仅是生活上的富足,更是精神的丰富,这正是古典园林的价值所在。在这一构想下,目标画像清晰,游客成了"雅士",游园则成了"问雅"之旅。"雅士"是一群富有人文情怀和文化艺术素养的群体。"问雅",所问则是古代高士的淡雅之致。一个"问"字,引导游客寻找苏州古典园林的价值表现,也寻求和叩问内在的价值。

确立了夜游的主旨,关于夜游的表现形式也经过了一定的探讨。苏州园林其实早有夜游的历史,比如夜游网师园、沧浪亭的《浮生六记》。这些夜游大都采用剧情式的设计,运用园林的诗画空间,讲述一段蕴含人文情怀的故事。但随着我国大众旅游进入全面发展的新阶段,公众对世界遗产地的价值认知有所提升,文化消费需求也有了很大的飞跃,对于旅游景区早已不再是最开始的"到此一游",而是逐渐产生了更高质量文化体验的需求。尤其是

---

① 孟兆祯:《园衍》,中国建筑工业出版社,2012。

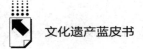

对大部分的苏州园林游客来说，他们对园林美学、艺术表现、哲学表现和社会贡献等内容的阐释也有更多的需求。

因此，拙政园在实地调研之后，选择了另一种设计形式，即回归园林本体，以园林的建筑、花木、书画等作为载体，让游客身临其境、感受园林的美学理念。如果说前者的"剧本杀"式的设计迎合了大众的审美取向，后者则立足园林本体，试图让游客契合园林的美学精神，澄怀观道，净化内心，乃至领悟园林中蕴含的天地之道。

可以说，"拙政问雅"的定位并不是广义上的文化旅游产品，而更像是一条展线，用博物馆展览的方式进行再度创作，串联起园林的部分空间和场景，通过文字、光影、图案等元素进行文化解读，让游客通过主动的文化服务，游走在空间和场景叠加的光影中，产生深度互动和沉浸式体验，从而使其体会到古代文人的日常和诗意生活，完成观念的碰撞，产生精神的共鸣，收获人生的感悟，唤起游客对苏州古典园林的敬畏心、对中华文化的自信心。

曾任美国克利夫兰艺术博物馆馆长的李雪曼博士，在谈到博物馆的价值时曾说，"其本质是教育性，而它能够达到的最重要的教育就是在一个人站在艺术品前的时候"。[①]在飞速发展的时代，人们的生活越来越忙碌，"拙政问雅"的创作，希望打造一个艺术品，让人们行走在园林空间的陈列中，不仅连接过去，也贴近当下，从而对中华优秀传统文化产生深刻的共鸣。这也是促进世界文化遗产的可持续发展的尝试。

（二）"涉门成趣，得景随形"——相地

"问雅"，是拙政园夜游项目的"明旨"。路线选择，则是园林营造的"相地"。

关于路线选择，有几个方面的考虑。首先，拙政园作为世界文化遗产，在日常管理中要敬畏文化遗产本体，以及其完整性和原真性价值。因此，"拙政问雅"的设计要遵循联合国教科文组织保护世界遗产的理念指引，以及国

---

① 《「5·18 国际博物馆日」当你站在玉龙雪山冰川地质博物馆前》，https://baijiahao.baidu.com/s?id=1766217021974723125&wfr=spider&for=pc，最后检索时间：2024 年 9 月 10 日。

家文物局的保护方针政策。尤其，园林是"活"的遗产，园林里的花草虫鱼等生物都是古典园林活态价值不可分割的一部分。长期以来，苏州园林基本保持着白天开放夜晚闭园的状态，为园内生物提供了自然休憩的场所和空间。夜晚的开放无疑会打破园内生物的原有空间，对园内生态产生影响。

为最大限度降低这一影响，"拙政问雅"参考了《苏州园林保护和管理条例》，以及植物学、生物学、动物学等相关专业知识，延续园林"蝉噪林愈静，鸟鸣山更幽"的天人合一的理念。在开放区域上，设置园林东部和西部为缓冲区，为园内生物提供可以休憩的空间；以中部花园为主要开放区域，再加上拙政园南部作为住宅部分的李宅，集中有序展示了苏州园林宅园一体的完整格局，引导游客在参观的过程中获得由宅到园的沉浸体验的同时，又能保护园内生物的生态。

在路线上的设计上弯曲回环，深有"曲"境。"曲作为中国艺术的至上原则，其实是中国艺术的共同追求。曲曲的小径，斗折萦回的回廊，起伏腾挪的云墙，婉转绵延的溪流，虬曲盘旋的古树，流淌的是中国艺术家活的性灵。"[1]《园冶》中也云："园基不拘方向，地势自有高低，涉门成趣，得景随形。"将游客的行进路线作为展览的展线，设计不同的场景，从李宅住宅部分入园，沿着中部花园水池环绕一圈，通过拙政园的将军门，最后顺着李宅和苏州博物馆间的夹弄走出去，形成了一个环形线路，给人以"超以象外，得其环中"之感，夜游路线的回环中蕴含了其遗产价值的哲思，让游客不断升华体验。

（三）借来光影入几席——媒体技术的运用

中国园林是大地上的诗歌、现实中的画卷，"拙政问雅"项目设置有"四问"，一问吴门书画、二问江南曲艺、三问园中之人、四问心中意境，依靠"四问"来传递园林精神。但是，如何在短短一个小时的行程中浓缩时空，让游客有更丰富的体验？数字光影技术的引入，是当下营造沉浸式空间的必然

---

① 朱良志:《中国艺术的生命精神》，安徽文艺出版社，2020。

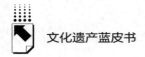

选择。运用古典园林的艺术准则，辅以现代的光影技术，可以带着游客行一次性灵之旅。

住宅待客厅的墙上有明四家的山水画和书法作品。如果在白天游园，游客可以面对书画作品，体会线条的节奏和笔墨的神采；但是夜游的光线不足，限制了游客的体验。光影技艺再创了有声有色的境界，拓展了游客的想象空间。当面对唐寅的《山路松声图》时，高耸的山间有泉水逐级而下，山脚的小桥上，两个人，一位仰首侧耳，听着瀑布松声；小童则携琴随后。微风拂过，阵阵松涛。光影营造出流动的感觉，似乎有风吹过，把人带到艺术的奥妙世界中，与古人相对，与心灵相对。更有住宅中的匾额楹联、室内陈设，静态的诗画动起来，看见月起月落，听见流水淙淙，此处让游客的心静下来、慢下来，观书品画，荡涤心灵。这便是"拙政问雅"的核心"四问"之一，问吴门书画。

《园冶》云："巧于因借，精在体宜。"白天的拙政园，借来北寺塔的倒影；晚上的拙政园，用现代的声光电，借来光影婆娑的艺术世界。这样的匠心，在"拙政问雅"中比比皆是。在香洲的"野航"门前，有一棵树，经过园艺师的精心剪枝和灯光布置，营造出画的意境，颇有"马一角"的意味，游客若在此驻足停留，身影投在墙上，则成了画中人。很多游客在此打卡留影。在香洲，昆曲《牡丹亭》以袅娜的昆腔，让游人体会江南曲艺之美。游客在河的对面，或者桥上独立，水磨腔隔水传来，又似乎沿着水流而去，香洲上的人影、水中的倒影，伴随着荷塘里传来的水磨腔的袅袅之声，声与影的借景，打造出亦梦亦幻的境界。这便是二问江南曲艺。

此外，还有"隔"的手法。宗白华在《美学漫步》中说："无论是借景、对景，还是隔景、分景，都是通过布置空间、组织空间、创造空间、扩大空间的种种手法，丰富美的感受，创造了艺术意境。"[①] "拙政问雅"利用原有的园林建筑和路线，"隔"出了多层次的空间，每个空间自成一个单元。比如，在听雨轩，游客在导览员的引导下，闭上眼睛聆听雨水和芭蕉的和鸣。

---

① 宗白华:《美学漫步》，长江文艺出版社，2019。

雨，最有隔绝尘嚣的作用，园林中虽不会时时有雨，但用音响营造的雨声和投影制造的雨幕，能把人带入"蕉叶半黄荷叶碧，两家秋雨一家声"的意境中。

苏州园林是书画的立体表现，是诗词的有形表现。在正确阐释价值的基础上，"拙政问雅"从策划的明旨、相地以及运用借景等技术"理园"，旨在引导公众正确理解园林、解读园林、促进共鸣，让每一位参观者都能主动成为园林的理解者和传承者，在日常生活中融入和运用从园林中收获的价值体验，获得更深的幸福感。

三 "拙政问雅"项目的运营

"拙政问雅"经过精心打造后于2021年正式投入运营，由于新冠疫情影响，受众面有限。2023年起，管理处把运营的目标从要让公众体会到园林的视觉美，升华到理解其作为世界遗产所蕴含的突出的美学价值，并对其日常生活的美学需求产生一定的提升和影响。不只要告诉公众苏州园林是如何建造的，还用书画与光影相结合的形式将这一过程呈现出来；其后则是体现苏州古典园林的价值声明中反映的其作为中国文人士大夫的生活方式的载体，将古代文人对美的选择和表达阐释出来。故而在运营上再次提出了几个原则的升级。

第一，讲述园林自己的故事。在强调文化自信的当下，解读新时代的文化旅游项目，可以创新、创优，但不能脱离本体、本位，不然就是没有根基、没有生命力、没有感染力的创新，可能会适得其反，导致负效益。因此，今天对传统文化的创新，要站在几千年文化价值形成的统一理念的根基上，才能产生新的影响和效益。"拙政问雅"立足于苏州园林的本位与本体，运用新的技术更新苏州园林的现代解释。

第二，充分传达中国园林的内核，传递因地制宜、天人合一的观念。比如，运用园林美学和哲学思想中的"因"和"借"来讲述园林。《园冶》中说："夫借景，林园之最要者也。如远借，邻借，仰借，俯借，应时而借。"

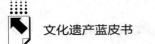

在"拙政问雅"中依靠多媒体的新兴技术巧妙地让这一传统园林艺术思想焕发生机。远借北寺塔是拙政园非常有名的打卡地点，夜游中借助北寺塔夜晚的灯光勾画出轮廓，隔着幽暗的水面，给人一种幽远的意境。李宅与枇杷园交界处，月球的光影打在与白天同样的粉墙上，营造出画中人、月中仙的美丽幻境。在这些场景中，通过导览员的引导、游客的互动，把传统文化的观念传递给游客。

第三，注重观众的沉浸式体验，把观众的心理感受和空间感受进行有机地组合，利用现代光影技术与观众产生互动。比如，梧竹幽居有4个月洞门，利用灯光将内部的白墙与外面的门洞叠加形成一轮弦月，园林之中从此"夜夜有月"。在见山楼前的小山坡上，用光影营造放鹤逐鹿的景象，颇有趣味。在游客容易沉浸的体验区，适当地增加其驻留时间，让游客能真正"玩"起来。

第四，从文物保护的角度来说，需要在最小干预的原则下，最大限度降低对文物本体的影响。一是保护原有生物的完整性价值，坚持有限的开放。二是降低设施设备带来的负面影响，尽可能选用带电源、低功耗的设备，牺牲一些视觉上的冲击和震撼，换来对园林文物本体的保护，比如铅酸电池就因存在泄漏而导致土壤污染等风险而被舍弃。综合考虑日间游客和夜间游客的体验，所有设施设备都在园外进行统一充电管理，每天"拙政问雅"开园前入园集中摆放和调试，结束后再全部运输出园，采用舞台灯光临时布置的模式，每天都有全新的展览，保证日间游客不被大量灯具影响。

在这样的运营原则下，为避免游人如织的喧闹，保护园林宁静的意境，游览采用了分批次、单向通行的模式，通过定点定时的全员导览服务，路线和时间设计有一定强制性，全程引导游客参观体验。根据客流量数据，考虑游客的舒适度、体验度以及空间的扰动等因素，原设定每晚游客限量300人次，每批次游客20至25人次，每批次游览时间设置在1小时左右，前后间隔8至10分钟；通过压力测试，2023年提升到每晚游客限量800人次，每批次游客25至30人次，每批次游览时间设置在1小时左右，前后间隔5至8分钟，实现参观空间和时间上错峰与提升客流量的较好融合，让更多游客在夜晚的拙政园中体会园林之静、心灵之静，也实现了经济营收上新的突破，达到 1200 余万元。

自推出以来，"拙政问雅"项目在江苏省内夜游项目的网上测评中获得第一名，获 UNESCO 亚太世界遗产培训研究中心 2023 年度"全球世界遗产教育创新案例"奖。作为苏州的一个新兴品牌，"拙政问雅"公众满意度达到了较高的水平，在小红书、微博、抖音等一些新媒体平台上，游客演变成新的传播主体，主动传播园林文化价值。

四　主动阐释古典园林的遗产价值

苏州园林不是有限的物，是无限的意的汇集；是文化魅力、文明文脉的传递。为了实现这一目标，更好地展示传播苏州园林文化，未来"拙政问雅"还要继续提升。

第一，要针对园林本体价值，更进一步满足"看到""听到""想到"等各类需求。目前，从视觉上来说，"拙政问雅"更多的还是一场光影"秀"。其借助拙政园原有的格局，用光影手法再现造园技艺，提供的是有限的文字和图片解释；听觉上，解说词的内容也并没有实现与古典园林的本体价值的完美结合，音乐方面也缺少创作。苏州园林的价值不止看到的形色，展现"活的苏州园林"的艺术美并不是一个简单的货架式的陈列汇集，而是需要把看到的形象、听到的文字与声音相匹配，结合各个空间的体验，产生不同的感悟感触，与游客产生交流与共鸣，从看到、听到，再到想到，实现问园中人、问心上意。

此外，还需要一个能让人带走的"念想"，简单来说是伴手礼。依靠这些"念想"，打造一个可以带走的空间"场域"，在离园后也能持续提供园林文化价值的展示和阐释。古典园林需要依靠更多公众形成持续的联系和互动，实现跨时空的美学体验，以及形而上的意境美的传播和表达。"拙政问雅"只是苏州园林的一个篇章，要让更多人加入苏州园林这本书的书写，不断撰写每个时代的园林新篇章，让园林之书不断延续。

第二，要做好面向年轻人的传播和启迪。苏州园林文化的传播要站在中华文明传承的角度，将生活美学、哲学、传统道德价值，以及古人齐家治国平天下的思想融入进来。每一座苏州园林都是一个"家"，将年轻人作为重要的阐释对象，阐释其中的家国情怀，激起其内心深处传播传承的自觉，这样的文化遗产保护传承才有生命力，才是对园林生命的延续与文化价值的再造。在这个层面上，需要利用流行的新手段、跨媒体的传播方式，适度引领和迎合年轻人的习惯和喜好。让文化遗产"活"起来，不仅仅是让文物本体动起来，更是要让人行动起来，让公众与文物互动起来。

第三，要做好面向未来的匹配更新。"拙政问雅"的普遍认可离不开公众文化消费能力和水平的提升，也离不开项目本身与公众需求的匹配。过去的解读是用简单的框架拼凑式地讲出有限的历史，是一种形象上的阐释和表达。而"拙政问雅"表达的是意境，用新时代的技术手法对古人深厚的文化历史价值进行解读。但是，今天的解读并不一定能适应未来的需求，为此，还需要不断汲取新的发展理念和发展思路，用适合当下的语言做好新时期的解读。

当下是文化繁荣复兴事业发展的最好时代，"拙政问雅"也是文化繁荣这一大命题下的一种思考与解答。文化传承和文明价值的讲述对象，既要有本土居民，还应该囊括从外面来的游客公众，这样才会激发出新的价值表达。目前，文化项目或多或少存在着一定的误区——用科技加文化的手段来解读文化，"强迫"消费对象来购买所谓的新时代文化产品。但这样的举措反而会带来很多本土文化人士的反对和辩驳，这样的产品也缺少生命力。想要真正实现文化、艺术与科学技术的结合，要立足文化受众的需求，用成熟的技术实施手段、艺术表现手段，将他们骨子里的文化激发出来。只有尊重地域文化、尊重公众的选择，文化产品才能有更长的生命周期。

余秋雨曾说，"一切伟大的艺术，都不会只是呈现自己单方面的生命。它们为观看而存在，它们期待着仰望的人群。一堵壁画，加上壁画前的唏嘘和叹息，才是这堵壁画的立体生命。游客们在观看壁画，也在观看自己。于是，我眼前出现了两个长廊：艺术的长廊和观看者的心灵长廊，也出现了两个景深：历史的景深和民族心理的景深"。^①面对古典园林的艺术长廊，站在夜游园林的时空点上，遥想文人园林所要传递的文脉和心灵回响，希望游客感受到的不仅是具体的物，更是心灵境界的活络和对世界文化遗产价值认知的苏醒。

---

① 余秋雨:《文化苦旅》，长江文艺出版社，2019。

B.19
良渚古城遗址保护传承与社会发展实证研究

张颖岚　刘　骋*

摘　要： 良渚古城遗址已完整经历"农村—城郊—城中村—城市建成区"的空间演变与社会流动，其既是探讨大遗址保护传承与社会发展的理想区域，亦具备中国其他大遗址及文化遗产保护利用工作所需的普适性经验。基于此，本报告在马克思主义空间社会学指导下，面向良渚古城遗址保护传承与社会发展需求，系统梳理其从"竞争"走向"共生"的发展历程，并引入"社会空间辩证法"探讨其背后的内在逻辑，进而凝练出其"跨界治理"的普适经验，以在城乡建设中将中国大遗址保护传承的理论探索同中国具体实际、同中华优秀传统文化相结合，实现对保护与利用、保护与发展等文化遗产保护传承重大关系的系统探索。

关键词： 良渚古城遗址　保护传承　社会发展　"两个结合"

　　当前，我国正处于将马克思主义基本原理同中国具体实际、同中华优秀传统文化相结合的关键节点，[①] 如何正确处理好保护与利用、保护与发展、保护与开发等文化遗产保护传承中的重大关系已成为新的时代要求和使命任

---

　　* 张颖岚，浙江大学艺术与考古学院教授、博士生导师，文化遗产研究院常务副院长，文化遗产与社会发展研究中心主任，主要研究领域：文化遗产保护传承、考古学和博物馆学；刘骋，浙江大学绍兴研究院博士后，主要研究领域：文化遗产保护传承。
　　① 《习近平：在文化传承发展座谈会上的讲话》，中华人民共和国中央人民政府，https://www.gov.cn/yaowen/liebiao/202308/content_6901250.htm，最后检索时间：2024 年 6 月 30 日。

务。[①]中国大遗址既是具有突出文化遗产资源特征的地理单元，又是兼备生产、生活、生态的社会空间，其保护利用成效直接影响着中华优秀传统文化的传承发展和建设中华民族现代文明的进程。

良渚遗址是实证中华五千年文明史的"圣地"，展现了一个存在于中国新石器时代晚期、以稻作农业为经济支撑并存在社会分化和统一信仰体系的早期区域性国家形态，印证了长江流域对中国文明起源的杰出贡献，于2019年被列入《世界遗产名录》。[②]同时，良渚古城遗址作为中国第一个大遗址保护专项规划的诞生地[③]，已完整经历"农村—城郊—城中村—城市建成区"的空间演变与社会流动，不仅见证了我国经济社会和考古事业的快速发展，也展现了中国大遗址保护理念的不断完善以及文化遗产保护传承工作的系统推进，是中国大遗址保护传承的代表性案例，具备其他大遗址及文化遗产保护传承工作所需的普适性经验。基于此，本报告在梳理良渚古城保护传承与社会发展互动关系演变基础上，从"社会空间辩证法"视角出发，探讨其内在逻辑与发展路径，以凝练出具有"中国智慧"和"良渚特色"的普适经验。

一 "竞争—共生"：良渚古城遗址保护传承
与社会发展的互动关系

良渚古城遗址区多位于经济发达的杭州市余杭区，地处杭州市的西部、北部，该区域经济增速快、土地需求大、人口密度高。因杭州城市化进程的快速推进，良渚古城遗址区地理位置上经历了"农村—城郊—城中村—城市建成区"的变化，行政区划上经历了内部多次撤乡并镇及区划调整，其对土地资源、经济发展的诉求极强。同时，随着良渚遗址考古发掘从"遗址点—遗址

---

① 《文化遗产保护传承座谈会在京召开 蔡奇出席并讲话》，中华人民共和国中央人民政府，https://www.gov.cn/yaowen/liebiao/202312/content_6921327，最后检索时间：2024 年 6 月 30 日。
② 《探源中华文明｜浙江良渚遗址：实证中华五千年文明史的圣地》，新华网，http://www.news.cn/local/2022-11/05/c_1129103748.htm，最后检索时间：2024 年 6 月 30 日。
③ 杨法宝主编《良渚文化简志》，方志出版社，2008。

群—都邑与王国"的不断拓展,其保护传承与社会发展间的互动关系亦经历了从"恶性竞争的公地悲剧"走向"协同共生的帕累托最优"的发展历程。

(一)非合作博弈下的竞争问题

良渚古城遗址区内的城镇化进程约从 1995 年启动,2000 年曾显示出年增长 200%以上的发展趋势,在 2000~2002 年的拟建和在建项目中,呈现出每年接近翻一番的增长趋势。[①]快速城镇化使良渚古城遗址区内存在"保护"与"发展"的"公地悲剧"[②],并因文化遗产保护的边际贡献与边际收益不明确,各利益相关方间的行为透明度低、约束力弱,其采取的行动策略也严重偏离社会最优,存在着非合作博弈下的恶性竞争,以致出现"囚徒困境"[③]。

一是土地利用冲突引发"保护"与"利用"二元对立。良渚古城遗产区内 300.5 公顷的土地原属于良渚街道和瓶窑镇的乡镇建设用地,分布着大量村镇和乡镇企业,占遗产区总面积的 21%。一方面,政府从"长远利益"出发,坚持保护第一,对良渚古城遗址区进行"有限性"发展,严格限制遗址区内的经济生产生活活动;另一方面,原住民从"眼前利益"出发,期望快速发展,并因其对美好生活的期望,以及同周边区域的发展差异现实,严重影响其保护积极性,"保护"与"发展"矛盾初现,初步呈现出或"保护"或"利用"的二元对立局面。

二是产业发展阵痛导致"保护"与"发展"关系失衡。良渚古城遗址区内河网密布、孤丘林立,其西北侧的天目山脉蕴藏着丰富的优质石材,在 20 世纪 90 年代前后,石矿开采业在当地兴盛,至 90 年代中后期达到极致,遗址区

[①] 《良渚遗址保护总体规划(2008—2025 年)》。

[②] 这里所谓的"公地",实际上可以理解为"公共资源",对公共资源过度开发所产生的后果就被称为"公地悲剧"。究其原因,是不同个体(视角/立场)各自的理性选择,所带来的集体非理性选择,并最终导致整体利益受损。参见张颖岚:《文化遗产与社会发展论纲》,《中国文化遗产》2024 年第 2 期。

[③] "囚徒困境"是博弈论和非零和博弈中最经典的一个例子,它表示在某种情况下,那些有利于个人利益的选择,相对于团体而言并非有益处。参见〔美〕约翰·冯·诺依曼:《博弈论》,刘霞译,沈阳出版社,2019。

附近分布的石矿达 30 家，固定资产 2000 多万元。[①] 经济收入快速增长的同时给遗址区的生态环境造成了极大破坏。因良渚古城遗址区保护需要，原有工矿企业或停业或外迁或转型升级，且需拆除违建、严格限制遗址区内的景观风貌和建筑物高度，然而当地群众多为文化水平不高的农民，难以适应工矿企业的转型发展和生活受限的现实困境。同时，产业升级后瓶窑镇和良渚街道多为科创园和文化创意园区，投资高且短期收益较低，难以满足原住民当前日益增长的物质需求，进一步导致原住民心态消极，"保护"与"发展"关系失衡。

（二）帕累托改进：合作博弈下的协同共生

帕累托改进是指在不使任何一方情况变坏的条件下，至少使一方情况变好，这是一种能向帕累托最优状态靠拢的变化，其具有两个重要的特征：①它既允许全局性的改善（如果所有的价值都提高了，当然是一种帕累托改进），也允许局部的改善（即使一种价值得到提高，而其他所有价值都没有变化，这也是一种帕累托改进），因此它是务实主义的；②它不允许以改进某些价值为名牺牲其他价值，因此它是改良主义的。[②]

当前，良渚古城遗址的保护传承正处于帕累托改进状态，由于文化遗产的不可再生性和破坏的不可逆性，其保护传承不允许也不应为经济建设让步，具有改良主义特征；同时立足"跳出遗址区求发展"的思路，保护规划先行、设立大遗址保护特区和创新发展路径等方式，渐进式推动了良渚古城遗址保护传承的局部改善乃至全局性改善，实现了合作博弈下的协同共生，极具务实主义色彩。

一是保护规划先行，为未来留足空间。1994 年 1 月，国家文物局将良渚遗址列入中国申报《世界遗产名录》预备名单，[③] 良渚古城遗址区进入了保护规划先行的科学保护之路，并形成了中国第一个大遗址保护专项规划。从 1995 年的《关于良渚遗址群保护规划的批复》（浙政发〔1995〕133 号）到

---

① 杨法宝主编《良渚文化简志》，方志出版社，2008。
② 姚洋：《作为一种分配正义原则的帕累托改进》，《学术月刊》2016 年第 10 期。
③ 杨法宝主编《良渚文化简志》，方志出版社，2008。

2013 年 8 月的《良渚遗址保护总体规划（2008-2025 年）》，可以发现：随着杭州城市建成区的扩张和良渚考古工作的深入，良渚古城遗址及时进行规划调整，其保护范围从 33.8 公顷扩大至 11153.06 公顷，保护对象从遗址点拓展至遗址群乃至地下文物埋藏区和遗址区村庄与居民，工作重点从发掘、研究与展示演变为保护、传播与传承。据陈同滨团队统计，良渚大遗址区内尤其是重点保护区内人口大幅减少，2016 年时生活在良渚古城遗址遗产区的人口为 10182 人，2018 年时生活在良渚古城遗址遗产区的人口为 2300 余人，外迁约 77% 的人口，有效缓解了乡村空间扩展带来的人口增多、房屋建设等发展压力。[1]

二是设立大遗址保护特区，理顺机制体制。2001 年，浙江省人民政府批准设立杭州良渚遗址管理区，并成立杭州良渚遗址管理区管理委员会（以下简称"良管委"）。这种大遗址保护管理的"特区"模式，走在了全国前列。[2]良管委管辖范围涉及良渚、瓶窑两镇，总面积 242 平方公里，其中遗址保护区面积 42 平方公里，负责管理区范围内的文物保护、城乡规划、经济发展、社会管理及协调与监督等工作，实现以开发为手段、以适度的开发来达到真正保护之目的。良管委通过横向融合文物、旅游、规划、执法等多部门和纵向叠加省、市、区、镇、村等多层次，实现了管理体制机制的创新，也有效避免了多头管理和多重管理造成的工作滞后和管理混乱等问题。

三是创新发展路径，推动多方合作下的协调共生。良管委采用分批分期长期租用土地的方式，获取大遗址区建设用地的土地使用权，并采用政府赎买的方式，逐步推进遗址区内建设用地及重点非建设用地所有权的购买工作，逐渐转换良渚大遗址区内的土地使用权及所有权。同时，采用"以奖代补"和"建新城保古城"的保护补偿机制，即平均每年从良渚新城的土地出让金中提取 10% 用于良渚大遗址区的文物补偿、保护展示及环境整治工作，形成了"保护带动发展、发展反哺保护"的新型文保补偿机制，既解决了文保经费的来源问题，也有效缓解了良渚大遗址区的文物保护与经济发展间的冲突，

---

[1] 陈同滨、王琳峰、刘翔宇：《高速城镇化进程下的大遗址整体保护规划策略研究——以良渚古城遗址为例》，《西部人居环境学刊》2019 年第 4 期。
[2] 《良渚遗址：实证中华五千年文明史的圣地》，求是网，http://www.qstheory.cn/laigao/ycjx/2022-06/09/c_1128726894.htm，最后检索时间：2024 年 6 月 30 日。

实现了文化遗产保护与经济社会发展的双向互动。

良渚古城遗址通过建立多层级、多部门间的管理机构，有效化解了"非合作博弈"下"恶性竞争"产生的"公地悲剧"，通过保护规划、文保补偿、土地调控等相关工作的局部改善，推动了各利益相关方的"合作博弈"和"协同共生"，并使良渚古城遗址的保护传承与社会发展处于"帕累托改进"状态。

二　社会空间辩证法：良渚古城遗址保护传承与社会发展的内在逻辑

亨利·列斐伏尔（Henri Lefebvre）、大卫·哈维（David Harvey）、爱德华·W.苏贾（Edward W.Soja）等通过对空间正义思想的探讨，进一步发扬马克思主义自然辩证法，逐步形成"社会空间辩证法"（socio-spatial dialectic），其本质是探究时间、空间和社会的相互作用及其过程[1]，强调一种动态的时空观，[2] 核心思想为：社会关系形成社会空间、社会关系受限于社会空间、社会空间调节社会关系。[3] 自1961年浙江省人民政府将良渚遗址列入第一批浙江省省级文物保护单位起，良渚古城遗址区内的"历史—空间—社会"三要素互相作用，不断影响着遗址区内社会空间的演变和社会关系的发展，不断探寻着良渚古城遗址区保护传承与社会发展的关系平衡。

（一）社会关系形成社会空间

大遗址是某一（段）史前或历史时期的社会关系作用于社会空间的集中体现，是人为因素干预下的产物，是社会空间和社会关系相互作用的物质遗存。大遗址区是基于大遗址文化遗产资源而形成的集历史资源、当代发展和文化空间于一体的特殊社会空间，是"历史—空间—社会"相互作用的产物。

良渚古城遗址区是史前良渚文化的社会关系作用于社会空间的集中体现，

---

① 叶超：《社会空间辩证法的由来》，《自然辩证法研究》2012年第2期。
② 叶超：《人文地理学空间思想的几次重大转折》，《人文地理》2012年第5期。
③ 孟庆洁：《社会空间辩证法及其学科意义——地理学视角的解析》，《学术界》2010年第5期。

是人为因素干预下的产物，是社会空间和社会关系相互作用的物质遗存，即社会关系形成社会空间。良渚古城遗址是长江中下游环太湖地区新石器时代晚期的复杂社会形成的独特社会空间，其复杂社会的社会关系作用于 C 型盆地，展现了早期东亚城市的城市形态、空间结构、功能分区、社会分工、军事防御、水利建设以及社会协调等复杂现象。良渚古城的"向心式"三重布局是权力关系在城市形态的直接展现，大莫角山台地以中为尊的空间结构是国家权力在空间结构的物质强调，良渚古城遗址的聚落、墓葬、城乡差异是良渚社会阶级分化在社会空间中的直接体现，反山和瑶山遗址不同的文化面貌是良渚社会王权与神权对社会空间的直接影响，水利系统高坝、低坝的系统使用体现了良渚社会对区域空间范围内水资源的高效调控，玉琮、玉璧等重型玉礼器以及神人兽面纹统一信仰则是良渚"历史—空间—社会"多向互动产生的物质与非物质遗存。

同时，良渚古城遗址区是"现在和未来"历史关系共同作用下形成的社会空间。大遗址区是基于当代考古发现和遗存分布，为实现保护传承与社会发展而人为划定的社会空间，在"遗产化"过程中其保护范围不断扩大、保护理念不断更新、保护工作不断系统，渐进式推动"代内和代际可持续发展"历史关系的平衡。

（二）社会关系受限于社会空间

自良渚遗址被列入第一批浙江省省级文物保护单位后，受文物保护政策所限，各级政府、企业及原住民的生产生活均在有限空间内进行"存量"乃至"减量"发展，其文物保护用地时常同建设用地、风景名胜设施用地以及基本农田间产生矛盾，使良渚古城遗址的原住民及周边区域的居民生活、产业发展受限，不同程度上影响了当地的民生改善和社会发展，并引发区域贫困、空间隔离、空间情感消逝等空间非正义问题。由此可知，良渚古城遗址区的当代社会发展被历史社会空间桎梏，当代社会关系的发展受限于良渚时期所形成的社会空间。

一是良渚古城遗址区内外的空间价格完全受保护规划范围影响。1998 年

1 月《良渚遗址群保护区总体规划》的通过，使良渚遗址的核心区进入土地严格限制阶段。2001 年，《杭州市城市总体规划（2001—2020 年）》将良渚遗址区的核心区划入杭州城市范围。2002 年，良渚遗址保护与开发工程被列入新世纪初杭州城市建设十大工程，良渚遗址的核心区逐步进入杭州城市范围并成为文化重心所在。杭州城市建成区的扩张给良渚古城遗址区带来前所未有的发展机遇和空间，但同时也进一步扩大了遗址核心区内外的空间价格。一是在文物保护政策引导下，良渚古城遗址"空间"范围内企业外迁、居民调控、道路改线等，导致遗址区以 104 国道为物理界限产生明显"空间分化"；二是以"良渚国家遗址公园"为物理界限，"东（良渚新城）—西（瓶窑板块）"方向发生明显空间价格差异（见表 1）；三是良渚古城遗址区内农田租用价格增长速度远低于遗址区外的土地价格增长速度（见表 2）。

表 1　良渚古城遗址区周边房价变化情况		
		单位：平 / 米²
地区	2013 年 1 月	2023 年 1 月
瓶窑板块	7000	18000
良渚新城	13000	30000
差值	6000	12000

资料来源：《全国历史房价》，安居客，https://www.anjuke.com/fangjia/hangzhou2013/liangzhu/，最后检索时间：2024 年 6 月 30 日。

表 2　良渚古城遗址区农田租用价格变化情况		
		单位：元 / 亩
地区	2021 年	2023 年
长命村	850~1000	1100~1300
港南村	1000	1400

资料来源：作者田野调研访谈获取。

二是良渚古城遗址区内经济发展滞缓和经济结构韧性不足困境。随着良渚古城遗址区内保护利用工作的不断深化，遗址区内工矿企业已于 2016 年基本完成外迁，遗址区内各村集体经济进入发展滞缓阶段，良渚北片的杜城村、安溪村等 8 个村落每年村集体经济支出约为 350 万元，但其经营性收入仅为

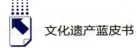

几十万元，甚至出现年经营性收入少于 20 万元的情况，村集体多依靠财政拨款提供经济支持和进行基础建设，无充足资金开展产业升级、发展转型等优化经济结构的举措；原经济基础较强的长命村、大观山村等村落也面临经济发展滞缓困境，其村集体企业或外迁或停业，村集体经营性收入多依靠农田、仓库厂房以及村集体房屋租赁等土地租金，金额不高且因外来人口流失而日益减少（见表 3）。与此同时，良渚古城遗址区内形成了以文化旅游和文化创意为主的文化经济集聚，经济结构较为单一，发展韧性严重不足，危机应对能力较弱，如新冠疫情后，良渚博物院、良渚古城遗址公园和国家版本馆杭州分馆游客较少，遗址区内餐饮、民宿生意惨淡，部分经营性场所或短期停业数月或长期停业一年以上，大观山村、安溪村多家"农家乐"倒闭，港南

表 3　2017~2023 年长命村户籍人口人均可支配收入情况			
			单位：元，%
年份	杭州市农村常住居民人均可支配收入	同比增长率	长命村户籍人口人均可支配收入	同比增长率
2017	30397	—	35181	—
2018	33193	9.198	41107	16.844
2019	36255	9.225	43025	4.666
2020	38700	6.744	49110	14.143
2021	42692	10.315	55005	12.004
2022	45183	5.835	60729	10.406
2023	48180	6.633	65292	7.514

资料来源：《2017 年杭州市国民经济和社会发展统计公报》，杭州市统计局，https://tjj.hangzhou.gov.cn/art/2018/3/8/art_1229279682_3486685.html，最后检索时间：2024 年 6 月 30 日；《2018 年杭州市国民经济和社会发展统计公报》，中共杭州市委 杭州市人民政府，https://www.hangzhou.gov.cn/art/2019/3/4/art_805865_30593279.html，最后检索时间：2024 年 6 月 30 日；《杭州市 2019 年国民经济和社会发展统计公报》，中国统计信息网，http://www.tjcn.org/tjgb/11zj/36230.html，最后检索时间：2024 年 6 月 30 日；《杭州市 2020 年国民经济和社会发展统计公报》，中国统计信息网，http://www.tjcn.org/tjgb/11zj/36632.html，最后检索时间：2024 年 6 月 30 日；《杭州市 2021 年国民经济和社会发展统计公报》，中国统计信息网，http://www.tjcn.org/tjgb/11zj/37101.html，最后检索时间：2024 年 6 月 30 日；《2022 年杭州市国民经济和社会发展统计公报》，杭州市统计局，https://tjj.hangzhou.gov.cn/art/2023/3/20/art_1229279682_4149703.html，最后检索时间：2024 年 6 月 30 日；《2023 年杭州市国民经济和社会发展统计公报》，杭州市统计局，https://tjj.hangzhou.gov.cn/art/2024/3/15/art_1229279682_4246532.html，最后检索时间：2024 年 6 月 30 日；长命村村民委员会内部资料。

村唯一一家常态化营业的"农家乐"改为修车行，这进一步制约了集体经济的发展和个人收入的增长。

三是良渚古城遗址区内中青年人口外流造成集体记忆阻隔。因良渚古城遗址区内工业企业外迁及经济发展滞缓，幼小教育水平不高且并非每个行政村均设有幼儿园和小学，致使大遗址区内原住民不得不到周边的三墩、勾庄、瓶窑、临平等地就业及陪读，周末或节假日返乡看望家中长辈亲属。中青年人口及学龄儿童的外流造成良渚古城遗址区社会空间内的集体记忆缺失，中青年人口对良渚遗址保护工作的认可度较低，直接造成他们虽然了解良渚遗址的重要性和基本文化内涵，但对遗址保护工作参与意愿极弱，也因生活不便、教育水平低、通勤时间长等原因不愿返乡工作或创业，间接影响良渚古城遗址区内原住民社会集体记忆的构建，制约了良渚古城遗址的当代传承与未来创新。例如，在道路交通、经济生产和民生需求影响下，港南村内三个自然村间形成清晰的集体消费空间分离和精神分离，原后河村居民生产生活多向西（即杜城方向）发展；原西良村居民生产生活多向东南（即苟山村方向）发展；原上湖头村居民生产生活多向西南（即长命村方向）发展（见图1）。

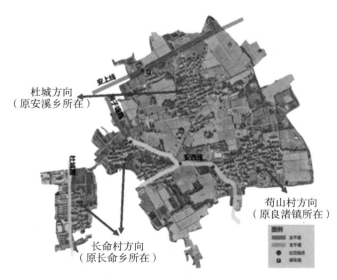

图1 港南村空间分离示意

资料来源：作者自绘。

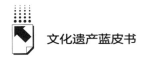

（三）社会空间调节社会关系

大遗址因其面积大、范围广、遗存丰富、类型多样，往往会进入边发掘、边规划、边展示、边发展的状态，遗址区内的生产生活和社会关系也随之进行调整。随着良渚保护传承工作的深入和遗址区内各类社会问题的暴露，各级管理部门不断优化遗址空间规划、完善管理体制、助力经济发展，在实现遗址区内社会空间合理布局的同时逐步化解各类社会问题、调解"保护"与"发展"的社会矛盾，进而推动了大遗址保护利用与区域社会的协调发展。

良渚大遗址保护总体规划和相关规划的编制优化了遗址区以及杭州市的空间资源配置，实现文化遗产保护与城市更新的协调发展。《良渚遗址保护总体规划》的修编扩大了遗址保护的范围，厘清了遗址保护的层级，明确了遗址保护的难点痛点和近期工作重点，实现了同《杭州市城市发展总体规划》《余杭区发展总体规划》等上位规划的有效衔接。与此同时，《良渚国家考古遗址公园控制性详细规划》《良渚古城重点保护区搬迁补偿政策及标准》《良渚遗址综保概念性规划》《良渚文化艺术走廊（西段）概念性规划》等详细规划的编制，优化了遗址区内的空间资源配置和功能结构分区，不断协调着遗址区内部及其同城市建成区的社会关系。

良渚博物院、良渚国家考古遗址公园、国家版本馆杭州分馆的建设运营有效提升了公共文化空间的服务质量，突出了杭州城市文化特色。博物馆室内展示和考古遗址公园现场展示是"良渚实证中华五千年文明"的重要载体，是遗址区的公共空间，更是杭州市的重要公共文化空间，弥补了城西文化建设的薄弱环节。同时，国家版本馆杭州分馆的开馆进一步提升了良渚古城遗址区作为"中华文明精神标识"的文化底蕴和精神内涵，突出了杭州"钱塘自古繁华"的文化特色（见图2）。

良渚文化村、瓶窑老街等文化产业集群的发展可有效整合文化资源、创新文化内涵、赋能城市发展。随着良渚古城遗址区内产业升级的推动，在良渚文化村和瓶窑老街等地形成了集文化艺术中心、文化创意中心、文化体验中心、公共文化空间和创意发展空间于一体的文化创意集群，整合了遗产地

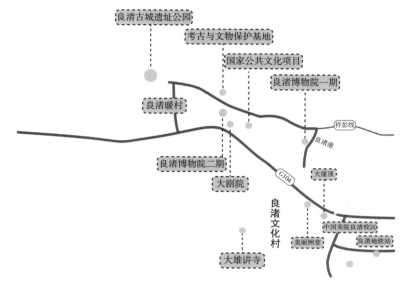

图2 良渚文化艺术长廊公共文化项目示意

资料来源:《良渚暖村》，良渚暖村，https://mp.weixin.qq.com/s/YEvqEu4UMfJqH89JXaR6pg，最后检索时间：2024 年 6 月 30 日。

的良渚文化、商贸文化、乡土文化、非遗文化等多种文化资源，不断丰富着经济发展业态，带动着遗产地居民就业和经济发展，调节着良渚古城遗址区同周边区域文化资源分布和文化产业发展不均衡的社会关系。例如，2023 年，重点保护区长命村港东组村民自发组建村民合作社，采用"合作社投资＋市场化运营"的经营路径，将组内部分农田资源及长命港水系资源整合后建设为农文旅项目"址享乐园"，并组织原住民传承创新原有"打铁技艺"，开发出"一路繁花 3.0"打铁花非遗演出，在有效盘活农村闲置土地的同时，增加了居民收入，传承了乡土文化，重塑了乡村文化生态。

乡村职业经理人的引入可为未来乡村和文化共富建设提供智力支持，推动产业转型和共同富裕的实现。2019 年，余杭区将职业经理人引入农村经营管理当中，形成了新的乡村职业经理人，助力乡村集体经济的发展。截至 2023 年，余杭区共引入 35 位乡村职业经理人，他们从"市场"和"职业"视角切入，一定程度上打破了遗址区乡村空间内血缘、地缘、亲缘等复杂关系的束缚，实现对乡村空间与市场经济的协调。例如，在乡村职业经理人带领下，港南村利用村内水域空间发展帆船运动，形成水上运动的"集聚经济"，引进杭州师范大学体育学院共建网球中心，孕育生态康养的"集聚经济"。"文化—生态—康养"已成为港南村新的社会经济"增长极"，相关产业的集聚效应业已初步凸显，文化遗产的外部经济和多向经济已经形成。

良渚古城遗址社会空间和社会关系的优化，促使"良渚文化"大 IP 不断发挥正外部性，于 2023 年吸引了第 19 届杭州亚运会的火种采集，推动了良渚文化元素亮相第 19 届杭州亚运会，并作为中国深化同共建"一带一路"国家文明对话的重要举措，成功举办了以"践行全球文明倡议，推动文明交流互鉴"为主题的首届"良渚论坛"，由此形成了以"中华文明精神标识"为增长极的新集聚经济，扩大了良渚文化及中华优秀传统文化的国际传播，提升了中华文明的影响力和国家文化软实力。

三 跨界治理：良渚古城遗址保护传承
与社会发展的经验借鉴

"跨界治理"是当今经济全球化、产业融合化、组织变革化而引发的一种全新治理思维和战略选择，主要包括跨边界（地理）治理、跨部门治理和跨公司合作伙伴治理。[①] 大遗址面积广、范围大，往往同现代社会发展重叠，兼具文物保护与空间发展双重属性。在大遗址保护工作中，既涉及文化遗产保护所需的发掘与认知、保护与管理等工作，也涉及大遗址区内的土地流转、居民调控、环境整治、道路改线等区域民生和经济社会问题。因而，大遗址的保护利用工作投资较大、涉及部门多且保护主体多为地方政府。

政府作为大遗址保护政策的制定主体、保护资源的投资主体、保护执行的监督主体和保护效果的责任主体。[②] "跨界治理"可有效化解大遗址保护传承过程中出现的各类"公地悲剧"问题，"跨边界（地理）治理"可推动中央

---

① 陶希东：《跨界治理：中国社会公共治理的战略选择》，《学术月刊》2011 年第 8 期。
② 《中国文化遗产与国家珍贵财富——关于大遗址保护的调查与建议》，《国情报告（第十卷 2007 年（上））》2012 年。

政府与地方政府、同级地方政府间的协同，"跨部门治理"可协调文物局、自然资源局、旅游局、财政局等多部门间的职能重叠与多头管理，"跨公司合作伙伴治理"可推动利益相关方走出"囚徒困境"，如国有企业同非国有企业、非营利性社会组织间的合作。

就良渚古城遗址而言，其保护传承与社会发展协调的关键亦在于跨界治理机构——大遗址保护特区。良管委的成立，实现了对瓶窑镇和良渚街道的跨边界（地理）治理，推进了良渚古城遗址的文物保护、规划建设、财政支持、文化产业的跨部门治理，深化了良渚古城遗址范围内国有资本同社会资本的跨公司合作伙伴治理，避免了遗址区内的多头多层重复执法，使良渚古城遗址实现"多规合一"，有效缓解了各行政管理部门间的横向博弈，推动合作博弈和正和博弈的实现。同时，良管委通过横向融合文物、旅游、规划、执法等多部门和纵向叠加省、市、区、镇、村等多层次，实现了管理体制机制的创新，也有效避免了多头管理和多重管理造成的工作滞后和管理混乱等问题（见图3）。

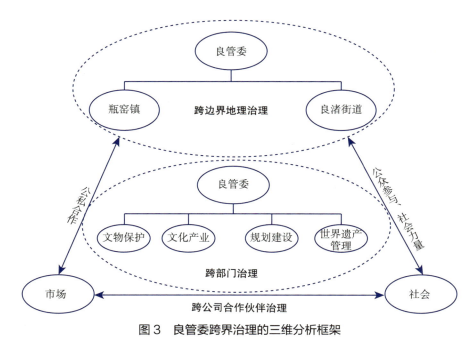

图3　良管委跨界治理的三维分析框架

资料来源：作者自绘。

综上所述，良渚古城遗址在保护传承与社会发展间所作的探索，既展现了中国高速城镇化进程下大遗址的保护规划编制历程，亦体现了中国文化遗产保护传承理念的不断完善深化，是中国大遗址保护传承的代表性案例。良渚古城遗址虽长期处于"保护与发展"博弈的状态，但地方政府创新探索出跨界治理的机制体制，始终坚持以保护为中心，率先提出"跳出遗址求发展"的思路，系统建立起"宏观引导—中观发展—微观落地"的发展体系，以社会空间的正义推动社会公平的正义，从而实现"保护与利用""保护与发展"等重大关系的协调平衡，为探讨"两个结合"指导下巩固文化主体性、在城乡建设中加强历史文化保护传承的理论与实践提供了"良渚经验"。

参考文献

陈同滨、PANG Lingbo:《以分级分类的空间管控为抓手的大遗址保护规划基本策略——良渚遗址保护规划简介》,《世界建筑》2019 年第 11 期。

2023 年中国世界文化遗产主要保护管理工作数据图纸*

---

* 　制图：国信司南（北京）地理信息技术有限公司。

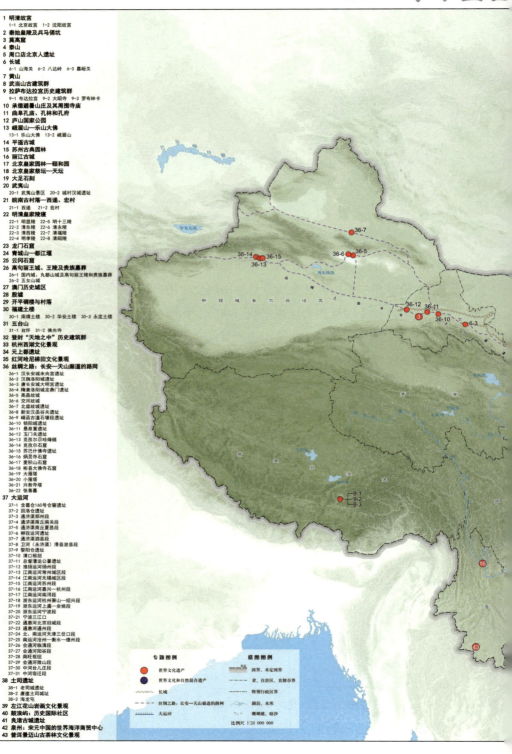

专题图例
● 世界文化遗产
● 世界文化和自然混合遗产
〰 长城
〰 丝绸之路：长安—天山廊道的路网
〰 大运河

底图图例
— 国界、未定国界
--- 省、自治区、直辖市界
--- 特别行政区界
🏔 冰川、永久积雪
🏜 湖泊沼泽、沙漠、沙地

比例尺 1:20 000 000

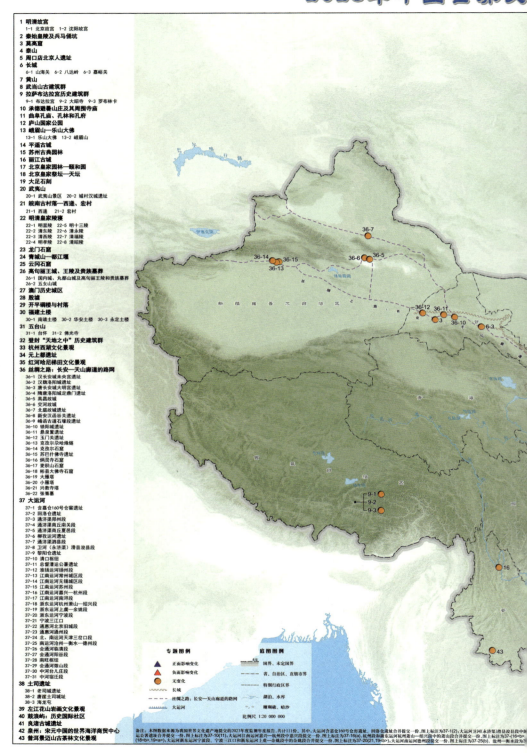

专题图例
▲ 正面影响变化
▲ 负面影响变化
● 无变化
—— 长城
⋯⋯⋯ 丝绸之路：长安—天山廊道的路网
▓▓▓ 大运河

底图图例
国界、未定国界
省、自治区、直辖市界
特别行政区界
湖泊、水库
珊瑚礁、潮沙
比例尺 1:20 000 000

备注：本图数据来源于我国世界文化遗产地提交的2023年度监测年报表，共计111处。其中，大运河含遗产地160号仓窖遗址、回洛仓遗址合并提交一份，图上标注为37-1(2)；大运河卫河（永济渠）滑县浚县段中的...公署遗址合并提交一份，图上标注为37-10(11)，大运河江南运河嘉兴—杭州段提交一份，图上标注为37-16(a)，大运河杭州和嘉东运河南浔段合并提交一份，图上标注为37-16
(18<b>,19<a>)，大运河浙东运河上虞—余姚段中的金姚段合并提交一份，图上标注为37-20(21,19<b>)；大运河南运河德州桥闸段交一份，图上标注为37-25(b)，沧州—衡水段为3

产冠体格局变化情况

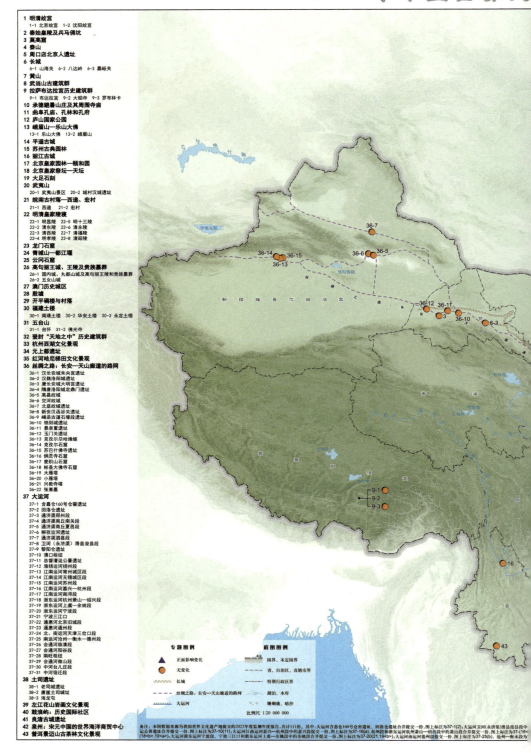

1 明清故宫
　1-1 北京故宫　1-2 沈阳故宫
2 秦始皇陵及兵马俑坑
3 莫高窟
4 泰山
5 周口店北京人遗址
6 长城
　6-1 山海关　6-2 八达岭　6-3 嘉峪关
7 黄山
8 武当山古建筑群
9 拉萨布达拉宫历史建筑群
　9-1 布达拉宫　9-2 大昭寺　9-3 罗布林卡
10 承德避暑山庄及其周围寺庙
11 曲阜孔庙、孔林和孔府
12 庐山国家公园
13 峨眉山—乐山大佛
　13-1 乐山大佛　13-2 峨眉山
14 平遥古城
15 苏州古典园林
16 丽江古城
17 北京皇家园林—颐和园
18 北京皇家祭坛—天坛
19 大足石刻
20 武夷山
　20-1 武夷山景区　20-2 城村汉城遗址
21 皖南古村落—西递、宏村
　21-1 西递　21-2 宏村
22 明清皇家陵寝
　22-1 明显陵　22-5 明十三陵
　22-2 清东陵　22-6 清永陵
　22-3 清西陵　22-7 清福陵
　22-4 明孝陵　22-8 清昭陵
23 龙门石窟
24 青城山—都江堰
25 云冈石窟
26 高句丽王城、王陵及贵族墓群
　26-1 国内城、丸都山城及高句丽王陵和贵族墓群
　26-2 五女山城
27 澳门历史城区
28 殷墟
29 开平碉楼与村落
30 福建土楼
　30-1 南靖土楼　30-2 华安土楼　30-3 永定土楼
31 五台山
　31-1 台怀　31-2 佛光寺
32 登封"天地之中"历史建筑群
33 杭州西湖文化景观
34 元上都遗址
35 红河哈尼梯田文化景观
36 丝绸之路：长安—天山廊道的路网
　36-1 汉长安城未央宫遗址
　36-2 汉魏洛阳城遗址
　36-3 唐长安城大明宫遗址
　36-4 隋唐洛阳城定鼎门遗址
　36-5 高昌故城
　36-6 交河故城
　36-7 北庭故城遗址
　36-8 新安汉函谷关遗址
　36-9 崤函古道石壕段遗址
　36-10 锁阳城遗址
　36-11 悬泉置遗址
　36-12 玉门关遗址
　36-13 克孜尔尕哈烽燧
　36-14 克孜尔石窟
　36-15 苏巴什佛寺遗址
　36-16 炳灵寺石窟
　36-17 麦积山石窟
　36-18 彬县大佛寺石窟
　36-19 大雁塔
　36-20 小雁塔
　36-21 兴教寺塔
　36-22 张骞墓
37 大运河
　37-1 含嘉仓160号仓窖遗址
　37-2 回洛仓遗址
　37-3 通济渠郑州段
　37-4 通济渠商丘南关段
　37-5 通济渠商丘夏邑段
　37-6 柳孜运河遗址
　37-7 通济渠泗县段
　37-8 江南（永济渠）滑县浚县段
　37-9 黎阳仓遗址
　37-10 清口枢纽
　37-11 总督漕运公署遗址
　37-12 淮扬运河扬州段
　37-13 江南运河常州城区段
　37-14 江南运河无锡城区段
　37-15 江南运河苏州段
　37-16 江南运河嘉兴—杭州段
　37-17 江南运河南浔段
　37-18 浙东运河杭州萧山—绍兴段
　37-19 浙东运河上虞—余姚段
　37-20 浙东运河宁波段
　37-21 宁波三江口
　37-22 通惠河北京旧城段
　37-23 通惠河通州段
　37-24 北运河京津冀三岔口段
　37-25 南运河沧州—衡水—德州段
　37-26 会通河阳谷段
　37-27 会通河南旺枢纽
　37-28 南阳枢纽
　37-29 会通河临清段
　37-30 中河台儿庄段
　37-31 中河宿迁段
38 土司遗址
　38-1 老司城遗址
　38-2 唐崖土司城址
　38-3 海龙屯
39 左江花山岩画文化景观
40 鼓浪屿：历史国际社区
41 良渚古城遗址
42 泉州：宋元中国的世界海洋商贸中心
43 普洱景迈山古茶林文化景观

专题图例
▲ 正向影响变化
● 无变化
～～ 长城
- - - 丝绸之路：长安—天山廊道的路网
大运河

底图图例
- ·- 国界、未定国界
- - - 省、自治区、直辖市界
- - - 特别行政区界
湖泊、水库
珊瑚礁、珊沙

比例尺 1:20 000 000

备注：本附数据来源于我国世界文化遗产地提交的2023年度监测年度报告，共计111处。其中，大运河含嘉仓160号仓窖遗址、回洛仓遗址合并提交一份，图上标注为37-1(2)；大运河卫河浚县浚县段合并提交一份，运河浚遗址合并提交一份，图上标注为37-10(11)；大运河江南运河嘉兴—杭州段浙江中的嘉兴段合并提交一份，图上标注为37-16(a)；杭州段和浙东运河萧山—绍兴段中的萧山段合并提交一份，图上标注为37-16(18<b>,19<a>)；大运河浙东运河宁波段中的宁波三江口、宁波三江口和新东运河上虞—余姚段中的余姚段合并提交一份，图上标注为37-20(21,19<b>)；大运河河南南段河南德州段合并提交一份，图上标注为37-25(b)；沧州—衡水段中的

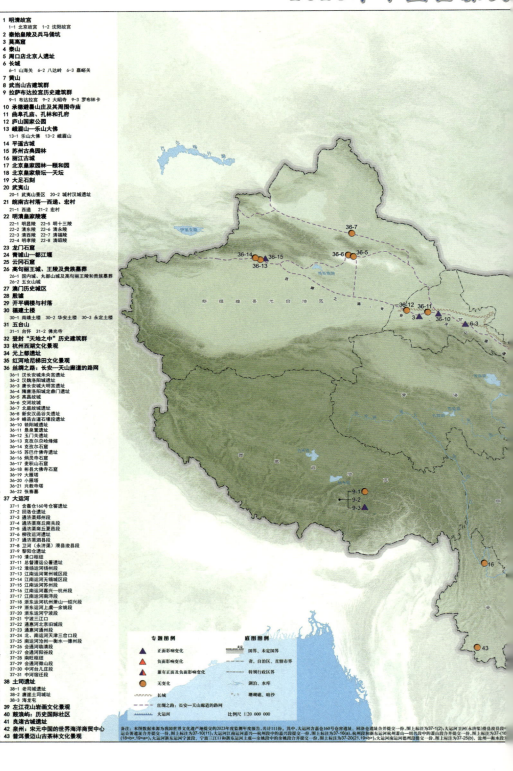

1 明清故宫
1-1 北京故宫　　1-2 沈阳故宫
2 秦始皇陵及兵马俑坑
3 莫高窟
4 泰山
5 周口店北京人遗址
6 长城
6-1 山海关　6-2 八达岭　6-3 嘉峪关
7 黄山
8 武当山古建筑群
9 拉萨布达拉宫历史建筑群
9-1 布达拉宫　9-2 大昭寺　9-3 罗布林卡
10 承德避暑山庄及其周围寺庙
11 曲阜孔庙、孔林和孔府
12 庐山国家公园
13 峨眉山—乐山大佛
13-1 乐山大佛　13-2 峨眉山
14 平遥古城
15 苏州古典园林
16 丽江古城
17 北京皇家园林—颐和园
18 北京皇家祭坛—天坛
19 大足石刻
20 武夷山
20-1 武夷山景区　20-2 城村汉城遗址
21 皖南古村落—西递、宏村
21-1 西递　21-2 宏村
22 明清皇家陵寝
22-1 明显陵　22-5 明十三陵
22-2 清东陵　22-6 清永陵
22-3 清西陵　22-7 清福陵
22-4 明孝陵　22-8 清昭陵
23 龙门石窟
24 青城山—都江堰
25 云冈石窟
26 高句丽王城、王陵及贵族墓葬
26-1 国内城、丸都山城及高句丽王陵和贵族墓葬
26-2 五女山城
27 澳门历史城区
28 殷墟
29 开平碉楼与村落
30 福建土楼
30-1 南靖土楼　30-2 华安土楼　30-3 永定土楼
31 五台山
31-1 台怀　31-2 佛光寺
32 登封"天地之中"历史建筑群
33 杭州西湖文化景观
34 元上都遗址
35 红河哈尼梯田文化景观
36 丝绸之路：长安—天山廊道的路网
36-1 汉长安城未央宫遗址
36-2 汉魏洛阳城遗址
36-3 唐长安城大明宫遗址
36-4 隋唐洛阳城定鼎门遗址
36-5 高昌故城
36-6 交河故城
36-7 北庭故城遗址
36-8 新安汉函谷关遗址
36-9 崤函古道石壕段遗址
36-10 锁阳城遗址
36-11 悬泉置遗址
36-12 玉门关遗址
36-13 克孜尔尕哈烽燧
36-14 克孜尔石窟
36-15 苏巴什佛寺遗址
36-16 炳灵寺石窟
36-17 麦积山石窟
36-18 彬县大佛寺石窟
36-19 大雁塔
36-20 小雁塔
36-21 兴教寺塔
36-22 张骞墓
37 大运河
37-1 含嘉仓160号仓窖遗址
37-2 回洛仓遗址
37-3 通济渠郑州段
37-4 通济渠商丘南关段
37-5 通济渠商丘夏邑段
37-6 柳孜运河遗址
37-7 通济渠泗县段
37-8 卫河（永济渠）滑县浚县段
37-9 黎阳仓遗址
37-10 清口枢纽
37-11 总督漕运公署遗址
37-12 淮扬运河扬州段
37-13 江南运河常州城区段
37-14 江南运河无锡城区段
37-15 江南运河苏州段
37-16 江南运河嘉兴—杭州段
37-17 江南运河南浔段
37-18 浙东运河杭州萧山—绍兴段
37-19 浙东运河上虞—余姚段
37-20 浙东运河宁波段
37-21 宁波三江口
37-22 通惠河北京旧城段
37-23 通惠河通州段
37-24 北、南运河天津三岔口段
37-25 南运河沧州—衡水—德州段
37-26 会通河临清段
37-27 会通河阳谷段
37-28 南旺枢纽
37-29 会通河微山段
37-30 中河台儿庄段
37-31 中河宿迁段
38 土司遗址
38-1 老司城遗址
38-2 唐崖土司城遗址
38-3 海龙屯
39 左江花山岩画文化景观
40 鼓浪屿：历史国际社区
41 良渚古城遗址
42 泉州：宋元中国的世界海洋商贸中心
43 普洱景迈山古茶林文化景观

专题图例

▲ 正面影响变化
▲ 负面影响变化
▲ 兼有正面及负面影响变化
● 无变化
长城
—— 丝绸之路：长安—天山廊道的路网

底图图例

国界、未定国界
省、自治区、直辖市界
特别行政区界
湖泊、水库
珊瑚礁、沙洲，盐沙
大运河

比例尺 1:20 000 000

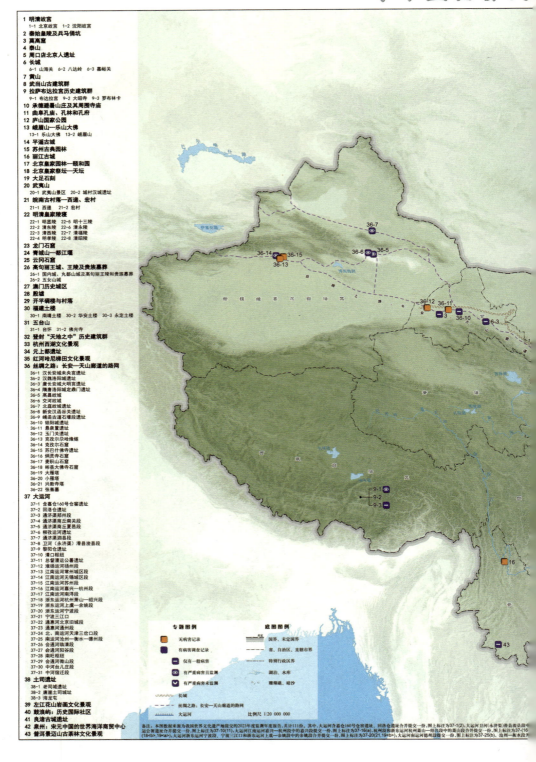

专题图例
  ■ 无病害记录
  ■ 有病害调查记录
  ■ 仅有一般病害
  ■ 有严重病害且监测
  ■ 有严重病害未监测

底图图例
  国界、未定国界
  省、自治区、直辖市界
  特别行政区界
  湖泊、水库
  季节湖、暗沙

长城
丝绸之路：长安—天山廊道的路网

比例尺 1:20 000 000

备注：本图数据来源为我国世界文化遗产地提交的2023年度监测年度报告，共计111个。图中，大运河含嘉仓160号仓窖遗址、回洛仓遗址合并提交一份，图上标注为37-1(2)；大运河卫河（永济渠）滑县浚县段合运公署遗址合并提交一份，图上标注为37-10(11)；杭州段合并提交一份—杭州西湖文化景观合并提交一份，图上标注为37-15(a)；大运河浙东运河杭州萧山—绍兴段合并提交一份，图上标注为37-16(18<b>,19<a>)；大运河浙东运河上虞段、宁波三江口和浙东运河口合—余姚段中的余姚段合并提交一份，图上标注为37-20(21,19段)；大运河南运河德州段合提交一份，图上标注为37-25(b)；沧州—衡水段×

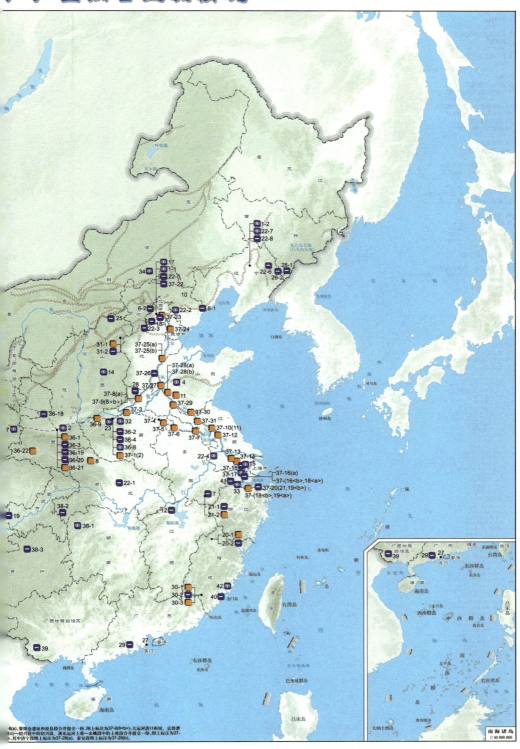

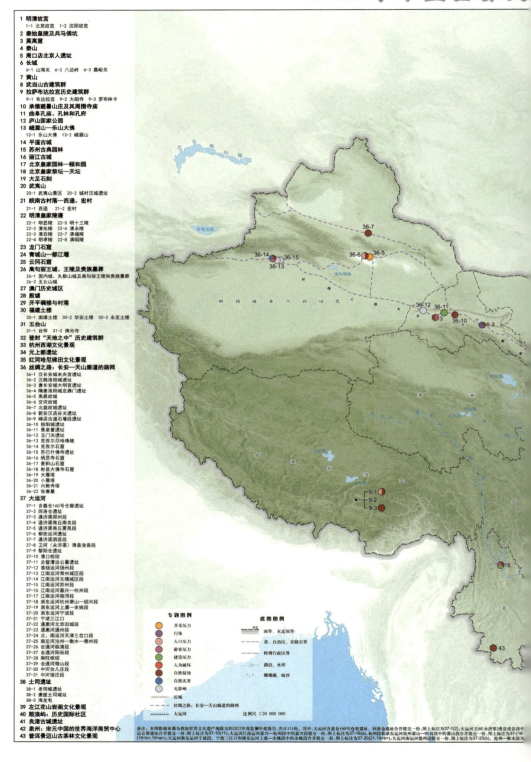

1 **明清故宫**
　　1-1 北京故宫　　1-2 沈阳故宫
2 **秦始皇陵及兵马俑坑**
3 **莫高窟**
4 **泰山**
5 **周口店北京人遗址**
6 **长城**
　　6-1 山海关　　6-2 八达岭　　6-3 嘉峪关
7 **黄山**
8 **武当山古建筑群**
9 **拉萨布达拉宫历史建筑群**
　　9-1 布达拉宫　　9-2 大昭寺　　9-3 罗布林卡
10 **承德避暑山庄及其周围寺庙**
11 **曲阜孔庙、孔林和孔府**
12 **庐山国家公园**
13 **峨眉山—乐山大佛**
　　13-1 乐山大佛　　13-2 峨眉山
14 **平遥古城**
15 **苏州古典园林**
16 **丽江古城**
17 **北京皇家园林—颐和园**
18 **北京皇家祭坛—天坛**
19 **大足石刻**
20 **武夷山**
　　20-1 武夷山景区　　20-2 城村汉城遗址
21 **皖南古村落—西递、宏村**
　　21-1 西递　　21-2 宏村
22 **明清皇家陵寝**
　　22-1 明显陵　　22-5 明十三陵
　　22-2 清东陵　　22-6 清永陵
　　22-3 清西陵　　22-7 清福陵
　　22-4 明孝陵　　22-8 清昭陵
23 **龙门石窟**
24 **青城山—都江堰**
25 **云冈石窟**
26 **高句丽王城、王陵及贵族墓群**
　　26-1 国内城、丸都山城及高句丽王陵和贵族墓群
　　26-2 五女山城
27 **澳门历史城区**
28 **殷墟**
29 **开平碉楼与村落**
30 **福建土楼**
　　30-1 南靖土楼　　30-2 华安土楼　　30-3 永定土楼
31 **五台山**
　　31-1 台怀　　31-2 佛光寺
32 **登封"天地之中"历史建筑群**
33 **杭州西湖文化景观**
34 **元上都遗址**
35 **红河哈尼梯田文化景观**
36 **丝绸之路：长安—天山廊道的路网**
　　36-1 汉长安城未央宫遗址
　　36-2 汉魏洛阳城遗址
　　36-3 唐长安城大明宫遗址
　　36-4 隋唐洛阳城定鼎门遗址
　　36-5 高昌故城
　　36-6 交河故城
　　36-7 北庭故城遗址
　　36-8 新安汉函谷关遗址
　　36-9 崤函古道石壕段遗址
　　36-10 锁阳城遗址
　　36-11 悬泉置遗址
　　36-12 玉门关遗址
　　36-13 克孜尔尕哈烽燧
　　36-14 克孜尔石窟
　　36-15 苏巴什佛寺遗址
　　36-16 炳灵寺石窟
　　36-17 麦积山石窟
　　36-18 彬县大佛寺石窟
　　36-19 大雁塔
　　36-20 小雁塔
　　36-21 兴教寺塔
　　36-22 张骞墓
37 **大运河**
　　37-1 含嘉仓160号仓窖遗址
　　37-2 回洛仓遗址
　　37-3 通济渠郑州段
　　37-4 通济渠商丘南关段
　　37-5 通济渠商丘夏邑段
　　37-6 柳孜运河遗址
　　37-7 通济渠泗县段
　　37-8 卫河（永济渠）滑县浚县段
　　37-9 黎阳仓遗址
　　37-10 清口枢纽
　　37-11 总督漕运公署遗址
　　37-12 淮扬运河扬州段
　　37-13 江南运河常州城区段
　　37-14 江南运河无锡城区段
　　37-15 江南运河苏州段
　　37-16 江南运河嘉兴—杭州段
　　37-17 浙东运河萧绍段
　　37-18 浙东运河杭州萧山—绍兴段
　　37-19 浙东运河上虞—余姚段
　　37-20 浙东运河宁波段
　　37-21 宁波三江口
　　37-22 通惠河北京旧城段
　　37-23 通惠河通州段
　　37-24 北运河北关分洪遗址通惠河天津三岔口段
　　37-25 南运河沧州—衡水—德州段
　　37-26 会通河临清段
　　37-27 会通河阳谷段
　　37-28 南旺枢纽
　　37-29 会通河南旺段
　　37-30 中河台儿庄段
　　37-31 中河宿迁段
38 **土司遗址**
　　38-1 老司城遗址
　　38-2 唐崖土司城遗址
　　38-3 海龙屯
39 **左江花山岩画文化景观**
40 **鼓浪屿：历史国际社区**
41 **良渚古城遗址**
42 **泉州：宋元中国的世界海洋商贸中心**
43 **普洱景迈山古茶林文化景观**

专题图例

○ 开采压力
○ 污染
○ 人口压力
○ 游客压力
○ 建设压力
○ 人为破坏
○ 自然侵蚀
○ 自然灾害
○ 无影响
—— 长城
----- 丝绸之路：长安—天山廊道的路网
—— 大运河

底图图例

—— 国界、未定国界
- - - 省、自治区、直辖市界
—— 特别行政区界
　　 湖泊、水库
　　 珊瑚礁、暗沙

比例尺 1:20 000 000

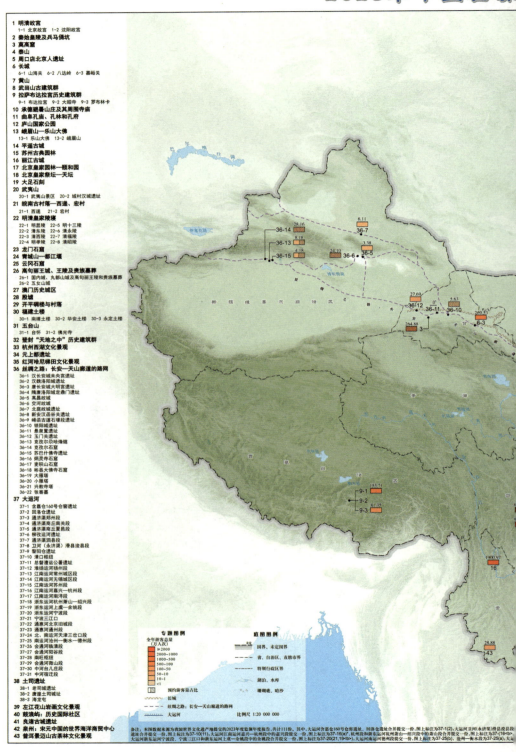

专题图例
全年游客总量
（万人次）
≥2000
2000-1000
1000-500
500-100
100-50
50-10
10-1
<1

预约游客景点占比
长城
丝绸之路：长安—天山廊道的路网

底图图例
国界、未定国界
省、自治区、直辖市界
特别行政区界
湖泊、水库
珊瑚礁、暗沙

比例尺 1:20 000 000

遗产游客量情况

440.85
1-2
22-7   20.03
22-8   14.43

2105.33
17
1-1   1456.52
22-5   241.74

7.31
22-6

26-1   41.15

26-2   2.22

14.32
34
37-22   0°

319.48
10
47.99

647.15
6-1

052.16
6-2

303.53   13.37
25   24.54
22-3

2039.79
18
37-23
37-24   0°

604.72
31-1
10.25
31-2

37-25(a)   0°
37-25(b)

7.50
37-28(a)
37-28(b)   0.5

487.26
14
37-8(a)
97.27
28
37-9(8<b>)   0.34
37-26

34.90
37-27   861.96
4

48.13
37-3
390.10
37-9
1122.13
2
589.60   475.52
23   3.60
37-4   0°
37-6

0.63

765.16

5.12
37-29

802.40
37-30

2.43
37-31
37-5   4.16

456.94
37-12
37-13   0.09

37-10(11)   0°

37-14   2765.32

9.96
36-18
36-17

19.05
36-22
71.88   79.00   129.28
36-3   36-19   15.32
244.37   36-8   6.32   2.93
36-20   36-21   1.65   37-7
36-1   251.82   22-4
2.17   36-2   630.00
37-1(2)   36-4   37-15   1982.04
227.22   129.98   15
22-1   41   37-17   1234.54

547.55
37-16(a)   2823.47
37-(16<b>,18<a>)   1916.45
33   3867.91

94.41
37-20(21,19<b>)   0°
21-1
37-(18<b>,19<a>)   0°
330.48
21-2

2.15
38-2   3.72
38-1

1499.43
12

447.93
20-1   17.81
330.48
20-2

5.70
38-3

371.19
30-1
23.50
30-2
466.41   1091.96   42
30-3   902.05
40

59.76
39

27.01   27
29

59.76   27.01   广   27
39   29   深

37-8(a),黎阳仓遗址和浚县段合并提交一份，图上标注为37-9(8<b>)。大运河清口枢纽，总督漕运公署
绍兴段中的绍兴段，浙东运河上虞—余姚段合并提交一份，图上标注为37-(18<b>,19<a>)。
上标注为37-28(a)。泰安段图上标注为37-28(b)。°数据不符合要求。°开放区间。

南海诸岛
1:40 000 000

1 明清故宫
　　1-1 北京故宫　1-2 沈阳故宫
2 秦始皇陵及兵马俑坑
3 莫高窟
4 泰山
5 周口店北京人遗址
6 长城
　　6-1 山海关　6-2 八达岭　6-3 嘉峪关
7 黄山
8 武当山古建筑群
9 拉萨布达拉宫历史建筑群
　　9-1 布达拉宫　9-2 大昭寺　9-3 罗布林卡
10 承德避暑山庄及其周围寺庙
11 曲阜孔庙、孔林和孔府
12 庐山国家公园
13 峨眉山—乐山大佛
　　13-1 乐山大佛　13-2 峨眉山
14 平遥古城
15 苏州古典园林
16 丽江古城
17 北京皇家园林—颐和园
18 北京皇家祭坛—天坛
19 大足石刻
20 武夷山
　　20-1 武夷山景区　20-2 城村汉城遗址
21 皖南古村落—西递、宏村
　　21-1 西递　21-2 宏村
22 明清皇家陵寝
　　22-1 明显陵　22-5 明十三陵
　　22-2 清东陵　22-6 清永陵
　　22-3 清西陵　22-7 清福陵
　　22-4 明孝陵　22-8 清昭陵
23 龙门石窟
24 青城山—都江堰
25 云冈石窟
26 高句丽王城、王陵及贵族墓葬
　　26-1 国内城、丸都山城及高句丽王陵和贵族墓葬
　　26-2 五女山城
27 澳门历史城区
28 殷墟
29 开平碉楼与村落
30 福建土楼
　　30-1 南靖土楼　30-2 华安土楼　30-3 永定土楼
31 五台山
　　31-1 台怀　31-2 佛光寺
32 登封"天地之中"历史建筑群
33 杭州西湖文化景观
34 元上都遗址
35 红河哈尼梯田文化景观
36 丝绸之路：长安—天山廊道的路网
　　36-1 汉长安城未央宫遗址
　　36-2 汉魏洛阳城遗址
　　36-3 唐长安城大明宫遗址
　　36-4 隋唐洛阳城定鼎门遗址
　　36-5 高昌故城
　　36-6 交河故城
　　36-7 北庭故城遗址
　　36-8 新安汉函谷关遗址
　　36-9 崤函古道石壕段遗址
　　36-10 锁阳城遗址
　　36-11 悬泉置遗址
　　36-12 玉门关遗址
　　36-13 克孜尔尕哈烽燧
　　36-14 克孜尔石窟
　　36-15 苏巴什佛寺遗址
　　36-16 炳灵寺石窟
　　36-17 麦积山石窟
　　36-18 彬县大佛寺石窟
　　36-19 大雁塔
　　36-20 小雁塔
　　36-21 兴教寺塔
　　36-22 张骞墓
37 大运河
　　37-1 含嘉仓160号仓窖遗址
　　37-2 回洛仓遗址
　　37-3 通济渠郑州段
　　37-4 通济渠商丘南关段
　　37-5 通济渠商丘夏邑段
　　37-6 柳孜运河遗址
　　37-7 通济渠泗县段
　　37-8 卫河（永济渠）滑县浚县段
　　37-9 黎阳仓遗址
　　37-10 清口枢纽
　　37-11 总督漕运公署遗址
　　37-12 淮扬运河扬州段
　　37-13 江南运河常州城区段
　　37-14 江南运河无锡城区段
　　37-15 江南运河苏州段
　　37-16 江南运河嘉兴—杭州段
　　37-17 江南运河南浔段
　　37-18 浙东运河杭州萧山—绍兴段
　　37-19 浙东运河上虞—余姚段
　　37-20 浙东运河宁波段
　　37-21 宁波三江口
　　37-22 通惠河北京旧城段
　　37-23 通惠河通州段
　　37-24 北、南运河天津三岔口段
　　37-25 南运河沧州—衡水—德州段
　　37-26 会通河临清段
　　37-27 会通河微山段
　　37-28 南旺枢纽
　　37-29 中河台儿庄段
　　37-30 中河宿迁段
　　37-31 中河淮安段
38 土司遗址
　　38-1 老司城遗址
　　38-2 唐崖土司城遗址
　　38-3 海龙屯
39 左江花山岩画文化景观
40 鼓浪屿：历史国际社区
41 良渚古城遗址
42 泉州：宋元中国的世界海洋商贸中心
43 普洱景迈山古茶林文化景观

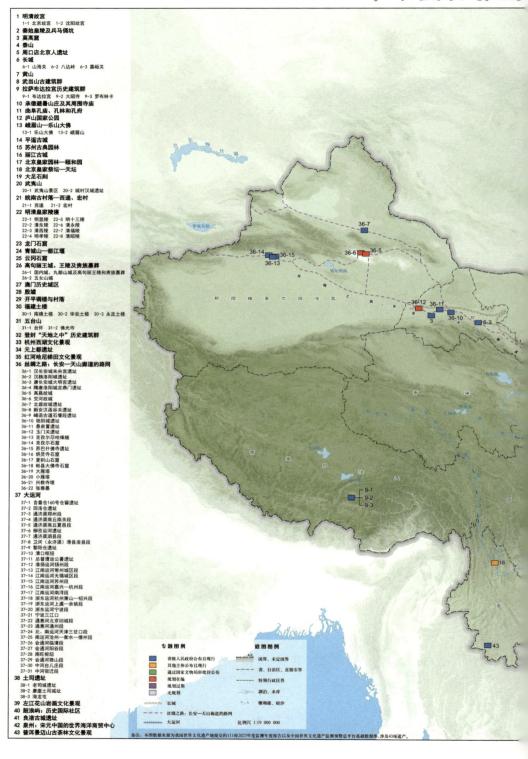

专题图例
　■ 省级人民政府公布且现行
　■ 其他主体公布且现行
　■ 通过国家文物局审批待公布
　■ 规划在编
　■ 规划近期
　□ 无规划

　　长城
－ － － 丝绸之路：长安—天山廊道的路网
－－－－－ 大运河

底图图例
　━━ 国界、未定国界
　━━ 省、自治区、直辖市界
　－ － － 特别行政区界
　～ 湖泊、水库
　　 盐碱地、暗沙

比例尺 1:19 000 000

备注：本图数据来源为我国世界文化遗产地提交的111份2023年度监测年度报告以及中国世界文化遗产监测预警总平台基础数据库，涉及43项遗产。

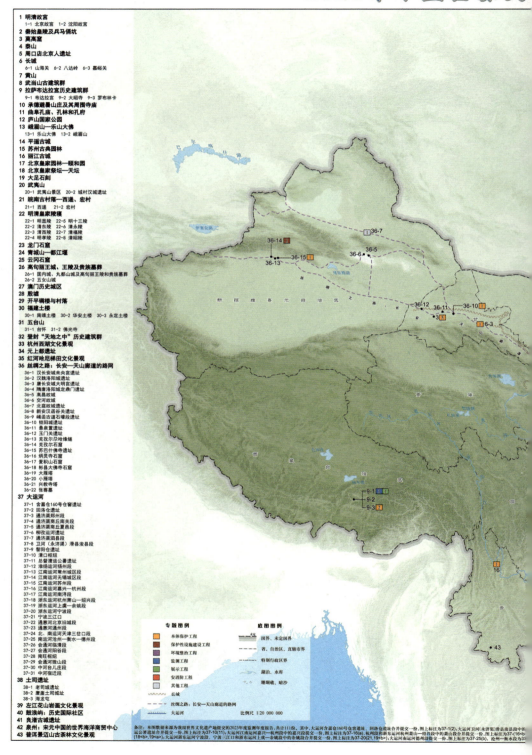

2023年中国世界文

1 明清故宫
1-1 北京故宫　1-2 沈阳故宫
2 秦始皇陵及兵马俑坑
3 莫高窟
4 泰山
5 周口店北京人遗址
6 长城
6-1 山海关　6-2 八达岭　6-3 嘉峪关
7 黄山
8 武当山古建筑群
9 拉萨布达拉宫历史建筑群
9-1 布达拉宫　9-2 大昭寺　9-3 罗布林卡
10 承德避暑山庄及其周围寺庙
11 曲阜孔庙、孔林和孔府
12 庐山国家公园
13 峨眉山—乐山大佛
13-1 乐山大佛　13-2 峨眉山
14 平遥古城
15 苏州古典园林
16 丽江古城
17 北京皇家园林—颐和园
18 北京皇家祭坛—天坛
19 大足石刻
20 武夷山
20-1 武夷山景区　20-2 城村汉城遗址
21 皖南古村落—西递、宏村
21-1 西递　21-2 宏村
22 明清皇家陵寝
22-1 明显陵　22-5 明十三陵
22-2 清东陵　22-6 清永陵
22-3 清西陵　22-7 清福陵
22-4 明孝陵　22-8 清昭陵
23 龙门石窟
24 青城山—都江堰
25 云冈石窟
26 高句丽王城、王陵及贵族墓葬
26-1 国内城、丸都山城及高句丽王陵和贵族墓葬
26-2 五女山城
27 澳门历史城区
28 殷墟
29 开平碉楼与村落
30 福建土楼
30-1 南靖土楼　30-2 华安土楼　30-3 永定土楼
31 五台山
31-1 台怀　31-2 佛光寺
32 登封"天地之中"历史建筑群
33 杭州西湖文化景观
34 元上都遗址
35 红河哈尼梯田文化景观
36 丝绸之路：长安—天山廊道的路网
36-1 汉长安城未央宫遗址
36-2 汉魏洛阳城遗址
36-3 唐长安城大明宫遗址
36-4 隋唐洛阳城定鼎门遗址
36-5 高昌故城
36-6 交河故城
36-7 北庭故城遗址
36-8 新安汉函谷关遗址
36-9 崤函古道石壕段遗址
36-10 锁阳城遗址
36-11 悬泉置遗址
36-12 玉门关遗址
36-13 克孜尔尕哈烽燧
36-14 克孜尔石窟
36-15 苏巴什佛寺遗址
36-16 炳灵寺石窟
36-17 麦积山石窟
36-18 彬县大佛寺石窟
36-19 大雁塔
36-20 小雁塔
36-21 兴教寺塔
36-22 张骞墓
37 大运河
37-1 含嘉仓160号仓窖遗址
37-2 回洛仓遗址
37-3 通济渠郑州段
37-4 通济渠商丘南关段
37-5 通济渠商丘夏邑段
37-6 柳孜运河遗址
37-7 通济渠泗县段
37-8 卫河（永济渠）滑县浚县段
37-9 黎阳仓遗址
37-10 清口枢纽
37-11 总督漕运公署遗址
37-12 淮扬运河扬州段
37-13 江南运河常州城区段
37-14 江南运河无锡城区段
37-15 江南运河苏州段
37-16 江南运河嘉兴—杭州段
37-17 江南运河南浔段
37-18 浙东运河杭州萧山—绍兴段
37-19 浙东运河上虞—余姚段
37-20 浙东运河宁波段
37-21 宁波三江口
37-22 通惠河北京旧城段
37-23 通惠河通州段
37-24 北、南运河天津三岔口段
37-25 南运河沧州—衡水—德州段
37-26 会通河临清段
37-27 会通河阳谷段
37-28 南旺枢纽
37-29 会通河微山段
37-30 中河台儿庄段
37-31 中河宿迁段
38 土司遗址
38-1 老司城遗址
38-2 唐崖土司城址
38-3 海龙屯
39 左江花山岩画文化景观
40 鼓浪屿：历史国际社区
41 良渚古城遗址
42 泉州：宋元中国的世界海洋商贸中心
43 普洱景迈山古茶林文化景观

巴尔喀什湖
伊塞克湖
36-7
36-14
36-15
36-13
36-6
36-5
博斯腾湖
新疆维吾尔自治区
36-12
36-11
36-10
3
6-3
青海
西藏自治区
9-1
9-2
9-3
16
43
专题图例
本体保护工程
保护性设施建设工程
环境整治工程
监测工程
展示工程
安消防工程
其他工程
长城
丝绸之路：长安—天山廊道的路网
大运河
底图图例
国界、未定国界
省、自治区、直辖市界
特别行政区界
湖泊、水库
珊瑚礁、暗沙
比例尺 1:20 000 000

备注：本图数据来源为我国世界文化遗产地提交的2023年度监测年度报告，共计111份。其中，大运河含嘉仓160号仓窖遗址、回洛仓遗址合并提交一份，图上标注为37-1(2)；大运河卫河(永济渠)滑县浚县段中的
运公署遗址合并提交一份，图上标注为37-10(11)；大运河江南运河嘉兴—杭州段中的嘉兴段提交一份，图上标注为37-16(a)、杭州段和浙东运河杭州萧山—绍兴段中的萧山段合并提交一份，图上标注为37-(16<b
(18<b>,19<a>)；大运河浙东运河宁波段、宁波三江口和浙东运河上虞—余姚段中的余姚段合并提交一份，图上标注为37-20(21,19<b>)；大运河南运河德州段提交一份，图上标注为37-25(b)，沧州—衡水段为37

Abstract

In 2023, the global world heritage initiative officially entered its second fifty years. In the face of global changes of a magnitude not seen in a century and a significant shift taking place in the international balance of power, the scope and intensity of great power competition have gradually increased, with localized wars and conflicts emerging as major threats to the World Heritage cause. To better address the impact of various threats, including wars and conflicts, on the preservation of World Heritage, UNESCO has closely aligned its efforts with the spirit of the *World Heritage Convention*. It has continuously deepened and expanded its work in strategic planning, tool innovation, technological application, and international cooperation.

This year, several related documents and tools have been introduced, including the *Regional Framework Action Plan for Asia and the Pacific (2022-2030)*, Enhancing Our Heritage Toolkit 2.0, the World Heritage Online Mapping Platform (WHOMP), and the *Guidance Note on Urban Search and Rescue at Heritage Sites*. These efforts closely meet the evolving needs of the World Heritage sector in the new era. In the face of the dual challenges of climate change and the COVID-19 pandemic, institutions such as the International Council on Monuments and Sites (ICOMOS) and UNESCO have implemented a series of actions to protect World Heritage and promote sustainable development, demonstrating the positive impact of World Heritage on social and economic development.

The report points out that China's World Cultural Heritage protection practice in 2023 has the following noteworthy features: General Secretary Xi Jinping attended the meeting on cultural inheritance and development, where he delivered an important speech. The national meeting on the work of public communication and culture proposed Xi Jinping Thought on Culture, setting forth the new missions and requirements for cultural inheritance and development in the new era, which has provided a clear action guide for the protection and inheritance of China's cultural heritage. Guided by Xi Jinping Thought on Culture, China's World Cultural Heritage cause has closely aligned with the country's major strategic goals and urgent needs, leading to a series of beneficial practices. These include a vigorous push for new World Heritage nominations, with the successful inscription of the Cultural Landscape of Old Tea Forests of the Jingmai Mountain in Pu'er in the *World Heritage List*, filling a gap in global cultural heritage sites associated with tea. The preparations for the nomination of several other sites, including the Beijing Central Axis: A Building Ensemble Exhibiting the Ideal Order of the Chinese Capital, the Maritime Silk Road, the Great Tea Route, the Jingdezhen Ceramic Culture Landscape, and the Sanxingdui and Jinsha Sites, have steadily advanced. The update of the *Tentative List of World Heritage Sites in China* has been fully launched, contributing to the creation of a representative, balanced, and credible *World Heritage List*. Four heritage site conservation status reports and three property boundary clarification maps were reviewed by the 45th session of the World Heritage Committee. An international joint advisory group was invited to visit and discuss the protection and management of the Ancient Building Complex in the Wudang Mountains. Various tasks required by the World Heritage Committee's resolutions were carried out in an orderly manner. This year, thanks to the close collaboration between human and technological safeguards, no major security incidents occurred at World Cultural Heritage properties in China. Numerous protective, exhibition, and utilization projects were implemented across the country,

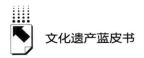

with the protection and inheritance of these sites continuing to improve. A total of 17 professional standards for cultural heritage conservation and 52 local regulations and rules were introduced, raising the level of institutionalization and standardization in heritage protection to a new height. China's unique World Heritage monitoring and early warning system, which meets international monitoring standards while incorporating national heritage management practices, continues to be developed. The system has established an information management network consisting of "1 national platform+42 heritage site platforms" and is advancing the transformation toward a proactive management model. Visitor numbers rebounded sharply this year, and driving a significant rise in ticket sales and operational revenue. In terms of institutional and capacity-building, there was a marked increase in funding for heritage protection and tourism management this year. Higher education and national-level professional technical training in the heritage field achieved new progress, and innovation in cultural heritage science and technology was strongly promoted.

The report also points out that, over the past year, World Cultural Heritage properties in China have faced significant challenges, including security threats, illegal activities by legal entities, inadequate implementation of protection and management plans, insufficient specialized legislation for heritage protection, irregular tourism practices, uncivilized behavior by visitors, inadequate on-site presentation and interpretations, and a lack of effective interdepartmental coordination. The report suggests that in the next stage, China's efforts in World Cultural Heritage should focus on further strengthening the foundation for protection and inheritance, enhancing the rule of law in heritage governance, streamlining management mechanisms, optimizing the overall heritage work framework, improving the protection and transmission system, as well as innovating heritage utilization models. Additionally, the report calls for strengthening the capacity to fulfill the Convention and promoting exchanges and mutual learning between civilizations. These initiatives aim to promote the high-quality development of the World Cultural Heritage cause and more effectively realize the cultural mission of the new era.

Keywords: World Cultural Heritage; Heritage Monitoring; Protection and Management

Contents

I General Report

Abstract: In 2023, The global world cultural heritage project has officially entered its second 50 years. Guided by the spirit of the *World Heritage Convention*, several related documents and tools have been introduced to address the new demands of World Heritage in the new era. In the face of the dual challenges of climate change and the COVID-19 pandemic, international organizations have taken a series of actions, continuously demonstrating the positive impact of World Heritage on sustainable development. This year, Xi Jinping Thought on Culture was formally introduced for the first time, and China's World Cultural Heritage cause has closely aligned with the country's major strategic goals and urgent needs, resulting in a series of beneficial practices. The Cultural Landscape of Old Tea Forests of the Jingmai Mountain in Pu'er was inscribed on the *World Heritage List*, filling a gap in global cultural heritage sites associated with tea. The update of the *Tentative List of World Heritage Sites in China* has been fully launched, contributing to the creation of a representative, balanced, and credible *World Heritage List*. Four heritage site conservation status reports and three property boundary clarification maps were reviewed by the 45th session of the World Heritage Committee. An international joint advisory group was invited to visit and discuss the protection and management of the Ancient Building Complex in the Wudang Mountains. Various tasks required by the World Heritage Committee's resolutions were carried out in an orderly manner. No major security incidents occurred at World Cultural Heritage properties in China. This year, numerous protective, exhibition, and utilization projects were implemented across the country, with the preservation and inheritance state of these sites continuing to improve. A total of 17 professional standards for cultural heritage conservation and 52 local regulations and rules were introduced, raising the level of institutionalization and standardization in heritage protection to a new height. This year, visitor numbers saw a significant rebound, three times that of last year, driving a significant rise in ticket sales and operational revenue. Funding for annual heritage conservation and management significantly increased, and innovation in cultural heritage science and technology was strongly promoted. However, World Cultural Heritage properties in China have also faced significant challenges, including security threats, illegal activities by legal entities, inadequate implementation of protection and management plans, insufficient specialized legislation for heritage protection, irregular tourism practices, uncivilized behavior by visitors, inadequate on-site presentation and interpretations, and a lack of effective interdepartmental coordination. Moving forward, China will further strengthen the foundation for protection and inheritance, enhance the rule of law in heritage governance, streamline management mechanisms, optimize the overall heritage work framework, improve the protection and transmission system, and innovate heritage utilization models. Additionally, greater efforts will be made to strengthen the capacity to fulfill the Convention, promote exchanges and mutual learning between civilizations and promote the high-quality development of the World Cultural Heritage cause.

Keywords: World Heritage; Sustainable Development; Protection and Inheritance; Monitoring and Management

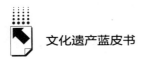

II Topic–Specific Reports

B.2 2023 Annual Report on Institutional and Capacity Building for World Cultural Heritage Properties in China

Fan Jiayu / 042

Abstract: Since the release of the *Opinions on Strengthening the Protection and Management of World Cultural Heritage Properties in China* in 2004, there has been notable progress in the establishment of protection and management institutions for World Cultural Heritage, setting a strong example for heritage protection nationwide. In 2023, 22 institutions experienced changes, with 7 institutions undergoing upgrades, mergers, or other adjustments. The proportion of specialized monitoring agencies has increased, ensuring better support for effective heritage site monitoring. This year, both national and site-level authorities and agencies actively organized professional training programs and placed greater emphasis on promoting China's best practices in cultural heritage protection internationally, advocating for China's perspectives and voicing its influence in the global heritage field. In 2023, funding for the protection and management of World Cultural Heritage properties in China rose by 18.62% compared to 2022. However, due to variations in local fiscal support, heritage types, and geographic locations, the allocation of funding remains highly uneven across regions. Notably, funding related to the exploration of heritage value and its effective utilization is still relatively low.

Keywords: World Cultural Heritage; Heritage Protection and Management Institutions; Heritage Protection and Management Funding; Institutional and Capacity Building

B.3   2023 Annual Report on the State of Preservation of World Cultural
Heritage Properties in China

Luo Ying, Ding Yige / 066

Abstract: In 2023, China's efforts to preserve and inherit the attributes of its World Cultural Heritage continued to make favorable progress. Specifically, one heritage site underwent positive changes in its overall layout, three heritage sites saw improvements in their utilization function, and 54 heritage sites exhibited positive trends in the preservation of their heritage elements. A total of 71 heritage sites recorded detailed disease data, with 89.25% of the diseases being effectively controlled following professional assessments. However, attention must still be paid to the potential negative impacts on heritage protection and inheritance, including those arising from construction activities, uncivilized behavior by visitors, irregular tourism practices, extreme weather, and the deterioration of certain diseases. In response to these challenges, it is recommended that relevant departments focus on the following tasks: strengthening the protection of heritage surroundings, strictly regulating construction activities, optimizing heritage utilization function, standardizing tourism behavior, actively addressing climate change, enhancing the disaster resilience of heritage sites, and establishing a disease prevention and control system to ensure the long-term preservation of heritage.

Keywords: World Cultural Heritage; Overall Layout; Use and Function; Heritage Elements; Disease Control

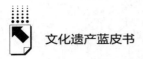
B.4 2023 Annual Report on Factors Affecting World Cultural Heritage
Properties in China

Li Yuxin, Zhang Yumin / 086

Abstract: In 2023, China's World Cultural Heritage continued to face negative impacts from both natural and human factors, though these challenges were generally manageable.Regarding natural factors, the erosion of heritage sites increased, with a significant rise in the number of sites affected by natural disasters, as well as in the frequency of such events. The primary types of disasters included meteorological and hydrological events, such as storms and typhoons, along with ecological and geological events like earthquakes and landslides.On the human side, the recovery of the tourism market presented both pressures and opportunities. Throughout the year, the total number of visitors rose significantly, leading to steady improvements in the economic, social, and environmental benefits derived from tourism. Revenue from ticket sales, as well as operational and service income for conservation and management institutions, also saw an increase. However, the imbalance between visitor demand and the availability of tourism services became more pronounced. Social pressures and human-induced damage persisted, particularly with construction pressures in heritage areas and buffer zones remaining significant.In light of these factors, the report underscores the importance of implementing disaster risk reduction policies and practices for cultural heritage. It advocates for strengthened regulation of tourism and visitor management, as well as enhanced legal frameworks for heritage governance, to better address the challenges posed in this evolving context.

Keywords: Heritage Affecting Factors; Natural Environment Monitoring; World Cultural Heritage; Disaster Prevention and Mitigation

Contents

Abstract: In 2023, the coverage of protection and management plans for China's
World Cultural Heritage sites further improved. The proportion of heritage sites that
promulgated and implemented these plans reached 59.13%, with 89.26% of planned
projects being effectively executed. Heritage sites with complex components, such
as the Lushan Mountain, the Fujian *Tulou*, the Grand Canal, the Zuojiang Huashan
Rock Art Cultural Landscape, and Quanzhou: Emporium of the World in Song-
Yuan China, continued to explore daily management approaches through cross-
departmental joint law enforcement. The Dazu Rock Carvings introduced a public
interest litigation mechanism for cultural heritage protection. Six heritage sites
enhanced their information-based monitoring systems in 2023. However, on a national
scale, challenges such as inadequate maintenance of these monitoring systems and
inconsistencies in data remain significant issues. Among various cultural heritage
projects, structural conservation projects maintained a high proportion, while the share
of environmental restoration projects continued to decline.

Keywords: World Cultural Heritage Properties in China; Protection and
Management Plan; Preservation Project; Daily Inspection; Monitoring System

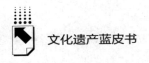文化遗产蓝皮书

III   Thematic Reports

B.6   2023 Annual Report on Global Developments in World Cultural Heritage
and China's Practices

Gao Chenxiang, He Yishuo / 119

Abstract: In 2023, China continued to uphold the spirit of the World Heritage Convention, advancing the implementation of the Regional Framework Action Plan for Asia and the Pacific. The country also hosted regular meetings of the Alliance for Cultural Heritage in Asia (ACHA), a key regional cooperation platform. China engaged in extensive collaboration with other State Parties on World Heritage nomination, conservation research, and valorization of heritage sites. Furthermore, China actively explored governance mechanisms for World Heritage in the post-pandemic era, implemented capacity-building activities, promoted community involvement in heritage management and utilization, guided tourism activities in an orderly manner and leveraged digital tools for heritage management. At the same time, it paid close attention to issues related to climate change, disaster prevention and mitigation, facilitating both academic discussions and practical applications. Thematic studies on newly emerged heritage categories were also initiated, providing a solid foundation for future nomination projects.

Keywords: International Cooperation on World Heritage; World Heritage Governance; 45th session of the World Heritage Committee; World Heritage nomination

Abstract: With the development of the social economy and the deepening of cultural exchanges, the protection, inheritance, and utilization of cultural heritage have increasingly captured public attention. In 2023, there was a significant rise in the volume of public opinion data related to World Cultural Heritage properties in China. The ongoing integration of culture and tourism has heightened focus on promotional efforts, tourism management, and visitor engagement at various heritage sites, particularly at notable locations such as the Grand Canal, the Great Wall, the Imperial Palaces of the Ming and Qing Dynasties in Beijing and Shenyang, the Silk Road, and the Mogao Caves.Based on public sentiment, the focus of the Great Wall National Cultural Park and the Grand Canal National Cultural Park has gradually shifted from institutional development and planning toward the coordinated promotion of protection, inheritance, and utilization. Significant achievements have been realized in cross-regional and cross-institutional cooperation regarding the protection and utilization of cave temples. Noteworthy progress has also been made in archaeology and conservation efforts for significant ruins, along with advancements in the management of World Cultural Heritage nominations.

Keywords: Cultural Heritage; Public Opinion Monitoring; Online Public Opinion

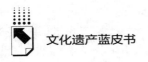
文化遗产蓝皮书

B.8　Analysis of Remote Sensing Images of China's World Cultural Heritage from 2022 to 2023

Fan Jiayu / 169

Abstract: In the *2023 Report on China's Cultural Heritage Administrative Enforcement and Safety Monitoring*, the National Cultural Heritage Administration (NCHA) explicitly calls for "the implementation of satellite remote sensing law enforcement monitoring." Since 2018, the World Cultural Heritage Center of China has utilized satellite remote sensing technology (RS technology) to monitor China's World Cultural Heritage and has published RS images on the Monitoring and Early Warming Platform for China's World Cultural Heritage. In 2023, remote sensing monitoring was conducted at 10 heritage sites, covering 26 properties. The results indicate that although man-made features still dominated, the area of change in natural features has significantly increased compared to the previous year, suggesting a positive trend in the overall environmental condition of the heritage sites. However, some sites have not yet established effective mechanisms for RS images, limiting the full potential of remote sensing monitoring. The report recommends the nationwide implementation of comprehensive protection and management plans for World Cultural Heritage, the establishment of long-term mechanisms for tracking RS images; and encourages broader social participation in monitoring and supervision. It also calls for the full implementation of NCHA's satellite remote sensing monitoring requirements to support the protection and preservation of World Cultural Heritage.

Keywords: World Cultural Heritage; Remote Sensing Monitoring; Construction-related Project; Polt Monitoring

Contents ⤆

Abstract: 2023 marks the 30th anniversary of the establishment of the Chinese National Committee for the International Council on Monuments and Sites (ICOMOS China). Over the past 30 years, ICOMOS China has grown from a small group into the most important social organization in China's World Cultural Heritage field. It has witnessed the continuous development and innovation of the country's cultural heritage undertakings and has advanced alongside the global movement for the protection of monuments and sites.

Keywords: ICOMOS China; World Cultural Heritage; Cultural Heritage Cause

Abstract: China's cultural heritage resources are vast and diverse. As of September 2024, the country boasts 59 World Heritage sites, 767,000 immovable monuments and sites, and 108 million pieces or sets of state-owned movable artefacts, along with 6,833 registered museums nationwide. Together, these treasures serve as tangible testaments to "one million years of human history, ten thousand years of cultural history, and over five thousand years of civilization." The scale of these resources presents immense challenges in protection, utilization, inheritance, and funding. Broad participation from civil society is urgently needed in areas such as conservation and restoration, display and exhibition, revitalization and utilization, digital documentation, and international exchange and mutual learning. As China's

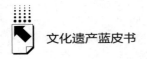

economy and society continue to develop, cultural heritage plays an increasingly significant role in fulfilling the public's pursuit of a better life. Public awareness and enthusiasm for participating in cultural heritage protection have grown significantly. Additionally, rapid advancements in technology have broadened pathways for societal participation in the cultural heritage sector, opening up new opportunities for public participation and collaboration.

Keywords: Civil Society; Cultural Heritage; Protection and Inheritance

Ⅳ Reports on Categorized Heritage

B.11 Preventive Conservation Pilot Project for the Temple of Confucius and the Kong Family Mansion in Qufu: Preservation, Innovation, and Prospects

Liu Haixia, Xu Kuan / 206

Abstract: The Temple of Confucius and the Kong Family Mansion in Qufu is among the first 11 pilot sites for preventive conservation projects of cultural heritage buildings initiated by the National Cultural Heritage Administration (NCHA). Officially launched in August 2021 and completed in January 2023, the project covered 208 cultural heritage buildings, including structures within the Temple of Confucius and the Kong Family Mansion, as well as courtyard walls and surrounding grounds. Building on the traditional "annual repair" model of Qufu, the pilot project integrated new requirements and explored more scientific and standardized preventive conservation practices. It has successfully developed a mature and effective organizational model, implementation process, management requirements, and technical standards for the conservation of cultural heritage buildings.

Keywords: Temple of Confucius in Qufu; Kong Family Mansion; Cultural Heritage Buildings; Annual Repairs; Preventive Conservation

Contents ⤴

Abstract: The Dazu Rock Carvings, a masterpiece of rock-carving heritage in southern China, represent the zenith of world grotto art from the 9th to 13th centuries. After centuries of natural erosion, these carvings now face a range of complex conservation challenges, including water damage, rock instability, biological erosion, surface pollution, stone deterioration, painting degradation, gilding damage, and the aging of historical restoration materials. The Academy of Dazu Rock Carvings has been confronted these issues by adhering to the principle of balancing preventive and emergency conservation strategies. The Academy has successfully secured substantial funding for conservation projects in areas such as rock reinforcement, water damage control, restoration of stone relics, preventive preservation, and digital preservation. These efforts have led to significant progress in preserving the cultural heritage of the Dazu Rock Carvings.

Keywords: Dazu Rock Carvings; Heritage Deterioration and Damage; Rock Reinforcement; Water Damage Control; Restoration of Stone Relics; Digital Preservation

Abstract: According to the *Notice on Conducting the Assessment of the Protection Status of World Cultural Heritage Sites by the Office of the National Cultural Heritage Administration*

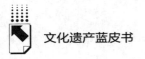
(B.B.H. [2024] No. 153), the Grand Canal Heritage Protection and Management Office is responsible for the 2024 special research on the protection status of the Grand Canal. The research report indicates that the eight provinces (cities) along the Grand Canal place great importance on the protection of this World Heritage and have continuously strengthened their efforts. A series of positive and effective measures have been taken in areas such as heritage management, presentation and interpretation, and heritage utilization. Overall, the protection and management status of the Grand Canal World Heritage is in good condition. The Grand Canal Heritage Protection and Management Office continues to focus on protecting, inheriting, and utilizing the Grand Canal. Under the guidance of the National Cultural Heritage Administration (NCHA) and the China Academy of Cultural Heritage (CACH), the office has carried out research on heritage, value interpretation, public communication, and international exchanges, among other activities.

Keywords: The Grand Canal; World Heritage Protection; Heritage Site Protection

B.14   The Fujian Model of Innovative Protection for World Cultural Heritage

Fujian Provincial Bureau of Cultural Heritage / 254

Abstract: Fujian is a key province for World Cultural Heritage in China, with five listed sites, ranking second in the country. Since 2022, the Fujian Provincial Bureau of Cultural Heritage has introduced an innovative "Cultural Heritage Insurance + Services" model for the management and protection of cultural heritage. This model has been gradually implemented across World Heritage sites in Quanzhou, Wuyishan, Nanjing Tulou, and Yongding Tulou, expanding the coverage of World Cultural Heritage properties within the "safety net" of insurance, with significant results. During the 2023 Cultural and Natural Heritage Day opening ceremony, the "Cultural Heritage Insurance + Services" model was shortlisted as a representative example of high-quality development in cultural heritage work, marking it as a pioneering initiative in recent years.

Keywords: Fujian; World Cultural Heritage; "Cultural Heritage Insurance + Services" Protection Model

B.15 Research and Reflection on the Development of Monitoring and Early Warning Systems for World Cultural Heritage Earthen Sites in China: A Case Study of the Archaeological Ruins of Liangzhu City

Abstract: According to the *Operational Guidelines for the Implementation of the World Heritage Convention*, monitoring is one of the core elements in the protection and management of World Cultural Heritage. It is also a crucial part of the protection and management framework that States Parties must establish, serving as an essential tool for enhancing the protection and management of World Cultural Heritage properties in China. The report focuses on the Archaeological Ruins of Liangzhu City as the primary case study, using a case analysis approach to explore the strategies, components, and methods for establishing monitoring and early warning systems for World Cultural Heritage earthen sites in China. Through case analysis, the report identifies several prominent challenges commonly found in World Cultural Heritage earthen sites in China, including their extensive distribution, significant construction pressures in surrounding areas, complex coordination among stakeholders, inherent vulnerability, and the considerable difficulty in their protection. Based on these challenges, the development of the monitoring and early warning system should focus on: establishing a comprehensive human resources and institutional support system to ensure the effective protection and management of these sites; emphasizing the analysis and monitoring of site damages and environmental impact factors; and

creating a disaster prevention and protection system to mitigate the effects of climate change. These efforts will contribute to the holistic and systematic protection of World Cultural Heritage properties in response to new circumstances and requirements.

Keywords: World Cultural Heritage; Monitoring and Early Warning System; Archaeological Ruins of Liangzhu City; Earthen Sites

B.16　Developing Monitoring Requirements Based on Heritage Surveys: Monitoring Plan Design for the Beijing Central Axis

Wang Zhe, Zhang Yumin and Song Xiaowei / 291

Abstract: The Beijing Central Axis is the soul and backbone of the historic core of this ancient city, representing the most complete traditional city axis in China and even the world. The *Regulations on the Conservation of Beijing Central Axis Cultural Heritage* mandate the establishment of systems for its resource surveys, protection monitoring, and emergency management.

The report reviews and summarizes the main strategies and methods outlined in the *Beijing Central Axis World Cultural Heritage Monitoring and Protection Platform Construction Plan*, a document designed to guide the in-depth development of conservation and monitoring efforts for the Central Axis. Furthermore, the report explores the inspection of heritage property conditions, damage assessment, and protection management evaluation. Based on these efforts, it develops specific monitoring requirements, clarifies system requirements, and implements a technical approach for the monitoring plan in alignment with the design content. In addition, the report outlines a technical system for the informatization of heritage monitoring based on cultural property conservation requirements. This system scientifically assesses the degree and causes of damages and deterioration, systematically categorizes and implements monitoring measures, and emphasizes the importance of "speaking the language of heritage properties and drawing the picture of heritage properties." By integrating the monitoring plan design into the heritage property conservation system, this approach enhances the implementation of the principles and requirements set forth in the *China World Cultural Heritage Monitoring and Checking Principles* and the *China World Cultural Heritage Monitoring Work Guidelines*. It aims to explore a "Central Axis Approach" for the monitoring of World Cultural Heritage properties in China.

Keywords: Beijing Central Axis; Monitoring and Protection; World Cultural Heritage

B.17　Achievements of the Palace Museum in Social Services: A Case Study of Public Education and the Digitization of Museum Collections

Abstract: To better meet the management requirements of World Cultural Heritage sites and fulfill its role in public service, the Palace Museum has consistently prioritized public education and the digitization of its collections. Public education initiatives include volunteer services, museum-school collaborations, international training, as well as online live streaming and video recordings. The museum's volunteer team is now well-organized and highly professional, having earned numerous honors. The museum-school collaboration programs are comprehensive and solid. The ICOM International Training Centre hosts two 10-day training sessions annually for museum professionals from both China and abroad, fostering cultural exchange and industry development. Since 2020, online live streaming and video recordings have grown rapidly, attracting widespread attention and praise. The digitization of cultural relics at the Palace Museum includes foundational data collection and system development. This process has evolved from film and digital photography to 3D models, and from internal collections management systems to publicly accessible exhibitions.

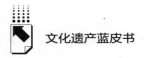
The Palace Museum has consistently adopted new technological approaches to the preservation, research, exhibition, and utilization of its collections, leading to a series of achievements that have revitalized the museum's relics.

Keywords: The Palace Museum; Social Services; Public Education, Digitization of Museum Collections

B.18 "Zhuozheng Wenya" Night Tour Project: Exploring and Practicing the Revitalization and Utilization of Classical Gardens in the New Era

Xue Zhijian / 323

Abstract: The report focuses on the "Zhuozheng Wenya" Night Tour Project, which explores the revitalization and utilization of classical gardens in the new era. The night tour initiative was launched in response to the growing tourism industry and the post-pandemic recovery, addressing challenges such as insufficient interpretation of garden values, limited visitor experiences, and the need for innovative cultural promotion. The "Zhuozheng Wenya" Night Tour Project adheres to the core principles of garden heritage, with garden value standards as its foundation, and emphasizes "elegance" as its theme. The project has meticulously designed the tour routes to protect the ecosystem, aligning with the principles of cultural heritage conservation. Additionally, digital and lighting technologies are utilized to create an immersive garden experience. Upon its launch, the "Zhuozheng Wenya" Night Tour Project has set a benchmark for the night tourism industry in Suzhou. It has earned high visitor satisfaction and significantly enhanced the public's comprehensive understanding of Suzhou gardens, providing a fresh perspective on interpreting the city's classical gardens.

Keywords: Zhuozheng Wenya; Classical Gardens; Immersive Experience; Cultural Inheritance

B.19 Empirical Research on the Protection, Inheritance, and Social

Development of the Archaeological Ruins of Liangzhu City

Zhang Yinglan, Liu Cheng / 334

Abstract: The Archaeological Ruins of Liangzhu City have undergone a complete spatial evolution, transforming from a "rural area" to a "suburban area," then into an "urban village," and ultimately becoming an "urban built-up area." This transformation, along with significant social mobility, makes it an ideal case for exploring the protection, inheritance, and social development of large scale ruins. Furthermore, it provides universal insights applicable to the conservation and utilization of other large scale ruins and cultural heritage protection efforts across China. The study, guided by Marxist Spatial Sociology, addresses the dual objectives of protecting and inheriting the Archaeological Ruins of Liangzhu City while fostering social development. It systematically examines the Ruins' evolution from "competition" to "symbiosis" and introduces "social spatial dialectics" to analyze the intrinsic logic behind this transformation. By summarizing the universal experience of "cross-boundary governance," the study aims to integrate theoretical explorations of large scale ruins protection into China's specific realities and its rich traditional culture within the framework of urban and rural construction. This systematic exploration seeks to address key issues in cultural heritage protection and inheritance, such as preservation and utilization, as well as protection and development.

Keywords: Archaeological Ruins of Liangzhu City; Protection and Inheritance; Social Development; "Two Combinations"

Appendix

Maps Showing the Data of Main Protection and Management Work of World

Cultural Heritage in China in 2023 / 349

权威报告·连续出版·独家资源

皮书数据库
ANNUAL REPORT(YEARBOOK)
DATABASE

分析解读当下中国发展变迁的高端智库平台

所获荣誉

- 2022年，入选技术赋能"新闻+"推荐案例
- 2020年，入选全国新闻出版深度融合发展创新案例
- 2019年，入选国家新闻出版署数字出版精品遴选推荐计划
- 2016年，入选"十三五"国家重点电子出版物出版规划骨干工程
- 2013年，荣获"中国出版政府奖·网络出版物奖"提名奖

皮书数据库

"社科数托邦"
微信公众号

成为用户

登录网址www.pishu.com.cn访问皮书数据库网站或下载皮书数据库APP，通过手机号码验证或邮箱验证即可成为皮书数据库用户。

用户福利

- 已注册用户购书后可免费获赠100元皮书数据库充值卡。刮开充值卡涂层获取充值密码，登录并进入"会员中心"—"在线充值"—"充值卡充值"，充值成功即可购买和查看数据库内容。
- 用户福利最终解释权归社会科学文献出版社所有。

数据库服务热线：010-59367265
数据库服务QQ：2475522410
数据库服务邮箱：database@ssap.cn
图书销售热线：010-59367070/7028
图书服务QQ：1265056568
图书服务邮箱：duzhe@ssap.cn

社会科学文献出版社 皮书系列
SOCIAL SCIENCES ACADEMIC PRESS (CHINA)
卡号：459251388669
密码：

S 基本子库
SUB DATABASE

中国社会发展数据库（下设 12 个专题子库）

紧扣人口、政治、外交、法律、教育、医疗卫生、资源环境等 12 个社会发展领域的前沿和热点，全面整合专业著作、智库报告、学术资讯、调研数据等类型资源，帮助用户追踪中国社会发展动态、研究社会发展战略与政策、了解社会热点问题、分析社会发展趋势。

中国经济发展数据库（下设 12 专题子库）

内容涵盖宏观经济、产业经济、工业经济、农业经济、财政金融、房地产经济、城市经济、商业贸易等 12 个重点经济领域，为把握经济运行态势、洞察经济发展规律、研判经济发展趋势、进行经济调控决策提供参考和依据。

中国行业发展数据库（下设 17 个专题子库）

以中国国民经济行业分类为依据，覆盖金融业、旅游业、交通运输业、能源矿产业、制造业等 100 多个行业，跟踪分析国民经济相关行业市场运行状况和政策导向，汇集行业发展前沿资讯，为投资、从业及各种经济决策提供理论支撑和实践指导。

中国区域发展数据库（下设 4 个专题子库）

对中国特定区域内的经济、社会、文化等领域现状与发展情况进行深度分析和预测，涉及省级行政区、城市群、城市、农村等不同维度，研究层级至县及县以下行政区，为学者研究地方经济社会宏观态势、经验模式、发展案例提供支撑，为地方政府决策提供参考。

中国文化传媒数据库（下设 18 个专题子库）

内容覆盖文化产业、新闻传播、电影娱乐、文学艺术、群众文化、图书情报等 18 个重点研究领域，聚焦文化传媒领域发展前沿、热点话题、行业实践，服务用户的教学科研、文化投资、企业规划等需要。

世界经济与国际关系数据库（下设 6 个专题子库）

整合世界经济、国际政治、世界文化与科技、全球性问题、国际组织与国际法、区域研究 6 大领域研究成果，对世界经济形势、国际形势进行连续性深度分析，对年度热点问题进行专题解读，为研判全球发展趋势提供事实和数据支持。

法律声明

"皮书系列"（含蓝皮书、绿皮书、黄皮书）之品牌由社会科学文献出版社最早使用并持续至今，现已被中国图书行业所熟知。"皮书系列"的相关商标已在国家商标管理部门商标局注册，包括但不限于 LOGO（ ）、皮书、Pishu、经济蓝皮书、社会蓝皮书等。"皮书系列"图书的注册商标专用权及封面设计、版式设计的著作权均为社会科学文献出版社所有。未经社会科学文献出版社书面授权许可，任何使用与"皮书系列"图书注册商标、封面设计、版式设计相同或者近似的文字、图形或其组合的行为均系侵权行为。

经作者授权，本书的专有出版权及信息网络传播权等为社会科学文献出版社享有。未经社会科学文献出版社书面授权许可，任何就本书内容的复制、发行或以数字形式进行网络传播的行为均系侵权行为。

社会科学文献出版社将通过法律途径追究上述侵权行为的法律责任，维护自身合法权益。

欢迎社会各界人士对侵犯社会科学文献出版社上述权利的侵权行为进行举报。电话：010-59367121，电子邮箱：fawubu@ssap.cn。

社会科学文献出版社